SV

Georges Duby

Ritter, Frau und Priester

Die Ehe im feudalen Frankreich

Übersetzt von Michael Schröter

Suhrkamp Verlag

Titel der Originalausgabe:
Le chevalier, la femme et le prêtre.
Le mariage dans la France féodale
© Hachette, Paris 1981

Erste Auflage 1985
© dieser Ausgabe
Suhrkamp Verlag Frankfurt am Main 1985
Alle Rechte vorbehalten
Druck: Georg Wagner, Nördlingen
Printed in Germany

CIP-Kurztitelaufnahme der Deutschen Bibliothek
Duby, Georges: Ritter, Frau und Priester:
d. Ehe im feudalen Frankreich
Georges Duby. Übers. von Michael Schröter.
1. Aufl. – Frankfurt am Main: Suhrkamp, 1985.
Einheitssacht.: Le chevalier, la femme et le prêtre (dt.)
ISBN 3-518-57724-7 kart.
ISBN 3-518-57707-7 Gewebe.

Inhalt

I
Die Ehen des Königs Philipp

Im Herbst 1095 hielt sich Papst Urban II. in der Auvergne auf, in Clermont, am südlichen Rand des kapetingischen Einfluß- bereichs. Seit Monaten durchzog er, aus Rom vertrieben, in Begleitung seiner Kardinäle mit großem Gepränge Südfrank- reich. Er fühlte sich hier wohl. Früher einmal war er Groß- prior von Cluny gewesen, und die Gegend war mit Prioraten dieses Klosterverbandes gesprenkelt. Hier nun entfaltete sich in voller Wirksamkeit das Unternehmen, dem das Papsttum seit mehr als 20 Jahren seine Kraft widmete: das Programm einer Reform der Kirche, d.h. einer Reinigung der ganzen Gesellschaft. Es ging darum, die Menschen auf die Drangsale des erwarteten Weltenendes vorzubereiten, sie, ob mit oder gegen ihren Willen, zum Guten zu führen, alle Abweichun- gen zu korrigieren und die Verpflichtungen eines jeden zu verdeutlichen. Vor allem mußte festgelegt werden, was je- weils verboten war. Diese große Erneuerung hatte mit einer Säuberung im Innern der Kirche selbst begonnen. Sie mußte hier einsetzen, bei den Personen, die als Gottesdiener das Vorbild abgaben. Es war ein zweifacher Übelstand, von dem der Klerus geheilt werden sollte: die Simonie – so nannten die Gelehrten der Zeit das Eingreifen weltlicher Mächte, und besonders der Macht des Geldes, in die Wahl hoher kirch- licher Amtsinhaber; und der Nikolaitismus – sprich: der schlechte Lebenswandel, der Geschmack an den Freuden der Welt und natürlich in erster Linie der Geschmack an Frauen. Jetzt aber war der Augenblick gekommen, auch die Laien zu zügeln und ihnen Lebensformen aufzuzwingen, die nach den Worten der Priester Gott wohlgefällig waren. Diese Aufgabe erwies sich als noch mühseliger. Denn überall sträubten sich die Menschen, und die Fürsten der Erde unterstützten ihren Widerstand – vorweg der Kaiser und die anderen Könige, je- der in dem Land, das der Himmel seiner Gewalt unterstellt hatte mit dem Auftrag, wie einst Karl der Große, dessen Er- ben sie sich nannten, die soziale Ordnung hienieden zu wahren. Sie reagierten unwillig, wenn andere sich in ihre Geschäfte einmischten, die gewohnten Verhaltensregeln umstießen und sich anheischig machten, Kriegern ihr Betragen vorzuschreiben.

Könige waren in Clermont nicht zugegen, wohl aber zahlreiche Bischöfe, Äbte und der Hochadel der benachbarten Regionen – genug Personen von Rang, um dem Papst das Gefühl zu verleihen, er throne inmitten des versammelten Christenvolkes, handle aus unbeschränkter Machtvollkommenheit und nehme den Platz des Kaisers an der Spitze aller weltlichen Herrschaftsgewalt ein. In dieser Stellung redete Urban II. zur ganzen Welt. Er gab Gesetze, sprach Recht und strafte. Am berühmtesten von seinem damaligen Verlautbarungen ist der Aufruf zum Kreuzzug geworden, der die gesamte Ritterschaft des Okzidents zur großen Heerfahrt ausschickte, der alle Gläubigen aufforderte, nach Jerusalem zu ziehen, um das Heilige Grab zu befreien und dann neben dem leeren Grab das Jüngste Gericht zu erwarten, auf das die Reform die Vorbereitung sein wollte, die Auferstehung des Menschengeschlechts im Erstrahlen der Lichter. Diese grandiose Mobilmachung überdeckt einen anderen Spruch, den der Papst am gleichen Ort und im gleichen Geist fällte. Er exkommunizierte König Philipp von Frankreich, den ersten des Namens, den obersten Souverän der Westfranken, der sich in den Augen der kirchlichen Autoritäten genug hatte zuschulden kommen lassen, um diese schreckliche Sanktion auf sich zu ziehen. Sie schloß ihn aus der Gemeinschaft der Gläubigen aus, die er doch kraft seines Amtes zu regieren hatte. Sie rief auf ihn den göttlichen Fluch herab und verwünschte ihn zu ewiger Verdammnis, wenn er keine Genugtuung leistete.

Tatsächlich war Philipp schon seit einem Jahr exkommuniziert gewesen. Am 15. Oktober 1094 hatten sich 32 Bischöfe in Autun um den päpstlichen Legaten und Erzbischof von Lyon, Hugo von Die, vereint, um ihn zu verurteilen. Gleichzeitig hoben sie die Beschlüsse eines Konzils auf, das unter dem persönlichen Vorsitz des Königs in Reims stattgefunden hatte. Es war ein schwerer, offener Konflikt. Er spiegelte den Gegensatz zwischen den beiden Teilen des französischen

Königreiches wider: dem Norden, den der Souverän in der Hand hatte, und dem Süden, der sich ihm entzog. Vor allem aber war er ein Ausdruck des unauflöslichen Gegensatzes zwischen zwei Auffassungen vom Wesen der Kirche. Die eine, traditionell-karolingische sah die Prälaten jeder Nation der Herrschaft des gesalbten Königs, ihres Mitbruders und Beschützers, unterstellt; die andere, umwälzende, die Auffassung der Reformer und Urbans II., verkündete den Vorrang des Geistlichen vor dem Weltlichen und ordnete folglich die Monarchen den Bischöfen und diese der vereinigenden Oberhoheit des Bischofs von Rom unter. Um die neuen Strukturen zur Anerkennung zu bringen, mußten die Könige gefügig gemacht werden, und zu diesem Zweck belegten die Anhänger der Reform den König von Frankreich mit dem Bann, zuerst in Autun und dann in Clermont.

Die Akten des Konzils von Clermont sind verloren. Was wir darüber wissen, stammt aus den Berichten der zeitgenössischen Geschichtsschreiber, die in den Klöstern Jahr für Jahr die Ereignisse aufzeichneten, die ihnen auffällig erschienen. Fast alle sprechen von dieser überaus feierlichen Versammlung. Aber fast alle erwähnen in ihrem Zusammenhang nur den Zug ins Heilige Land: er war es, der ihre Aufmerksamkeit fesselte. Immerhin gibt es einige, die am Rande mitteilen, daß der König von Frankreich bestraft worden sei und warum. Durch sie erfahren wir, daß Philipp I. nicht gemaßregelt wurde, weil er sich wie Kaiser Heinrich IV., ein anderer Gebannter, mit allen Kräften gegen den Heiligen Stuhl aufgelehnt hatte. Der Papst verurteilte ihn wegen seiner Lebensführung, genauer wegen seines Eheverhaltens. Nach Sigebert von Gembloux wurde er verdammt, weil er »zu Lebzeiten seiner Gattin die Frau eines anderen, der ebenfalls noch lebte, hinzugeheiratet hatte *(superduxerat)*«. Bernold von St. Blasien präzisiert: »Nachdem er seine eigene Gattin entlassen hatte, verband er sich mit der Frau eines Lehnsmannes zur Ehe«; der Grund der Bestrafung sei »Ehebruch« gewesen. Die Annalen von Saint-Aubin in Angers fügen zu diesem Vergehen noch das des Inzests hinzu.[1]

Diese Informationen sind ziemlich dünn. Sie werden glücklicherweise ergänzt durch einige Angaben, die 15 Jahre später ein nordfranzösischer Bischof, Ivo von Chartres, über den Vorfall machte. Zwei Cousins des Königs von Frankreich planten eine Heiratsverbindung zwischen ihren Kindern, woraufhin Ivo, um das Projekt zu vereiteln, dem Erzbischof von Reims eine genealogische Aufstellung schickte, die ihre Verwandtschaft bewies.[2] Er kenne, so schreibt er, diesen Stammbaum genau; denn er habe mit eigenen Ohren gehört, wie er im Jahr 1095 bei zwei verschiedenen Gelegenheiten vor dem Hofe Urbans II. vorgetragen worden sei, das eine Mal von einem Mönch aus der Auvergne, das andere Mal von Gesandten des Grafen von Anjou. Es sei damals um König Philipp von Frankreich gegangen, der »angeklagt wurde, er habe dem vorbesagten Grafen, seinem Blutsverwandten, die Gattin entführt und sie zudem unerlaubterweise bei sich behalten. Wegen dieser Anklage und des erwiesenen Inzests wurde der König von dem Herrn Papst Urban auf dem Konzil von Clermont exkommuniziert«. So lautet, nach 15 Jahren, die Erinnerung eines klugen Mannes von zuverlässigem Gedächtnis, der sehr eng in die ganze Geschichte verwickelt war. Der Skandal war nicht, daß sich der König zu Lebzeiten seiner Gemahlin mit einer anderen Frau vereint hatte, also nicht die Bigamie. Der Skandal war auch nicht, daß er sich die rechtmäßige Gattin eines anderen angeeignet hatte, also nicht der Ehebruch. Der eigentliche Skandal war, daß er eine Verwandte genommen hatte – und nicht einmal eine Blutsverwandte, sondern die Frau eines Verwandten, überdies eines sehr entfernten Verwandten: der Urgroßvater des Grafen von Anjou war der Ururgroßvater des Königs. *Dieser* Verstoß trug dem Kapetinger die Exkommunikation, den Bannfluch ein. Und da er nicht nachgab, »da er nach ergangenem Scheidungsurteil ... zur unerlaubten Gemeinschaft der genannten Frau zurückkehrte, wurde er [1099] auf dem Konzil von Poitiers durch die Kardinäle Johannes und Benedikt [erneut] exkommuniziert«. Philipp I. war auf sein Seelenheil bedacht und fürchtete die Sünde wie jedermann. Dennoch blieb er hartnäckig. Er blieb es, weil seine Moral verschieden war von der, die ihm die reformerischen Geistlichen aufzunötigen versuchten. Er dachte über die Ehe anders als sie und war überzeugt, daß er sich nicht im Unrecht befand.

Philipp hatte mit 20 Jahren Bertha von Friesland geheiratet. Sein Vetter ersten Grades, der Graf von Flandern, hatte sie ihm gegeben: sie war eine Tochter seiner Frau aus erster Ehe. Diese Zweckheirat besiegelte eine Aussöhnung zwischen dem König und seinem Vasallen. Neun Jahre lang blieb Bertha unfruchtbar. Sie betete und gebar schließlich einen Knaben, den späteren Ludwig VI. Der Himmel hatte das Flehen Arnulfs erhört, eines Reklusen des Klosters Saint-Médard in Soissons, der im Rufe der Heiligkeit stand und den man von allen Seiten aufsuchte, um seinen Rat in Familienproblemen einzuholen. Selbst ein Flame, fürchtete er, daß der König seine Gemahlin als unnütz – weil sie ihm keinen Stammhalter schenkte – aus dem Haus schicken würde, und war deshalb vor Gott für sie eingetreten. Später freilich, nach zwanzigjähriger Ehe, wurde Bertha doch verstoßen; ihr Mann wies ihr 1092 die Festung Montreuil-sur-Mer als Wohnsitz zu, d. h. er ließ sie dort einsperren. Diese Burg gehörte zu ihrer *dos,* wie man damals sagte – also zu den Gütern, die der Bräutigam seiner Braut bei der Eheschließung überschrieb und die u. a. auch dazu verwendet wurden, sich einer Gattin zu entledigen, indem man ihr das Wittum beließ, sie aber darin gefangenhielt. Kurz darauf verband sich der König mit Bertrada aus dem Geschlecht der Herren von Montfort, die mit dem Grafen von Anjou vermählt war.
Verführte Philipp diese Frau? Wurde er von ihr verführt? Raubte er sie mit Gewalt, oder kam sie von sich aus zu ihm? Verständigte er sich, was das wahrscheinlichste ist, mit ihrem Mann? Welche Rolle spielte bei seinem Schritt das, was wir »Liebe« nennen? Es ist hier sofort und mit Betonung festzustellen, daß wir diese Fragen nicht beantworten können, daß niemand sie je wird beantworten können. Denn wir wissen von den Menschen, die vor fast einem Jahrtausend in jenem Gebiet lebten, so gut wie nichts. Wir kennen weder die Bilder ihrer Vorstellungswelt noch ihre Sprache, ihre Art, sich zu kleiden, oder ihr Körpergefühl – ja nicht einmal ihre Gesich-

ter. Was zog Philipp an Bertrada an? Woran entzündete sich sein Verlangen? Es ist noch heute möglich zu erahnen, was Karl III. oder seinen Onkel, den Herzog von Berry, gegen Ende des 14. Jahrhunderts an einer Frau gereizt haben mag. Aber 300 Jahre früher, in der Zeit, von der hier die Rede ist, führen uns die erhaltenen Malereien und Skulpturen nicht eine einzige weibliche Gestalt vor Augen – außer der Jungfrau Maria: ein hieratisches Zeichen, das Argument einer Theologie; oder jenen kunstlosen Karikaturen mit wirrem Haar, die den Priestern als Schreckbilder der Wollust dienten. Wer sich mit der Ehe im 11. und 12. Jahrhundert beschäftigt, kann nicht umhin, sich an ihre gesellschaftliche, institutionelle Oberfläche zu halten, an Fakten und Handlungen. Über die Regungen der Seele und des Blutes läßt sich nichts sagen.

Philipps Entschluß erregte Aufsehen; die Erwähnung seiner Wiederheirat in den wenigen Schriftdokumenten, die erhalten sind, beweist es. Clarius von Sens, Hugo von Flavigny, Sigebert, die besten Chronisten Nordfrankreichs, nehmen von ihr Notiz, und zwar als einer gültigen, feierlichen Hochzeit, die mit dem Segen der Kirche vollzogen wurde. Als der Herr von Beaugency damals eine Urkunde ausstellte, datierte er sie nicht, wie üblich, nach der christlichen Ära und/oder der Regierungszeit eines Herrschers, sondern zunächst nach eben diesem Ereignis: »Im selben Jahr, in dem Philipp, der König der Franken, die Frau des Grafen Fulco von Anjou, Bertrada mit Namen, zur Frau nahm.«[3] So überraschend jedoch, wie man schließen muß, der Vorfall auch war, in keinem dieser Vermerke findet sich eine Spur von Mißbilligung. Alles wäre wohl glatt gegangen, wenn nicht die Eiferer der Reform gewesen wären, wenn nicht ein Bischof gewesen wäre: Ivo von Chartres.

Er hatte soeben, mit 50 Jahren, ein Bistum erworben – nicht ohne Mühe; denn er besetzte den Stuhl eines derjenigen Prälaten, die der Papst im Zuge seiner Säuberung des hohen Klerus ihres Amtes enthoben hatte. Die Einmengung der römischen Kurie in die lokalen Angelegenheiten hatte böses Blut erzeugt, besonders bei dem Metropoliten, dem Erzbischof von Sens, der sich weigerte, den Neugewählten zu weihen.

Ivo ließ sich in Capua von Urban II. weihen. Man sprach von einer Beleidigung der königlichen Majestät, und 1091 wurde der Eindringling von einer Synode abgesetzt. Aber Ivo ließ sich nicht einschüchtern, sondern stützte sich auf die Legaten, auf den Heiligen Vater und behauptete, daß der Papst die höhere Entscheidungsinstanz sei. Seit jeher ein überzeugter Rigorist, neigte er bereits den Reformern zu; nun trieben ihn seine Bedrängnisse vollends auf ihre Seite. Er bildete mit ihnen eine Front gegen die Prälaten alten Stils, seine Mitbrüder, notorische Simonisten und Nikolaiten, und gegen den König, ihren Bundesgenossen. Das Bistum Chartres wurde der Vorposten im Kampf, gleichsam ein Keil im traditionellen Gefüge der königlichen Kirche.

Die zweite Hochzeit Philipps I. bot Ivo eine günstige Gelegenheit, zum Angriff überzugehen. Der König wünschte sie sich sehr feierlich und berief seinen ganzen Episkopat nach Paris. Ivo von Chartres schlug die Einladung aus und versuchte, seine Amtsbrüder hinter sich zu bringen. Dabei gebrauchte er mit Spitze gegen seinen Feind, den Erzbischof von Sens, den Vorwand, daß es dem Erzbischof von Reims zustehe, nicht nur die Könige zu weihen, sondern auch ihre Ehen einzusegnen. In diesem Sinne schrieb er an den letzteren[4], er werde der Hochzeit nicht beiwohnen, »wenn nicht Ihr der Weihende und Zeremonienleiter *(auctor)* seid und Eure Suffragane die Beisteher und Mitwirkenden«. Doch möge sich sein verehrter Kollege vorsehen, es handle sich um »eine gefährliche Sache, die Eurem Ruf und der Ehre des ganzen Königreiches verderblich ist«. Außerdem gebe es noch weitere, »geheime Gründe, über die ich einstweilen schweigen muß, aus denen ich diese Ehe nicht loben kann«. In einem anderen, freimütigeren Schreiben an Philipp selbst heißt es[5]: »Ich will und kann« nicht zu Euch nach Paris kommen »mit Eurer Gattin, von der ich nicht weiß, ob sie Gattin sein kann«. Achten wir genau auf die Worte: diese Männer, meisterhafte Rhetoriker, wußten sie virtuos zu handhaben. Durch die Verwendung des Wortes *uxor* erkennt Ivo an, daß Philipp und Bertrada bereits Mann und Frau sind; die Hochzeitszeremonie bedeutet für ihn nur eine ergänzende Feierlichkeit. »Ich will und kann«

nicht gehen, fügt er hinzu, »bevor ich nicht erfahre, daß durch den Beschluß eines allgemeinen Konzils eine rechtmäßige Scheidung zwischen Euch und Eurer [ersten] Gemahlin sowie die Möglichkeit einer rechtmäßigen Ehe zwischen Euch und der Frau, die Ihr heiraten wollt, festgestellt wurde«. Mit diesem Satz postuliert Ivo, daß die Vertreter der Kirche die alleinige Kompetenz in derartigen Ehesachen hatten, daß die Bischöfe der Autorität eines Konzils untergeordnet waren und daß zwei getrennte Fragen zur Prüfung anstanden: der Bigamieverdacht, ob nämlich Philipp das Recht hatte, seine erste Frau zu verstoßen; und der Inzestverdacht, ob er das Recht hatte, die zweite zu nehmen. Bevor nicht diese beiden Fragen geklärt waren, lag keine legitime Ehe vor, sondern ein Konkubinat. Schickte es sich aber für einen König, im Konkubinat zu leben? Bei diesem letzten Punkt verweilt Ivo, zu seiner eigenen Rechtfertigung, etwas länger. Durch seine Abwesenheit bei der Hochzeit, so führt er aus, versäume er nicht etwa seine Pflichten. Im Gegenteil: in weltlicher Hinsicht handle er als treuer Ratgeber, wenn er diese Ehe als schädlich für die Krone bezeichne; und in geistlicher Hinsicht handle er als gewissenhafter Seelsorger, wenn er sie als bedrohlich für das ewige Heil des Monarchen erkläre. Der Brief klingt aus mit einer kleinen Predigt über die Begehrlichkeit, die durch drei Beispiele untermauert wird: das Schicksal Adams, Samsons und Salomos, die einer wie der andere durch die Frauen ins Verderben gestürzt wurden.

Philipp setzte sich über alle Einwände hinweg. Die eheliche Vereinigung wurde mit den gebührenden Formen gefeiert und in Gegenwart sämtlicher Bischöfe der Krondomäne von dem Bischof von Senlis eingesegnet. Der Erzbischof von Reims war einverstanden und ebenso, wie es scheint, der Kardinal und Legat für Nordfrankreich, Roger. Ivo jedoch ließ nicht locker. Er bereitete ein Dossier vor, »um die Scheidung zwischen ihm [sc. Philipp] und seiner neuen Gemahlin herbeizuführen«[6], schickte es an den Papst und erlangte von diesem eine Reihe von Briefen: ein Zirkularschreiben an die Prälaten des Königreiches mit dem Verbot, Bertrada zu krönen, eine Rüge an die Adresse des Erzbischofs von Reims sowie eine Warnung an den König, daß er exkommuniziert werde, wenn er nicht jeden Verkehr mit der Frau aufgebe, die er »an der Stelle einer Gattin« habe.[7] Der Bischof von Chartres war zum Bruch entschlossen. Er verweigerte den Vasallendienst und erschien nicht, wie er es hätte tun müssen, mit seiner Ritterschaft bei der großen Versammlung, auf der Philipp einen Streit zwischen den Söhnen Wilhelms des Eroberers schlichtete. Der Felonie schuldig, ergriff er die Flucht. Ende 1093 finden wir ihn im päpstlichen Gefolge. Zu diesem Zeitpunkt hätte sich noch alles einrenken können: Bertha starb, womit der Vorwurf der Bigamie hinfällig wurde. Philipp, vergessen wir es nicht, sorgte sich um das Heil seiner Seele: ein König lebte weniger friedlich als andere Menschen in der »Sünde«, wie sie ihm von maßgeblicher Seite definiert wurde. Er brachte so viele Prälaten, wie er nur konnte, in Reims zusammen: zwei Erzbischöfe und acht Bischöfe. Alle bestätigten die königliche Ehe, und nicht nur das: sie sprachen davon, Ivo von Chartres zu verurteilen. Das Konzil von Autun war die Antwort.

Es war ein sehr schwerwiegender Schritt, den König von Frankreich zu exkommunizieren. Er fügte sich ein in einen größeren Plan, in die energische Offensive, die von der römischen Kurie lanciert wurde, um der Reform zum endgültigen Sieg zu verhelfen. Man bereitete den Zug des Papstes durch Südfrankreich vor. Um die Partie in Nordfrankreich zu gewinnen, mußte man sich auf irgendeine Weise des Kapetingers versichern. Der wohlunterrichtete Ivo von Chartres behauptete, daß man auf zwei Stützpunkte zählen könne. Zunächst vielleicht, im eigenen Hause des Königs, auf den Prinzen Ludwig, der mit seinen 13 Jahren kurz vor der Mündigkeit stand. Bei seiner Wiederheirat hatte Philipp seinen Sohn mit einer Apanage ausgestattet. Wie damals alle Erben des Adels wartete er voller Ungeduld auf den Moment, in dem er die Nachfolge antreten konnte. Und zeigte sich nicht bereits hinter ihm der Schatten des gleichaltrigen Suger und der Reformmönche von Saint-Denis? Zuverlässiger war der zweite Stützpunkt, Anjou. Der Graf von Anjou war der große Trumpf im Spiel der Reformer.

Von Graf Fulco Réchin, dem Gatten, war bis jetzt nicht die Rede gewesen. Dasselbe gilt auch für Bertrada. Was zur Debatte anlag, worüber geurteilt wurde, war einzig und allein das Verhalten eines Mannes – Philipps. Bertrada war nicht weniger ehebrüchig, aber ihr Vergehen fiel nicht unter das öffentliche Recht. Es war Sache des betrogenen Gemahls, wenn er wollte, Rache zu nehmen. Fulco hatte nichts unternommen, allenfalls Ersatz für die entgangene Frau gesucht. Aber er war in der Hand des Papstes. Vor nachgerade fast 30 Jahren hatte ein päpstlicher Legat seinen älteren Bruder wegen eines Verstoßes gegen das Recht der Kirchen von Anjou enterbt und ihm, dem Nachgeborenen, »von seiten des heiligen Petrus« das Fürstentum übergeben. Es war ein außergewöhnlicher Vorgang, wie hier ein Beauftragter der römischen Kirche über eine Grafschaft von Franzien verfügte – außergewöhnlich, aber erklärbar: im Jahre 1067 war der König noch sehr jung; die kapetingische Monarchie erlebte einen Moment äußerster Schwäche. Im übrigen hatte Fulco sich die Zustimmung Philipps erkauft, indem er ihm das Gâtinais abtrat. Seitdem jedenfalls unterstand Anjou einer Art apostolischer Lehnsherrschaft. Der Graf war gebunden – und dies um so mehr, als auch er sich im Bann befand. Seine Exkommunikation war nicht grundlos erfolgt: er hatte seinen Bruder gefangengesetzt, sich geweigert, ihn freizulassen, und ihn so lange in strenger Haft gehalten, bis er den Verstand verloren hatte. Man konnte sich Fulcos somit bedienen. Im Juni 1094, einige Monate vor dem Konzil von Autun, zur selben Zeit, als in Reims das königsfreundliche Konzil tagte, begab sich der Legat Hugo von Die persönlich nach Saumur, um ihn vom Bann zu lösen. Nachdem er sich vergewissert hatte, daß sein Bruder wirklich irrsinnig war, nahm er ihn wieder in die Kirche auf und bestätigte ihn im Besitz der Grafschaft, freilich nicht ohne hinzuzusetzen, er sollte auf keinen Fall »ohne unseren Rat« eine neue Frau nehmen.[8] Fulco Réchin hatte zweifellos die Grenzen erlaubter Polygamie überschritten. Für diesmal jedoch kam es vor allem darauf an, durch die Verhinderung einer neuerlichen Heirat den Fall seiner gegenwärtigen rechtmäßigen Gattin Bertrada offenzuhalten.

Durch ihn gelang es in der Tat, die Affäre, die der Tod Berthas bereinigt hatte, wieder ins Rollen zu bringen. Gehorsam tat der Graf von Anjou, was man von ihm erwartete. Er hatte den Mund bisher nicht aufgemacht; jetzt konnte er nicht laut genug tönen. Am 2. Juni 1095 datierte er eine Schenkungsurkunde für das Kloster Saint-Serge in Angers: »zur Zeit, als Frankreich durch den Ehebruch des unwürdigen Königs Philipp geschändet war«.[9] Seine Gesandten »berechneten« im November in Clermont feierlich die Verwandtschaft, die ihn mit dem König von Frankreich verband, um die Anklage auf Inzest zu unterbauen. Im Winter traf Urban II. auf seiner Reise, die einen Bogen um die fest in kapetingischer Hand befindlichen Gebiete schlug, in Anjou ein. Er leitete in Angers die Einweihungszeremonien für die Kirche von Saint-Nicolas, in die der Leichnam des Onkels und Vorgängers von Fulco überführt wurde. Am 23. März ließ er sich in Tours krönen und überreichte dem Grafen auf seinem Zug zur Kirche Saint-Martin die goldene Rose, was als ein Ritual der Besitzeinweisung aufgefaßt werden konnte. Zu dieser Zeit diktierte Fulco, während sich die Scharen der Kreuzfahrer sammelten, im Latein der Gelehrten einen seltsamen Text, um seine Erbansprüche zu legitimieren.[10] Er erinnert daran, daß sein Ahnvater die Grafschaft durch den König von Frankreich empfangen habe, aber durch einen karolingischen König, »der nicht vom Geschlecht des gottlosen Philipp war«. Rechtfertigte nicht die Gottlosigkeit Philipps – eine Befleckung, die von der Person des Monarchen auf das ganze Königreich ausstrahlte und die Plagen des Himmels auf das Land herabzog – die Aufkündigung des Vasallenbandes und die völlige Unterstellung Anjous unter die Lehnshoheit der Kirche von Rom? Die Taktik der päpstlichen Kurie ist deutlich: Man hob den Bann des ersten Gemahls von Bertrada auf, um ihn gegen den zweiten zu schleudern. Von Tours gingen dann auch die Briefe des Papstes an die Erzbischöfe von Reims und Sens aus, in denen die Prälaten verurteilt wurden, die mit dem König in Beziehung geblieben waren und die es gewagt hatten, ihn von dem Anathem zu befreien, bevor er die Frau entlassen hatte, »um derentwillen er von uns exkommuniziert worden war«.[11] Alle Vorhaltungen, alle Ausbrüche der Empörung, alle flammenden Verwünschungen gewinnen ihren Sinn, wenn man sie in den Zusammenhang der politischen Hauptauseinandersetzung der Zeit einordnet: sie alle gehören zu dem erbitterten Ringen der geistlichen um die Suprematie vor der weltlichen Gewalt.

Philipp wurde älter. Er ertrug den Bannfluch immer weniger gut. 1096 spiegelte er vor, sich zu beugen und »dem Ehebruch abzuschwören«.[12] Urban II. gewährte ihm sogleich Verzeihung. Als sich jedoch herausstellte, daß Bertrada nicht aus der königlichen Schlafkammer ausgezogen war, beriefen die reformeifrigen Kardinäle 1099 einmal mehr eine Bischofssynode in Poitiers ein, wo die Exkommunikation erneuert wurde. Dies mußte in aller Eile geschehen, denn der Graf von Poitiers und Herzog von Aquitanien Wilhelm, der berühmte Dichter der ersten Troubadourlyrik, ein Feind von Anjou und Vasall des Königs, zerstreute das Konzil, das seinen Herrn entehrte – ein weiterer Beleg dafür, daß Philipp in den Augen der großen Mehrheit nicht gar so schuldig war. Im Laufe der Jahre wurde dann endlich ein Schlußpunkt unter die Angelegenheit gesetzt. Der Kapetinger war nun nicht mehr der Gegner, den es um jeden Preis zu schwächen galt; im Königreich beruhigte sich, was man heute den Investiturstreit nennt. Ivo von Chartres arbeitete selbst auf die Aussöhnung hin. 1105 traten die Erzbischöfe von Sens und Tours sowie die Bischöfe von Chartres, Orléans, Paris, Noyon und Senlis in Paris zusammen, am selben Ort, wo die mißliche Hochzeit gefeiert worden war.[13] Man verlas päpstliche Briefe (das war unvermeidlich: die überlegene Autorität des Papsttums mußte anerkannt werden). Darauf fragten die Bischöfe von Orléans und Paris den König, ob er bereit sei, »der Sünde der fleischlichen, unerlaubten Paarung abzuschwören«. Vor den Bischöfen, den Äbten von Saint-Denis, Saint-Germain-des-Prés, Saint-Magloire und Étampes sowie zahlreichen anderen Geistlichen und Laien legte der König, im Büßergewand und mit bloßen Füßen, den Eid ab: »Ich werde mit dieser Frau kein Zwiegespräch und keine Hausgemeinschaft haben, es sei denn in Gegenwart ganz und gar unverdächtiger Zeugen«;

Bertrada leistete eine ähnliche Zusage. Der Bann war damit von selbst erloschen. Wer konnte sich übervorteilt fühlen? Die beiden Eheleute lebten weiter zusammen. 1106 kamen sie nach Angers, wo Graf Fulco sie sehr freundlich empfing.

Das Ereignis blieb in Erinnerung. Ein halbes Jahrhundert später, zwischen 1138 und 1144, schrieb Suger die Biographie Ludwigs VI., eine Apologie, die das kollektive Gedächtnis der Franzosen nachhaltig prägen sollte: in der Rückschau auf ihre Vergangenheit sehen sie Ludwig VI., den »Vater der Städte«, als einen großen König, eingerahmt von zwei mittelmäßigen, von seinem Sohn Ludwig VII. und seinem Vater Philipp I., die beide als schwächlich und als ein Spielball der Frauen dastehen. Tatsächlich hat Suger, um den Ruhm seines alten Freundes zu erhöhen, mit klugem Bedacht den seines Vorgängers herabgesetzt – der in Saint-Denis keinen guten Namen hatte, da er sich an anderem Ort, in Saint-Benoît-sur-Loire, hatte begraben lassen. Der Abt begründet die Abtrünnigkeit Philipps damit, daß er aus Buße, aus Scham über sein Betragen auf jene Ehre verzichtet habe.[14] Über die Zweitehe wird nahezu nichts gesagt. Doch ist Suger bemüht, Ludwig, den Abkömmling der »überaus edlen Gattin«, von seinen zwei Brüdern abzuheben. Er spricht so, als ob er sie nicht für vollwertige Erben halte, und verweigert ihrer Mutter, »der hinzugeheirateten (superducta) Gräfin von Anjou«, den Titel der Königin.

In dieser Epoche ist die große Geschichtsschreibung anglonormannisch und folglich antikapetingisch. Wilhelm von Malmesbury zeichnet Philipp I. als einen Mann der Sinnlichkeit. Er habe, so erzählt er, seine erste Frau aus seinem Bett verstoßen, weil er sie zu »fett« fand, und sich von der verderberischen Bertrada, die »der höhere Name juckte« und die deshalb ihrem Gemahl untreu wurde, verlocken lassen. Fortan sei er ihr in »brennender« Leidenschaft ergeben gewesen, ohne an den alten Spruch zu denken: »Es gehen nicht gut zusammen und wohnen nicht am selben Platz die Majestät und die Liebe.«[15] *Amor,* das männliche Verlangen – es war die Sünde Philipps, daß er sein Verlangen nicht bändigen konnte und sich um einer Frau willen über den für einen Herrscher geltenden Verhaltenskodex hinwegsetzte. Ordericus Vitalis äußert sich noch strenger über Bertrada, die er »lüstern« und »verschlagen« nennt. Sie habe den König von Frankreich in ihren Netzen gefangen: »So verließ die betrügerische Kebse den ehebrüchigen Grafen und hing dem ehebrüchigen König an *(adhesit)* bis zu dessen Tod.« Philipp konnte sich nicht, was eines Königs durchaus würdig war, der Heldentat einer Entführung rühmen. Er war kein neuer David, sondern ein neuer Adam, ein neuer Samson und Salomo: er *wurde* verführt, wie es einer Frau, aber nie und nimmer einem Mann gebührte, und versank in Unzucht. Taub gegen die Ermahnungen der Bischöfe, »verharrte er in der Bosheit«, in seinem »abscheulichen Verbrechen«, so daß er schließlich »durch den Ehebruch verfaulte« und, »wie er es verdiente, von Zahnschmerz und Krätze und vielen anderen Gebrechen und Schimpflichkeiten übermannt wurde«.[16] Die Chronisten der Touraine freilich, die viel auf altfränkische Tugenden geben, schildern den König weniger schlaff. So weist die Chronik der Herren von Amboise eindeutig ihm die Initiative zu. Nach dieser Version war er zwar ebenfalls »wollüstig«, aber doch der aktive Held, der Bertrada betörte und sie schließlich bei Nacht raubte – ein Frauenraub, wie er im Buche steht.[17] Dennoch ist das Bild, in dem König Philipp seither bei allen Geschichtsschreibern weiterlebt, das eines alternden Mannes, der sich im Lotterbett wälzt.

Lassen wir uns nicht täuschen: Wir hören immer nur dieselbe Stimme. Alle zeitgenössischen Beurteilungen, deren Nachhall uns erreicht, weil sie der Schrift anvertraut wurden, kommen von Priestern oder Mönchen. Denn die Kirche besaß damals ein außerordentliches Monopol: sie allein konnte dauerhafte Kulturobjekte schaffen, die den Abgrund der Jahrhunderte zu überbrücken vermögen. Überdies gehörten jene Priester und Mönche, unsere einzigen Informanten, zu den kultiviertesten, d.h. nach dem Maßstab der gelehrten, kirchlichen Kultur zu den besten Vertretern ihres Standes. Und mehr noch, sie alle waren linientreu: die Schriften, die man aufbewahrte, die man wieder und wieder abschrieb, waren solche, die sich nicht von der offiziösen Meinung entfernten. Wir wissen aus seiner sorgfältig erhaltenen Korrespondenz, was der Bischof von Chartres dachte. Was sein Mitbruder von Senlis dachte, der die zweite Eheverbindung des Königs segnete, ist uns ganz und gar unbekannt. Wenn man daher etwas über die Denk- und Lebensweise der Kriegerschicht zur damaligen Zeit herausfinden möchte, ist man gezwungen, durch Priesteraugen zu sehen, und zwar durch die Augen der konformistischsten Priester, die von der Kirche zu Heiligen gemacht wurden – der heilige Ivo von Chartres. War die Gruppe der Menschen wirklich so groß, die wie sie, im Namen derselben Prinzipien, das Verhalten des Königs als schlecht und sündhaft bewerteten, als schädlich für seine Seele, seinen Leib und darüber hinaus für das ganze Königreich? Vor allem darf man nicht vergessen, daß die Kritik der Rigoristen sich nicht auf eine Schamlosigkeit bezog, auf das Geschehen zwischen einem individuellen Mann und einer individuellen Frau – oder vielmehr auf die sexuellen Ausschweifungen des Mannes, denn nur er war von Belang. Ihre Kritik bezog sich auf eine bestimmte Art, ein Paar zu bilden, sich als Eheleute darzustellen. Sie bezog sich auf eine Verbindung, die von allen als Ehe betrachtet wurde, ob man sie als schlecht bewertete oder nicht. Sie wäre nicht so schroff ausgefallen, wenn es nicht darum gegangen wäre: um die feierliche, offizielle Vereinigung von Mann und Frau, um die Regeln, denen sie als solche notwendigerweise unterworfen war und deren Verletzung feierlich geahndet werden mußte. Infolgedessen zeigen die durch und durch parteiischen Quellen, denen wir unsere Mitteilungen verdanken, nichts anderes als die sehr präzisen Forderungen der rigoristischen Kirche in der Frage des *matrimonium legitimum,* der rechtmäßigen Ehe.

Es ist evident, daß diese Forderungen zur damaligen Zeit und in jener Region nicht einmal von der Mehrheit des Klerus getragen wurden. Man denke nur daran, wie die Bischöfe zur Benediktion der königlichen Zweitehe in Paris zusammenkamen – alle Bischöfe bis auf einen, und wer möchte glauben, daß die anderen allesamt Abenteurer, Kriecher oder gekauft waren? –, wie sie bei den Zeremonien mitwirkten und mit ihrer Heranziehung ganz zufrieden waren. Man bedenke, wie wenig Aufhebens sie dann von dem Bannspruch machten und wie sie bestrebt waren, ihn trotz aller päpstlichen Warnungen und Drohungen zu annullieren. Ihre Moral war nicht die gleiche. Sie verlangte nicht, daß Philipp, koste es, was es wolle, von Bertrada zu trennen sei. Über die Meinung des Adels wissen wir beinahe nichts. Kann man sich vorstellen, daß er, weil seine Interessen nicht direkt berührt waren, noch strenger urteilte? Dagegen spricht zur Genüge die Haltung Wilhelms von Aquitanien, der die Reformkardinäle aus seiner Stadt jagte, oder die Fulcos von Anjou, solange er noch nicht das Werkzeug päpstlicher Intrigen war. Was den Betroffenen selbst angeht, Philipp I., soll man ihn »gottlos« nennen, wo er doch vielleicht nur dem monotonen Gerede des Klerikertrosses, der ihn auf all seinen Schritten begleitete, keine Beachtung schenkte oder die Rücksicht auf die königliche »Majestät« den Erfordernissen des Kampfes unterordnete, den er Tag für Tag gegen die Feudalfürsten, seine Rivalen, führte? Freilich, er leistete zwölf Jahre Widerstand. Dann wahrte er zwar den Schein, ohne aber in Wirklichkeit seine Frau je zu verlassen – seine Frau, nicht seine Konkubine. Muß man nicht annehmen, daß er seinerseits Grundsätze respektierte, die von denen Ivos von Chartres verschieden, deren verpflichtende Kraft aber um nichts geringer war?

Damit ist nicht gesagt, daß man der »Liebe« keinerlei Bedeutung beimessen soll. Meine These ist vielmehr, daß Philipp sich nicht von einer senilen Leidenschaft hinreißen ließ, sondern daß er, als er seine erste Frau verstieß und eine andere nahm und behielt, den Vorschriften einer Moral folgte. Diese Moral war eine Moral des Geschlechts, d.h. des agnatischen Verwandtschaftsverbandes. Er fühlte sich verantwortlich für ein Familiengut – gewiß für die »Domäne«, für die Herrschaften, die seine Vorfahren besessen hatten, auch für die Krone, die sich mit diesem Erbe assoziiert hatte, vor allem aber für den Ruhm seines Stammhauses. Dieses Kapital, das er von seinem Vater empfangen hatte, mußte er an seinen legitimen Sohn weiterreichen. Im Jahre 1092 hatte er nur einen elfjährigen Knaben, und Knaben dieses Alters waren vom Tode bedroht. Dieser war außerdem von anfälliger Gesundheit; unser Zeuge hierfür ist Suger, der in seiner Biographie Ludwigs VI. erzählt, daß König Wilhelm der Rote von England »nach dem Königreich der Franken trachtete«, »wenn es durch irgendein Unglück dahin käme, daß der erste und einzige Erbe stürbe«.[18] Von Bertha konnte Philipp keine weiteren Kinder erwarten. Der Zeitpunkt, sich ihrer zu entledigen, war günstig; denn der Mann, der sie ihm 20 Jahre zuvor gegeben hatte, Graf Robert »der Friese« von Flandern, bereitete sich im Kloster Saint-Bertin auf den Tod vor. Der »Haß«[19], der auf dieser Seite durch die Verstoßung ausgelöst würde, war somit für den Augenblick weniger gefährlich, und tatsächlich dauerte er nicht lange an. Philipp nahm Bertrada. Es war eine gute Wahl. In einer Periode extremen Machtverlusts für die kapetingische Monarchie, in der es nur ein vordringliches Interesse gab: die Konsolidierung des schmalen Fürstentums, das der König von Paris und Orléans aus recht und schlecht regierte, konnte er es nicht mehr darauf anlegen, glänzende Heiratsverbindungen mit den großen Häusern königlichen Geblüts zu knüpfen. Sein Hauptziel mußte vielmehr sein, die ausgreifenden politischen Formationen zu schwächen, die einen immer stärkeren Druck auf die Burgen der Ile-de-France ausübten. Montfort war eine beherrschende Festung an den Zugängen zur Normandie, also an der meistbedrohten Flanke. Sie gehörte Amalrich, dem Bruder Bertradas, die selbst durch ihre Mutter von normannischen Fürsten abstammte, von Richard I., dem »Grafen der Seeräuber«. Diese Frau hatte ihre Fruchtbarkeit bewiesen: sie hatte dem Grafen von Anjou Knaben geschenkt, und auch Philipp bekam von ihr drei Kinder, darunter zwei Söhne. Aber damit war es noch nicht getan; wirklich von Nutzen konnten ihm diese Söhne nur sein, wenn sie legitim waren. Das Schicksal des Geschlechts hing von dem Status ab, den man der Gefährtin des Königs zuwies. Galt sie als einfache Konkubine, dann waren diese beiden Knaben Bastarde, und die Rivalen der Kapetinger wie etwa Wilhelm der Rote, der nach Suger das Nachfolgerecht der Söhne Bertradas »für nichts achtete«, konnten sich weiterhin alle Hoffnungen machen. Wenn hingegen die zweite Ehe als rechtmäßig angesehen wurde, rückte die Gefahr der Erbenlosigkeit in die Ferne – und man versteht nun, warum Philipp, der sein Verlangen nach Bertrada, wenn er es denn empfand, bequem auf andere Weise hätte stillen können, so energisch darauf hinarbeitete, daß seine Hochzeit mit allem Pomp, einschließlich des kirchlichen Segens, gefeiert wurde, und warum er es ablehnte, sich auch nur zum Schein von der Mutter seiner jüngeren Söhne zu trennen, bevor nicht sein Erstgeborener den Beweis körperlicher Rüstigkeit geliefert hatte. Es ist möglich, daß Leidenschaft ihn bewog, mit Bertrada zusammenzubleiben. Es ist sicher, daß seine Pflicht, seine Pflicht als Fürst, ihn nötigte, trotz aller Widrigkeiten an ihr festzuhalten. Wer kann im Ernst glauben, daß dieser Mann von mehr als 50 Jahren – an der Schwelle eines Lebensalters, das seinerzeit kein anderer König von Frankreich erreicht hatte – sich nicht vor der Hölle gefürchtet, sich nicht gewünscht haben sollte, daß die Sünde des fleischlichen Verkehrs, die er auf sich geladen und gewiß auch genossen hatte, durch die Vermittlung der Prälaten offiziell getilgt werde? Er hielt sich nicht, man hielt ihn nicht für schuldig.

Das Ereignis, das ich soeben anhand zeitgenössischer Quellen wiedergegeben habe, interessiert mich nicht an sich. Es kann etwas lehren, und nur zu diesem Zweck wird es hier benutzt. Die Erschütterungen, die es auslöste, lassen, wie so oft in ähnlichen Fällen, ans Licht treten, was gemeinhin im Dunkeln verborgen liegt. Das Ereignis wühlt die Tiefe auf. Wer sich ausführlich über die verstörenden Auswirkungen eines ungewöhnlichen Vorfalls äußert, spricht dabei *en passant* auch von den normalen Dingen des Alltags, über die man sonst nicht redet, nichts schreibt und die der Historiker darum nicht greifen kann. Die vorstehende – kritische – Nacherzählung dient als Einstieg in die Frage, die das Thema dieses Buches bildet: Wie wurden vor 800 oder 900 Jahren im christianisierten Europa Ehen geschlossen?
Wenn diese Frage im folgenden unter verschiedenen Blickwinkeln erörtert wird, so steht dahinter die Absicht herauszu-

finden, wie die Gesellschaft, die wir die feudale nennen, funktionierte. Eine solche Problemstellung führt zwangsläufig zur Ehe hin. Denn die Ehe spielt in jedem Gesellschaftsgefüge und zumal in der Welt, mit der ich selbst mich seit Jahren befasse, eine fundamentale Rolle. Durch die Institution der Ehe, durch die Normen der Heiratsverbindung, durch die Art und Weise, wie diese Normen angewandt werden, versuchen alle menschlichen Gesellschaften, und wenn sie noch so frei sein wollen oder frei zu sein vermeinen, ihre Zukunft zu regeln, d.h. sich selbst in der Aufrechterhaltung ihrer Strukturen und gemäß einem Symbolsystem, einem Idealbild der eigenen Vollkommenheit, zu perpetuieren. Die Riten der Eheschließung sind dazu da, eine geordnete Verteilung der Frauen unter den Männern zu sichern, den männlichen Konkurrenzkampf um sie zu zügeln und die Fortpflanzung in einen offiziellen und sozialen Rahmen einzuspannen. Indem sie den Kindern Väter zuweisen, fügen sie der Abstammung von der Mutter, die allein evident ist, eine weitere Abstammungslinie hinzu. Sie unterscheiden die zulässigen von anderen Lebensgemeinschaften und verleihen den Kindern, die aus den ersteren entspringen, den Status von Erben, d.h. Rechte, Vorfahren, einen Namen. Auf der Ehe basieren die Verwandtschaftsbeziehungen, auf ihr basiert die ganze Gesellschaft. Sie bildet den Eckstein des sozialen Gebäudes. Wie kann man die feudale Gesellschaft verstehen, wenn man nicht eine klare Einsicht in die Regeln gewinnt, nach denen der Ritter eine Frau nahm?

Notwendigerweise ostentativ, öffentlich und zeremoniell, mit einer Vielzahl von Gesten und Formeln umkleidet, steht die Ehe innerhalb des Wertesystems an der Nahtstelle zwischen dem Materiellen und Spirituellen. Durch sie wird die Weitergabe der Reichtümer von Generation zu Generation gesteuert; sie trägt infolgedessen die sozialen »Infrastrukturen« und ist von diesen nicht zu trennen. Hieraus erklärt sich, warum die Bedeutung der Ehe-Institution je nach der Rolle des Erbes in den Produktionsverhältnissen variiert, warum sie nicht auf allen Stufen der Vermögenshierarchie dieselbe ist und im Extremfall bei Sklaven und Proletariern völlig erlischt, die keine vererbbaren Güter besitzen und sich daher zwar natürlich paaren, aber keine Ehe schließen. Da die Ehe andererseits die Sexualtätigkeit ordnet – oder vielmehr den Fortpflanzungsaspekt der Sexualität –, hängt sie zugleich mit der geheimnisvollen, dunklen Sphäre der Vitalkräfte, der Triebe, also des Heiligen zusammen. Die Vorschriften, die sie regieren, fallen demnach in den Bereich zweier Ordnungen, der weltlichen und, sagen wir, der religiösen. Normalerweise passen sich die beiden Regulierungssysteme einander an und unterstützen sich wechselseitig. Aber es gibt auch Momente, in denen sie nicht mehr zusammenstimmen. Der zeitweilige Zwiespalt treibt dann die Ehegewohnheiten zur Veränderung, zur Entwicklung auf ein neues Gleichgewicht hin.

Eben dies zeigt die Geschichte Philipps I. Zwei Auffassungen der Ehe standen in der lateinischen Christenheit um 1100 in erbitterter Opposition zueinander. In der damaligen Epoche erreichte ein Konflikt seine volle Schärfe, dessen Ergebnis die Aufrichtung von Gebräuchen war, die bis zur Gegenwart einigermaßen stabil geblieben sind und die erst heute wieder, zu unseren Lebzeiten, in eine neue Phase der Auseinandersetzung und des Wandels eintreten. Zur Zeit König Philipps etablierte sich unter Schwierigkeiten eine bestimmte Struktur. In den folgenden Kapiteln versuche ich zu entdecken, warum und wie. Und da diese Krise aus derselben Gesamtbewegung hervorging, die damals zu einer Transformation der sozialen Beziehungen, im Leben wie in der Vorstellungswelt, führte, da somit diese neue Untersuchung unmittelbar an meine frühere über die drei *ordines* oder Stände, die drei Funktionskategorien der Gesellschaft, anschließt und sie ergänzt, siedle ich sie im selben Rahmen an: in Nordfrankreich während des 11. und 12. Jahrhunderts. Das Beobachtungsfeld bleibt diesmal auf die »gute« Gesellschaft beschränkt, auf die Welt der Könige, Fürsten und Ritter – obwohl ich überzeugt bin, daß das Verhalten und vielleicht auch die Riten bei der Bevölkerung des Landes und der Marktorte keineswegs ganz die gleichen waren. Für eine erste Behandlung des hier aufgeworfenen Problems jedoch lassen die Voraussetzungen historischer Arbeit keine andere Wahl: sobald man diese winzige soziale

Schicht überschreitet, wird die Nebelwand undurchdringlich.

Sie bleibt auch auf dieser Ebene sehr dicht. Der Gegenstand der vorliegenden Studie – die Praxis der Eheschließung und des ehelichen Zusammenlebens – läßt sich vor allem aus drei Gründen nur sehr schwer fassen. Zum ersten war der Gebrauch der Schrift – zumindest jener sorgfältigen Schrift, von der man erwartete, daß sie dem Zahn der Zeit widerstehe – damals noch die Ausnahme. Sie diente vor allem zur Aufzeichnung von Ritualen, zur Fixierung des Rechts, zur Verkündigung moralischer Prinzipien. Überliefert ist daher fast nur die Oberfläche, die härteste Schicht des ideologischen Panzers, der die Handlungen rechtfertigt, die man einräumt, und unter dem sich die Handlungen verstecken, die man verbergen will. Was unser Blick erhascht, sind Äußerungen des guten Gewissens. Das zweite Hindernis liegt darin, daß die einzigen Gewährsleute, die wir hören, Vertreter der Kirche sind. Alle unsere Nachrichten stammen also von Männern, und zwar von Männern, die im Zölibat lebten oder sich bemühten, diesen Eindruck zu erwecken, die von Berufs wegen einen Abscheu vor der Sexualität und besonders vor den Frauen hegten, die keine eigene Erfahrung mit der Ehe hatten oder jedenfalls nichts darüber vermelden und die eine Theorie vortragen, die ihren Machtanspruch zu untermauern vermochte. Ihr Zeugnis ist daher nicht sehr vertrauenswürdig, wenn sie sich über die Liebe, die eheliche Gemeinschaft, das Geschlechtsleben verbreiten oder auch über jene andere Moral, nach der sich die Laien richteten. Entweder beschreiben jene Geistlichen sie als mit der ihren identisch, oder sie reden von Unmoral und leugnen so ihr Vorhandensein. Man muß sich damit abfinden: was wir von den Ehegewohnheiten wahrnehmen können, kommt von außen und muß zumeist *ex negativo,* aus Verurteilungen und Ermahnungen zur Verhaltensänderung erschlossen werden. Zum Glück werden zwischen der Jahrtausendwende und dem Anfang des 13. Jahrhunderts die Texte, die uns informieren, zahlreicher und gesprächiger und lassen aufgrund einer fortschreitenden Säkularisierung der Hochkultur immer mehr vom Denken und Handeln der Ritter durchscheinen. Meine Darstellung folgt darum dem chronologischen Faden und der Bewegung, die das Bild zunehmend genauer und farbiger werden läßt, allerdings ohne die Hoffnung, jenseits des formalen Skeletts mehr als anekdotische Einblicke bieten zu können. Die dritte Klippe schließlich ist die Gefahr des Anachronismus. Bei der Deutung dieser unsicheren Spuren muß man sich hüten, die Lücken mit Hilfe der Phantasie zu füllen und so in die Vergangenheit hineinzutragen, was uns die Gegenwart lehrt. Denn jene Menschen, deren Lebensweise wir erkunden wollen, sind unsere Ahnen, und die Verhaltensmuster, deren sehr mühsamer Aufbau im folgenden nachgezeichnet werden soll, sind bis auf unsere Tage in Geltung geblieben. Die Ehe, von der diese Arbeit spricht, ist die unsrige, und wir haben keinerlei Gewißheit, daß wir das ideologische System abzustreifen vermögen, das doch zu entmystifizieren wäre. Kann es gelingen, leidenschaftslos zu bleiben, wo man derart betroffen ist? Es wird einer unaufhörlichen Anstrengung bedürfen, den Unterschied wiederherzustellen, das Jahrtausend, das uns von unserem Gegenstand trennt, präsent zu halten und hinzunehmen, daß das Dickicht der Zeit nahezu alles, was wir gerne sähen, in ein unergründliches Dunkel hüllt.

II
Priestermoral und Kriegermoral

Da der Historiker die feudalen Ehegewohnheiten allein durch die Augen von Priestern zu sehen bekommt, erscheint es ratsam, zu Beginn die Leinwand vorzustellen, auf die das Bild, das die Quellen zeichnen, unvermeidlich projiziert wird: die kirchliche Auffassung von der Institution der Ehe. Sie erweist sich bereits auf den ersten Blick als komplex. Es gab keine einheitliche Haltung *der* Kirche; in den Prälatenversammlungen zur Zeit Philipps I. wurden sehr gegensätzliche Stimmen laut. Tatsächlich entwickelte sich die kirchliche Ehelehre in einem langsamen, stockenden, mühevollen Prozeß, in dessen Verlauf sich über die Jahrhunderte hin widersprüchliche Texte übereinander schichteten. Gleichwohl hat sie ihr festes Fundament in der Schrift, im Wort Gottes, in einer sehr kleinen Anzahl von Sprüchen. Diese Sprüche trugen sämtliche Bischöfe des 11. Jahrhunderts im Gedächtnis.

Einige von ihnen sind dem Alten Testament, dem Buch der Genesis, entnommen. Man findet sie im zweiten Schöpfungsbericht (Gen. 2,4-3,24). Sie markieren vier wesentliche Punkte:

1. »Es ist nicht gut, daß der Mensch allein sei.« Gott schuf den Menschen zweigeschlechtlich und wollte, daß die beiden Geschlechter sich vereinigen.

2. Aber er machte die beiden Geschlechter ungleich: »Ich will ihm eine Hilfe *(adiutorium)* schaffen, die zu ihm paßt *(simile sibi)*.« Der Mann kam zuerst und behält den Vorrang. *Er* ist das Bild Gottes, die Frau hingegen nur dessen sekundärer Abglanz. Als »Fleisch von [Adams] Fleisch« wurde der Leib Evas nachträglich gebildet, was ihm eine untergeordnete Stellung zuweist.

3. Die beiden Leiber sind dazu bestimmt, sich miteinander zu vermischen. »Darum verläßt der Mann Vater und Mutter und hängt seinem Weibe an, und sie werden [wieder] *ein* Leib«: die Ehe führt zur Einheit.

4. Dennoch beseitigt die Ehe nicht die Ungleichheit und ändert nichts daran, daß die Frau in ihrer Inferiorität schwach und gebrechlich bleibt. Der Mann wurde durch sie ins Verderben gestürzt, aus dem Paradies vertrieben. Seitdem ist das Menschenpaar zur unvollkommenen Paarung verdammt: es kann sich nicht mehr ohne Scham lieben. Die Frau ist ferner, als zusätzliche Züchtigung, der Herrschaft des Mannes und den Schmerzen des Gebärens unterworfen.

Die Lehre Jesu knüpft unmittelbar an diesen Initialtext an. Einige Sprüche in den synoptischen Evangelien geben Antwort auf zwei präzise Fragen zur Ehe. Zunächst wird Jesus von Pharisäern mit dem Brauch konfrontiert, der es dem Mann erlaubte, seine Gemahlin zu entlassen. Unter Berufung auf die Genesis erklärt Jesus die Ehe für unauflöslich: »Was Gott zusammengefügt hat, soll der Mensch nicht scheiden« (Matth. 19,6). Die Verstoßung ist damit förmlich verboten – es sei denn »wegen Unzucht [der Frau]«. In der Redaktion des Matthäus vermitteln diese Sätze den Eindruck, als ob Jesus, wie alle Menschen seiner Zeit, den Ehebruch der Frau für folgenschwerer gehalten habe als den des Mannes. Geht man dagegen von der Fassung des Markusevangeliums aus (10,12), muß man eher annehmen, daß beide Gatten für ihn die gleiche Verantwortung trugen. Auf die Verkündung des Prinzips der Unauflöslichkeit hin bemerken die Jünger: »Wenn die Sache des Mannes mit dem Weibe so steht, ist es nicht gut, zu heiraten« (Matth. 19,10). Es ist dies eine scheinbar sehr punktuelle Aussage, deren Grenzen sich jedoch ins Unabsehbare ausweiten lassen. Legte sie nicht den Schluß nahe, daß ein jeder, der auf die Errichtung des Himmelreiches und damit auf die Wiederherstellung des Paradieses auf Erden hinarbeiten wollte, die Regungen des Fleisches unterdrücken, seine Sexualtätigkeit einschränken und auf die Ehe verzichten müsse? Die Antwort des Meisters ist zweideutig: »Es gibt Verschnittene, die sich selbst verschnitten haben um des Reiches der Himmel willen. Wer es fassen kann, der fasse es.«

Die ersten Vorsteher der christlichen Sekte hielten an diesen Sätzen fest. Getreu den Anweisungen Jesu paßten sie sich der Welt an und gaben dem Kaiser, was des Kaisers ist. »Jeder soll so leben, wie der Herr es ihm zugemessen, wie Gottes Ruf ihn getroffen hat«; »bist du an eine Frau gebunden, suche dich nicht zu lösen; bist du ohne Frau, dann suche keine« (1. Kor. 7,17.27). Doch fügt Paulus hinzu (V. 19): Alles kommt darauf an, »die Gebote Gottes zu halten«. Auf der Grundlage dieser Gebote etablierte sich in der Urkirche ein System von Verhaltensregeln. Einer seiner Eckpfeiler war die von Anbeginn gegebene, notwendige Unterordnung der Frau, wie sie im Schöpfungsbericht bezeugt ist. In vollem Gleichklang schärfen Petrus und Paulus den Frauen immer wieder ein: »Seid euren Männern untertan« (1. Petr. 3,1; Eph. 5,21 f.; Kol. 3,18). Eine der Funktionen der Ehe besteht nach ihrer Ansicht eben darin, diese Ungleichheit zu institutionalisieren: Zwischen Mann und Frau muß sich auf einer tieferen Ebene – wie auch sonst zwischen Ranghöheren und Rangniedrigeren auf verschiedenen Stufen der himmlischen und irdischen Hierarchie – die Beziehung zwischen Gott und Adam wiederholen. Der Mann herrscht über die Frau; er soll sie »lieben«, sie aber vor ihm »Ehrfurcht haben« (Eph. 5,33). Männer, so mahnen die Apostel, zeigt euch »einsichtig« gegenüber dem »schwächeren Teil« (1. Petr. 3,7); liebt eure Frauen »als [eure] eigenen Leiber« (Eph. 5,28). Im Ehepaar soll die Bewegung der *caritas* zu ihrer Vollendung gelangen, jener Kreislauf der Liebe von der Quelle zum Empfänger und wieder zurück, durch den das ganze Universum ins Dasein gerufen wurde. Die Ehe erscheint daher als ein Ausfluß dessen, was den Schöpfer und das Geschöpf, den Herrn und seine Kirche verbindet. Paulus schreibt: »Ihr Frauen, [seid untertan] euren Männern wie dem Herrn. Denn der Mann ist das Haupt der Frau, wie auch Christus das Haupt der Kirche ist ... Ihr Männer, liebt eure Frauen, wie auch Christus die Kirche geliebt hat« (Eph. 5,22-25). Dies ist mehr als eine Metapher, es ist eine Sublimierung. Durch sie wird das Unauflöslichkeitsgebot noch verschärft. Im Namen des Herrn ordnet Paulus an, »daß eine Frau sich von ihrem Mann nicht trennen soll – wenn sie sich aber doch getrennt hat, so bleibe sie unverheiratet oder versöhne sich wieder mit ihrem Manne – und daß ein Mann seine Frau nicht entlassen soll« (1. Kor. 7,10 f.).

Indessen, »die Zeit ist kurz«, die Menschheit muß sich, wie Paulus noch glaubte, auf die Rückkehr Christi vorbereiten. Daher »ist es für den Menschen gut, kein Weib zu berühren« (1. Kor. 7,1). »Es ist gut«, sagt der Apostel über die Unverheirateten, »wenn sie bleiben wie ich« (V. 8). Die Witwe ist »glückseliger«, wenn sie ihren Stand nicht verändert (40); wer seine Tochter nicht verheiratet, »wird besser tun« (38); »um der bevorstehenden Not willen« sollte ein Mensch lieber ehelos bleiben (26). Ist nicht der Augenblick gekommen, um »ohne Ablenkung bei dem Herrn zu verharren« (35)? Der Verheiratete hingegen »sorgt sich um die Dinge der Welt, wie er seiner Frau gefallen möge« (33). Gewiß wird die Ehe von Paulus nicht verboten; aber sie wird doch nur geduldet, als ein kleineres Übel. Sie ist ein »Zugeständnis« (6) »um der Unzuchtsünden willen« (2) an alle, die sich »nicht enthalten können«: »es ist besser zu heiraten, als zu brennen« (9), damit nicht »der Satan euch wegen eurer Unenthaltsamkeit versuche« (5). Der Mann darf also eine Frau nehmen, um nicht zu sündigen. Allerdings ist damit die Verpflichtung verknüpft, von der Ehe behutsamen Gebrauch zu machen: Männer, »die Frauen haben, seien so, als hätten sie keine« (29); zumindest sollen sich Eheleute einander »eine Zeitlang« entziehen, »um Muße zum Gebet zu haben« (5). – Soweit die kanonisch gewordene Lehre der Schrift.

In der frühen Kirche, die im Rahmen der hellenistischen Kultur Gestalt annahm, verstärkte sich die asketische Tendenz, und zwar zunächst unter dem Einfluß der Opferriten, wie sie in anderen Sekten in Übung waren. Seit die Eucharistiefeier als Opfer aufgefaßt wurde, fühlten sich die Teilnehmer an ihr zu einer vorhergehenden Reinigung und die Zeremonienleiter zur Enthaltsamkeit, wenn nicht zur Jungfräulichkeit gezwungen. Was im 1. Korintherbrief Empfehlung war, wurde nun zum Erfordernis. Auch die eigentümliche Moral der Philosophen machte sich geltend, die es diesen erlaubte, Frauen für gelegentliche Befriedigungen zu benutzen, ihnen aber von der Ehe abriet, weil sie die Kontemplation störe und die Seele aufwühle: besser eine Mätresse als eine Ehefrau.

Schließlich und vor allem geriet das christliche Denken in den Sog jener mächtigen Strömung, die eine Intellektuellenschicht in den Städten des Ostens dazu brachte, sich die Welt als Schauplatz eines Kampfes zwischen Geist und Materie vorzustellen und alles Fleischliche dem Reich des Bösen zuzuschlagen. Der Abscheu vor dem Geschlechtsverkehr und den Körpersäften, vor der Fortpflanzung und folglich auch der Ehe wurde dadurch um vieles heftiger. Konnte man sich zum Licht erheben, ohne sich von seinem Leib zu lösen? Kleine Gruppen von Vollkommenen, die Mönche, entwichen in die Wüste, schlossen sich ein und predigten das Grauen vor den Frauen. Durch unechte Schriften des Apostels Andreas und des Paulusschülers Titus wurde diese Moral der Verweigerung verbreitet. Man pries die Reinheit der heiligen Thekla und nährte den Traum von entkörperlichten Verbindungen, von geistigen Paarungen, wie sie die Engel pflegen.

Vieles von diesen Einstellungen vererbte sich an die lateinischen Kirchenväter fort. Für Hieronymus besteht kein Zweifel, daß Adam und Eva im Paradies jungfräulich blieben. Ihre Leiber vereinigten sich erst nach dem Sündenfall, als eine Folge des Fluches. Darum ist jede, auch die eheliche Kopulation verflucht. Nur die eine Tatsache rechtfertigt die Ehe, daß sie dazu dient, den Himmel wieder zu bevölkern und jungfräuliche Menschen hervorzubringen: ›Ohne die Ehe gäbe es auch keine Jungfräulichkeit.‹* An sich aber ist die Ehe schlecht. Nicht nur treibt der Gatte zwangsläufig Unzucht, sondern er wird überdies ehebrüchig, wenn es ihm widerfahren sollte, seine Frau mit einiger Glut zu lieben; dann nämlich macht er sie zur Dirne. In seinem Werk *Adversus Iovianum* versammelt Hieronymus sämtliche Waffen eines erbitterten Kampfes gegen die Frau und die Ehe. Ähnlich wie er äußert sich später auch Gregor der Große, der in den Klöstern und im Umkreis der Bischofssitze sehr viel gelesen wurde und dessen Einfluß somit unvergleichlich stärker war. Gregor unterteilt die menschliche Gesellschaft, die von den »Prälaten« geleitet und angeleitet wird, in zwei Gruppen: eine Elite de-

* Zur Bedeutung einfacher Anführungsstriche bei Zitaten vgl. Fußnote auf S. 335. (Anm. d. Übers.)

rer, die abstinent leben, die den Verlockungen des Fleisches widerstehen, und die große Masse der verheirateten Männer und Frauen, die der Ehe nicht abgeschworen haben. Die Haltung der letzteren gilt ihm als minderwertig, verachtenswert, denn die Ehe ist unweigerlich durch die Lust befleckt. Seit Adams Sünde gibt es keinen Geschlechtsverkehr mehr ohne Lust, weil der Mensch sich hinreißen läßt, weil sein Geist die Gewalt über den Leib verloren hat; seitdem ist das ursprüngliche Gesetz der Ehe ›übertreten‹.[1] Zu heiraten ist eine Verfehlung. Die Scheidelinie zwischen Gut und Böse verläuft zwischen den Enthaltsamen und den Eheleuten.

Augustin urteilt weniger streng. Sicherlich ist er der Meinung, daß im Menschen der Wille, der den Verstand erleuchtet, und die Regungen des Sexualtriebs in einem ständigen Kampf miteinander liegen, und in seiner Ausdeutung des Genesistextes sieht er – wie schon Ambrosius – in Adam die geistige Seite des menschlichen Wesens und in Eva die Seite der Sinnlichkeit verkörpert. Satan hat triumphiert, als es ihm gelang, den Geist durch das Fleisch zu schwächen und ihn damit unter seine Macht zu bringen. Ein ganzer Strang des augustinischen Denkens ist durch diesen Dualismus bestimmt, der das Böse mit dem Leib, also der minderwertigen, fleischlichen Frau identifiziert. Wie für Hieronymus und Gregor stehen auch für Augustin die Verheirateten deutlich unter den Enthaltsamen, auf einer tieferen Stufe in der Hierarchie der Verdienste. Andererseits jedoch räumt er auch ein, daß der Mensch, obwohl durch die Erbsünde der unausweichlich schlechten Sinnenbegierde preisgegeben, das Vermögen bewahrt, dem unheilvollen Einbruch des Teuflischen die Spitze zu nehmen. Dies geschieht durch die Ehe, die weniger unvollkommene Form der Geschlechtsverbindung. Die Sünde des Sexualakts, die in der Unzucht Todsünde ist, wird in der Ehe läßlich und kann gesühnt werden. Augustin verschiebt somit die Scheidelinie zwischen Gut und Böse: sie trennt nun nicht mehr die Enthaltsamen von den Verheirateten, sondern die Verheirateten von den Unzüchtigen. Die Ehe hat auch ihr *bonum*. Sie ist einmal gut, weil sie zur Vermehrung der Menschheit führt und es damit ermöglicht, daß die Erwählten das von den gefallenen Engeln entleerte Paradies wieder bevölkern; und sie ist vor allem gut als Mittel zur Zügelung der Sinnlichkeit, d.h. der Frau. Ins Paradies, so schreibt er, fand das Böse dadurch Zugang, daß die Begierde ›jenen Teil der Seele durchdrang, der der Vernunft hätte untertan sein müssen wie die Gattin dem Gatten‹. Durch die Ehe kann die ursprüngliche Rangordnung, die Herrschaft des Geistes über das Fleisch, wieder aufgerichtet werden — vorausgesetzt freilich, daß der Mann nicht die Schwäche Adams zeigt, sondern der Herr und Meister seiner Frau bleibt.

Die Zwangsvorstellung, daß das Geschlecht der Ursprung des Bösen sei, schlug immer tiefere Wurzeln. Aus ihr erklären sich viele der Verbote, die von den Oberen der lateinischen Kirche alsbald ausgesprochen wurden. War nicht die Buße im wesentlichen der Entschluß, der sexuellen Lust zu entsagen? Der Büßerstand, jener besondere *ordo,* in den Philipp I. und Bertrada 1105 in Paris eintraten, als sie mit bloßen Füßen vor den Prälaten erschienen, verlangte zuallererst eine solche Abstinenz. Aber auch abgesehen von dieser Sondervorschrift, die nur die schweren Sünder betraf, wurden Eheleute unablässig zur Enthaltsamkeit ermahnt, verbunden mit der Drohung, daß sie andernfalls Mißgeburten oder zumindest kränkliche Kinder erzeugen würden. Sie mußten einander natürlich am Tage meiden, aber auch in den Nächten vor Sonn- und Festtagen, um der Feierlichkeiten, und vor Mittwoch und Freitag, um der Buße willen, sowie ganz und gar während der drei vierzigtägigen Fastenzeiten vor Ostern, Kreuzerhöhung (im September) und Weihnachten. Eine Ehefrau war unberührbar während der Menstruation, ferner drei Monate vor und vierzig Tage nach dem Kindbett. Damit Jungvermählte die rechte Selbstkontrolle lernten, sollten sie die drei ersten Nächte nach der Hochzeit rein bleiben. Als höchstes Ideal galt schließlich ein Paar, das sich in gemeinsamer Entscheidung zur völligen Keuschheit verpflichtete. So betrachteten die Regenten der lateinischen Kirche in den ersten Jahrhunderten die Ehe fast ausnahmslos als etwas Widerwärtiges und rückten sie so weit wie möglich vom Bereich des Heiligen ab.

Die karolingische Epoche bedeutete für die hier untersuchte Region eine Phase enormer kultureller Fruchtbarkeit. Die Beschäftigung mit dem patristischen Schrifttum erlebte einen Aufschwung von einer solchen Kraft und Tragweite, daß noch um die Jahrtausendwende die Besten der Kirche davon zehrten. In der karolingischen Zeit wurde der Fundus an Büchern zusammengetragen, auf den Ivo von Chartres und seine Amtsbrüder zurückgriffen. Sie war zugleich die Phase einer Wiederherstellung sozialer Ordnung durch ein Zusammenwirken der geistlichen und der weltlichen Gewalt, wie es in der Geschichte unserer Kultur nie enger gewesen ist. Seitdem der Frankenkönig geweiht und durch diesen Ritus in das Kollegium der Bischöfe eingereiht wurde, sah er es als seine Aufgabe an, für die Verwirklichung kirchlicher Grundsätze zu sorgen. Freilich milderte er sie dabei ab und nötigte seine Mitbrüder, die Prälaten, auf dem Boden der Realität zu bleiben. Der Schulterschluß der beiden Gewalten führte daher zu einem Abklingen der asketischen Welle und des damit verbundenen Abscheus vor der Institution der Ehe. Zwar lasen und kopierten die Männer der Studien auch weiterhin Hieronymus und Gregor den Großen; aber man kann beobachten, wie sie die Polemik *Gegen Jovianus* beiseite lassen und statt dessen ihre Aufmerksamkeit auf die augustinischen Schriften richten und über das Gute der Ehe nachsinnen. Die Bischöfe erkannten, daß es ihrem Ziel, die Laien zu einem besseren Lebenswandel zu führen, nicht dienlich sein konnte, wenn sie ihnen eine Abneigung gegen den Ehestand einflößten, sondern daß sie zu diesem Zweck die Ehe geradezu rühmen und als die mögliche Form einer ethisch vollwertigen Existenz darstellen mußten. Um die Grundlagen der säkularen Gesellschaft zu festigen, mußten sie sich um eine Versittlichung der Ehe bemühen.[2]

829 traten in Paris die Regenten der fränkischen Kirche um Kaiser Ludwig den Frommen zusammen. Der Sohn Karls des Großen nahm den Platz Christi in der Mitte ein. Zwölf Jahre zuvor hatte er eine Reform des Klerus in die Wege geleitet; jetzt ging es ihm darum, die Gesellschaft in der Breite zu ordnen. Nach dem Muster Roms – des konstantinischen Roms,

das in der Selbstinterpretation der Zeit damals wiederbelebt wurde – holte der Kaiser den Rat der Theologen ein. Deren Instruktionen wollte er an die »Mächtigen« weitergeben, die in seinem Namen das Schwert führten und die das Volk zum guten Betragen zwingen sollten. Auf diese Weise wollte er die erneuerte Gesellschaft zu den Formen zurückbringen, die dem Willen Gottes entsprachen. Die Bischöfe redeten, vom Geist erleuchtet. Ihre Anweisungen an die Laien betrafen offensichtlich auch die Ehe. Eine Zusammenfassung, ein Memorandum von zehn Leitsätzen, ist auf uns gekommen. Sie lauten folgendermaßen[3]:

1. Die Laien »sollen wissen, daß die Ehe von Gott eingerichtet wurde« (zur Eröffnung wird die Institution der Ehe, durch einen Hinweis auf den Genesistext, in den Bereich des Heiligen zurückgeholt).

2. »Sie ist nicht um der Wollust, sondern vielmehr um der Kinder willen anzustreben« (ein Bezug auf Augustin: die Ehe ist durch die Fortpflanzung gerechtfertigt).

3. »Bis zur Hochzeit muß die Jungfräulichkeit gewahrt werden«.

4. »Wer eine Ehefrau hat, darf weder ein Kebsweib noch eine Konkubine haben« (wohl aber, wie aus der Formulierung hervorgeht, ein unverheirateter Mann).

5. Die Laien »müssen ihre Gattinnen in Keuschheit lieben und ihnen als den Schwächeren die schuldige Ehre entgegenbringen«.

6. »Die fleischliche Vermischung mit der Gattin muß um der Nachkommenschaft, nicht um der Sinnenlust willen geschehen«.

7. »Die Männer müssen sich während der Schwangerschaft des Koitus mit ihrer Gattin enthalten«.

8. »Außer wegen Unzucht darf man eine Ehefrau, wie der Herr spricht, nicht entlassen, sondern man muß sie vielmehr behalten«.

9. »Wer eine Gattin wegen Unzucht entlassen hat und danach eine andere heiratet, wird nach dem Urteil des Herrn für einen Ehebrecher erkannt«.

10. »Christen müssen auch den Inzest meiden«.

Die Ehemoral, die von den Priestern den Laien, d.h. den
»Großen«, verkündet wurde, ist eine Männermoral, die sich
ausschließlich an das stärkere als das allein verantwortliche
Geschlecht richtet. Sie umfaßt im wesentlichen drei Vorschriften: Monogamie, Exogamie, Unterdrückung der Lust;
die Verpflichtungen, bis zur Hochzeitsfeier jungfräulich zu
bleiben und die Gattin zu lieben und zu ehren, erscheinen
dagegen eher nebensächlich.

Dieser sehr einfache Text wurde wenig später durch den Bischof Jonas von Orléans in seiner Abhandlung *Über den Unterricht der Laien* weiter ausgeführt. Das Werk ist einer jener
Spiegel, die den Fürsten vorgehalten wurden, damit sie ihre
Fehler erkennen und berichtigen könnten und so besser imstande seien, ihren Auftrag als Vorbilder des Volkes zu erfüllen. Der Autor geht pädagogisch sehr geschickt vor. Er ruft
seine kriegerischen Adressaten *(bellatores)* zur Schlacht auf,
zum Kampf gegen das Laster, und verheißt ihnen dieselbe
Freude, die der Abend des Sieges verleiht. Für ihn ist die Ehe
eine der Waffen, deren man sich in einem solchen Kampf bedienen muß – die nützlichste Waffe, denn sie zielt auf den
schlimmsten Feind, die sexuelle Begierde. Die Ehe ist eine
Arznei; sie wurde zur Heilung der Wollust gestiftet. Als Heilmittel ist sie wirksam, aber zugleich gefährlich und mit Vorsicht zu gebrauchen, denn ihr Mißbrauch verweichlicht den
Krieger. Jonas lehrt diskret eine Standesmoral, die einer bestimmten sozialen Gruppe angepaßt ist. Sie verlangt nicht,
wie von den Mönchen und Weltgeistlichen, die Abstinenz,
sondern die Mäßigung; sie verbietet nicht, sondern dämpft.
Es handelt sich um ein Problem der Hygiene, zunächst des
Leibes und folglich auch der Seele.

Jonas von Orléans fragt sich nach den Werten der Ehe. Als
Leser Augustins, aber auch Ciceros, nennt er in diesem Zusammenhang die Freundschaft *(amicitia),* die nichts anderes ist
als die Treue, jene Tugend guter Untertanen, auf der die Stärke des Staates beruht. Von der Freundschaft geht er zur Hochzeit, zur Liebe über und beschreibt die Ehe als Bild der mystischen Vereinigung von Gott und Geschöpf. Doch vergißt er
dabei nicht, daß sie auch Bild – und Stütze – der politischen

Ordnung ist, und erweist sich so als einer der realitätsbewußten karolingischen Oberhirten, die im Verein mit den Fürsten die Anarchie zurückzudrängen suchten.

Der Ehestand ist also gut, doch ist er es mehr oder weniger. Jonas unterscheidet drei Grade. Auf der untersten Stufe, als ein Mittel zur Disziplinierung der elementaren Triebe, ist die Ehe einfach ein Zugeständnis an die sündige Menschennatur; in dieser Eigenschaft wird sie geduldet. Darüber hinaus wird sie empfohlen, insofern ihr Zweck die Fortpflanzung ist. In den Himmel endlich würde man sie heben, wenn ihr das Sexuelle ganz ausgetrieben und sie zur »brüderlichen Gemeinschaft« würde. Aber diese vollkommene Form ist unerreichbar: in der Welt hienieden kann die Sinnenlust nie restlos aus dem Zeugungsakt eliminiert werden und die Ehe nicht »ohne Sünde« sein. Die Übertretung, von der Gregor der Große spricht, ist unausweichlich. Doch kann das Böse wenigstens durch eine angemessene Buße gesühnt werden. Vielleicht läßt es sich auch durch eifriges Üben eindämmen. Abgekanzelt durch seinen Bischof, soll der gute Fürst über sich hinauswachsen, sich der *honesta copulatio* annähern und, mit diesem Handbuch vor Augen, an sich arbeiten, um sein Eheleben in einer Weise zu führen, die immer besser dem göttlichen Willen entspricht und dadurch immer mehr zur Aufrechterhaltung der sozialen Ordnung beiträgt.

30 Jahre später geriet diese Ordnung ins Wanken. Während die kulturelle Renaissance in Nordfrankreich ihren Zenit erreichte, löste sich das politische Gebäude in seine Bestandteile auf. Die Renaissance auf der einen und der Zerfall auf der anderen Seite stimulierten das Nachdenken der Männer der Kirche, und zwar hauptsächlich angesichts der überhandnehmenden Gefahren. Ein Beispiel ist Hinkmar, der damalige Erzbischof von Reims. Auch wo er sich weitläufig über die Ehe ausläßt, beschreibt er sie vor allem als Bollwerk gegen das Anbranden der Gewalt. Dies geschieht u. a. in seinen beiden Traktaten *De divortio* und *De coercendo raptu*. Der letztere handelt vom Frieden – dem irdischen Abglanz des himmlischen Jerusalem –, den König und Bischöfe in gemeinsamer

Anstrengung wieder aufzurichten haben. Diesen Frieden sieht Hinkmar gebrochen und in Stücke geschlagen durch den Einfall der Begehrlichkeit, der Raubgier – einer Untugend, die ebenso spezifisch männlich ist wie die Tugend der zupackenden Kraft, deren Zerrbild sie darstellt: der Mann ist seiner Natur nach ein Räuber, von Gütern und vor allem von Frauen. Um die Rückkehr zur Ordnung zu erreichen, war es somit erforderlich, dem »Ehevertrag«, durch den sich die Verteilung der Frauen friedlich regelte, wieder ein stärkeres Gewicht zu verleihen und folglich die privatrechtlichen, profanen Riten zu preisen, in denen jenes Geschäft abgewickelt wurde: die Förmlichkeiten der »Verlobung«, im Lateinischen *desponsatio* genannt, also des ersten Aktes im Eheschließungsvorgang, der die vertragliche Übereinkunft zwischen Bräutigam und Braut oder vielmehr zwischen ihren jeweiligen Verwandtschaftsgruppen umfaßte. Namentlich in seiner anderen Abhandlung *Über die Scheidung*[4] bestätigt Hinkmar, daß das Eheband nach den »Gesetzen der Welt«, entsprechend den »menschlichen Gewohnheiten« geknüpft wird. Der Erzbischof begreift die Ehe als das, was sie *de facto* ist: eine gesellschaftliche Einrichtung, die in die Sphäre des Naturrechts gehört. Sie ist ein Zusammenschluß zweier ungleicher Partner: »Zwischen dem Mann und der Gattin, so empfehlen die Apostel, soll eine außerordentliche und erhabene Liebe *(dilectio)* herrschen, unbeschadet freilich der Überordnung *(praelatio)* des Mannes und der Unterwerfung *(subiectio)* der Frau in dieser Ehe.« Der Mann hat den Vorrang, er befiehlt; und dennoch entspringt aus der Hierarchie eine wechselseitige Ergänzung. Wie Mond und Sonne, wie Wasser und Feuer korrigieren das weibliche und das männliche Prinzip durch ihre Wiedervereinigung die jeweiligen Mängel ihres Gegenstücks. In der Ehe mildern sich im selben Zuge die Heimtücke der Frau und die Brutalität des Mannes. So kann Harmonie entstehen, deren Frucht die Nachkommenschaft ist, Quelle der Freude und Garant des Weiterlebens für das Paar. Das Religiöse, die augustinische Moral, die hier wieder zutage tritt, heftet sich bei Hinkmar an eine ganz und gar weltliche Formation.

Diese Auffassung, typisches Produkt einer »Renaissance«, einer Rückbesinnung auf römische Verhältnisse, beläßt die Ehe in der Kompetenz der weltlichen Gerichtsbarkeit. Hinkmar erinnert an ein Ereignis aus der Zeit Ludwigs des Frommen, das er selbst im Palast von Attigny miterlebt hatte.[5] Vor den versammelten Großen des Reiches war eine »nicht unedle« Frau erschienen, um den Kaiser »wegen gewisser Unehrbarkeiten« – Hinkmar äußert sich nicht klarer darüber –, die zwischen ihr und ihrem Mann vorgefallen waren, als Richter anzurufen. Ludwig glaubte, die Angelegenheit den damals zu einem Konzil zusammengetretenen Bischöfen unterbreiten zu müssen. Diese nahmen jedoch von einer Verhandlung Abstand und »verwiesen die Frau an das Gericht der Laien und Ehemänner ... Den adligen Laien«, fügt der Kirchenfürst hinzu, »gefiel die Zurückhaltung der Priester, weil ihnen das Gericht über ihre Gattinnen nicht weggenommen wurde.« In der Tat war die Ehe in Nordfrankreich im 9. Jahrhundert noch einer der Lebensbezirke, in die sich die Geistlichen nur von ferne einmengten. Keine Quelle erwähnt den kirchlichen Brautsegen – außer bei Königinnen; und auch in diesem Fall bildet er nur ein Element des Weiherituals, der feierlichen Krönung: so bei der Hochzeit Judiths, der Tochter Karls des Kahlen, die 856 mit einem Sachsenkönig vermählt wurde (Hinkmar war der Leiter dieser liturgischen Handlung), und derjenigen Irmtruds, die 866 Karl der Kahle selbst heiratete. Der Bischof von Bourges verbot den Geistlichen seines Jurisdiktionsbereiches die Teilnahme an Hochzeiten. Das ist insoweit verständlich, als man bei der Hochzeit, die auf den Abschluß des Ehevertrags folgte, unter Gelächter und Trinkgelagen die Vereinigung der Leiber feierte. Aber abgesehen von den Diözesen Orléans und Basel wurde auch bei der *desponsatio,* der sehr viel gemessener verlaufenden Einigung der Parteien selbst, nirgendwo die Anwesenheit von Priestern gefordert. Die Zeremonien, durch die eine Ehe gestiftet wurde, spielten sich ganz auf der weltlichen, »volkstümlichen« Ebene der Kultur ab: wenn die karolingischen Chroniken von fürstlichen Eheschließungen berichten, verweisen sie nur auf die ausgelassenen Festlichkeiten und den Zug, der die Braut zum Hochzeitsbett geleitete. Hinkmar, ein ausgezeichneter Rechtskenner, definiert die Ehe durch ihre privatrechtlichen Formen, wobei er auf die klassisch-römische Tradition zurückgreift: »Das wahre Band *(copula)* der legitimen Ehe ist dann vorhanden, wenn es zwischen Freien und Gleichrangigen zustande kommt und wenn eine Frau, die nach dem Willen ihres Vaters [zur Ehe] verbunden, die rechtmäßig mit einer *dos* ausgestattet und durch eine öffentliche Hochzeit geehrt wurde, durch die Vermischung der Geschlechter mit dem Manne vereinigt wird.«[6] Über Gebete oder irgendeine Art kirchlicher Mitwirkung wird nichts gesagt.

Bei alledem muß man sich vor Augen halten, daß das theologische Denken in dieser Periode der Kirchengeschichte direkt aus der Liturgie erwuchs. Es war fruchtbar in bezug auf die Taufe, die Eucharistie, die Buße. In bezug auf die Ehe hingegen blieb es gehemmt, weil keine Eheliturgie existierte. Hinkmar und seine Zeitgenossen fragten nicht nach der Bedeutung des Konsenses; sie räumten dem Gelöbnisaustausch keinen Vorrang gegenüber der geschlechtlichen Vereinigung ein. Gleichwohl spürt man bei ihnen ein Bestreben, diese Lücke auszufüllen. Die Fälscher der pseudo-isidorischen Dekretalen hielten es für angebracht, in ihre Sammlung auch angebliche Texte der Päpste Calixtus und Evaristus über den Ehesegen einzuschieben. Und man kann beobachten, wie sich Hinkmar über die »legale Hochzeit« hinaus, die durch die Verbindung der Leiber die Ehe in der »natürlichen« Gesellschaft begründet, zu etwas anderem vorantastet, nämlich zu dem »Geheimnis« einer anderen, »mystischen« Hochzeit, die das *sacramentum* oder »Zeichen« der spirituellen Beziehung zwischen Christus und der Kirche ausdrückt. Hinkmar empfand ein Ungenügen und suchte nach einer Lösung. Aber das Vokabular, das Arsenal an Denkmitteln, über das er verfügte, erlaubte es ihm nicht, weiterzugehen. Das Gewicht einer langen Tradition der Ablehnung lähmte ihn.

Im karolingischen Frankenreich blieb die Institution der Ehe alles in allem an den Rand des Sakralen verbannt. Da sie jedoch das Hauptfundament des öffentlichen Friedens bildete und da die Bischöfe durch die Organisation des Staates aufs engste an der Aufrechterhaltung dieses Friedens beteiligt waren, konnten die Kirchenoberen nicht umhin, sich mehr als ihre Vorgänger und in einer positiveren Weise, mit weniger Abscheu, um sie zu kümmern. So nahm damals, vorbereitet durch die Sakralisierung des Königtums, d. h. der irdisch-gesellschaftlichen Ordnungsmacht, die langsam und sehr allmählich fortschreitende Sakralisierung der Ehe ihren Anfang. Die rituelle Einkleidung selbst blieb völlig profan, wurde aber von nun an mehr und mehr von einer neuen Moral durchsetzt. Die Prälaten, die sich vor die Aufgabe gestellt sahen, die Werte der Ehe zu rühmen, benutzten die Gelegenheit, um zwei eigene Forderungen herauszustreichen. Einerseits vertraten sie gegenüber Fürsten, die wie König Lothar II. oder Graf Stephan ihre Frau gewechselt hatten, mit stolzem Nachdruck das »evangelische Gesetz einer einzigen Gattin«, wie Remigius von Auxerre es nennt.[7] Andererseits bekräftigten sie sehr viel entschiedener als zuvor das Verbot, eine Cousine diesseits des siebten Verwandtschaftsgrades zu heiraten – wobei die Grade nach der naiven, körperlichen Weise der Germanen *per genicula* gezählt wurden, also Gelenk für Gelenk von der Schulter abwärts bis zum letzten Fingerglied. Durch die Ausdehnung auf sieben Generationen wuchs der Umfang der Blutsverwandtschaft, der durch eine solche Definition des Inzests abgesteckt wurde, im wahrsten Sinne des Wortes ins Maßlose. So viele Personen waren damit als Ehepartner ausgeschlossen, daß es beinahe unmöglich wurde, das Verbot zu befolgen. Uns Heutigen erscheint diese Regelung überraschend. Sie überraschte aber auch sichtlich die Gelehrten jener Zeit, die vergeblich nach einer Begründung für sie suchten. In der Bibel findet sich keine Stelle, die sie rechtfertigen könnte: die Restriktionen des mosaischen Gesetzes (Lev. 18 und 20) sind hundertmal weniger streng. Das römische Recht nennt zwar den sechsten und siebten Grad, aber im Zusammenhang des Erbrechts; und die römische Form der Verwandtschaftsberechnung, die die Stufen der auf- und absteigenden Linie zusammenzählte, reduzierte den Kreis der verbotenen Verwandten gegenüber der germanischen auf ungefähr ein Zwanzigstel. Auf dem Konzil von Paris 829 wurde das Tabu kommentarlos verkündet. Keine Autorität, nicht einmal der sonst als letzte Zuflucht bereitstehende Isidor von Sevilla, bot dafür eine befriedigende Erklärung. Auch ist bemerkenswert, daß diese zweite Forderung der ersten, hinsichtlich der Unauflöslichkeit, radikal widersprach: die Inzestvermutung ermöglichte nicht nur, wie die Unzucht, sondern erzwang geradezu eine Scheidung.

Die beiden Verbote der Verstoßung und der Verwandtenheirat mußten der Laienschaft ständig aufs neue eingeschärft werden – ein Beweis dafür, daß die Ermahnungen der Bischöfe an diesem Punkt auf eine Barriere trafen. Sie kollidierten mit einer anderen Auffassung und Praxis der Ehe. Der Widerstand entsprang nicht, wie die Priester offiziell behaupteten, einer böswilligen Unbelehrbarkeit, einem Mangel an Ordnung; er entsprang einer *anderen* Ordnung, einem anderen, hochgeachteten System von Normen und Grundsätzen, das in der Gesellschaft selbst verankert und nicht wie das Christentum von außen importiert worden war. Von diesem weltlichen Normensystem erfahren wir nichts – es sei denn durch die Erwähnung eben des Widerstands, den es leistete –, da es nicht in der Schrift, sondern im Gedächtnis bewahrt wurde und sich allein im Regelwerk des Zeremoniells, in Sätzen und flüchtigen Gesten äußerte. Der Historiker, der, im Dunkeln tappend, das Hindernis befühlt und seine Gestalt, die Moral jener Krieger, zu erraten sucht, muß sich vor dem Manichäismus hüten, der auch ihn bedroht.

Diese Moral stellte sich den kirchlichen Vorschriften nicht wie die Barbarei der Zivilisation oder schlicht wie die Materie dem Geist entgegen. Das Symbolgefüge, auf dem die Laienmoral und die entsprechende Ehepraxis fußten, war nicht allein durch materielle Werte bestimmt; es kreiste nicht, wie in unserer Kultur, um die Produktion, das Geld, den Markt. Die Menschen, nach deren Art zu heiraten in dieser Arbeit gefragt wird, dachten nicht in erster Linie in ökonomischen Kategorien. Im Bewußtsein der Ritter spielten wirtschaftliche Interessen bis zu Beginn des 13. Jahrhunderts, also bis ans Ende des hier behandelten Zeitraums, noch eine marginale Rolle – auch wenn vom unteren Rand der aristokratischen Gesellschaft, von den Ministerialen und Hoflieferanten her, die die Fürsten aus der Masse des Volkes an sich zogen und denen damit die Chance des sozialen Aufstiegs eröffnet wurde, Einstellungen und Denkweisen um sich griffen, die dazu führten, daß sich die *cupiditas,* die Begehrlichkeit, der allen Machthabern gemeinsame Wunsch nach fremdem Gut, allmählich und unmerklich zur *avaritia,* zur Geldgier, wandelte. Dreh- und Angelpunkt des aristokratischen Wertesystems war ohne Zweifel das, was in lateinischen Texten des 12. Jahrhunderts als *probitas* bezeichnet wird: jene Kühnheit des Leibes und der Seele, die ebenso zur Heldentat wie zur Freigebigkeit führt. Alle Welt war damals überzeugt, daß sich diese vornehmste Eigenschaft durch das Blut übertrage. Und eben das war die Funktion der Ehe: auf angemessene, »ehrbare« Weise den Übergang dieser Tapferkeit, eines männlichen Wertes, von Generation zu Generation sicherzustellen; das Blut fortzupflanzen, ohne daß sich seine Qualität veränderte, ohne daß es, wie man damals sagte, »degenerierte«, seine genetischen Qualitäten verlor. Es war die Funktion der Ehe, einem kühnen Erzeuger eine solche Gattin zuzugesellen, daß sein legitimer Sohn, der das Blut und den Namen eines heldenhaften Ahnen trug, diesen in seiner Person wieder aufleben lassen konnte. Dabei hing alles von der Frau ab; denn die Frau wurde nicht einfach als eine Durchgangsstätte (des männlichen Samens) betrachtet, wie es heute in einigen schwarzafrikanischen Kulturen der Fall ist. Im karolingischen und nachkarolingischen Europa glaubte man an die Existenz eines weiblichen Spermas und jedenfalls an ein gleichwertiges Zusammenwirken von Mann und Frau bei der Empfängnis; und man glaubte auch, daß die unmittelbare Folge des Geschlechtsverkehrs in einer unauflöslichen Vermischung des beiderseitigen Blutes bestehe. Dies waren, wie es scheint, die elementaren Grundlagen, auf denen sich die Ehemoral der Krieger aufbaute, jener Männer, von deren Gedankenwelt uns direkt nichts berichtet wird.

Immerhin wissen wir ein wenig über die Gedanken der Könige, die zur Hälfte ihres Wesens Krieger waren. Die Gesetze, die sie erließen, sind uns durch die Schrift überliefert, deren Gebrauch im Zusammenhang mit der Sakralisierung des Königtums wiederaufblühte. Und da sich die Monarchen, die Vermittler zwischen der geistlichen und der weltlichen Gewalt, von den bischöflichen Anweisungen gewöhnlich nur diejenigen zu eigen machten, deren Tenor der Profanmoral nicht allzu kraß widersprach, vermögen wir durch die in den Kapitularien verzeichneten königlichen Verordnungen einige Züge dieser Moral zu entdecken – jene nämlich, die mit den Forderungen der Kirchenmänner am ehesten übereinstimmten. Das heißt, auch hier war die Übereinstimmung nicht total; man sieht es besonders an der Bekämpfung dessen, was man damals *raptus* (Entführung) nannte.

Die Verfolgung von Entführern gehörte ebenso zu den Obliegenheiten des Königs wie die von Brandstiftern, Meuchelmördern und Dieben; der Frauenraub war in der Feudalzeit einer der vier Fälle der Blutgerichtsbarkeit, des direkten Abkömmlings der karolingischen Königsgerichtsbarkeit. Der oberste Herrscher, dem die Bischöfe zur Seite standen, mußte die Paare auseinanderbringen, die sich nicht in Frieden, gemäß den vorgeschriebenen Riten gebildet hatten: solche Verbindungen waren keine Ehen. Er mußte sie trennen und die entführte Frau in die Hände zurückerstatten, denen sie mit Gewalt entzogen worden war, um zu verhindern, daß das soziale Geflecht zerriß und die Störung sich durch eine Verkettung von Familienrachen in der hohen Gesellschaft ausbreitete. Diese Intention läßt sich an den Kapitularien vom Beginn des 9. Jahrhunderts sehr deutlich ablesen. Sie erklären die Vereinigung des Entführers mit der von ihm geraubten Frau für unerlaubt. Wenn das Mädchen bereits einem anderen Mann versprochen war, konnte dieser sie nehmen und zu seiner legitimen Gattin machen; wenn er sie nicht mehr haben wollte, behielt ihre Verwandtschaft das Recht, sie nach Gutdünken mit einem Mann zu verheiraten – außer freilich mit dem Entführer selbst; denn in diesem Fall kam alles darauf an, einem Angriff der Sippe des geschädigten Bräutigams gegen die des Schadensstifters vorzubeugen. Wenn hingegen das Mädchen noch frei und nicht bereits durch die Handlungen der *desponsatio* vergeben war, genügte die nachträgliche Zustimmung ihres Vaters, zusammen mit einer geringen Buße, um das rechtswidrig zusammengekommene Paar zu einem legitimen Ehepaar zu erheben. Der Sachverhalt ist klar: Eheschließungen sollten der freien Entscheidung anheimgestellt bleiben, wobei die geschützte Freiheit nicht die der Brautleute, sondern die der Braut eltern (und -verwandten) war.

In der kleinen Anzahl von Texten, die aus dem 9. Jahrhundert erhalten sind, taucht der Frauenraub immer wieder auf. Witwen und Nonnen, Töchter (ob verlobt oder nicht) und Gattinnen scheinen eine beliebte Jagdbeute junger Männer gewesen zu sein, die sich in Scharen zusammentaten, um sie zu erobern. Man muß damit rechnen, daß viele dieser Entführungen vorgetäuscht waren: sie stellten eine Möglichkeit dar, Gebote des Rechts oder der Schicklichkeit zu umgehen. Den arrangierten Frauenraub konnten Ehemänner benutzen, um sich ihrer Frauen zu entledigen, Brüder, um eine Schwester als Miterbin auszuschalten, oder Väter, um sich die enormen Kosten einer Hochzeitsfeier zu ersparen. Ein Grund für diese schwere Gewalttat war gewiß auch die Raublust, jene wilde Begehrlichkeit, die Hinkmar so sehr beklagt. Schließlich spielten dabei die sozialen Riten eine, wie es scheint, maßgebliche Rolle. War nicht der Frauenraub ein Spiel, ein Spiel der Jungen, wie es mit Sicherheit die gemeinschaftliche Notzucht in den französischen Dörfern der Vorrenaissancezeit war, die Jacques Rossiaud erforscht hat? In seiner Arbeit über die Ehe im indo-europäischen Kulturraum[8] unterscheidet Georges Dumézil vier Formen der Eheschließung, die sich auf zwei gegensätzliche Typen reduzieren. Im ersten Fall ist die Tochter das Objekt eines rechtlich geordneten Tausches; sie wird von ihrem Vater weggegeben bzw. vom Bräutigam gekauft, in einer öffentlichen Zeremonie, deren feierlicher Charakter den gesellschaftlichen Frieden zum Audruck bringt und befestigt. Im zweiten Fall wird dieser Friede negiert, durch einen individuellen Willkürakt gebrochen, der jede

Kontrolle unterläuft: das Mädchen gibt sich hin bzw. wird von einem Helden wie aus dem Epos geraubt. Der Unterschied zwischen diesen beiden Typen scheint in der hier untersuchten Zeit – und besonders markant im 12. Jahrhundert, wenn die weltliche Kultur aus dem Schatten hervortritt – mit dem Unterschied zwischen zwei Verhaltensmustern des Kriegeradels zu korrespondieren, die sich einerseits auf »alte *(seniores)*« und andererseits auf »junge *(iuvenes)*« Männer beziehen. Voraussetzung einer solchen Deutung ist freilich, daß man unter »Alter« und »Jugend«, wie es die Menschen der Zeit taten, nicht einfach zwei Altersklassen versteht, sondern vielmehr den gesellschaftlich-praktischen Niederschlag zweier Wertesysteme, die dort um die Kardinalwerte Ordnung und Weisheit und hier um die Kardinalwerte Tatkraft und Wagemut kreisen. Wenn Wilhelm von Malmesbury Philipp I. vorwirft, er habe vergessen, daß »Majestät« und »Liebe« einander ausschließen, so verweist er damit auf zwei Arten des Umgangs mit Frauen, deren eine dem gesetzten Alter und deren andere den jungen Leuten zukommt: in einer romanhaften Stilisierung sieht er das Zentrum des Geschehens in der unerhörten Verirrung, daß ein vierzigjähriger König einen nächtlichen Frauenraub beging. War nicht in der vornehmen Gesellschaft des europäischen 11. oder auch 9. Jahrhunderts der Hauptantagonismus der zwischen den jungen und den älteren Männern? Vieles spricht dafür, daß der Code des Betragens, dem die »Jugend« folgte, durch jene Konfliktsituation geprägt war und daß es den Ehegatten oder Vergabeberechtigten zum Trotz geschah, wenn dieser Code verlangte, sich mit roher Gewalt der Frauen zu bemächtigen. Jedenfalls besteht eine auffällige Parallele zwischen dieser Handlungsweise und der Jagd, deren Rolle in der Erziehung heranwachsender Adliger bekannt ist. Das Ritual des Beutezuges wurde dann nach und nach auf die Ebene des Symbolischen, Spielerischen abgedrängt; im 12. Jahrhundert ist es zu einem solchen kontrollierten Spiel zusammengeschrumpft – zur höfischen Liebe. Von der karolingischen Aristokratie jedoch wurden diese Riten allem Anschein nach in unverhüllter Direktheit ausgeübt. Wie gesagt, vertraten die Kirchenmänner am Ende des

11. Jahrhunderts noch keineswegs eine einheitliche Auffassung der »rechten« Ehe. Ebenso gespalten waren die Anschauungen unter den Kriegern. Die Erlasse der karolingischen Könige gegen die Entführung kamen nur einem Teil von ihnen zupaß, nämlich den *seniores,* den Familienoberhäuptern: im Einklang mit den Bischöfen sprachen sie von Ordnung, damit nicht der anarchische Jugenddrang ihre Macht beschneide.

Wenn man diese Macht und Ordnung, den etablierten Teil der Gesellschaft, wenn man die sozial anerkannten, stabilen, nach Maßgabe der Weisheit und in Frieden gebildeten Paare genauer betrachtet, stößt man noch auf eine weitere Eigentümlichkeit: es gab nicht nur eine einzige Art des offiziellen, geregelten Zusammenlebens von Mann und Frau. In seiner summarischen Aufzählung der Riten oder Handlungen, durch die eine Tochter einem Manne vertraglich übereignet wird, beschreibt Hinkmar eine der Möglichkeiten; er nennt sie mit ihrem spezifischen Namen: *legitimi coniugii copula,* das Band der Ehe gemäß dem »Recht«, d. h. dem römischen Recht. Auf diese Weise unterscheidet er die von ihm hervorgehobene Form (zu der wesentlich die Dosbestellung gehörte) von anderen, deren Existenz er damit zugleich implizit andeutet. Schon das Gutachten, das die Bischöfe 829 Ludwig dem Frommen vorlegten, stellte eine solche Vielfalt in Rechnung, indem es die »Ehefrau« mit dem »Kebsweib« kontrastierte. Die Gelehrten des 9. Jahrhunderts beanspruchten, das antike Rom aus seinen Ruinen wiedererstehen zu lassen. Aus den Gesetzbüchern der alten Kaiser gruben sie das Modell der »rechten« oder »rechtmäßigen Ehe« aus, die strikten Bedingungen unterworfen war, darunter vor allem der, daß die Brautleute frei und von gleichem Status seien. Aber sie entdeckten in denselben Texten auch Hinweise auf eine andere, eine einfachere und unendlich viel weiter verbreitete Verbindung, die nicht weniger einen völlig offiziellen Charakter hatte: auf das Konkubinat. Die Kirche hatte schon 398, in Canon 17 des Konzils von Toledo, diese ganz gängige Art der Lebensgemeinschaft formell als gültig akzeptiert. Mit kompromißloser Schärfe, was die Monogamie betraf, hielten die fränkischen Bischöfe 829 zwar daran fest, daß ein Mann nur eine einzige Gefährtin haben dürfe; wo aber eine volle Ehe nicht vorhanden war, duldeten sie das Konkubinat. Sie mußten es dulden, denn sie wollten ja nicht die Gesellschaft zerstören. Und diese Doppelgleisigkeit hatte durchaus ihre Vorteile, insofern sie eine geschmeidige Anwendung des Gesetzes erlaubte: man konnte dem Priester eine Gattin verweigern, ihm aber zugleich seine Konkubine belassen; man konnte einräumen, daß ein Krieger, der sein Kebsweib vertrieb, um eine legitime Ehe zu schließen, sich damit nicht der Bigamie schuldig machte. Es mag genügen, als Beleg einen weiteren kanonischen Text anzuführen, aus einem Brief Leos I.[9] Dem Papst war der Fall vorgetragen worden, daß ein Geistlicher seine jungfräuliche Tochter »einem Manne zur Ehe *(coniugium)* gab, der bereits eine ihm verbundene *(coniuncta)* Frau hatte«. War dieser Mann ein Bigamist? Nein, entscheidet Leo, denn hier hatte zuvor keine vollwertige Ehe bestanden: »nicht jede einem Manne verbundene *(iuncta)* Frau ist eine Ehefrau *(uxor)*«. Dieser Satz billigt die geltenden Gebräuche, um nicht eine heillose Konfusion zu erzeugen.

Wir sind über das fränkische Eherecht nur schlecht informiert. Wir wissen, daß es unterhalb der »Muntehe«, dem Äquivalent des römischen *coniugium legitimum,* aber durchaus oberhalb der einfachen Liaison, die sogenannte »Friedelehe« kannte. Diese Eheform zweiten Ranges wurde benutzt, um die Sexualtätigkeit junger Männer in geregelte Bahnen zu lenken, ohne dabei schon endgültig die Zukunft der »Ehre« zu verpfänden. Aus einer solchen Beziehung wurden Kinder geboren, deren Erbansprüche weniger gesichert waren als die von Sprößlingen eines rechtmäßigen Paares: wenn ihr Vater beschloß, eine Verbindung höheren Ranges einzugehen, mußten die Kinder der Friedelfrau hinter den jüngeren der »rechten« Gemahlin zurücktreten. Weil weniger fest, war eine Minderehe dieses Typs oft nur von zeitweiliger Dauer. Gleichwohl war sie offiziell, kam durch bestimmte Riten zustande: ihr öffentliches Zeichen war die »Morgengabe«, der Preis der Jungfräulichkeit, der am Morgen nach der Hochzeitsnacht entrichtet wurde. Die Tochter wurde in diesem Fall nicht so sehr vergeben, als vielmehr ausgeliehen. Ihre Verwandtschaft aber lieh sie feierlich aus, per Vereinbarung, aus freiem Willen und in Frieden.

Daß es zwei Arten gab, eine Frau zu nehmen, läßt sich an Karl dem Großen ersehen, der schließlich, wenn auch sehr viel später, heiliggesprochen wurde. Der Kaiser hatte Töchter gezeugt. Aus Furcht, die Zahl der Anwärter auf die Thronfolge zu vermehren, verheiratete oder »tradierte« er sie nicht, sondern behielt sie in seinem Haus und in seiner »Munt«, seiner Gewalthoheit. Er lieh sie lediglich zur Friedelehe aus und gewann so Enkelsöhne, deren Rechte gegenüber seinen Enkeln aus legitimen Ehen nicht zählten. Was ihn selbst anbelangt, so weiß man, daß er nicht nur vier rechtmäßige Gattinnen (die eine wurde bald verstoßen, die anderen starben nacheinander) und in den Phasen seines Witwerdaseins mindestens sechs passagere, private, nicht-öffentliche Verhältnisse hatte, sondern darüber hinaus auch eine Friedelfrau, Himiltrud, die er vor seiner ersten vollgültigen Ehe genommen hatte. Papst Stephan III. erachtete diese Verbindung für legitim. Der Sohn, der aus ihr hervorging, empfing einen königlichen Namen, Pippin, der ihn als potentiellen Nachfolger kennzeichnete. Dennoch rechnete ihn Karl der Große nicht zu seinen echten Söhnen und versagte ihm, als er 806 eine Reichsteilung durchführte, einen Anteil am königlichen Erbe. Pippin wehrte sich; nach seiner Auflehnung wurde er in ein Kloster gesteckt, genau wie die eigentlichen Bastarde aus Altersliebschaften. Zu seinem Unglück waren die späteren Muntehen Karls fruchtbar gewesen.

Auch in der Folgezeit wurde diese so flexible Form des Ehebundes weiter verwendet. Die erhaltenen Schriftquellen bezeugen, daß sie in der nordwestfranzösischen Aristokratie des 10./11. Jahrhunderts fest eingebürgert war. Vielleicht war sie hier durch die Normannenzüge wiederbelebt worden; jedenfalls sprach man von ihr als einer Ehe »nach dänischem Brauch«. Besonders aufschlußreich in diesem Zusammenhang ist eine Bemerkung, die Rodulf Glaber um 1040-1048 in Buch IV seiner *Historiae* macht[10]: »Von der Ankunft der Normannen in Gallien an war es üblich ..., daß ihre Fürsten aus der Vermischung mit solchen Konkubinen hervorgingen [das traf speziell auf Wilhelm den Eroberer zu, dessen Mutter mit dem normannischen Grafen Robert *more Danico* verheiratet war und der darum den Beinamen ›der Bastard‹ trug; jene Frau wurde später wahrscheinlich die legitime Gattin eines Vizegrafen]. Doch ehe man dies über die Maßen verabscheuenswert findet, möge man zum Vergleich die Söhne der Konkubinen Jakobs heranziehen [Rodulf Glaber ist Mönch und seine Moral streng; dennoch fühlt er sich nicht verpflichtet, diese Art einer quasi-ehelichen Gemeinschaft zu verurteilen oder die in ihr geborenen Kinder herabzusetzen; er verweist auf das Alte Testament, in dem in der Tat Ehegewohnheiten geschildert werden, die mit den Idealen der Bischöfe sehr wenig zusammenstimmten – was einige Probleme schuf: die Lobredner mußten sich vorsehen, wenn sie den karolingischen König mit Salomo oder David verglichen, und wer mit den kirchlichen Normen des Sexualverhaltens in Konflikt geriet, hatte es nicht schwer, seine Gegenposition durch biblische Belege zu stützen].« Denken wir, schreibt Rodulf, an die Söhne der Konkubinen Jakobs, die trotz ihrer unehelichen Geburt »der väterlichen Würde nicht verlustig gingen, sondern zusammen mit ihren übrigen Brüdern zu Patriarchen erhoben wurden. Und lange danach, in der Spätzeit der römischen Monarchie, wurde der große erste Christ des Reiches, Konstantin, aus der Konkubine Helena geboren.« Gleichwohl wurden die Kinder von Gemahlinnen *more Danico* im 10. und 11. Jahrhundert, wie die Kinder von Friedelfrauen in der karolingischen Epoche, als Erben zweiter Güte betrachtet. Wilhelm der Bastard mußte einen erbitterten Kampf führen, bevor er die Nachfolge seines Vaters antreten konnte, und Philipp I. gab sich, wie erwähnt, in seiner Sorge um die Weitervererbung der Krone alle erdenkliche Mühe, um die Anerkennung der vollen Legitimität seiner Zweitehe zu erreichen.

Die Praxis des Konkubinats hatte Bestand, weil sie den Familieninteressen diente: sie schützte das Erbgut, ohne die Jugend gar zu offen zu zügeln und ohne das profane Wertesystem zu verleugnen. In diesem System wurde der kühne

Mannesmut hoch geschätzt; es nährte bei jenen Kriegern und Jägern den Traum von schwierigen Heldentaten und trieb die jungen Männer ins Abenteuer. Von ihren Zügen brachten sie Gefährtinnen heim. Die eine oder andere dieser Zufallsverbindungen konnte regulär werden, wenn sich der Vater oder Onkel eines jugendlichen Eroberers mit der Verwandtschaft des Mädchens ins Benehmen setzte, ihren Groll beschwichtigte und die Morgengabe bezahlte. Der Vertrag beschränkte die Anarchie. Aber die Oberhäupter des Hauses behielten sich vor, ihn zu brechen, ihn durch einen höherwertigen Vertrag abzulösen. Sie achteten darauf, daß nur Frauen mit sorgfältig geprüften Vorzügen sich fest und unwiderruflich im Bett ihrer Söhne installierten. Ihnen allein kam der Status der Ehegattin zu. Um ihnen Platz zu machen, wurden Konkubinen gegebenenfalls wieder verstoßen.

Das Konkubinatsabkommen wurde durchaus nicht formlos geschlossen. Die Riten aber, durch die das Band einer rechten Ehe geknüpft wurde, waren anderer Art: sie gingen einerseits dem Beginn der Lebensgemeinschaft notwendig voraus und waren andererseits sehr viel weitläufiger und ostentativer. Wesentlich war, daß die Braut zunächst feierlich vergeben – das war die Verlobung – und daß sie dann feierlich dem Bett des Bräutigams zugeführt wurde – das war die Hochzeit. Rund um das Hochzeitsbett entfaltete sich über Tage hin ein lärmendes Fest, in Gesellschaft zahlreicher Gäste, die geladen waren, um Zeugen der fleischlichen Vereinigung des Paares zu werden, um sich an diesem Akt zu erfreuen und durch den Überschwang ihrer eigenen Freude die geheimnisvolle Gnade auf die Jungvermählten zu lenken, die ihre Vereinigung fruchtbar machen würde. Eben darum ging es: um Fleisch und Blut. Wie für die Priester, so war auch für die Krieger der Zweck der Ehe die Fortpflanzung. Die Frau wurde in prächtigem Zug ins Haus geleitet, um dort tüchtige Erben zu gebären. Unter diesem Vorzeichen wurde sie empfangen und, wenn sie die Erwartungen erfüllt hatte, mit ihren Sprößlingen von dem fremden Geschlecht vollständig absorbiert. Letzteres geht aus dem *Manuale* Dhuodas hervor.[11] In Buch VIII belehrt diese hochadlige Dame, eine Zeitgenossin

Karls des Kahlen, ihren Sohn, wie er beten, für wen er die Psalmen singen solle: »Bete«, so ihre Worte, »für die Eltern deines Vaters, die diesem ihr Gut in legitimer Erbfolge hinterlassen haben.« Hier zeigt sich zunächst einmal der enge Zusammenhang zwischen dem Gedenken an die Ahnen und der Übertragung des Erbgutes: bete für die Eltern deines Vaters, weil dein Vater von ihnen erhalten hat, was auch dich, wenn die Reihe an dich kommt, reich und mächtig machen wird. Und Dhuoda fährt fort: »Wer sie waren, wie ihre Namen lauteten, wirst du am Ende dieses Büchleins geschrieben finden.« Die Verstorbenen, die dann in Buch x desselben Werks aufgezählt werden, sind Großvater und Großmutter väterlicherseits sowie die Onkel und Tanten väterlicherseits. Jeder Hinweis auf die mütterliche Linie wird ausgespart, und zwar durch die Mutter selbst: sie sagt ihrem Sohn nichts über ihre eigenen Vorfahren.

Die Eingliederung der Frau in das Haus des Mannes, der allein das Recht hatte, sie zu befruchten, ging manchmal bis zur Veränderung ihres persönlichen Namens (Familien- oder Nachnamen, die von Generation zu Generation weitergereicht werden, gab es in jener Zeit noch nicht): Mathilde wurde so zu Blanca oder Rosa. Die Eheschließung war ein Schnitt, ein Akt der Beschlagnahmung. Wenn aber die Frau ihrer Aufgabe gerecht werden und das Haus mit legitimen Kindern füllen sollte, bedurfte man dafür ihres Leibes, bedurfte man ihres Blutes. In ihrem Nachwuchs vermischten sich die Qualitäten, die sie durch ihr Blut von ihren Vorfahren mitbrachte, unweigerlich mit denen, die ihr Mann durch sein Blut von den seinigen in sich trug. Das Bewußtsein dieses Zusammenflusses manifestierte sich in der Namensgebung für die neugeborenen Söhne und Töchter: man wählte Namen aus *beiden* Ahnenreihen. Mochte sich die Familie auch die Gattin durch Umbenennung angeeignet haben, sie mußte erleben, wie in ihr Inneres Fremdlinge eindrangen, verkörpert in der Person jener gleichnamigen Nachfahren. Diese unvermeidliche Infiltration machte es erforderlich, daß man mit Umsicht zu Werke ging und lange Vorgespräche führte, ehe sich bei der Hochzeit die Geschlechter mischten und das beiderseitige Blut vermengte. Leiter der Verhandlungen, des ganzen Eheanbahnungsprozesses waren die Verantwortlichen für die »Ehre« jeder Familieneinheit. An seinem Ende standen andere Riten, die nicht wie bei den späteren *nuptiae* von Lärm und gesteigerter Hochstimmung, sondern von nüchternem Ernst geprägt waren. Sie spielten sich ab in der Sphäre der Besonnenheit und der Wechselrede, des Treueschwurs und des Friedens. Die Verwandten des Bräutigams begaben sich in das Haus der Braut. Man tauschte Formeln aus, die den Mann und die Frau, die Objekte der Ehevereinbarung, persönlich banden, mehr aber noch die Männer, die jeweils die Gewalthoheit über sie innehatten. Die Zahl der Anwesenden war zwar nicht so groß wie bei der Hochzeit, aber dennoch zu groß, als daß alle die zeremoniellen Worte hätten hören können. Doch konnten alle zumindest die Gesten sehen, die sie begleiteten, die Handlungen der Besitzauflassung und der Investitur, sowie die Gegenstände, die als Symbole der Eigentumsrechte von einer Hand in die andere wechselten. Dieser Vertragsschluß fand manchmal lange vor dem Vollzug der Ehe statt, was dann ein gewisses Risiko in sich barg: es konnte ein unternehmungslustiger Mann auftauchen und sich der Tochter bemächtigen – die als *desponsata* mehr war, als die verblaßten Bezeichnungen »Braut« oder »Verlobte« heute noch vermitteln. Denn die *desponsatio* stiftete bereits, mit aller möglichen Stärke, das Band; die Frau *war* damit vergeben.

In dem Haus, in das sie nach so vielen Vorsichtsmaßregeln schließlich eingeführt wurde, blieb die Gattin verdächtig, eine Feindin. Die Männer betrachteten das Eheleben als einen rauhen Kampf, der unermüdliche Wachsamkeit verlangte. Verborgen im tiefsten Grund der männlichen Psyche erahnt man ein Gefühl, daß die Frau – obwohl das allgemeine Bild von den Strukturen des Kosmos sie mit der Nacht, dem Wasser, dem Mond, mit allem Kalten und Blauen zusammenstellte – feuriger und verschlingend sei. Der Ehemann fürchtete, ihren Brand nicht löschen zu können. Wenn Jonas von Orléans ihn vor der Entkräftung warnt, die ihm bei mangelnder Mäßigung drohe, kann er auf sicheres Gehör rechnen.

Aber der Gatte wußte auch, daß die Gegnerin, mit der er sich in der Arena des Ehebetts zu messen hatte, nicht mit offenen Waffen kämpfte, sondern mit Finten und Ausweichmanövern operierte. So lebte er in Angst vor dem Tiefschlag, vor dem Verrat.

Die Übereinstimmung zwischen der Moral der Priester und der Moral der Krieger, ob alt oder jung, war nirgendwo enger als in dieser Grundhaltung, in der sich Mißtrauen und Verachtung gegenüber der gefährlichen und schwächlichen Frau verbanden. Mit allen Mitteln, die dem Denken der Zeit zu Gebote standen, wurde diese Einstellung untermauert, so auch mit einer etwas kindischen Etymologie. Das lateinische Wort für »Mann«, *vir,* wurde von *virtus* abgeleitet, also von Geradheit und Kraft, während das Femininum *mulier* auf *mollitia,* auf Weichheit, Unbeständigkeit, Feigheit hindeutete. Mißtrauen und Verachtung ließen es als unabdingbar erscheinen, die Frau zu unterwerfen und am kurzen Zügel zu halten, wie es die von den Kirchenleuten wiederholten Sätze der Genesis und der neutestamentlichen Briefe rieten. Den Laien war alles recht, was ihnen die Überzeugung verschaffte, daß der Herr die weibliche Unzucht strenger beurteilt und ihrer Bestrafung das Wort geredet habe. Und die Bischöfe fühlten sich zwar als die berufenen Beschirmer der Witwen und verstoßenen Gattinnen, wie überhaupt die Schwachen (die »Armen« in ihrer Sprache) ihre besonderen Schutzbefohlenen waren; aber die Sorge für die Abrichtung und Züchtigung der Frauen – und Frauen wurden in dieser Hinsicht nicht anders behandelt als Kinder, Sklaven oder Vieh – überließen sie den Männern des Hauses. Es war dies eine Befugnis, die niemand in Zweifel zog, eine elementare, absolute richterliche Gewalt, die jeden Appell an die Öffentlichkeit und ihre Instanzen ausschloß. Wenn die oben erwähnte Frau es wagte, in Attigny öffentlich gegen ihren Mann Klage zu erheben, um Dinge, die sich im Haus und vielleicht im Bett ereignet hatten, so war das ein Skandal. Die Bischöfe selbst teilten, wie gesagt, diese Meinung und verwiesen den Fall an die verheirateten Männer zurück, die ihn ihrerseits an den Ehemann und seine Verwandten zurückverwiesen haben dürften.

Tatsächlich hing die Ehre des Hauses weitgehend vom Betragen der Frauen ab. Die Gefahr aller Gefahren war, daß sie sich der Sünde hingaben, der Sünde des Fleisches, zu der sie aufgrund ihrer Konstitution neigten. Um die Schande zu vermeiden, hielten es die Laien für notwendig, die weibliche Sexualtätigkeit strikt zu überwachen. Wie die Priester sahen sie in der Ehe ein Heilmittel gegen die Unzucht – gegen diejenige Unzucht, vor der sie Angst hatten, nämlich die der Frauen. So war es die Pflicht der Väter, ihre Töchter zu verheiraten, um das Risiko der Entehrung, das sie *eo ipso* bedeuteten, von sich abzuwenden. Sogleich nach seinem Tod wurde Karl der Große offen getadelt. Sein Vergehen bestand darin, daß er es versäumt hatte, seine Töchter durch eine rechtmäßige Ehe der Kontrolle eines Gatten zu unterstellen, und daß er sie damit ihrer angeborenen Perfidie überlassen hatte: er trug die Verantwortung für ihr Verhalten, von dem einige den Eindruck hatten, daß es die Ehre des königlichen Hauses ein wenig getrübt habe. Pflicht des Ehemannes war es dann, seine Gemahlin vor der Versuchung zu schützen. Sie war bedroht, denn sie lebte nicht von den Männern getrennt. In den Wohnsitzen des Adels empfing die Frau des Hauswirts die Gäste. Wie die Königin, deren Funktionen im karolingischen Palast Hinkmar beschreibt, hatte sie die Aufsicht über die Vorräte des Hauses, über die Schatzkammer. Ihr fiel es zu, sämtliche Einkünfte und Abgaben einzulagern und ihre Weiterverwendung zu planen. Als Herrin einer Schar männlicher Diener hatte sie täglich mit deren Vorsteher, dem Kämmerer, zu tun. Welche Beziehungen konnte sie mit diesem Mann in dem abgesonderten, dunklen Gemach pflegen, wo man die Lebensmittel, das Geschmeide, die Instrumente und Attribute der Macht aufbewahrte? Die Bahn war frei für Verdächtigungen und Klatschgeschichten, wie sie im ganzen karolingischen Reich in bezug auf Judith, die Frau Karls des Kahlen, und den Kämmerer Bernhard kursierten. Die schlimmste Befürchtung war, daß sie von einem anderen Mann als ihrem Gatten und Meister geschwängert würde, daß eines Tages Kinder eines anderen Blutes den Namen seiner Ahnen tragen und in deren Erbe eintreten würden. Aufmerksam lauschten die Vornehmen auf das, was die Priester nicht müde wurden über die Schuldhaftigkeit Evas zu erzählen.

Zieht man eine Bilanz, so spricht alles dafür, daß die Oberhäupter der karolingischen Kirche, wenn sie den Oberhäuptern der mächtigen Häuser ihre Eheauffassung darlegten, weithin Gehör fanden. Widerwille regte sich nur dort, wo sie die Verstoßung und die Verwandtenheirat oder, in ihrer Terminologie, den männlichen Ehebruch und den Inzest verurteilten. An diesen beiden Punkten ließen sich Priestermoral und Kriegermoral nicht miteinander versöhnen. Das Hauptinteresse der Adligen, die Übertragung der Kühnheit ihrer Vorfahren von Mann zu Mann, verlangte von ihnen geradezu, eine Frau wegzuschicken, wenn sie ihnen nach einer gewissen Frist keine Söhne geschenkt hatte, und bisweilen auch, die Gattin zu wechseln, wenn sich die Chance zu einer ehrenvolleren Verbindung auftat. Und dasselbe Interesse gebot ihnen, wenn Blut mit Blut vermischt werden mußte, Abkömmlingen desselben Stammes den Vorzug zu geben, also die Frau aus der väterlichen Verwandtschaft, knapp jenseits des dritten Grades, zu nehmen.

Glatter verlief, so scheint es, die Christianisierung der Ehegebräuche in den unteren Gesellschaftsschichten, in jenen Gruppen, die nicht viel besaßen, und vor allem in den völlig besitzlosen Gruppen, unter den Leibeigenen, die nicht einmal über ihren Körper frei verfügten. In der Masse des Volkes, über die wir sehr wenig wissen, konnte der von der Kirche hochgehaltene Ehetyp die sehr weltlichen Formen des Zusammenlebens von Mann und Frau, das Konkubinat, ohne Schwierigkeiten ersetzen. Die Inventare des 9. Jahrhunderts zeigen die Bauern der großen Domänen in feste Ehe-Einheiten gegliedert. Die Straffung des ehelichen Bandes diente hier den Interessen der Herren: sie half, die abhängigen Landleute an den von ihnen bearbeiteten Boden zu fesseln, und begünstigte ihre Fortpflanzung, d. h. die Vermehrung des herrschaftlichen Kapitals. Auf dieser Ebene der Gesellschaft stabilisierte die Christianisierung der Ehe die Produktionsverhältnisse. Sie störte sie jedoch und drohte, sie zu untergraben, wo sie den Heiratsstrategien der Adelshäuser zuwiderlief. Aus diesem Grund spielten sich die Konflikte zwischen geistlicher und profaner Moral, die man im 9. Jahrhundert beobachten kann, an der Spitze der sozialen Pyramide ab, zwischen den Prälaten und den Königen bzw. dem Hochadel.

In der Regierungszeit Ludwigs des Frommen – der Beiname ist vielsagend –, in dem Moment, als der Reichsgedanke und, damit verbunden, die Vorstellung von den Pflichten des gesalbten Königs eine festere Gestalt gewannen, hatte sich der karolingische Palast den bischöflichen Ermahnungen weit geöffnet. Der Kaiser hatte ihn gesäubert, indem er die Gefährtinnen seines Vaters vertrieben und seine Schwestern, die er eines schamlosen Lebenswandels bezichtigte, in Konvente eingesperrt hatte. Als Einhard die Biographie Karls des Großen verfaßte, streute er in den Lobpreis geschickt eine Prise Kritik am Sexualverhalten seines Helden ein, die an den Tag zu legen damals opportun war; und die *Visio Wettini* behauptet, daß der große Kaiser gesündigt habe, daß er sich tatsächlich der *purgatio* unterziehen müsse: der Zutritt zum Paradies sei ihm verwehrt, solange er sich nicht von seiner Verfehlung reingewaschen habe – die nicht näher qualifiziert wird, deren sexueller Charakter aber gewiß ist. Wir kennen auch einen fernen Ausläufer dieses Verdachts: Karl der Große soll sich mit seiner Schwester vereinigt und in diesem inzestuösen Akt Roland gezeugt haben, seinen Neffen und Sohn zugleich.

Die Aufnahmebereitschaft machte indessen bald der Widerspenstigkeit Platz, und man spürt, wie sich die Konfrontation zur Zeit Karls des Kahlen verhärtete. Gegen die vornehmsten Fürsten, die nun nicht mehr so »fromm« waren und keine Skrupel hatten, ihre Gemahlinnen zu verstoßen, schrieb Hinkmar seine Abhandlung *Über die Scheidung:* ›Die rechtmäßig geknüpfte Ehe kann aus keinem Grund aufgelöst werden, es sei denn durch eine gemeinsame geistliche Trennung [wenn Mann und Frau zusammen beschließen, in ein Kloster zu gehen] oder wegen leibhaftiger Unzucht, die durch offenes Bekenntnis oder direkte Überführung erwiesen ist.‹ Außer in diesen beiden Fällen muß der Mann seine Gattin *nolens volens* behalten, und sei sie auch *iracunda,* eine unausstehliche

59

Megäre, *malis moribus,* sittenlos, oder *luxuriosa, gulosa,* den Freuden der Welt ergeben. Und wenn der Gatte sich von einer unzüchtigen Frau trennt, darf er nicht wieder heiraten. So wurde es dem König von Lothringen untersagt, seine (unfruchtbare) legitime Gemahlin zu entlassen und seine Konkubine zur rechten Ehe zu nehmen, von der er bereits Kinder hatte. Seit Papst Johannes VIII. begann die Kirche, die im Konkubinat geborenen Söhne mit den wahren Bastarden, den Produkten einer flüchtigen Begegnung, in einen Topf zu werfen, um ihnen auf diese Weise alle Rechte zu entziehen.[12] Eine solche Rigorosität war neu. Sie ging Hand in Hand mit einem Wiederaufschwung der asketischen Tendenz. Eine Epoche war zu Ende, die Blütezeit des Episkopats, in der das Realitätsbewußtsein der hohen Prälaten, ihre Urteilskraft und ihr Sinn für das Mögliche, Annäherungen zwischen der kirchlichen Lehre und den Gewohnheiten des Adels erlaubt hatte.

Im Palast von Compiègne, in der Umgebung des alternden Karls des Kahlen, dachte der bedeutende Gelehrte Johannes Scotus Eriugena über griechische Texte nach, die er fast als einziger zu lesen vermochte. Er träumte von der bevorstehenden Wiederkunft Christi und gewann die Überzeugung, daß man, um das ewige Licht zu erlangen, schon jetzt der sichtbaren Welt den Rücken kehren und sich von ihrer Last, d.h. dem Fleisch, befreien müsse. In seinem Werk *De divisione naturae* meditiert er an einer Stelle über Adam im Garten Eden, über den Menschen in seiner uranfänglichen Vollkommenheit, die abzustreifen Sünde war, deren nagende Erinnerungsspur jedoch bleibt und auf die jedermann mit aller Kraft hinstreben muß. Dabei schließt er nicht aus, daß sich die Leiber von Adam und Eva im Paradies vereinigen konnten; aber er versichert, daß Adam imstande war, sein Geschlechtsorgan wie die anderen Körperteile allein durch Willenskraft, ohne inneren Aufruhr und ohne Leidenschaft zu bewegen: »Mit ruhigem Geist und ruhigem Körper, ohne Schädigung der Jungfräulichkeit, ergoß sich der Gatte« – oder vielmehr hätte er sich ergießen können – »in den Schoß der Gattin.«[13]

Johannes Scotus imaginiert also eine Fortpflanzung der menschlichen Gattung nicht *sine coitu,* ohne Vermischung der Geschlechter, wohl aber *sine ardore,* ohne das Feuer der Lust. So weit folgt er Augustin, von dem er die soeben wiedergegebene Passage direkt zitiert. Dann jedoch wagt sich der Spätere weit über seinen Gewährsmann hinaus und versichert: »Bei der Auferstehung wird das Geschlecht beseitigt und die Natur vereinigt werden.«[14] Einer der Brüche, die jetzt noch innerhalb der *natura* bestehen, ist die Scheidung der Menschen *in masculum et feminam.* Das Ende der Welt aber wird die Zweigeschlechtlichkeit aufheben, oder genauer: es wird das Weibliche aufheben. Im Lichterglanz des Jüngsten Tages wird die Unvollkommenheit getilgt werden, jener Makel der Schöpfung, der das Weibliche ist. Der irische Mystiker spricht es ausdrücklich aus: »Es wird nur den Mann geben, wie er gewesen wäre, wenn er nicht gesündigt hätte.« Im Hintergrund seines Denkens scheint das Bild des Hermaphroditen der ersten Tage auf. Eva, die Rippe Adams – hatte sie im Paradies eine eigene, eigentliche Existenz? War sie wahrhaft vom Manne getrennt, oder wäre sie es ohne die Sünde gewesen? Ist der Sündenfall für Johannes Scotus etwas anderes als dieser Schnitt, die Sexualisierung der Gattung, und ist die Fortpflanzung, von der er träumt, die Verschmelzung der Leiber ohne Lust, etwas anderes als eine Rückkehr zu den Ursprüngen, zur ursprünglichen Einheit? Auf Erden freilich kann sich die Wiedervereinigung nicht vollziehen. Man muß auf sie warten, auf sie hoffen, wie man auf das Ende der Welt des Fleisches hofft; und man muß sich auf sie vorbereiten, indem man Enthaltsamkeit übt und sich weigert, noch länger durch den Geschlechtsakt mit seinen grotesken Verrenkungen, seinen rasenden Gebärden, die denen der Verdammten gleichen, die nutzlose Suche fortzusetzen. Gegenüber dem Urbild der paradiesischen Paarung ist die Ehe zwischen Mann und Frau eine lächerliche Karikatur. Sie wird von neuem verurteilt.

Im Laufe des 10. Jahrhunderts nahm die Verurteilung der Ehe immer deutlichere Formen an. Verantwortlich für diesen Entwertungsprozeß war die monastische Bewegung, die im Zerfall der karolingischen Ordnung mehr und mehr um sich griff, bis schließlich der gesamte Klerus von ihrem Sog erfaßt wurde. Waren nicht die Mönche, die von sich aus jeder Sexualtätigkeit entsagt und sich damit der Reinheit verschworen hatten, die »Verschnittenen um des Reiches der Himmel willen«, von denen Jesus spricht? Der auf die Vorstellung des Schmutzes fixierte Odo von Cluny wiederholt unaufhörlich, daß ohne das Geschlecht der Einfluß Satans auf den Menschen schwächer sei. Ganz am Ende des Jahrhunderts läßt Abbo, der Abt des Klosters Saint-Benoît-sur-Loire (Fleury), gar die soziale Hierarchie mit der Stufenleiter geistlicher Vollkommenheit zusammenfallen, deren Sprossen man erklimmt, indem man sich von der Sexualität befreit. Die guten Mönche sind nicht nur abstinent, sie sind jungfräulich. Sie stehen an der Spitze. Und da sie den großen Zug der Menschheit zum Heil anführen, müssen diejenigen, die ihnen folgen, sie nachahmen. Jene verachtungswürdigen Männer und Frauen hingegen, die sich zur Heirat entschlossen haben, kommen so weit hinten am Ende des Zuges, daß man sie kaum von den schlichtweg Unzüchtigen unterscheiden kann. Ob Ehebruch oder nicht, die Ehe als solche gehört zum Bezirk des Bösen. Hier klingt wieder der Satz des Hieronymus auf: ›Wer seine Gattin zu heftig liebt, ist ehebrüchig.‹ Wenn sie zum Guten aufsteigen wollen, müssen Eheleute sich trennen. Viele taten es, mitgerissen von dem immer mächtiger werdenden Strom, der die Menschen, in Erwartung des Weltenendes, zur Buße trieb.

Während sich die Verachtung für die Welt, die Ablehnung des Fleisches von den Reformklöstern her ausbreitete, wurde auf ostfränkischen Konzilen – gewiß als eine Folge des verstärkten Wunsches, sich von jedem Schmutz reinzuwaschen – das Verbot der Verwandtenehe, das im 9. Jahrhundert noch mit verhaltener Stimme ausgesprochen worden war, immer energischer bekräftigt. 909 verlangte das Konzil von Trosly zur Vermeidung des Inzests genaue Nachforschungen darüber, ob nicht die Ehekandidaten miteinander verwandt seien, und beauftragte mit dieser vorangehenden *inquisitio* einen Priester, der dafür zwangsläufig der Verlobungszeremonie beiwohnen mußte. In derselben Absicht wurden 948 in Ingelheim die Familien gedrängt, sich über ihren Stammbaum Klarheit zu verschaffen. Dies waren die Jahre, in denen sich allmählich die Verfahren durchzusetzen begannen, die dann in den Briefen Ivos von Chartres hervortreten: die Befragung des genealogischen Gedächtnisses, die Zählung der Verwandtschaftsgrade, ihr Beweis durch Eid.

Was wissen wir über die Angst der Menschen, die die tausendste Wiederkehr der Passion Christi herannahen sahen? Wir wissen zumindest, daß sich damals der Ruf zur Buße verstärkte. Rodulf Glaber, ein ausgezeichneter Zeuge, der wie alle seine Zeitgenossen geistlichen Faktoren eine ausschlaggebende Bedeutung beimißt, betont mit Nachdruck das Moment der Enthaltsamkeit in der Gottesfriedensbewegung. In den großen Versammlungen unter freiem Himmel, wo man sich, um Heiligenreliquien geschart, zur Beschränkung der Gewalt verpflichtete, wurde zugleich die Notwendigkeit der Unterdrückung aller Strebungen des Fleisches und des Blutes verkündet. Die Prälaten, die zur Niederlegung der Waffen und zum Fasten aufriefen, forderten im selben Atemzug zur Bändigung des Sexualtriebs auf. Für Rodulf entspringt die Unordnung der Welt letztlich jenem wollüstigen Ungestüm, von dem ebenso der hohe Klerus wie der Adel befallen ist. Um den Zorn des Himmels zu besänftigen, um den Bund zwischen Gott und den Menschen zu erneuern, bedarf es der Reinigung, der Entsagung. Mehr als je muß die Ehe reguliert werden. Als Heilmittel der sinnlichen Begierde ist sie für Abbo die elementarste Form, die niedrigste Stufe der Askese. Doch muß sie dann auch wie eine asketische Übung gelebt werden.

Für den folgenden Versuch, die Geschichte der Ehemoral und der zugehörigen Verhaltensgewohnheiten in ihrer Beziehung zur Geschichte der materiellen Strukturen nachzuzeichnen, nehme ich diesen Augenblick, den Anfang des 11. Jahrhunderts, zum Ausgangspunkt. Es war ein im wahrsten Sinne des Wortes kritischer Augenblick. Die Krise, die sich damals ereignete, war jene veritable Revolution, die unter Lärmen und Wüten hervorbrachte, was wir heute die »feudale Gesell-

63

schaft« nennen. Die soziale Umwälzung, die ganze Verwirrung, der die Friedenskonzile und die kollektiven Kasteiungen Einhalt gebieten sollten, blieb freilich im ersten Viertel des 11. Jahrhunderts noch verdeckt durch Überreste der politischen und kulturellen Errungenschaften aus karolingischer Zeit. An der Oberfläche zeigte sich sogar, nachdem der Schock der Normanneneinfälle und des dynastischen Niedergangs überwunden war, so etwas wie eine Renaissance des Karolingerreiches: jene bange Epoche wurde vielleicht erlebt als eine Art Rückkehr zur monarchischen Ordnung – das jedenfalls ist der Eindruck, den man aus der Lektüre Rodulf Glabers gewinnt. Nach seiner Schilderung wird die Christenheit des Jahres 1000 durch zwei verbündete Regenten, König Robert von Frankreich und König Heinrich von Deutschland, zu ihrem Heil geführt. Die anderen Herrscher sind Randfiguren: es ist immer das fränkische Volk, das im Gang der Geschichte voranschreitet. Diese zwei Könige waren vom selben Blut, Vettern zweiten Grades; sie waren bis auf wenige Monate gleichaltrig: bei der Jahrtausendwende zählten sie 27 bzw. 28 Jahre. Sie arbeiteten einträchtig am Aufbau der christlichen Gesellschaft. An ihnen beiden orientieren sich nacheinander, zuerst an Heinrich, dann an Robert, die ersten Schritte dieser Untersuchung.

Das 11. Jahrhundert

III
Die Ehe nach Burchard von Worms

Kaiser Heinrich II. wurde als der Inbegriff eines christlichen Gatten dargestellt und wegen seines musterhaften Ehelebens als Heiliger verehrt. Freilich erfolgte seine Heiligsprechung erst sehr viel später, im Jahr 1146, durch den Zisterzienserpapst Eugen III. Bei dieser Gelegenheit entstand auch seine Biographie, die somit die Eheauffassung bestimmter Klerikergruppen des 12. Jahrhunderts und nicht des Jahres 1000 beleuchtet. Noch jünger ist das überlieferte Bild seiner Ehefrau Kunigunde, deren *Vita* und Kanonisationsbulle aus dem Jahr 1200 stammen.[1] Beide Texte stimmen das Lob der absoluten ehelichen Keuschheit an. Kunigunde, so heißt es dort, habe »ihre Jungfräulichkeit dem himmlischen König geweiht und sie im Einverständnis mit ihrem keuschen Gemahl bis an ihr Ende ... unversehrt bewahrt«. Die Lebensbeschreibung dieser berühmten vermeintlichen Jungfrau zitiert geradeswegs das Jesuswort von den »Verschnittenen« (Matth. 19,12), und die Bulle Innozenz' III. nennt eine Reihe von Zeugen, die anläßlich des Kanonisationsprozesses versicherten, »Kunigunde sei, wie sie durch häufiges Hörensagen und feierliche Schrift wüßten, mit dem heiligen Kaiser Heinrich ehelich verbunden, von ihm aber nicht fleischlich erkannt worden«. Die Bulle hält auch die Worte fest, die der Kaiser auf dem Totenbett an die Verwandten seiner Frau gerichtet haben soll: »Wie ihr sie mir überantwortet habt, so erstatte ich sie euch zurück: ihr habt sie mir als Jungfrau gegeben, und als Jungfrau gebe ich sie euch wieder.« Im selben Zusammenhang wird ferner ein Wunder berichtet: Als einmal der Verdacht des Ehebruchs gegen sie aufgetaucht sei, habe sich Kunigunde, um ihre Unschuld zu beweisen, dem Gottesurteil des glühenden Eisens unterworfen und sei mit bloßen Füßen unverletzt darüber hinweggeschritten.
Die Spuren dieser Geschichte einer Josephsehe reichen nicht weiter als bis zum Ende des 11. Jahrhunderts zurück. Die Legende, die namentlich Leo von Ostia in seiner Chronik des

Benediktinerklosters Monte Cassino erzählt, scheint ihren Ursprung unter den Parteigängern der Kirchenreform gehabt zu haben. Sie ist ein ausgezeichnetes Beispiel für die Vorstellung, die man sich damals in rigoristischen Kreisen von der idealen Ehe machte, hat aber keinerlei Anhaltspunkt in den Quellen, die zu Lebzeiten Heinrichs und Kunigundes oder bald nach ihrem Tode verfaßt wurden. Weder bei Thietmar von Merseburg noch bei Arnulf von Halberstadt findet sich die leiseste Anspielung darauf; und Rodulf Glaber – weit entfernt, die Keuschheit der beiden Gatten zu preisen – beklagt vielmehr die Unfruchtbarkeit ihrer Verbindung. Aus diesem Unglücksumstand ist das ganze fromme Märchen erwachsen. Kaiser Heinrich II. starb ohne Leibeserben, und die deutsche Krone fiel später an Heinrich IV. und Heinrich V., die einer wie der andere erbitterte Gegner der Reformpäpste waren: mit Stoßrichtung gegen sie wurde die Heiligkeit des Kaisers der Jahrtausendwende herausgestrichen.

Die Eiferer, die sein Idealbild schufen, hätten einfach hervorheben können, daß er seine unfruchtbare Gemahlin nicht entlassen hatte. Eine solche Folgsamkeit gegenüber kirchlichen Vorschriften, die in der Mitte des 12. Jahrhunderts üblich zu werden begann, war um das Jahr 1000 ein Zeichen ungewöhnlicher Frömmigkeit. In der Tat war Heinrich an der Domschule von Hildesheim erzogen worden; er war ein Freund bedeutender Äbte wie Odilo von Cluny oder Richard von Saint-Vannes, die gegen Mißstände in den Klöstern kämpften. Als er von seinem Vater die bayrische Herzogswürde erbte, konnte er nicht mehr umhin zu heiraten. Er entschloß sich spät, erst mit 23 Jahren, zu diesem Schritt und maß bei der Partnerwahl dem Kriterium der Inzestvermeidung ein solches Gewicht bei, daß er seine Frau aus einer niedrigeren Rangstufe der *nobilitas* nahm. Im Jahr 1002, als die Großen des Reiches einen Nachfolger für Otto III. finden mußten, ließ die Tatsache, daß dessen Vetter zweiten Grades, Heinrich, nach achtjähriger Ehe noch keine Kinder hatte und nicht willens war, sich von seiner Gattin zu trennen, ihn als einen vorzüglichen Kandidaten erscheinen: die Hoffnung auf einen weiteren König ohne Erben verlockte die Wähler.

Die Handlungen Heinrichs nach seiner Thronbesteigung orientierten sich an einer mystischen Auffassung des Königtums, deren prachtvoller Ausdruck die Werke religiöser Kunst sind, die er in Auftrag gab: das Perikopenbuch, die goldene Altartafel von Basel und jener außerordentliche Mantel, dessen Stickereien den Leib des Herrschers bei großen Staatsfeierlichkeiten in die Sternkreisbilder des Himmels einhüllten. Mitgerissen von der chiliastischen Strömung und überzeugt, der Kaiser der Endzeit zu sein, widmete er sich in Erwartung des Jüngsten Tages der Aufgabe, die Ordnung auf Erden wiederherzustellen, den Frieden im Volk Gottes wiederaufzurichten und es zu reinigen. Um diese Mission zu erfüllen, mußte er selbst ohne Makel sein, und das hielt ihn um so mehr davon ab, die kinderlose Kunigunde zu verstoßen. Das Werk der Erneuerung führte er in Zusammenarbeit mit den Bischöfen durch. Er erweiterte ihre weltlichen Befugnisse, indem er ihnen die königlichen Hoheitsrechte in ihren Städten abtrat, und setzte durch, daß die besten Geistlichen seiner Hofkapelle kraft ihrer Weisheit zu Bischöfen ernannt wurden. So baute er sich einen Kreis von Männern auf, die besonders geeignet waren, den Pflichten des Seelsorgers nachzukommen, die Gemeinde der Laien zusammenzuscharen, ihre Sitten zu überwachen und sie vom Bösen abzubringen. Im Angesicht des bevorstehenden letzten Gerichts vermischten sich Politik und Ethik.

Einer dieser Bischöfe, Burchard von Worms – der schon vor Heinrichs Regierungsantritt auf seinen Stuhl gelangt war –, ist für die vorliegende Untersuchung von unmittelbarem Interesse. Burchard war von höchstem Adel, überaus kultiviert, erzogen im lothringischen Laubach, in romanischen Landen; man merkt seinem Latein den nachhaltigen Eindruck dieser Grundbildung an. Aber er war kein Mönch, sondern ein Diener Gottes in der Welt. Wie die karolingischen Prälaten ließ er sich auf die Auseinandersetzung mit dieser Welt des Fleisches ein; er wandte ihr nicht den Rücken zu und verwehrte es seinen Chorherren, sich ins Kloster zu flüchten. Seine Amtspflicht, so glaubte er, war die Reform der christlichen

Gesellschaft durch das Wort, durch die Predigt, durch periodische Rundreisen in seiner Diözese zur Beaufsichtigung und Belehrung der ihm anvertrauten Herde. Zwischen 1007 und 1012 feilte er an dem Instrument einer solchen Hirtentätigkeit, einer Sammlung normativer Texte, seinem *Decretum*.[2] Um dieser Leistung willen verdient der rheinische Kirchenfürst unsere Aufmerksamkeit: sie gibt uns die Möglichkeit, das Dunkel ein wenig zu durchdringen und einige Züge der damaligen Ehegebräuche besser zu erkennen.

Burchard arbeitete an seiner Kompilation nicht allein: sein Nachbar, der Bischof von Speyer, half ihm dabei, und sein Freund, der Bischof von Lüttich, sandte ihm zur Unterstützung einen Mönch aus Laubach. Dennoch war das *Dekret* zu einer Zeit, in der die Bistümer noch autonom waren und der Vorrang Roms nur in der Theorie bestand, ein Privatwerk: der Bischof schuf sich für seine eigenen Zwecke ein Werkzeug, ohne die Absicht, ein für die ganze Kirche gültiges Gesetzbuch zu liefern. Da ein Prälat Recht sprechen, strafen und diejenigen Bußen zuteilen mußte, die hienieden die Sünden tilgen, empfand er, wenn er gewissenhaft war, das Bedürfnis, sich auf Präzedenzfälle, auf die Entscheidungen der Alten zu beziehen und für jeden Fall einen *textus auctoritativus,* wie man damals sagte, einen als verbindliche Autorität akzeptierten Belegtext an der Hand zu haben. Er suchte daher in den Handschriften, die ihm zur Verfügung standen, trug die Auszüge zusammen und ordnete sie in einer Weise an, die ihm am zweckmäßigsten erschien. Das Resultat war ein Opus, das man gemeinhin eine kanonische oder Rechtssammlung nennt: eine Zusammenstellung von »Kanones«, von Vorschriften aus Bibel, Kirchenvätern, Konzilsdekreten und päpstlichen Verlautbarungen. Solche Handbücher waren schon lange in Gebrauch; sie waren eng auf die Bedürfnisse ihres Autors zugeschnitten, konnten aber auch von anderen benutzt werden.[3] Seit einigen Jahrzehnten waren sie sehr verbessert worden, insbesondere in der Provinz, in der Burchard seinen Unterricht empfangen hatte. Man hatte sich angewöhnt, die großen normativen Texte zu zerlegen und die Teilstücke unter systematischen Aspekten neu zu organisieren, die restriktiveren und großzügigeren Bestimmungen zu einer Frage nebeneinanderzustellen und schließlich ausgiebig aus den Erlassen der jüngeren Konzile des 9. und 10. Jahrhunderts zu schöpfen. So bietet sich auch die Sammlung Burchards dar: für jeden Themenkomplex findet sich nach einer summarischen Beschreibung des Inhalts ein kleines Dossier autoritativer Belegstellen, das durch die Konfrontation gegensätzlicher Meinungen dem Bischof helfen sollte, mit *discretio* zu strafen, d.h. mit weislichem Ermessen, ob im jeweiligen Fall Nachsicht oder Strenge geboten sei.[4] Das Ganze ist frei gestaltet, da damals noch keine allgemeine Gesetzgebung existierte.

Burchard geht in der Tat sehr frei vor und operiert nach Gutdünken in den älteren Texten herum. Geht er zu weit? Marc Bloch macht ihm diesen Vorwurf: »Die zwischen 1008 und 1012 vom heiligen Bischof Burchard von Worms veranstaltete Kanones-Sammlung wimmelt von falschen Zuweisungen und fast zynischen Bearbeitungen.«[5] Und wirklich werden manchmal junge Entscheidungen unter dem Deckmantel ehrwürdiger Autoritäten präsentiert; hier und da werden Worte unterdrückt oder hinzugefügt, um die Aussage zu verdeutlichen oder der Gegenwart anzupassen. Aber kann man deshalb von »Zynismus« reden? Jene Epoche kannte schlicht und einfach keinen blinden Respekt vor dem Buchstaben. Ihr kam es auf den Sinn des Textes an, auf den Sinn, den sie ihm beilegte. Und Burchard war auf praktische Verwendbarkeit bedacht. Durch kleine Retuschen vervollkommnete er sein Instrument und behielt sich im übrigen vor, es mit Glauben und Liebe zum besten zu handhaben.

Man entlehnte es sehr rasch von ihm. Die Handschrift des *Dekrets* wurde kopiert. Die Abschriften, jeweils im Blick auf örtliche Verhältnisse überarbeitet, verbreiteten sich allenthalben in den Bischofsbibliotheken und taten ihren Dienst bis zur Mitte des 12. Jahrhunderts, die erst den Siegeszug der Sammlung Gratians brachte. Besonders groß war der Erfolg des Werkes im Reich, in Deutschland und Italien, aber auch in Lothringen, von wo aus es nach Nordfrankreich vordrang. Hier wurde es häufig zu Rate gezogen: Ivo von Chartres entnimmt ihm den größten Teil seiner Belege. Dieser Text befruchtete also das Denken und Handeln der Kirchenoberen in der Region, mit der wir uns befassen. Aufgrund dieser Wirkungsgeschichte wird er hier betrachtet – und zwar um so genauer, als er der Ehe einen breiten Platz einräumt.

Das wird bereits auf den ersten Seiten ersichtlich, in Kapitel 94 von Buch I. Burchard behandelt hier das Denunziationssystem, das er zur Vorbereitung der Visitationen in seiner Diözese eingeführt hatte. In jeder Pfarrgemeinde wurden sieben gewählte Männer durch Eid verpflichtet, dem Bischof bei seiner Ankunft die vorgefallenen Delikte anzuzeigen. Um diesen Geschworenen ihre *inquisitio* zu erleichtern, stellt Burchard eine Liste von Fragen auf, die sie an sich selbst und ihre Nachbarn richten sollten.[6] 88 Übertretungen werden so in der Reihenfolge abnehmender Schwere aufgezählt, von Mord bis zu einem so läßlichen Fehlverhalten wie der Darbringung des Brot- und Weinopfers durch Männer und Frauen (anstatt durch Ehemänner für die ganze Familie). Die ersten 14 Fragen betreffen die Tötung eines Menschen, das schlimmste Verbrechen, das durch die Auslösung einer Kette von Racheakten die Gesellschaftsordnung zutiefst erschütterte. Sogleich danach jedoch, an zweiter Stelle, kommen die 23 Fragen – mehr als ein Viertel des Gesamtumfangs –, die sich auf Ehe und Unzucht beziehen. Auch sie beginnen wieder mit dem ernstesten Vergehen, dem Ehebruch (Frage 15), und landen schließlich (Frage 37) bei der Erkundung, ob nicht dieser oder jener Mann in seinem Haus den Ehebruch begünstigt habe, indem er seine Mägde oder die Frauen seiner Verwandtschaft nicht genügend beaufsichtigte – eine geringfügige Nachlässigkeit, die schnell durch die (elementare!) Pflicht, seine Gäste so gut wie möglich zu traktieren, gerechtfertigt werden konnte. Man begegnet hier also einer absteigenden Skala von Versündigungen. Am schuldigsten ist ein verheirateter Mann, der die Gattin eines anderen zur Frau nimmt; weniger schuldig ein Mann, der neben seiner Ehefrau eine Konkubine hat; danach folgt, wer seine Gattin verstößt und sich wieder vermählt; dann, wer sie lediglich verstößt. Wiederum ein Stück leichter wiegt die einfache

Unzucht, die erneut in zwei Stufen unterteilt ist, je nachdem ob einer der beiden Partner verheiratet ist oder nicht. Sehr läßlich, weil in hohen Häusern sehr häufig, ist endlich das Spiel, das heranwachsende Männer und ledige Frauen miteinander treiben. Die Hauptforderung ist, wie man sieht, die Monogamie; je weniger das Eheband in Frage steht, desto mehr lockert sich die repressive Aufmerksamkeit. Die Ehe gilt durchaus als ein Heilmittel gegen die sexuelle Begierde. Sie reguliert, sie diszipliniert, sie hält den sozialen Frieden aufrecht. Durch sie werden Mann und Frau von der Sphäre geschieden, in der man sich frei, regellos, in Unordnung verbindet. Die Liste fährt fort mit Fragen nach der Entführung, dem Bruch der *desponsatio,* dem Inzest — zuerst dem geistlichen Inzest (denn in dieser Wertehierarchie rangiert der Geist vor dem Fleisch), wenn jemand seine Patin oder Patentochter aus Taufe oder Firmung heiratet, dann dem fleischlichen Inzest — sowie nach den widernatürlichen Paarungen und, auf der untersten Sprosse der Stufenleiter, der Prostitution. Nimmt man hinzu, was in anderen Teilen über den Gattenmord, den Abort, die Kindestötung und die Machenschaften gesagt wird, durch die Frauen das Herz ihrer Ehemänner zu gewinnen oder sie an der Zeugung und sich selbst an der Empfängnis zu hindern suchen (die Frage bezüglich empfängnisverhütender oder abtreibender Maßnahmen findet sich unter den Tötungsdelikten, gegen Ende der Serie, vor der Tötung eines Sklaven und dem Selbstmord, aber hinter — die Rangordnung ist erhellend — dem Vatermord, der die Spitze hält, dem Mord an einem Priester, am eigenen Kind, am Gatten), so entfallen auf 88 Fragen 30, die mit Sexualität zu tun haben. Im Zentrum der Vorstellung von Sünde und Schmutz — nach dem Blutvergießen, aber vor dem »Aberglauben« — steht das Geschlecht. Im Zentrum des Reinigungssystems steht die Ehe.

Dieser Fragenkatalog verfolgt eine moralische Absicht: er will die Gewissen aufklären und durch die Lokalisierung des Bösen das heilsame Gefühl der Sünde nähren. Daneben verfolgt er auch eine polizeiliche Absicht: er dient der Aufspürung von Delinquenten, damit sie vom Bischof gezüchtigt werden können. Die Strafe bestimmt der Bischof in Konsultation der normativen Texte, die die Hauptmasse des *Dekrets* bilden. Es ist ein monumentales Werk – eine Art Dom, dessen Bauplan auf der Idee eines Fortschreitens zum Heil beruht. 20 Abschnitte markieren den Weg von der Erde zum Himmel. Die ersten fünf reden von den Menschen, denen es obliegt, den Zug anzuführen, Abweichungen zu ahnden und geradezubiegen: vom Bischof und seinen Helfern, den Priestern und Diakonen; dann vom Rahmen des reinigenden Handelns: von der Gemeinde; und schließlich von den Werkzeugen dieses Handelns: von den beiden Sakramenten, die der Klerus spendet, der Taufe und der Eucharistie. Am Ziel des Weges findet sich der *Liber speculationum,* eine grandiose Meditation über den Tod und das Jenseits, und unmittelbar davor das dichteste Buch, das xix., das in den Handschriften *Corrector* oder *Medicus* betitelt ist. Es enthält nichts geringeres als den Schlüssel zur anderen Welt, die Arzneien, die einen glatten Übergang anzubahnen und einen Menschen von seinen letztlichen Schwächen zu befreien vermögen, bevor er nicht mehr vor seinen Mitmenschen, den Bischof, sondern nun vor das Licht Gottes tritt. Diese Liste von Heilmitteln wendet sich nicht, wie das vorangegangene Verhör der Gemeindeglieder, direkt an die Sünder. Der Sünder kann sich nicht selbst kurieren. Buch xix bietet den Korrektoren, dem Prälaten und seinen Gehilfen, ein Verzeichnis der Straftarife, ein Pönitentiale oder Bußbuch.

Es ist gut möglich, daß dieser Teil des *Dekrets* im Fieber des Chiliasmus als der nützlichste erschien, und zwar zunächst dem Autor selbst. In der Tat griff Burchard bei seiner Redaktion des Prologs zur ganzen Sammlung auf den Prolog eines älteren Bußbuches zurück. Solche Sündenverzeichnisse, die für jeden Verstoß die kompensatorische Sanktion festsetzten, gab es damals in Hülle und Fülle. Sie erleichterten den Seelsorgern ihre Aufgabe, und mehr noch: sie ersparten ihnen das eigene Denken. 813 hatte das Konzil von Chalon-sur-Saône vor jenen kleinen Büchern gewarnt, »deren Irrtümer sicher und deren Verfasser unsicher sind«.[7] Gleichwohl konnte man auf sie angesichts der Formen, in denen sich die Buße nach wie vor abspielte, und der Funktionen, die sie noch in der Christenheit des Jahres 1000 erfüllte, nicht ohne weiteres verzichten.[8] Um seine Verfehlung zu sühnen, mußte der Sünder eine bestimmte Zeitlang sein Leben ändern, sich »bekehren«, sich in einen besonderen Sektor der Gesellschaft begeben und seine Sonderstellung durch eine andere Art des Betragens, der Kleidung und Ernährung manifestieren. Durch diese Ausgrenzung verschaffte die Buße der Gemeinschaft Genugtuung, die so von einem gefährlichen, weil potentiell ansteckenden Mitglied befreit wurde, und trug folglich zur sozialen Ordnung, zum Frieden bei. In seinem Bemühen um eine Reform der Gesellschaft wollte Burchard ein *gutes* Pönitentiale vorlegen. Er beschloß sein Werk mit diesem Instrument der Erneuerung.

Zwischen dem kirchlich-sakramentalen Präludium und diesem Finale erstrecken sich die kanonischen Texte über die Sitten des Laienvolkes, das der Bischof, im Wiederaufleben des karolingischen Geistes, gemeinsam mit dem König auf den richtigen Weg zu lenken hatte. Die dabei eingehaltene Themenfolge scheint vom Öffentlichen zum Privaten zu führen. Am Anfang stehen die Fälle, die den Frieden mit Getöse zerbrechen und so die feierlichen Reinigungen nötig machen, deren Verwalter der Bischof ist. Es sind die Angelegenheiten des Blutes: das *Dekret* erörtert als erstes (Buch VI und VII) den Mord bzw. Totschlag und den Inzest. Danach wird der Bischof verpflichtet, als bestallter Schutzherr für besonders verwundbare Gruppen einzutreten, und zwar zunächst für die professionellen Büßer, deren »Umkehr« endgültig ist, für Mönche und Nonnen (Buch VIII), sodann für die nicht »geweihten« Frauen (Buch IX). Und hier, wo es um das Weibliche geht, um die Zone der Schwäche im sozialen Gebäude, ist bezeichnenderweise von der Ehe die Rede. Unmittelbar nach den Frauen folgt die Zauberei, dann das Fasten und die Trunkenheit (Buch X-XIV) – alles Tatbestände, die sehr viel weniger an die öffentliche Ordnung rühren. Die anschließenden Bücher (XV und XVI) befassen sich mit Fällen, in denen der Bischof nur als Helfer, als Ratgeber der weltlichen

Fürsten tätig wird. Ganz am Ende dann, kurz vor dem Pönitentiale, am weitesten in das Privat- und Intimleben reichend,
kommen die Texte über die Unzucht. Es erscheint sehr bemerkenswert, daß diese Gliederung so klar Probleme der Ehe
von Problemen der Sexualität trennt. Die Schlußfolgerung ist
kaum abzuweisen, daß Burchard von Worms, in der Tradition
seiner karolingischen Vorgänger vom Typ Hinkmars, an der
Ehe vordringlich als Faktor eines geregelten sozialen Zusammenlebens interessiert ist. Es ist seine Funktion als Wahrer
der Gesellschaftsordnung, die den Bischof veranlaßt, sich mit
ihr zu beschäftigen. Im selben Licht erscheint die Ehe dann in
Buch xix, im *Medicus*.

Auch das Bußbuch präsentiert sich als eine Folge von Fragen.
Diesmal aber richtet sich die *inquisitio* nicht an die Gesamtheit
einer Pfarrgemeinde; sie ist nicht öffentlich, sondern intern,
persönlich – ein Dialog zwischen Beichtvater und Büßling.
Das Zwiegespräch ist ganz knapp gehalten, nach dem Muster:
»Hast du dies getan? dann verdienst du das«, gelegentlich ergänzt durch eine kurze Erläuterung, die das Schwerwiegende
der Tat aufzeigt. Dem allgemeinen Fragenkatalog ist ein
Nachtrag beigefügt, der speziell auf Frauen und ihre Sünden
zielt und der darum hier etwas gründlicher betrachtet werden
soll. Burchard von Worms ist überzeugt, daß Mann und Frau
zwei verschiedene Menschengattungen darstellen, wobei das
weibliche Geschlecht schwach und wankelmütig ist und nicht
in derselben Weise beurteilt werden darf wie das männliche.
Gewiß mahnt er, der Gebrechlichkeit der Frauen Rechnung
zu tragen: »Die christliche Religion verachtet den Ehebruch
bei beiden Geschlechtern gleichermaßen. Aber Frauen klagen
ihre Männer nicht leicht des Ehebruchs an und lassen die ver-
borgenen Sünden ungerächt. Männer dagegen pflegen ehebrüchige Gattinnen unbefangener bei den Priestern anzuzeigen.«[9] Vor allem aber ruft das *Dekret* unablässig dazu auf, der
weiblichen Treulosigkeit Rechnung zu tragen: von Natur eine Betrügerin, muß die Gattin selbst vor Gericht der strikten
Vormundschaft ihres Mannes unterworfen bleiben: »Wenn
deine Gemahlin nach einem Jahr oder einem halben Jahr …

behauptet, daß du sie nicht erkannt hättest ..., und du hingegen versicherst, daß sie deine Gemahlin sei, soll man dir glauben, weil du das Haupt der Frau bist.«[10] Gewicht und Maß können für beide nicht gleich sein. Aus diesem Grund forscht der *Medicus* die Seele der Frauen sorgsamer aus. Der »Arzt«, der »Korrektor« ist ein Mann. Jener Anhang des Pönitentiale ist lehrreich, weil er erkennen läßt, wie die Männer damals die Frau sahen.

Sie ist in ihren Augen die Frivolität in Person, schwatzhaft in der Kirche, saumselig in ihrer Pflicht, für die Verstorbenen zu beten, leichtsinnig. Für die Kindestötung trägt sie allein die Verantwortung, da die Sorge um den Nachwuchs in ihren alleinigen Aufgabenbereich fällt. Ein Kind ist gestorben? Dann muß es die Mutter gewesen sein, die es durch wirkliche oder vorgespiegelte Nachlässigkeit zu Tode gebracht hat – hier als Beispiel der genaue Wortlaut der Frage: »Hast du dein kleines Kind ans Feuer gelegt, und ein anderer hat einen Kessel mit Wasser auf das Feuer gesetzt, so daß das Kind von dem sprudelnden Wasser überschüttet wurde und gestorben ist?«[11] Natürlich ist die Abtreibung eine Sache der Frauen, ebenso die Prostitution. Sie sind, man weiß es, nur allzu leicht bereit, ihren Leib zu verkaufen oder auch den ihrer Töchter, ihrer Nichten oder einer anderen Frau. Denn sie sind lüstern und schamlos. Zu den sexuellen Freuden des Ehelebens wird in der Fragenliste nichts gesagt. Dagegen beziehen sich einige Fragen auf die Lust, die eine Frau an ihrem eigenen Körper, mit anderen Frauen oder mit jungen Kindern gewinnen kann – in ihrer eigenen Welt, der Kemenate, dem Ammenzimmer, jenem fremden, beunruhigenden Universum, aus dem die Männer ausgeschlossen sind, das sie reizt und ihre Phantasie mit Bildern perverser Vergnügungen erfüllt, an denen sie keinen Anteil haben. Wir stoßen hier wieder am Ende auf den Bezirk der größten Heimlichkeit; denn der Text des Bußbuches ist nach einem ähnlichen Plan aufgebaut wie die Rechtssammlung: er schreitet vom Öffentlichen zum Privaten fort. In den Fragen, die sich an beide Geschlechter richten, rangieren die Verfehlungen, die auf die Gesellschaftsordnung ausstrahlen – Mord, Raub, Ehebruch und Inzest –, vor den

Übertretungen, die man gewöhnlich im Innern der Häuser begeht – außereheliche Unzucht, Magie, Unmäßigkeit, Gotteslästerung. Und die Strafen sind mehr oder weniger schwer, je nachdem ob die Sünde den öffentlichen Frieden bedroht oder nicht.

Das klarste Bild des Wertesystems, an dem sich Burchard orientiert – der in klugem Ermessen und dem Wunsch nach Wirksamkeit zweifellos darauf achtet, sich möglichst nahe an die allgemeine Moral zu halten –, ergibt sich aus den Bußtarifen. Die Rangfolge der Bußen entspricht der Rangfolge der Verfehlungen. Je nachdem ob die Schuld des Sünders als größer oder geringer eingeschätzt wird, ist die Abstinenz, die ihm auferlegt wird, mehr oder weniger streng und die Dauer der Reinigung mehr oder weniger lang. Die Sanktionen, deren umfangreiche Liste der *Medicus* anführt, lassen sich, wie es scheint, in drei Kategorien einteilen. Die erste Art der Bestrafung ist ein Fasten bei Wasser und Brot – und selbstverständlich die Unterlassung jeder Sexualtätigkeit – für eine bestimmte Zahl aufeinanderfolgender Tage, wobei in der Grundeinheit von zehn Tagen mit ihren Vielfachen und Teilfaktoren gerechnet wird. Die Strafe des zweiten Typs dauert sehr viel länger: die Einheit ist hier das Jahr. Aber sie ist einerseits leichter, insofern die Enthaltsamkeit nur den Fleischgenuß und die Liebesfreuden betrifft, und andererseits unterbrochen, da sie sich nur auf die *feriae legitimae,* die »rechtmäßigen Tage« erstreckt, in denen die Kirche zur Sammlung aufruft: auf die drei Fastenzeiten und auf Mittwoch, Freitag und Samstag jeder Woche; und außerdem, was vielleicht noch mehr zählt, ist sie auch diskreter: da die Frommen aus eigenem Antrieb dieselben Entbehrungen auf sich nehmen, kann der Sünder vorgeben, zu diesen freiwilligen Büßern zu gehören. Der dritte Typ verpflichtet den Sünder über sieben Jahre zu einem zusätzlichen Quadragesimal- oder Vierzig-Tage-Fasten bei Wasser und Brot, das der Text in der Latinisierung eines Wortes der romanischen Volkssprache *carina* nennt. Sehen wir zu, wie der *Corrector* die Verstöße gegen die Ehe- und Sexualmoral in diese drei Kategorien einstuft.

Mit seltenen Ausnahmen sind es die geringfügigeren und sehr privaten Delikte, die eine Abstinenz der ersten Art, zehn Tage trocken Brot und Wasser, nach sich ziehen. Diese Strafe wird für männliche Onanie, wenn sie allein geübt wird, vorgeschrieben (bei Masturbation zu zweit wird sie verdreifacht). Aber auch den ledigen Mann, der mit einer »vakanten« Frau oder seiner eigenen Magd Unzucht treibt, trifft keine schwerere Strafe. Wo die Ehe nicht berührt ist, begegnet man den sexuellen Entgleisungen des Mannes mit großer Milde: bei ihm ist es gleichviel, ob er sich selbst masturbiert oder eine junge Domestikin gebraucht, sofern weder er noch sie verheiratet sind. Wenn er jedoch unter das Ehejoch gespannt ist, muß er sich anständig benehmen; dieselbe Strafe des zehntägigen Fastens gilt auch für alle Verletzungen der ehelichen Keuschheit. Was ist damit gemeint? Ein Übermaß an Leidenschaft beim Geschlechtsakt? An einer anderen Stelle wird der Text deutlicher[12]: er verhängt zehn Tage für den Ehemann, der mit seiner Frau in einer verbotenen Position oder auch in der Zeit ihrer Regel oder während der Schwangerschaft verkehrte, wobei im letzten Fall die Sanktion verdoppelt wird, wenn sich das Kind bereits bewegt hat. Sie wird vervierfacht, also zu einer *carina* erweitert, wenn er sich ihr an einem verbotenen Tag genähert hat – hier freilich zeigt sich die Kirche insoweit gnädig, als sie die Strafe auf die Hälfte reduziert, wenn der Mann betrunken war. Das Strafmaß bleibt in diesem Fall die Zehn-Tage-Einheit, da die Sünde in der Heimlichkeit des Schlafzimmers und der Nacht verübt wurde; aber das »Gesetz der Ehe« ist übertreten, und der zu ungestüme Gatte erscheint viermal so schuldig wie der Ledige, der hier und dort seinen Spaß gesucht hat. Denn dieser hat eine Entschuldigung: er verfügt nicht über eine rechtmäßige Gattin, um sein Feuer zu dämpfen. Die Ehe ist Heilmittel der Begierde. Sie grenzt von der Sünde ab – und man ahnt noch kaum wahrnehmbar die Vorstellung, daß sie ein Sakrament sei. Aber sie verlangt Disziplin. Der Ehemann, der sich nicht zu beherrschen vermag, verdient eine schwere Züchtigung. Denn um eine solche handelt es sich: wer einem anderen Mann die Augen aussticht, die Hand abschlägt, die Zunge herausschneidet, wird nicht härter belangt – vier Zehn-Tage-Einheiten Buße.[13] Und ebenso hoch ist auch der Tarif für eine vormalige Konkubine, die zugunsten einer legitimen Gattin aus dem Haus vertrieben wurde und die sich damit zu rächen versuchte, daß sie durch Hexenkünste die Manneskraft ihres früheren Gefährten in der Hochzeitsnacht zum Versiegen brachte.[14] Solche Äquivalenzen lassen tief blicken.

Am anderen Ende der Skala wird die am längsten währende Strafe, eine Quadragesima über sieben Jahre, außer für Sodomie jeweils für Frauenraub und Ehebruch festgelegt. Sieben Jahre muß ein Ehemann büßen, wenn er seine Frau anderen Männern überläßt, sieben Jahre auch ein Mann, der sich der Gattin eines anderen oder einer Nonne, einer Braut Christi, bemächtigt (wenn er selbst verheiratet ist, wird die Strafe verdoppelt – nicht etwa weil der Ehebruch ein doppelter und der Mann allein dafür verantwortlich ist, sondern weil er das Mittel besitzt, um »seine *libido* zu befriedigen«[15]; nach derselben Logik erhält ein verheirateter Mann, der sich dazu hinreißen läßt, die Brüste einer Frau zu liebkosen, fünf Tage Fasten, ein lediger hingegen nur zwei). In Entführung und Ehebruch rüttelt die männliche Sexualtätigkeit an den Grundpfeilern der Gesellschaftsordnung. Frauenräuber verletzen den Ehevertrag. Sie sind eines öffentlichen Verbrechens schuldig, das Haß zwischen den Familien sät, das Vergeltungen provoziert, die Gemeinschaft besudelt und sprengt. Es ist nur folgerichtig, von ihnen eine Buße zu fordern, die sie dauerhaft und vor aller Augen brandmarkt. In derselben Weise werden Mord und Totschlag geahndet, die den Frieden ähnlich brechen. Ganz offenkundig stützt sich das kirchliche Recht auf die königliche Gesetzgebung. Man erkennt es an den zahlreichen Anleihen, die das *Dekret* bezüglich dieser Verfehlungen bei den karolingischen Kapitularien macht. In der Tat hat die Ehe ein Doppelgesicht, nach der Sexualmoral und nach der Sozialmoral hin, wobei freilich der zweite Aspekt in den ersten hineingreift: Wenn das Sexualverhalten der Eheleute Gegenstand einer aufmerksameren Überwachung ist, so darum, weil diese Männer und Frauen sich durch die Heirat in dem geordneten Sektor der Gesellschaft angesiedelt haben.

Die Buße der mittleren Kategorie wird für Verfehlungen zugemessen, die im Privatbereich, im Innern des Hauses begangen werden, jedoch schlimmer erscheinen. Dementsprechend dient sie hauptsächlich zur Bestrafung der Sünden von Frauen. Die aufsteigende Stufenleiter beginnt bei einem Jahr, der Taxe für weibliche Masturbation – und wenn die Frau für ihre unfruchtbare Lust strenger gezüchtigt wird als der Mann, so wird sich das daraus erklären, daß sie auf diese Weise dem zweifachen Fluch der Genesis: »nach deinem Mann sollst du verlangen; er aber soll dein Herr sein« und »mit Schmerzen sollst du Kinder gebären«, ausweicht. Am Ende steht der Kindesmord (zwölf Jahre). Zwischenstufen sind die Abtreibung, bevor sich das Kind bewegt hat, die fahrlässige Tötung (das unabsichtliche Erdrücken des Kindes beim Umdrehen im Schlaf: drei Jahre) und die Prostitution (sechs Jahre). Gelegentlich wird derselbe Straftyp auch für Männer verwandt: bei Sodomie, Unzucht mit Verwandten im Familienwohnsitz, Zuhilfenahme weiblicher Zauberkünste. Auf der männlichen Seite werden in dieser Form Entgleisungen abgegolten, die den Mann zur Weichheit führen, die seine Virilität beeinträchtigen, ihm seine *virtus* rauben, die ihn entkräften und unter den Einfluß der Frauen geraten lassen. In keinem Fall hat diese Art von Buße direkt etwas mit der Ehe zu tun.

Aus dem *Dekret* sind für unser Thema einige Informationen über Sitte und Moral der Menschen jener Zeit zu gewinnen. Als erstes ist festzuhalten, daß der Inzest völlig isoliert dasteht. Er hat seinen eigenen Abschnitt (Buch VII), in dem alle die Kanones der fränkischen Konzile versammelt sind, die eine Verbindung von Verwandten bis zum siebten Grad untersagen. Sobald bei einem Paar eine solche Verwandtschaftsbeziehung öffentlich erwiesen ist, müssen die beiden Gatten vor dem Bischof erscheinen und einen Eid des folgenden Wortlauts leisten: »Von diesem Tag an werde ich unter keinerlei Vorwand mit dieser meiner Verwandten NN Gemeinschaft haben, mit der ich gegen das Gesetz und meinen rechten Christenglauben Ehebruch und Inzest begangen habe. Weder in Ehe noch Ehebruch werde ich mit ihr Gemeinschaft haben; ich werde mit ihr nicht an einem Tisch essen und trinken und mich nicht unter einem Dach mit ihr aufhalten, es sei denn vielleicht in der Kirche oder an einem anderen öffentlichen Ort, wo kein böser Verdacht aufkommen kann, ... vor Zeugen.«[16] Dies ist dieselbe Formel, die Philipp I. und Bertrada aussprechen mußten, bevor sie von dem Bann gelöst wurden, der, wie gesagt, wegen Inzests über sie verhängt worden war. Verwandtschaft zwischen Ehepartnern bedeutet den Bruch und für die so Getrennten die Möglichkeit, sich mit Erlaubnis des Bischofs wieder zu verheiraten. Die inzestuöse Ehe gilt demnach als nichtig, als ungeschehen; sie ist keine Ehe, besteht nicht. Es ist, als ob sich die beiden Leiber nicht vermischt hätten, um ein Leib zu werden, als ob die gemeinsame Herkunft des Blutes diese Vermischung verhindert hätte. Der Inzest gehört in eine eigene Dimension der Moral.

Indessen sind sexuelle Kontakte zwischen Verwandten Ursache einer Beschmutzung, von der man sich durch eine Buße reinwaschen muß. Das der Unzucht gewidmete Buch XVII handelt auch vom Geschlechtsverkehr zwischen Blutsverwandten und Verschwägerten – nicht von ihrer Ehe, denn eine solche ist nicht möglich. Auch hier wieder stammen die zusammengestellten Texte aus den Erlassen karolingischer Konzile, von Verberie, Mainz, Tribur. Sie verbieten dem Mann, mit der Schwester oder der Tochter seiner Gemahlin, der Frau seines Bruders oder der *sponsa,* der anverlobten und bereits übergebenen Braut seines Sohnes sexuellen Umgang zu haben. Mit denselben Delikten befaßt sich dann auch das Bußbuch, das ihnen Strafen des zweiten Typs zuweist. Die Beachtung, die diese häuslichen Verirrungen im *Medicus* finden[17], legt es nahe, sich die Intimität der aristokratischen Wohnung als eine bevorzugte Sphäre des sexuellen Spiels vorzustellen. Außerhalb des Schlafzimmers der Ehegatten erstreckt sich ein privater Raum voller Frauen, die leicht genommen werden können – Mägde, Verwandte, noch »vakante« Frauen –, ein von außen fast unkontrollierter Tummelplatz männlicher Wünsche. In diesem kleinen, geschlossenen Paradies sind die Männer – wie einst Adam –, die jüngeren und die weniger jungen und vor allem der Hausherr im

Vollgefühl seiner Rechte, ständig der Versuchung ausgesetzt. Da ist die Schwägerin, die sich verstohlen ins Bett schleicht, oder auch die Schwiegermutter oder die sinnenverwirrende künftige Schwiegertochter, die bereits vor der Hochzeit von ihrem Bräutigam heimgeführt wurde. Die kirchlichen Texte zeichnen die Frauen als pervers und als die Männer pervertierend; doch sollte man sie in erster Linie als Beute betrachten. Im Haus ist die Jungfräulichkeit, so scheint es, gefährdet. Wieviel oder wie wenig ist sie wert? Die Frage richtet sich wie stets, wenn es sich um eine Vergnügung zwischen den beiden Geschlechtern handelt, nur an den Mann: »Hast du eine Jungfrau verdorben? Wenn du sie danach zur Gemahlin genommen und somit nur, was allerdings sehr ernst ist, die Hochzeit verletzt hast, sollst du ein Jahr an den rechtmäßigen Fasttagen büßen. Wenn du sie aber nach der Beschädigung nicht geheiratet hast, sollst du zwei Jahre büßen.«[18] Das ist alles.

Burchard hat ein Handbuch für Richter, keinen moralischen Traktat geschaffen. Das *Dekret* ist keine Sittenpredigt an die Laien. Außer bei der Bemessung der Bußen für Ehemänner, die einige förmliche Vorschriften bezüglich verbotener Zeiten und Positionen übertreten haben, redet er im Zusammenhang der Ehe nicht von der Sexualität. Gleichwohl schimmert in Umrissen etwas über das Gattenverhältnis durch, wo Burchard auf Zauberei und Hexenwerk zu sprechen kommt, diese spezifischen Künste der Frauen, die immer ein wenig Hexe, die schwach sind und zu hinterhältigen Methoden greifen. Die inkriminierten Ränke sollen auf die Liebe wirken; ihr Ziel ist es, »durch die Beschwörung der Dämonen die *mens* der Männer zu verrücken«[19], von Haß zu Liebe und umgekehrt. Das Wort *mens* freilich ist trügerisch; in Wirklichkeit geht es weniger um den Sinn, den Geist, das Gefühl, sondern vielmehr um die Triebe, die zur Tat drängen. Gelegentlich werden Frauen verdächtigt, solche Magie außerhalb der Ehe anzuwenden: wenn der *amator,* der Liebhaber, sich für die rechtmäßige Hochzeitsnacht rüstet, treibt seine verstoßene Konkubine eifersüchtig ihr Wesen, um seine Liebesglut zu löschen. Viel häufiger jedoch werden diese Praktiken von

Gattinnen am Küchenherd ausgeübt, die die Potenz ihres Gemahls durch die Zubereitung einer geeigneten Speise oder eines Tranks zu beeinflussen suchen. Sie setzen sie etwa ein, um seine Manneskraft zu lähmen und sich so der Mutterschaft zu entziehen. Burchard führt uns Frauen vor Augen, die sich zu diesem Zweck den Körper mit Honig bestreichen, sich dann in Weizen wälzen und von dem daraus gewonnenen Mehl ein Brot für ihren zudringlichen Gatten backen.[20] In der Mehrzahl der Fälle dienen freilich derartige Machenschaften dazu, das männliche Feuer zu schüren; denn Frauen sind notorisch unersättlich. Die Moral – jenes Wertgefüge von Männern, deren Alptraum die Impotenz war und die sich nach dem Zeugnis des Bußbuches, um wieder zu Kräften zu gelangen, bisweilen an solchen Hexenveranstaltungen beteiligten – die Moral war damals pedantischer. Nur zwei Jahre Enthaltsamkeit sind die Taxe, wenn Brot auf dem nackten Hintern der Frau geknetet oder ein Fisch in ihrem Schoß erstickt wurde; fünf Jahre dagegen, wenn sie Menstruationsblut in den Becher des Gatten geschüttet, und sieben Jahre, wenn sie seinen Samen getrunken hat.

In jedem Fall wird die Ehe wesentlich unter ihrem sozialen Aspekt gesehen. Burchard bemüht sich, sie von der Beflekkung zu säubern. Seine Hauptsorge aber ist, Ordnung und Frieden aufrechtzuerhalten. Darum stellt er an den Eingang von Buch IX die Definitionen, die die legitime Ehe vom Konkubinat unterscheiden. Er insistiert auf der Öffentlichkeit der Hochzeit. Und das Pönitentiale sieht eine Strafe vor – eine leichte, private Buße: ein Dritteljahr Abstinenz – für Männer, die eine Frau genommen haben, ohne ihr ein Wittum auszusetzen, ohne mit ihr zur Kirche zu kommen, um »vom Priester den Segen zu empfangen, wie es in den Kanones geschrieben steht«.[21] Burchard will eine ostentative Eheschließung. Doch geht er über den Ritus der Benediktion rasch hinweg, wie an anderer Stelle über das Keuschheitsgebot für Neuvermählte in den ersten drei Nächten nach der Hochzeit. Diese Dinge waren Feinheiten der Frömmigkeit. Zur damaligen Zeit war man noch weit entfernt, sie von allen zu fordern.

Flüchtig ist auch die Anspielung auf den wechselseitigen Konsens der Brautleute. Alles Gewicht wird hingegen auf den Vertrag zwischen den beiden Verwandtschaftsgruppen gelegt. Und »da die rechtmäßige Ehe durch das Gesetz Gottes geordnet ist«[22], gebührt es sich, daß der Vertrag in der Heiligkeit, also im Frieden, der von Gott kommt, geschlossen werde. Jede Gewalt ist verpönt und jede Hinterlist. Wenn eine Tochter ihrer Verwandtschaft ohne vorangegangene Übereinkunft entwendet wird, durch Raub oder erschlichene Verführung, muß das Paar definitiv auseinandergebracht werden. Was im übrigen das *discidium* anbelangt, die feierliche, offizielle Auflösung einer Ehe und die Lizenz zur Wiederheirat, zeigt sich Burchard einigermaßen flexibel. Er weiß sehr wohl, daß ein überstrenges Beharren auf dem Prinzip der Unauflöslichkeit mit den gesellschaftlichen Verhältnissen kollidieren würde. Darum erlauben die von ihm gesammelten Texte dem Prälaten, eine ganze Reihe von Verbindungen über die inzestuösen hinaus zu trennen. Die Entscheidung liegt in seiner Hand, nachdem er mit der gebotenen *discretio* aufs sorgfältigste erwogen hat, was bei dem betreffenden Paar schlecht ist. Wie nicht anders zu erwarten, prüft er zunächst das Betragen der Frau, von der die Bosheit im allgemeinen ausgeht. Die Frauen sind von Natur unzüchtig, und wenn man sie vor ihm des Ehebruchs beschuldigt, hat er das Recht, die Scheidung auszusprechen: der Fall ist von Jesus ein für allemal geregelt worden. Allgemein bekannt ist auch die Heimtücke der Frauen, und der Bischof muß auf der Hut sein, daß er nicht von ihnen betört werde – etwa von Gattinnen, die sich bei ihm beschweren, daß ihr Mann (wohl weil er zu alt ist) die Ehe nicht zu vollziehen vermag. Der Bischof wird als erstes den Mann hören. Bestreitet dieser den Sachverhalt, bleibt sie in seinem Bett, denn ihm ist vorrangig Glauben zu schenken. Wenn freilich die Frau einige Monate später ihre Klage erneuert, mit lautem Wehgeschrei, sie wolle Mutter werden, und wenn die Impotenz ihres Gemahls durch »rechtes Urteil« (Gottesurteil) bewiesen wird, kann der geistliche Richter nicht mehr umhin, die Ehe zu annullieren. Doch ist bei alledem Wachsamkeit geboten: vielleicht hat die Frau einen

Komplizen, einen Liebhaber? Desgleichen darf der Bischof, wenn die Gattin ihren Gatten des Ehebruchs bezichtigt, den Mann nicht besser behandeln als die Frauen, sondern muß die befleckte Verbindung auflösen. Aber wo sieht man wirklich eine Frau vor den Bischof treten und verlangen, er möge ihr Gerechtigkeit widerfahren lassen und sie ihres Gemahls entledigen? Die Initiative kommt stets von den Männern. Muß man ihnen blind glauben, wenn sie beschuldigen, wenn sie anklagen? Steckt etwa der Wunsch nach einer anderen Frau dahinter? Wie viele Männer treiben eine Gemahlin, deren sie überdrüssig sind, in die Arme eines anderen, um sie dann bei einer Verfehlung zu ertappen? Wie viele locken, um unter dem Vorwand des Inzests die Nichtigerklärung ihrer Ehe erwirken zu können, ihre Schwägerin oder Schwiegertochter in ihr Bett? Wie viele behaupten in derselben Absicht, sie seien behext und unfähig, ihrer Frau beizuliegen?

Wenn auch der Bischof das Recht und manchmal die Pflicht hat, das Eheband zu zertrennen, so ist er doch weniger frei, den Getrennten das Eingehen einer neuen Verbindung zu Lebzeiten ihres vorigen Partners zu gestatten. Hier kommt es vor allem auf sein weisliches Ermessen an. Der Bischof darf nicht vergessen, daß die Männer mehr als die Frauen zur Polygamie neigen, daß sie die Macht, die physische Kraft, das Geld haben und daß sie, wiewohl vielleicht minder bösartig, über die wirksameren Mittel verfügen, um die rechtmäßige Auflösung einer Ehe zu erreichen und ihre Begierden zu stillen. Der Wiedervermählung von Frauen steht weniger entgegen, denn es ist nicht klug, sie ohne einen Mann zu lassen, der ihren Lebenswandel beaufsichtigt und mit Strafgewalt korrigiert: verheiratet sind sie weniger gefährlich als jene unbefriedigten Frauen, die in den Häusern zu Raub und Ehebruch hetzen und die guten Ehen zerstören. Ist man insbesondere befugt, die Verwendung legal geschiedener Frauen, die das Opfer ihres Mannes geworden sind, zur neuerlichen Knüpfung vorteilhafter Heiratsverbindungen zu behindern? Nur die Witwen sind mit Argwohn zu betrachten, denn sie könnten den Tod ihres Gemahls angestiftet oder verursacht haben. Ist der Mordverdacht definitiv ausgeräumt und steuern sie auf eine neue Hochzeit zu, erheben sich vielleicht Kläger und beteuern, daß sie schon vor ihrer Verwitwung heimlich mit dem Mann verkehrt hätten, den man ihnen zum Gatten geben will. Darf man eine solche Zweitehe erlauben? Das Konzil von Meaux hat die Frage bejaht, das von Tribur verneint; der Prälat steht vor der Wahl. In bezug auf Männer dagegen, die er von einer Gemahlin befreit hat, muß er eine viel größere Strenge walten lassen. Seine Weisheit hat getrennt, hat das faule Glied verworfen. Seine Weisheit verwehrt es ihm, einer anderwärtigen Verbindung zuzustimmen, vor allem wenn der Scheidungsgrund – und das ist der am häufigsten gebrauchte Vorwand – der Ehebruch der Frau war. Eine Anklage ist so leicht vorgebracht. In der Promiskuität der Adelshäuser blüht der Klatsch: man findet immer Eifersüchtige, die bereit sind zu bezeugen, was sie angeblich gesehen oder gehört haben. Wie sollte ein Mann, und wäre er Bischof, ihnen kein Gehör schenken, wo er doch zutiefst von der verschlingenden Glut des Weibes überzeugt ist? Hatte nicht selbst der hochheilige Kaiser Heinrich einen Augenblick lang an die Schuld der heiligen Kunigunde geglaubt und sie genötigt, über feurige Pflugscharen zu gehen? Doch wird sich der Bischof an die Worte des Paulus erinnern: er muß alles tun, um die Gatten wieder miteinander zu versöhnen, und sich die Möglichkeit offenhalten, sie eines späteren Tages wieder zu vereinigen, wenn sich der Groll gelegt hat. Es gibt daher keine Wiederheirat für Männer, die von einer unzüchtigen Gattin entbunden worden sind oder die sich auf die Entführung ihrer Frau oder ihre eigene Impotenz berufen. Die Gefahr, daß diese Männer, des Heilmittels ihrer Lüsternheit beraubt, nun »brennen«, ist minimal: denn ein alleinstehender Mann kann leicht auf jene Form der Minderehe zurückgreifen, als die wir das Konkubinat kennengelernt haben. Er wird darin sexuellen Trost finden. Nur vollgültige Erben kann er nicht mehr bekommen. Die bischöflichen Bestimmungen richten sich nicht so sehr gegen das Genußstreben als vielmehr gegen die Eheschließungsstrategien im Familieninteresse. Gleichwohl nennt das *Dekret* zwei Gründe, aus denen ein Mann seine Frau nicht nur rechtmäßig, sondern auch zu seinem Nutzen verstoßen kann, um die Gattin zu wechseln: wenn er sie überführt, ihm nach dem Leben getrachtet zu haben; und wenn er beweist, daß sie mit ihm verwandt ist.

Denn in diesen beiden Fällen kommt das Tabu des Blutes ins Spiel. Burchard war nicht darauf aus, die sexuelle Freiheit junger Männer einzuschränken. Er kümmerte sich kaum um die Enthaltsamkeit. Der Ehevertrag verknüpfte für ihn weniger zwei Individuen als zwei Familien. Darum achtete er so genau auf die Ehehindernisse der Verwandtschaft – auch wenn er sich klar bewußt war, daß diese Verbote mißbraucht werden konnten, um eine mißliebige Gemahlin loszuwerden. Aber seine erste Sorge galt dem Frieden. Er sah in der Ehe die wichtigste Stütze der Gesellschaftsordnung. Das ganze *Dekret* atmet einen durch und durch karolingischen Geist. Man wird einwenden, daß es in Deutschland entstanden ist. Aber das Kloster Laubach, wo Burchard erzogen wurde und von wo er Material und Rat empfing, liegt nicht in Deutschland. Wenn die Bedingungen und die Probleme der Seelsorgetätigkeit im Norden des französischen Königreiches so ganz andere gewesen wären, hätten dann die Prälaten dieser Region die Rechtssammlung des Bischofs von Worms so bereitwillig übernommen?

IV
Robert der Fromme

König Robert II. von Frankreich wurde nicht wie sein Cousin Heinrich kanonisiert. Gleichwohl bemühten sich einige seiner Zeitgenossen, ihn als eine Art Heiligen hinzustellen. Ein Zeugnis dessen ist der Beiname *pius,* »der Fromme«, der ihm bis heute geblieben ist; ein anderes, gewichtigeres seine Biographie, die der Mönch Helgald von Saint-Benoît-sur-Loire nicht lange nach Roberts Tod im Stile einer Heiligenvita verfaßte.[1] Diese *lectio* für Kirchenleute, die als Stoff ihrer Meditation und Inspirationsquelle ihrer Predigt gedacht war, beschreibt ein exemplarisches Leben. Unentwegt geht es darin um die Tugenden des Königs, um seine Macht der Krankenheilung, die der Lohn seiner Verdienste war. Sein »heiligmäßiger Tod« hat ihm alsbald die Pforten des Himmels geöffnet; er herrscht dort; niemand seit dem hochheiligen König David kam ihm an heiliger Demut gleich. Warum gerade an Demut? Sie war die Haupttugend der Benediktiner. Und warum der Vergleich mit David? Wie Claude Carozzi gezeigt hat, ist die ganze Eulogie um die zentrale Episode einer »Bekehrung« des Königs herum aufgebaut, die sein Leben veränderte und ihn bewog, bis an das Ende seiner Tage im Büßerstand zu verharren. Auf diese Weise wollte er eine Sünde abgelten: einen Verstoß gegen die Ehemoral, ähnlich der Sünde Davids. Die Verfehlung selbst wird nur diskret, aber genau in der Mitte des Werkes angesprochen: sie bildet den Dreh- und Angelpunkt der Darstellung.

Helgald berichtet zunächst von den frommen Handlungen des Herrschers und preist seine weltlichen Tugenden, die Gerechtigkeit, Freigebigkeit und Milde, die er in der Ausübung seines königlichen Amtes bewies. Plötzlich aber unterbricht er sich. Gegen die Lobrede hat sich der Einspruch von »Mißgünstigen« erhoben: »Und doch«, sagen sie, »werden ... diese guten Werke ihm nicht das Seelenheil eintragen, da er nicht vor der Schandtat der unerlaubten Paarung zurückgeschreckt ist, als er seine Gevatterin *(commatrem),* die ihm überdies durch Blutsverwandtschaft verbunden war, zur Frau nahm.« Halten wir fest: der Biograph verschweigt den Namen der illegitimen Gefährtin, und er spricht, da ein Inzest vorlag, von *copulatio,* nicht von Ehe. Jenen Anklägern erwidert Helgald: Welcher Mensch hat nicht gesündigt? Wer kann sich eines »reinen Herzens« rühmen? Und hier nun entfaltet er die Parallele zu David, dem *sanctissimus rex.* Das »Verbrechen« Davids bestand darin, daß er die Frau eines anderen begehrte und raubte, das Roberts darin, daß er »gegen das Recht des heiligen Glaubens handelte«. David wurde doppelt sündig, indem er Ehebruch beging und seinen Rivalen in den Tod schickte; Robert wurde es, indem er eine Frau heiratete, die ihm aufgrund geistlicher und aufgrund fleischlicher Verwandtschaft verboten war. Aber David und Robert sind beide geheilt, mit Gott versöhnt worden, der eine durch Nathan, der andere durch den Abt des Klosters Saint-Benoît-sur-Loire. Der König von Frankreich sah ein, daß seine »Paarung« verabscheuenswert war; er bekannte sich schuldig und trennte sich von der Frau, deren Berührung ihn beschmutzte. David und Robert sündigten, aber »von Gott heimgesucht taten sie Buße«. Wie David beichtete Robert seine Verfehlung, fastete und betete; ohne den Posten aufzugeben, auf den ihn die Vorsehung gestellt hatte, lebte er wie die Mönche, die Spezialisten heilbringender Kasteiungen. *Felix culpa:* durch eine Änderung seines Lebenswandels konnte er Schritt um Schritt zur Seligkeit emporsteigen. Weitere Einzelheiten gibt Helgald in taktvoller Zurückhaltung nicht preis. Vielmehr erzählt er im unmittelbaren Anschluß eine Anekdote: Der Vater Roberts, Hugo Capet, wollte eines Tages zum Morgenlob in die Kirche aufbrechen. Da erblickte er in einer Ecke ein Paar, das »in schändlichem Werk« beieinanderlag. Voll Mitleid warf er seinen Mantel über die beiden. Gepriesen sei, so lautet die Moral des kleinen *exemplum,* wer die Sünde eines anderen nicht von den Dächern schreit. Eben diese Diskretion wird von der Regel Benedikts (XLVI) vorgeschrieben, wenn sie geeignete Beichtväter als Männer charakterisiert, »die es verstehen, eigene und fremde Wunden zu heilen, ohne sie aber aufzudecken und öffentlich zu machen«. Aus dieser Verantwortung zur Diskretion läßt Helgald, ein glaubwürdiger Gewährsmann, unsere Neugierde ungestillt. Noch größer ist die Zurückhaltung von Rodulf Glaber, einem anderen Benediktiner, der überhaupt kein Wort über eheliche Verirrungen des Königs von Frankreich verliert. Dabei hatte Robert ganz unverhohlen nicht nur Inzest, sondern auch Ehebruch begangen und war mindestens ebenso schuldig, wenn nicht schuldiger als sein Enkel Philipp I. geworden. Er hatte drei legitime Gattinnen. Als er zum drittenmal heiratete, war vielleicht die erste noch nicht gestorben; die zweite jedenfalls war noch sehr lebendig und stand in der Nachbarschaft auf dem Sprung, bei sich bietender Gelegenheit das königliche Bett zurückzuerobern.

988/89, kurz nach der Wahl seines Vaters zum König von Frankreich, hatte der zum Mitregenten erhobene Robert mit 16 Jahren eine Frau empfangen. Sie hieß Rozala; in dem Haus, in das sie eintrat, nannte man sie Susanna. Drei Jahre später wurde sie verstoßen; sie lebte aber noch bis 1003. 996/97 heiratete Robert Bertha, von der er sich zwischen 1001 und 1006 trennte. Zum *terminus ad quem* hatte er Konstanze zur Frau, die ihm ein Jahr später sein erstes legitimes Kind schenkte. Er dachte daran, auch sie zu verstoßen, aber Konstanze, ein schreckliches Mannweib, verteidigte mit Erfolg ihre Stellung.

Diese Serie von Eheschließungen und Trennungen zeigt, wie man die Ehe in einem hohen Adelshaus, bei den soeben zum Königtum aufgestiegenen Herzögen von Franzien, zu handhaben pflegte. Zunächst einmal war es der Vater, das Oberhaupt der Familie, der seinen Sohn vermählte. Als Robert mit 19 Jahren die Gattin entließ, die Hugo Capet für ihn ausgesucht hatte, wollte er mit dieser Tat vielleicht seine Unabhängigkeit demonstrieren: er hatte das Mannesalter erreicht, und seine Gefährten mögen ihn ermutigt haben, das Joch der väterlichen Gewalt abzuschütteln. Sehr viel später, als er sich über seine unbotmäßigen Söhne beklagte, erinnerte ihn Abt Wilhelm von Volpiano daran, daß er in ihrem Alter nicht besser gewesen sei. Eines ist freilich unzweifelhaft: den nächsten und entscheidenden Schritt, eine andere Frau nach seiner eigenen Wahl zu nehmen, wagte er erst, als sein Vater auf dem Totenbett lag. Er war damals 25 Jahre alt.

Eine weitere Eigentümlichkeit ist das Bestreben, eine Gattin von zumindest gleichem Rang, also aus dem »*ordo* der Könige« zu wählen. Zu den Argumenten, die 987 von den Parteigängern Hugo Capets gegen seinen Rivalen um den Thron vorgebracht wurden, gehörte auch dieses: Karl von Lothringen habe »eine ihm unebenbürtige Frau aus dem Stand der Lehnsleute geheiratet. Wie sollte es da der große Herzog [Hugo] dulden, daß eine Frau Königin werde und über ihn herrsche, die von seinen Lehnsmännern genommen ist?«[2] Diese Notwendigkeit zwang zur Suche über weite Entfernungen hin. Hugo Capet warf seine Blicke bis nach Byzanz, wo er für seinen Sohn um eine Tochter des Kaisers warb, mußte sich aber schließlich mit Rozala bescheiden. Auch sie genügte den Erfordernissen: sie hatte König Berengar von Italien, einen Abkömmling Karls des Großen, zum Vater. Bertha, die Robert sich selbst zur Frau genommen hatte, war als Tochter König Konrads von Burgund und Enkelin Ludwigs IV. des Überseeischen, des karolingischen Königs des Westfrankenreichs, von noch edlerem Geblüt. Weniger glänzend dagegen war der Stammbaum von Konstanze: ihr Vater war lediglich Graf von Arles – allerdings ein sehr ruhmreicher Vertreter seines Geschlechts, der die Sarazenen aus der Provence verjagt hatte – und ihre Mutter Adelheid (oder Blanca) die Schwester des Grafen von Anjou. Hatte sich Robert so weit erniedrigt, daß er wie Karl von Lothringen seine Ehefrau aus den Häusern seiner Vasallen holte? Wir wissen nichts über die Ahnen von Wilhelm von Arles; vielleicht hingen auch sie mit den Karolingern zusammen. Jedenfalls aber war die Mutter Konstanzes eine Gemahlin Ludwigs V., des letzten karolingischen Königs, gewesen – der gewiß keine Frau heimgeführt hätte, die nicht von erlesenstem Blute war. Ludwig hatte sie fast unverzüglich wieder verstoßen, worauf sie die Frau des Grafen von Arles geworden war, ohne daß irgend jemand von Ehebruch gesprochen zu haben scheint. Aber dieser Fortgang änderte nichts daran, daß sie von Bischöfen zur Königin »geweiht« worden war: die Wir-

kungen eines solchen Ritus erloschen nicht. Mußte demnach
nicht Konstanze als Tochter einer Königin gelten? Im
13. Jahrhundert war aus ihr in der Erinnerung des Gervasius
von Tilbury eine leibliche Tochter Ludwigs v. geworden, der
sie zusammen mit der Königswürde dem Sohn Hugo Capets
übergeben habe. Ohne Zweifel schreiben die zeitgenössischen Chroniken dieser dritten Gattin keine karolingische
oder königliche Herkunft zu. Aber sie betonen auch bei
Rozala nicht ihre hohe, sogar königliche Geburt. In Anbe-
tracht dessen kann man spekulieren, daß 1006 das Streben
nach Isogamie schwächer geworden war.

Was ihm entgegenarbeitete, war die Bemühung, eine Heirat
unter zu engen Verwandten zu vermeiden. Hugo Capet hatte
dem Basileus die Schwierigkeit vorgetragen: »Wir können
ihm [Robert] wegen der Verwandtschaft, die uns mit den benachbarten Königen verbindet, keine gleichrangige, passende
Gattin finden«[3], und Roberts Sohn, Heinrich I., mußte sich
eine Frau in Kiew suchen. Dennoch ging die Rangfrage allen
anderen Rücksichten vor. Robert war vielleicht ein entfernter
Vetter von Konstanze. Sicher war er mit Rozala durch gemeinsame Vorfahren verbunden – im sechsten Grad, also innerhalb der von den Bischöfen abgesteckten Grenzen des Inzests. Die königlichste seiner drei Gemahlinnen, Bertha, war
zugleich die ihm nächstverwandte: eine Cousine dritten Grades. Man beachte, daß die einzige Verwandtschaftsbeziehung,
die damals Anstoß erregte und den Ruf nach einer Annullie-
rung der Ehe laut werden ließ, die zu Bertha war: sie stach ins
Auge. Dem Sohn des »Usurpators« Hugo Capet freilich war
die Liaison mit der Nichte Karls von Lothringen eine Übertretung der kirchlichen Vorschriften wert.

Von jenen Königstöchtern waren die zwei ersten zuvor mit
Grafen verheiratet gewesen. Derartige Verbindungen waren
durchaus normal: es gehörte zur dynastischen Strategie, die
Gattin des Stammhalters möglichst aus einem vornehmeren
Haus zu wählen. Auf den Makel, daß sie beide demnach kei-
ne Jungfrauen mehr waren, wurde kein Gedanke verschwen-
det. Rozala war die Witwe des Grafen Arnulf von Flandern,
Bertha die Witwe Odos von Blois. Wenn Robert und sein

Vater gleich in den ersten Tagen nach dem Tod der jeweiligen Männer zugriffen, so handelten sie damit aus durchsichtigen Motiven: durch solche Ehen hofften die Kapetinger, wenn nicht die Krone, so doch ihr Fürstentum, das Herzogtum von Franzien, abzusichern. Ein Teil davon war bereits an die wilden, noch kaum christianisierten Normannenhäuptlinge verlorengegangen; das Kernland um Orléans und Paris blieb fest in kapetingischer Hand, während an seinen Rändern die Grafen von Flandern, Blois und Anjou ihre eigene Hausmacht ausbauten. Man mußte in einem günstigen Moment den einen oder anderen von ihnen zum Bundesgenossen gewinnen. Eben diesem Zweck diente die Eheschließung.

Hugo Capet hatte auf Flandern gesetzt. Als Graf Arnulf starb, war dessen erstgeborener Sohn noch ein Kind. 989 bestand der Plan, dem Knaben den Erben des Königtums zum Stiefvater zu geben. Die Vormundschaft jedoch erwies sich als diffizil. Man riskierte dabei, die erst kürzlich eroberte Burg Montreuil einzubüßen, die Rozala als Wittum überlassen worden war (sie bildete später auch die *dos* der ebenfalls flämischen ersten Frau Philipps I.: bestimmte Stücke des Erbgutes wurden, wie man auch sonst beobachten kann, von Generation zu Generation zur Ausstattung der Gattin des Hausherrn verwendet). Die nutzlos gewordene Rozala wurde »durch Scheidungsurteil« verstoßen[4]: die Trennung erfolgte in aller Form, damit nicht die Familie Montreuil verlor. 996 kam es für die Kapetinger vor allem darauf an, sich in der Touraine ein Maximum an Einfluß gegen die Übergriffe der Grafen von Anjou und von Blois zu erhalten. Der erstere war weniger widerspenstig, der zweite mächtiger und gefährlicher; denn Odo hatte sich 987 als Preis für seine Zustimmung zur Krönung seines Herrn die Grafschaft Dreux geben lassen, und an der Flanke von Orléans waren sämtliche Krieger seine Vasallen. Glücklicherweise waren die beiden Grafenhäuser miteinander verfeindet. Am Hof neigte der alte König eher zu Anjou, sein Sohn und natürlicher Gegner zu Blois. Als Odo von Blois im Februar 996 starb, stürzte sich der Graf von Anjou auf die Stadt Tours, während sich Robert einige Monate später, durch den nahenden Tod seines Vaters aller

Fesseln entledigt, an Bertha, die Witwe, heranmachte. Wie Richer von Saint-Remi berichtet, wurde er zuerst ihr *defensor* und holte unter diesem Titel Tours zurück; dann heiratete er sie in der Erwartung, wie zuvor in bezug auf Flandern durch die kaum großjährigen Söhne seiner neuen Gemahlin die Herrschaft über die Grafschaft Blois zu erlangen. Der Älteste starb kurz darauf; der Zweite, Odo II., erwies sich durch seine Intrigen, die er bis ins Innere des königlichen Hauses hineintrug, bald als aufsässig und lästig. In seinem Vorhaben enttäuscht, beschloß der König, sich wieder der Freundschaft mit Anjou zuzuwenden. Ausdruck und Mittel dieses Bündniswechsels war, wie so oft, ein Wechsel der Frau. Er entließ Bertha und nahm Konstanze, eine direkte Cousine des Grafen Fulco Nerra von Anjou. Odo freilich hatte weiterhin seine Parteigänger am Hof. Er bemühte sich, die neue Ehe zu Fall zu bringen, und wäre damit, wie wir durch eine Mitteilung bei Odorannus von Sens erfahren, beinahe erfolgreich gewesen.[5] Odorannus war nicht nur Mönch und Chronist, sondern auch Goldschmied und sehr stolz auf sein Werk, den gold- und juwelengeschmückten Reliquienschrein des hl. Savinianus, den König Robert und Königin Konstanze 1019 gestiftet hatten. Durch dieses Geschenk, so erläutert er, wollte das Paar dem Heiligen dafür danken, daß er sie unlängst in einer Gefahr beschützt hatte. Robert war nach Rom gereist; »Königin Bertha, die vor einiger Zeit vom König wegen Blutsverwandtschaft verstoßen worden war, hörte davon und folgte ihm in der Hoffnung, durch apostolische Entscheidung das königliche Ehebett wiederzugewinnen, worin sie von einigen Höflingen unterstützt wurde«. Konstanze, von Bangen erfüllt, betete; drei Tage später meldete man ihr die Rückkehr des Königs, und »fortan liebte er seine eigene Gattin mehr als bisher und ordnete an, daß alle königlichen Rechte ... ihrem Wink unterstehen sollten«. 1022 führten der Graf von Blois und seine Freunde eine letzte Attacke, und zwar anläßlich der Ketzer von Orléans – hervorragender Priester, denen die Königin gewogen war. Man verbrannte sie, aber Konstanze blieb. Das ganze Tauziehen in dieser Geschichte illustriert, daß die rechte Ehe in einer Gesellschaft, in der das Konkubinat weithin üblich war, in erster Linie ein Instrument der Politik darstellte. Die Gattin, die Dame, wurde wie eine Schachfigur hin- und hergerückt; es ging bei der Partie um einen hohen Einsatz, um Ehre, Ruhm und Macht.

Ein letzter Hauptgesichtspunkt ist noch zu erwähnen, der allein schon das Verhalten Roberts erklären könnte: die Sorge um die Fortpflanzung des Geschlechts durch einen ehelichen Sohn. Rozala war fruchtbar gewesen, aber sie war es nicht mehr, nachdem der junge König sie bekommen hatte: sie war »zu alt«, wie Richer schreibt, und wurde deshalb abgeschoben. Auch Bertha, die bei Beginn ihrer Zweitehe noch keine 30 Jahre alt war, hatte ihre Fruchbarkeit bereits unter Beweis gestellt; aber fünf Jahre nach der Hochzeit war sie immer noch kinderlos, was als Grund für eine Trennung vollauf genügte. Konstanzes Vorzug war ihre große Jugend, und sie brachte denn auch in kürzester Frist zwei Knaben zur Welt. Sobald dies erreicht war, um 1008-1010, fühlte sich Robert frei, sie zugunsten Berthas wieder aus seinem Bett zu vertreiben. In dieser Absicht zog er nach Rom; doch zum Glück für die neue Königin war der hl. Savinianus wachsam.

Das Eheband wurde somit am französischen Hof, in einer weniger zurückgebliebenen Region, als es das Deutschland des heiligen Heinrich war, sehr leicht geknüpft. Wir heutigen Historiker, die wir das Geschehen nur von außen sehen, sind versucht, den drei aufeinanderfolgenden Ehen drei verschiedene Motive zuzuschreiben: Rozala wurde vielleicht gewählt, weil sie eine Königstochter, Bertha, weil sie ein Haupttrumpf in dem prekären Spiel um die Macht in der Touraine, und Konstanze, weil es dringend war, der Krone einen Erben zu verschaffen. Über den *ardor,* das feurige Liebesverlangen, sind wir nicht befugt, etwas zu sagen. Bemerkenswert ist in jedem Fall die Freiheit, die man sich bezüglich der kirchlichen Gebote nahm. Wie reagierten die Regenten der Kirche? Nichts deutet darauf hin, daß sie sich über die erste Verstoßung und die erste Wiederheirat als solche sonderlich empört hätten, obwohl es sich dabei um Ehebruch handelte, der in den wenig später von Burchard von Worms gesammelten Kanones förmlich verurteilt wird. Der mißbilligende technische Ausdruck *superductio,* den die Geschichtsschreiber der Zukunft bei Philipp I. so reichlich im Munde führen, wird bei dieser Gelegenheit nirgendwo gebraucht. Der einzige Nachklang einer reservierteren Einstellung findet sich in den *Historien* Richers, eines Mönches aus Reims, der den kapetingischen Usurpatoren durchweg nicht freundlich gesonnen war: »Das Vergehen dieser Verstoßung«, so bemerkt er, »wurde von einigen, die reinere Erkenntnis besaßen [er denkt dabei an seinen Lehrer Gerbert], genugsam gescholten« – jedoch »heimlich und ohne offene Opposition«.[6] Und im folgenden erzählt er weiter, daß Gerbert Bertha von der Heirat mit Robert abgeraten habe. Das ist alles. Von Bigamie ist auch nicht entfernt die Rede. Die Hochzeit wurde feierlich vollzogen, der Erzbischof von Tours zelebrierte den Ehesegen im Kreis anderer Prälaten.[7] Die Gegner dieser Verbindung sprachen nur, wie Helgald, von zu naher Verwandtschaft. In einem satirischen Gedicht verspottet der scharfzüngige Bischof Adalbero von Laon den Grafen von Nevers, daß er aus Eigennutz den »Inzest« unterstützt habe.[8] Das Wort steht da.

In der Tat war es nicht der Ehebruch, sondern die Verwandtschaftsbeziehung, die von den Befürwortern einer Trennung dieser Ehe beanstandet wurde. Ihre Haltung veranschaulicht und bekräftigt, was bereits aus Burchards *Dekret* abzulesen war: daß die kirchliche Moral damals allen Nachdruck auf den Inzest legte, daß sie diese Sünde absolut betrachtete und sie völlig von den Problemen isolierte, die sich aus der Anwendung der biblischen Unauflöslichkeitsvorschrift ergaben. Nur darum, »weil er gegen das apostolische Verbot seine Verwandte zur Ehe nahm«, wurde denn auch der König zusammen mit »den Bischöfen, die dieser inzestuösen Hochzeit zustimmten«, 997 von einem Konzil aufgefordert, seine Verbindung wieder zu lösen.[9] Ein Jahr später entschied eine weitere Synode in Rom unter dem Vorsitz Kaiser Ottos III., daß Robert seine Cousine Bertha verlassen solle, »die er gegen die Gesetze zur Frau nahm«; man legte ihm und seiner Pseudo-Gattin eine siebenjährige Buße auf, bedrohte ihn mit dem Bann, wenn er in seiner Sünde verharren sollte, und suspendierte die schuldigen Prälaten, bis sie Genugtuung geleistet hätten. Damit aber kein Mißverständnis aufkommt: all dies waren politische Maßregeln. Die päpstliche Kurie wollte, daß der König von Frankreich an zwei Fronten zurückwich: daß er das Erzbistum Reims dem unlängst wegen Verrats abgesetzten karolingischen Bastard wiedergab und daß er aufhörte, dem Bischof von Orléans in seinem Kampf gegen die Mönche von Saint-Benoît-sur-Loire (die Exemtion von der bischöflichen Gewalt beanspruchten) den Rücken zu stärken. In den Kulissen agierte im übrigen der durch die königliche Ehe direkt geschädigte Graf von Anjou, der zweckmäßigerweise gerade eben eine Pilgerfahrt zum Grab des heiligen Petrus unternahm. Robert ließ sich bewegen: er gab in Sachen Reims und der Exemtion nach, woraufhin ihm der päpstliche Legat die »Bestätigung seiner neuen Ehe« zusagte. Um seinen Primat vor den nordfranzösischen Bischöfen zu unterstreichen, erhielt der Papst das einmal gefällte Urteil aufrecht, aber nur kurze Zeit und ohne selbst daran zu glauben. Bertha blieb die Frau des Königs, und Erchembald Erzbischof von Tours. Man lasse sich nicht durch das schwülstige Monumentalgemälde (im Louvre) von Jean-Paul Laurens täuschen: es beruht auf einer hartnäckigen Legende. In Wirklichkeit wurde König Robert nie exkommuniziert. Er verstieß Bertha, aber allenfalls zwei, höchstwahrscheinlich sogar erst vier oder fünf Jahre nach dem Beschluß des Konzils von Rom und aus anderen Motiven. Vielleicht hat Helgald recht, daß der König fortan wie ein Mönch lebte, daß er an sein Seelenheil dachte und Gewissensbisse wegen seiner Sünden empfand: man gelangt hier an einen Punkt, der sich der Beobachtung des Historikers entzieht, der sich mit irgendwelcher Stringenz weder behaupten noch bestreiten läßt. Sicher dagegen ist, daß Robert zur Rechtfertigung seiner neuerlichen Scheidung auf den praktischen Vorwand der Verwandtschaft rekurrierte. Odorannus äußert sich ganz klar: Bertha wurde *consanguinitatis causa* aus dem Königshaus entfernt. Nachdem die inzestuöse Verbindung getrennt war, stand es jedem der beiden Partner frei, sich wieder zu verheiraten, was der hochheilige König Robert dann auch tat. Als er aber 1008 in Rom die

Nichtigkeitserklärung seiner dritten und die Rehabilitation seiner zweiten Ehe erwirken wollte, mußte er rasch erkennen, daß die päpstliche Kurie nicht bereit war, jemanden zu decken, der dieses Mal Gefahr lief, auch bei den Nachsichtigsten einen Skandal zu provozieren.

Wenn man Helgald Glauben schenkt, wagten in den dreißiger Jahren nur einige Böswillige, an der Heiligkeit Roberts zu zweifeln. Aber auch sie murrten nur über seinen doppelten Inzest und sagten nichts über seine Trigamie. Welcher Bischof der Gegend hätte, wenn Rom sich starrköpfig gezeigt hätte, die Kühnheit aufbringen können, gegen den geweihten König das Bannverfahren zu betreiben? Eine rigidere Einstellung tauchte erst später auf, nach der Jahrhundertmitte, in dem Augenblick, in dem von Süden her die Reformbewegung vorzudringen begann und in dem sich auch die Legende von der Keuschheit Kaiser Heinrichs II. bildete. Unter den Vorgängern Ivos von Chartres und Papst Urbans II. wurde die Mißbilligung lebhafter. Die erste diesbezügliche Stimme, die wir vernehmen, ist die des italienischen Asketen Petrus Damiani, der in einem Brief an seinen Gesinnungsgenossen Abt Desiderius von Monte Cassino – also zwischen 1060 und 1072 – daran erinnert, daß Robert, der Großvater des damaligen Königs von Frankreich, wegen seiner Ehe mit einer Verwandten bestraft worden sei: der Knabe, den seine unerlaubte Lebensgefährtin zur Welt gebracht habe, sei »mit dem Hals und Kopf einer Gans« geschlagen gewesen. Und hier findet sich dann auch die Szene, die Jean-Paul Laurens gemalt hat: wie die Bischöfe die beiden Gatten exkommunizierten und wie das christliche Volk voller Entsetzen ihre Gesellschaft mied, mit Ausnahme von zwei jungen Knappen, die den König mit Nahrung versorgten, aber alle Gefäße, aus denen er gegessen oder getrunken hatte, sofort ins Feuer warfen; »von diesen Bedrängnissen gezwungen«, versichert Petrus, habe Robert sich Berthas entledigt, um eine legitime Verbindung einzugehen.[10] Diese Erzählung, deren Quelle nicht faßbar ist, wird in dem Fragment einer wohl nach 1110 in der Umgebung König Ludwigs VI. entstandenen Geschichte Frankreichs aufgegriffen. Der König befand sich damals im Kampf mit

Bertrada von Montfort um deren Wittum und mit seinen Halbbrüdern um die Thronfolge und ließ daher der Kritik an den Fehlern seines Vaters Philipp I. freien Lauf, der nun tatsächlich und unzweideutig, und zwar gerade wegen Inzests, mit dem Bann belegt worden war; im selben Zuge hatte er auch nichts dagegen, daß die Kritik auf seinen Urgroßvater ausgedehnt wurde. Der Verfasser jenes quasi-offiziösen Berichts zeigt sich besser informiert als Petrus Damiani: er spricht nicht nur von einem Verwandtschaftsverhältnis, sondern erwähnt im Einklang mit der Angabe bei Helgald, daß Robert noch dazu der Pate von Berthas Sohn gewesen sei. Trotz des päpstlichen Anathems sei der König in seiner Sünde verstockt geblieben: *amor,* der perverse Trieb des Fleisches, habe ihn in seinen Banden gehalten. Bertha indessen habe »ein Ungeheuer« geboren, »was den König in heftigen Schrecken versetzte und ihn nötigte, derselben Frau den Entlassungsbrief zu geben; danach verdiente er es, mit seinem ganzen Königreich absolviert zu werden«.[11] Der Himmel hatte gesiegt und mit ihm die Kirche. In der Zeit, in der dieser Text geschrieben wurde, war der Triumph der Kirche über den König von Frankreich real genug. Das änderte freilich nichts daran, daß es damals, zu Beginn des 12. Jahrhunderts, wenn man die Laien zum Gehorsam gegen die Befehle des Allmächtigen und der Kirchenoberen bringen wollte, immer noch erforderlich war, drastische Mittel zu gebrauchen und eine Angst aufzurühren, die ohne Zweifel im Grunde aller Gewissen ruhte: die Furcht vor Mißgeburten als Folge einer inzestuösen Paarung. Vor allem aber war es ein sehr verspäteter, ein imaginärer Sieg, der hier gefeiert wurde: Robert selbst war in Wirklichkeit nicht besiegt worden.

V
Fürsten und Ritter

Robert war König und als solcher durch die Liturgie der Königsweihe aus dem Bereich des Gewöhnlichen herausgehoben. Er gehörte dem »Stand der Könige« an, von dem Adalbero von Laon schreibt, der einzigen gesellschaftlichen Kategorie, die, zusammen mit der Gruppe der Gottesdiener, als ein *ordo* erschien und die entsprechend, nach der Art der himmlischen Heerscharen, durch eine Sondermoral geordnet war. Und doch beging Robert, mit dem Beinamen »der Fromme«, Inzest und Trigamie. Es überrascht daher nicht zu sehen, daß in der ersten Hälfte des 11. Jahrhunderts auch andere Vornehme, die nicht gesalbt waren, sich wenig um die kirchlichen Anweisungen kümmerten.

Zwei Beispiele mögen an dieser Stelle genügen. Das erste bezieht sich auf den Grafen Galeran von Meulan. Sein Verhalten scheint einiges Erstaunen hervorgerufen zu haben. Von ferne hallt die Erinnerung an ihn noch in den volkssprachlichen Literaturwerken nach, an denen sich die höfische Welt des 13. Jahrhunderts ergötzte – sehr von ferne: nur sein Name ist geblieben. Aber unter diesem Namen werden die Spannungen und Gegensätze beschrieben, deren Schauplatz die Ehe im Extremfall sein konnte. Von seinem tatsächlichen Betragen ist uns nichts weiter überliefert, als daß er seine rechtmäßige Gemahlin verstieß. Wir wissen nicht, warum er es tat, ob er formell auf Verwandtschaft plädierte oder auf angeblichen Ehebruch und welchen Vorteil er sich von einer neuen Heirat erhoffte. Die Verstoßene floh zu einem Bischof. Bischöfe waren die natürlichen Beschützer der Frauen. Gerade in jener Epoche trafen in Nordfrankreich viele von ihnen energische Anstalten, um den Gottesfrieden auf die »Armen«, auf all die entwaffneten Opfer der gewaltlüsternen Kriegerbanden auszudehnen. Als der Bischof von Beauvais 1024 die Ritter seiner Diözese zur Eindämmung ihrer anarchischen Sitten verpflichtete, ließ er sie ausdrücklich schwören[1]: »Ich werde Edelfrauen nicht angreifen [Frauen unterhalb dieser

Stufe waren bereits global mit den Bauern, mit dem Volk in den Friedensschwur einbezogen] und auch nicht ihre Begleiter, wenn sie ohne ihre Ehemänner reisen.« Dieselbe Sicherheitsgarantie wurde auch den Witwen und Nonnen gewährt. Wie die geweihten Jungfrauen und die Witwen wurden auch die weniger verdienstvollen vermählten Frauen in Abwesenheit ihres *dominus,* ihres Herrn und Meisters, der normalerweise über sie zu wachen hatte, der direkten Obhut Gottes, also der Kirchenoberen, unterstellt. Einen verstärkten Grund, sich unter eine solche Schirmherrschaft zu begeben, hatten sie, wenn sie aus dem Ehebett verdrängt worden waren. Die Bischöfe mußten sich dann für sie verwenden und, wie es im *Dekret* Burchards von Worms zu lesen steht, ihre Gatten ermahnen, sie wieder zurückzunehmen. In genau dieser Funktion wurde Bischof Fulbert von Chartres im Falle Galerans von Meulan tätig, und nur durch sein Einschreiten erfahren wir etwas von der ganzen Episode. Er schreibt an den Erzbischof von Rouen, der ihn wegen der »Frechheit« des Grafen angesprochen hatte[2]: seit langem sei er seiner müde. Er habe ihm wieder und wieder klargemacht, daß er zu Lebzeiten seiner Gattin keine andere heiraten dürfe. Daraufhin habe der Graf von ihm gefordert, er solle die Flüchtige entweder zur Rückkehr veranlassen oder sie, wenn sie sich weigere, exkommunizieren; »andernfalls, so sagte er, würde er von mir und ihr zur Unzucht getrieben«. Inzwischen hat sich die Frau wirklich geweigert: sie kenne ihren Mann und wolle immer noch lieber den Schleier nehmen. Fulbert möchte ihr weder verbieten noch befehlen, Nonne zu werden, aber sie jedenfalls auch nicht zwingen, zu einem Mann zurückzugehen, der sie haßt und der sie vielleicht sogar töten würde. Galeran bestürme ihn nun und verlange, eine neue Ehe schließen zu dürfen, wobei er vorschütze, seine Frau habe ihn ja selbst verlassen. Der Bischof aber versagte ihm die Erlaubnis, »solange seine *uxor* nicht entweder Nonne geworden oder gestorben ist«. Dieser Brief offenbart, daß der Graf von Meulan nach der Verstoßung bereits ernstliche Schritte zur Wiederheirat eingeleitet hatte und somit zumindest im Geist und mit bestem Gewissen Bigamist war. Gleichwohl legte er Wert dar auf, daß seine neue Verbindung von der bischöflichen Autorität gebilligt wurde – ein Wunsch, der zur damaligen Zeit in der hier untersuchten hohen Gesellschaft durchgängig war. Um den Prälaten umzustimmen, benutzte er ein gewichtiges Argument: er sei ohne Frau, er brenne und werde sündigen. Andererseits zeigt der Brief, daß ein guter Bischof und vorzüglicher Jurist wie Fulbert von Chartres in einer Situation, in der es riskant war, eine Frau wieder ins Ehebett zurückzubringen, kraft seines weislichen Ermessens eine spezifische Lösung vorschlug: den Eintritt der vertriebenen Gemahlin ins Kloster. Das Kloster war immerhin besser, als ermordet zu werden. Man stößt hier auf eine der gesellschaftlichen Aufgaben, die von Frauenkonventen erfüllt wurden: sie dienten als Zufluchtsstätte für Ehegattinnen, die in Bedrängnis geraten waren. Ob nicht ein Zusammenhang besteht zwischen der Vermehrung der Frauenklöster in Nordfrankreich im Laufe des 11. Jahrhunderts und der Entwicklung der Ehegewohnheiten, der Verfestigung der Bedenken, die es den Großen immer schwerer machten, eine mißliebige Gattin sang- und klanglos abzuschieben?

Das zweite Beispiel, das hier angeführt werden soll, ist noch erhellender. Es betrifft den Sohn von Fulco Nerra, den Grafen Gottfried II. Martell von Anjou, der 1060 starb. Ein Stück aus dem Chartular der Abtei Ronceray[3] erzählt uns seine Ehegeschichte ganz im Stil einer Chronik. Die Urkunde verweist, wie so viele Dokumente jener Zeit, auf einen Konflikt um eine fromme Stiftung, die der Stifter oder seine Rechtsnachfolger wieder rückgängig zu machen suchten. Das Kloster behauptet, einen Weinberg bei Saumur zum Geschenk erhalten zu haben, den sich Gottfried wieder angeeignet und »an seine Gemahlinnen oder vielmehr seine Konkubinen« vergeben habe. Die so abqualifizierten Frauen werden aufgezählt: »zuerst an Agnes, dann an Grecia, danach an Adele, die Tochter des Grafen Odo, dann wieder an Grecia und schließlich an die Deutsche Adelheid«. *Primo . . . deinde . . . postea . . . postremo* – das Vokabular ist prachtvoll: es zeichnet das schönste Bild einer sukzessiven Polygamie. Daß wir davon hören, ist nur dem Zufall zu verdanken, daß jenes Land zur Versorgung der Ehefrauen diente. Wie die Burg Montreuil, die Hugo Capet als *dos* für die Braut seines Sohnes verwendete, handelte es sich nicht um ein altes Erbgut, sondern um eine Neuerwerbung: der umstrittene Weinberg war 1026 zusammen mit der Burg Saumur von Fulco Nerra erobert worden. Fulco hatte ihn seiner letzten legitimen Frau als Wittum überlassen. Nach seinem Tode blieb er im Besitz der Witwe, die ihn bei ihrer Abreise nach Jerusalem, wo sie in der Nähe des Heiligen Grabes zu sterben hoffte, ihrer gleichfalls bereits verwitweten Tochter Irmingard vermachte; und diese mag ihn dann den Mönchen um der ewigen Ruhe ihres verstorbenen Gatten willen geschenkt haben. Bis zu diesem Punkt liefert das Schicksal des Weinbergs einen zusätzlichen Beleg für den (nach E. Searle[4]) gemein-indoeuropäischen Brauch, vom Familiengut ein neuerrungenes Marginalstück abzutrennen und es den Frauen des Hauses zuzuteilen, die es von der Mutter zur Tochter, von der Tante zur Nichte weiterreichten. Nun aber geschah es, daß Irmingard von ihren Verwandten an einen der Söhne Roberts des Frommen, an Herzog Robert von Burgund, wiederverheiratet wurde. Diese zweite Verbindung nennt der Mönch Johannes von Fécamps, der für seine Strenge bekannt ist, unerlaubt: der Herzog habe »der Gemeinschaft des rechtmäßigen Ehebettes abgeschworen« und wälze sich nun »in einem unehrbaren und durch Verwandtschaft geschändeten Bett«[5] – tatsächlich war er im vierten Grad mit seiner neuen Gemahlin verwandt. Dieser Umstand verhinderte zwar nicht die Hochzeit, bot aber Gottfried Martell einen willkommenen Vorwand, um jenen Teil des Wittums seiner verstorbenen Mutter wieder an sich zu reißen und der Reihe nach seine Frauen damit auszustatten. Die letzte von ihnen, Adelheid, hatte das Gut als Witwe zwei Jahre lang inne, bis der nachfolgende Graf von Anjou es in seinen Besitz brachte. Hier zeigt sich eine weitere Eigentümlichkeit, nämlich die Unsicherheit der Verfügungsgewalt einer Frau über ihr *sponsalicium,* über die Brautgabe, die sie von ihrem Mann empfangen hat: selten kann sie sich ihrer als Witwe lange erfreuen, wenn sie keine Kinder hat; und wenn sie verstoßen wird, sind ihre Rechte noch stärker bedroht. Denn die Oberen des Hauses, die Männer, haben die Macht auf ihrer Seite und sind äußerst abgeneigt, auf Land zu verzichten, das ihre männlichen Vorfahren einmal in der Hand hatten.

Das zitierte Schriftstück enthüllt, daß Gottfried Martell nacheinander vier »Konkubinen« hatte, wie die Mönche sich ausdrücken. In Wahrheit waren es vier Ehefrauen; die letzte, Adelheid, heißt 1060 in den Urkunden der gräflichen Kanzlei ganz selbstverständlich *uxor*. Die erste Hochzeit des Grafen von Anjou fand 1032 statt. Volle 26 Jahre hatte Gottfried warten müssen, bis ihm der Vater, 8 Jahre vor seinem Tod, eine Erbin aussuchte: Agnes, die Witwe Wilhelms des Großen von Aquitanien. Sie war von vornehmster Herkunft: als Tochter des Grafen von Burgund und Enkelin eines Königs von Italien stammte sie von Karl dem Großen ab. Zur damaligen Blütezeit des Hauses heirateten die Fürsten von Anjou ebenso hoch, wo nicht höher als die Kapetinger. Um 1050 wurde Agnes von Gottfried entlassen. Es fiel ihm nicht schwer, denn alle Welt wußte, daß sie ihm nahe verschwägert war. Der Mönch, der das Totenbuch der Abtei Saint-Serge führte, notiert zum Jahr 1032: ›Der Graf heiratete in inzestuöser Ehe die Gräfin Agnes, die die Frau seines Vetters [im dritten Grad] Wilhelm gewesen war‹; und der Verfasser der Annalen des Klosters Saint-Aubin schreibt: »Gottfried Martell heiratete Agnes in inzestuöser Ehe . . ., und die Stadt Angers wurde von einem schrecklichen Feuer verbrannt.«[6] Die Sünde des Fürsten zog das Strafgericht auf sein ganzes Volk herab. So liest man auch in derselben Chronik zum Jahr 1000[7]: »Erster Brand der Stadt Angers, der sich wenige Tage nach der Verbrennung der Gräfin Elisabeth ereignete« (sie wurde von ihrem Mann Fulco Nerra wegen Ehebruchs getötet: das probateste Mittel, um jedes Hindernis einer Zweitehe aus dem Weg zu räumen). Man beachte, daß Graf Gottfried 20 Jahre lang unangefochten in seiner Sünde lebte und erst begann, sich befleckt zu fühlen, als er an einen Wechsel der Gattin dachte. Zwischen 1049 und 1052 nahm er eine andere Witwe, die des Herrn von Montreuil-Bellay, eine Tochter des Hauses Langeais, zur Frau. So edel dieses Geschlecht auch war, die neue Partie bedeutete gegenüber der früheren doch eine erhebliche Verschlechterung; vielleicht hatte König Heinrich I. seine mächtige Hand mit im Spiel. In den folgenden Jahren gab es bei dem Grafen ein Kommen und Gehen von Frauen. Er verstieß Grecia zugunsten der Tochter des Grafen von Blois, einer Cousine vierten Grades, was ihm die Möglichkeit offenhielt, sich ihrer jederzeit zu entledigen; er nahm Grecia wieder auf und ersetzte sie schließlich durch Adelheid. Diese scheinbare Unbeständigkeit entsprang einer einzigen großen Sorge: dem Wunsch nach einem Erben. Gottfried war bei seiner ersten Scheidung 45 Jahre alt; er mußte sich somit beeilen. Fieberhaft versuchte er es hier und dort, aber erfolglos: die Unfruchtbarkeit lag an ihm, was die Männer jener Zeit nie und nimmer zugaben. Auf dem Totenbett mußte er die nächsten Träger seines Blutes, die Söhne seiner Schwester Irmingard, zu Nachfolgern bestimmen. Der Erstgeborene empfing die »Ehre«, also die Grafschaft, der Jüngere eine einzige Burg, die er von seinem Bruder zum Lehen hatte. Dies ist, aus dem Jahr 1060, eines der ersten Beispiele in Nordfrankreich für jene Form der Erbteilung, die von den Juristen *parage* genannt wird.[8]

Wie man sieht, sprangen die Fürsten in der ersten Hälfte des 11. Jahrhunderts mit der Ehe ähnlich willkürlich um wie die Könige und achteten, so scheint es, noch weniger auf die Vorhaltungen der Kirche – oder richtiger: eines Teils der Kirchenleute. Diese hohen Seigneurs waren weniger gebunden als ein König, fühlten sich aber nicht minder gebieterisch zur Verteidigung eines Erbguts verpflichtet. Die Ungeniertheit, die sie an den Tag legten, muß wohl mit den Veränderungen der Verwandtschaftsbeziehungen in Zusammenhang gebracht werden, die zu jener Zeit in der Aristokratie vor sich gingen. Anknüpfend an die Forschungen von Karl Schmid und anderen Schülern Gerd Tellenbachs habe ich viel über ein sehr folgenschweres Phänomen geschrieben: über den Übergang von einer Familienstruktur zu einer anderen. Am Ende des 9. Jahrhunderts wurde Verwandtschaft sozusagen horizontal erlebt, als eine soziale Einheit, die in einer Tiefe von lediglich zwei oder drei Generationen alle Verwandten und Verschwä-

gerten, Männer wie Frauen, auf derselben Ebene zusammen-
schloß. Zeugnisse dessen sind das *Manuale* Dhuodas, aber
auch die *Libri memoriales,* die Register zur pünktlichen Abhal-
tung von Seelenmessen, in denen Gruppen von beispielswei-
se einem Dutzend Verstorbenen und 30 Lebenden durch die
Pflicht zum Gebet und durch dieselbe Heilshoffnung in
geistlicher Gemeinschaft vereinigt sind. Mit der Zeit jedoch
schob sich an die Stelle eines solchen Verbandes unmerklich
ein neuer Typ, der nunmehr vertikal, allein auf die *agnatio* hin
organisiert war. Zur maßgeblichen Verwandtschaftseinheit
wurde jetzt eine Abstammungslinie von Männern, in der die
Stellung und das Recht der Frauen immer schwächer wurden
und an der entlang das Gedächtnis immer mehr Tote umfaßte, bis hin zu einem Stammvater, dem heldenhaften Begründer des Geschlechts, der von Generation zu Generation in eine immer fernere Vergangenheit rückte. Seit langem schon
stellte sich das Königshaus in diesem Bilde dar. Während der
ersten Phase der Feudalisierung, im 10. Jahrhundert, wurde es
von den Inhabern der mächtigen Fürstentümer, die sich damals bildeten, übernommen. Dann verbreitete es sich durch
Nachahmung, und zwar diesmal sehr rasch, im Zuge der großen Umwälzung um das Jahr 1000, als sich mit der Grundherrschaft *(seigneurie)* ein neues System der Ausbeutung etablierte, über die ganze Gesellschaftsschicht hin, die durch
dieses System fortan strikter vom Volk geschieden war.
Bei der Entzifferung der Urkundenbestände in den Archiven
Kataloniens – also eines Teils des französischen Königreiches,
der von der hier untersuchten Region weit abgelegen ist –
entdeckte Pierre Bonnassie[9] in den Jahren zwischen 1030
und 1060 die Spuren einer Erschütterung. Er stieß auf Söhne,
die vertrieben bzw. gezwungen wurden, unter dem Vorwand
einer Pilgerfahrt auf weite Reisen zu gehen; er fand andere,
die gegen ihren Vater oder ihren Onkel die Waffen erhoben,
und verfeindete Brüder, die einander umbrachten; er hörte
Zeitgenossen über die Verwahrlosung der Jugend, über den
mangelnden Respekt der Jungen vor den Alten klagen u. a. m.
Dieselben Wirren aber, die sich etwa in der gräflichen Familie von Barcelona abspielten, lassen sich auch bei den Grafen

von Anjou beobachten. Fulco Réchin machte seinem erstgeborenen Bruder die Grafschaft streitig, besiegte und enterbte ihn und hielt ihn zeitlebens in strenger Haft, damit er ihm nicht mehr gefährlich werden könne. Kann man sicher sein, daß solche Entzweiungen etwas Neues waren? Wir erkennen sie in jener Epoche deutlicher, weil sich damals der Charakter der schriftlichen Aufzeichnungen wandelte. An die Stelle der ehedem vorherrschenden Urkunden mit ihrer trockenen, vorgestanzten Formelhaftigkeit, die fast nichts über das konkrete Leben verrät, treten jetzt, in Nordfrankreich wie in Katalonien, sehr frei gestaltete Erzählungen, weitschweifige, spontane Berichte über Auseinandersetzungen vor Gerichtsversammlungen; und diese kleinen, dramatisierenden Chroniken verweilen gerne bei Äußerungen der Gewalt. Zahlreiche Indizien jedoch sprechen dafür, daß jener Tumult überraschend kam. Sicher erhöhten sich in diesen Jahren die innerfamiliären Spannungen, und zwar, wie man vermuten kann, als Folge einer rapiden Veränderung der herkömmlichen Erbteilungsregeln und einer damit verbundenen Machtkonzentration in den Händen des *caput mansi,* wie eine cluniazensische Urkunde sagt, des *caput generis,* wie es später bei Galbert von Brügge heißt – also des »Hauptes«, des »Oberhauptes eines Hauses«, das sich nun zu einem »Geschlecht«, einem agnatischen Stamm entwickelte. Für die Söhne bedeutete dieser Prozeß eine Einbuße, auf die sie mit permanenter Wut und Erbitterung reagierten. In ihren Erwartungen enttäuscht, verteidigten sie, sobald sie volljährig waren, ihre Ansprüche, erkämpften sie sich, wenn sie konnten, mit zupackender Kraft, was immer sie konnten; und dasselbe taten die Gatten ihrer Schwestern und Tanten, die das Recht, das sie zu erben hofften, entschwinden sahen. Gleichzeitig übte der Verantwortliche für die Familienehre, um dem Eklat vorzubeugen, eine rigidere Kontrolle über das Heiratsverhalten seiner Töchter und seiner gewaltabhängigen Söhne aus. Während die ersteren bereitwillig vergeben wurden, erhielt von den letzteren nur ein Teil die Genehmigung zu einer legitimen Eheschließung – eine Rationierung, die die Mehrheit der Krieger zur Ehelosigkeit verdammte und sie damit in ihrem Groll und ihrem anarchischen Ungestüm bestärkte. Man wird kaum übertreiben, wenn man diese Umorientierung der Einstellungen, die in der ersten Hälfte des 11. Jahrhunderts stattfand, als einen der wichtigsten Aspekte der »feudalen Revolution« bezeichnet.

In diesem tiefgreifenden Strukturwandel, der innerhalb weniger Jahrzehnte die herrschende Klasse zu einem Nebeneinander kleiner, rivalisierender Dynastien umformte, die in ihrem Stammgut verwurzelt und auf die Erinnerung an ihre männlichen Vorfahren fixiert waren, im damaligen Konkurrenzkampf um die seigneuriale Macht und ihre Aufteilung, scheint die Ehe eine Rolle ersten Ranges gespielt zu haben. Die Könige und Feudalfürsten versuchten, das Band der Vasallentreue durch die Zuweisung von Gattinnen an ihre ergebensten Gefolgsleute straffer zu knüpfen; die Ehe wurde zu einem Mittel der Bündnispolitik. Vor allem aber wurde sie zu einem Mittel der Verselbständigung. Einigen Rittern gelang es, indem sie durch die Gunst ihres Herrn oder durch eigenen Zugriff eine Frau gewannen, aus dem Stand der Hausgenossenschaft auszubrechen, sich von einem Patron zu lösen und ihr eigenes Haus zu gründen. Aus den Quellen der Zeit erfahren wir wenig über diese Vorgänge. Aber man sieht ihren Widerschein 150 Jahre später in der Erinnerung, die die Nachkommen jener glücklichen Ehemänner von ihrem entferntesten Ahnen bewahrten: sie stellten ihn sich gern in der Figur eines Abenteurers vor, als einen »Jungen«, einen fahrenden Ritter, der nach der Art von Lanzelot oder Gawein in fortwährender Suche umherzog, bis er endlich durch eine Eheschließung zur Ruhe kam und seßhaft wurde. Vielleicht war diese Erinnerung verzerrt; es wird daher ratsam sein, ihre Erörterung auf die spätere Analyse der Werke, in denen sie sich niedergeschlagen hat, zu verschieben.[10] Fest steht hingegen, daß sich im Gang der Umwälzung, von der hier die Rede ist, die Beziehungen zwischen den Ehegatten veränderten. Über diesen Sachverhalt geben uns die zeitgenössischen Texte hinreichenden Aufschluß. Als besonders instruktiv erweisen sich dabei einige Urkunden, die in den Tiefen der Archive lagern bzw. in Chartulare aufgenommen wurden und die uns eine Ahnung von den unmerklichen Wandlungen des Ehevertrags vermitteln.

Beim Erwerb eines Gutes kam es vor, daß der Mönch oder Kanoniker, der mit der Verwaltung der kirchlichen Besitzungen betraut war, zur Sicherstellung der Eigentumsübertragung unter seinen Urkunden ein Schriftstück aufbewahrte, das ihm von dem Schenker oder Verkäufer überreicht wurde und das früher bei Gelegenheit einer Eheschließung, oder genauer: in der ersten Phase des Rituals, bei der *desponsatio,* ausgefertigt worden war. In den Gegenden, in denen sich die Tradition der Schriftlichkeit von Rechtsakten nicht gänzlich verloren hatte, gehörte es in der Tat zu den wesentlichen Symbolhandlungen einer Verlobung, daß ein Pergamentblatt mit dem Wortlaut der Vereinbarungen unter den Augen der versammelten Verwandten und Freunde von einer Hand in die andere wechselte. Solche Dokumente sind in der Region, mit der sich die vorliegende Untersuchung beschäftigt, überaus selten. Darum entfernt sich dieses Kapitel im folgenden von Nordfrankreich und wendet sich einer Informationsquelle zu, die für die Zeit um das Jahr 1000 von außergewöhnlicher Reichhaltigkeit ist: den Chartularen des Klosters Cluny[11], der Kathedrale von Mâcon[12] und anderer, bescheidenerer kirchlicher Anstalten in der Umgebung. Hier finden sich einige Zufallsreste der Instrumente, in denen die jeweiligen Rechte am Gut des angehenden Ehepaares festgehalten wurden und die auszustellen damals an allen Orten, bis in die geringsten Dörfer, und auf allen Stufen der Vermögensskala, selbst unter den Kleinstgrundbesitzern der Bauernschaft, üblich und obligatorisch war. Bei der Auswertung dieser Quelle muß man sich freilich bewußt bleiben, daß in der Ile-de-France oder in der Picardie vielleicht nicht genau dieselben Gewohnheiten bestanden. Auch ist von vornherein klar, daß man von dieser Textgattung nicht zuviel erwarten darf: die Formelsprache der Notare verschleiert die Wirklichkeit in ihrer Breite; sie läßt fast nichts von den ehelichen Beziehungen durchscheinen, soweit sie nicht das Grundeigentum berührten.

Einige dieser Urkunden, aber recht wenige, betreffen das, was wir heute die Mitgift nennen, das Geschenk der Eltern an ihre Tochter beim Eintritt in die Ehe, oder vielmehr an das neugebildete Paar: »Meinem geliebten Schwiegersohn und seiner Gattin schenken ich und meine Gattin ...«[13] Entsprechend der hierarchischen Rangordnung wird der Schwiegersohn zuerst angeführt: der Mann ist das Haupt der Frau. Aus dem Jahr 1000 datiert eine weitere Spur – eine »Spur« darum, weil das Dokument selbst verloren ist und nur bei Gelegenheit eines späteren Vorgangs erwähnt wird. Dieses Mal handelt die Gattin an erster Stelle, aber nicht allein, sondern mit ihrem Mann (»ich und mein Herr *[dominus]*«). Zusammen übereignen sie dem Kloster Cluny zwei Bauernhöfe, die jedoch von der Mutter der Frau herstammen: diese »gab sie mir, als sie mich verheiratete ..., zur Mitgift *(in dotem)*«.[14] Die Mutter allein hat hier die Braut ausgesteuert; wahrscheinlich war der Vater tot. Bemerkenswert ist ferner, daß das Gut von der mütterlichen Seite kam: eine Tante *(amita)* der Geberin hatte dieselben Höfe schon einmal Gott und den Mönchen von Cluny geschenkt. Schwester, Mutter, Tochter – man trifft hier von neuem auf jenen Vermögensteil, der den Frauen für ihre Eheschließung oder zur Verwendung als Seelgerät überlassen wurde. Ein dritter und letzter Beleg fällt in die zweite Hälfte des 11. Jahrhunderts: ein Ritter hatte sich mit seinen Brüdern in das väterliche Erbe geteilt, mit Ausnahme einiger (winziger) Stücke, die, wie er sagt, »mein Vater seinen Schwestern und Töchtern gab« – doch wohl, als er sie verheiratete.[15]

Während es keineswegs unabdingbar war, daß die Braut bei der Verlobung etwas einbrachte, *mußte* der Bräutigam sie ausstatten, was in und um Mâcon durch eine *carta,* eine Schenkungsurkunde, geschah. Solche Texte waren sehr kurz. Drei Beispiele seien zitiert, die alle im selben Jahr 975/76 in der Gegend von Cluny durch Landpfarrer (in einem sehr barbarischen Latein) abgefaßt wurden[16]: »Meine sehr süße und liebenswerte Braut [*sponsa; uxor* sagte man erst nach der Hochzeit]. Ich, Dominicus, dein Bräutigam, schenke dir, da ich dich durch den Willen Gottes und durch den Rat *(consilium)* unser beider Verwandten geheiratet habe *(sponsavi)* und mich, wenn es Gott gefällt, rechtmäßig mit dir vereinigen will, aus Liebe ... die Hälfte von meinem Anteil« an einem einzigen kleinen Gehöft, das er mit seinen Brüdern innehat (diese Menschen sind Kleingrundbesitzer; die Braut wird durch den Heiratsbrief an der Gesamthandgemeinschaft beteiligt); »die Hälfte schenke ich dir als *dos*«. »Wegen der Liebe und des Wohlwollens, die ich für dich habe, und wegen der guten Dienste, die du mir geleistet und in anderen Dingen versprochen hast, deswegen schenke ich dir ...« »In und aus der Liebe zu Gott, zu meinen Verwandten und meinen Freunden habe ich dich nach meinem Recht, dem Gesetz Gundobads [= das alte, römisch beeinflußte Volksrecht der Burgunder], geheiratet ...; von meinem Teil [an benannten Liegenschaften] schenke ich dir, meine Braut, als *dos (dono et doto)* eine ganze Hälfte vor dem Hochzeitstag, und nach diesem Tag sollst du damit machen, was du willst.« Man sieht: die Formeln dieser ländlichen Verträge sind variabel; aber sie sind aus demselben Grundstock hervorgegangen, und jeder Schreiber wiederholt dieselben Wendungen, die er aus seinem Gedächtnis oder seiner Formelsammlung bezieht. Die wiedergegebenen Stellen zeigen zunächst den Unterschied zwischen »Verlobung« und »Hochzeit«. Der güterrechtliche Vertrag geht der Vereinigung der Leiber voraus; wirksam aber werden die Besitztitel der Braut erst ab der Nacht, in der sie von ihrem Bräutigam besessen wurde. Von da an ist sie uneingeschränkte Herrin ihres Anteils, der ebenso groß ist wie der ihres Gatten. Sie tritt in das Haus ihres Mannes ein und wird dort als Teilhaberin in die Gemeinderschaft, die unabgesonderte Besitzgemeinschaft der Brüder, aufgenommen. »Ich gebe dir ein Drittel«, heißt es einmal ausdrücklich, »von meiner *fraternitas,* die mir von meinem Vater und meiner Mutter zukommen wird.«[17] Man beachte auch, daß der Bräutigam befugt ist, für sich allein zu handeln: »*Ich* gebe ...« Bemerkenswert ist endlich der regelmäßige Hinweis auf die »Liebe« und das »Wohlwollen«, der freilich nichts daran ändert, daß das Gefühl und die individuelle Entscheidung einerseits dem göttlichen Willen und andererseits dem »Rat«,

d. h. der Entscheidung, der beiden Verwandtschaftsgruppen untergeordnet bleiben.

Die Heiratsurkunde gewinnt an Feierlichkeit, wo es sich um Eheschließungen der Reichen und Vornehmen handelt. Man betrachte etwa die *carta sponsalicii* [18] des Herrn der Burg Bâgé in Bresse, Ulrich, der neben dem Sire von Beaujeu der mächtigste Vasall des Grafen von Mâcon war. Sie wurde 994 in der Stadt Mâcon durch einen Kanoniker der dortigen Kathedrale in recht gutem Latein aufgesetzt und von dem Grafen und der Gräfin besiegelt. Ihre lange, hochtrabende Präambel umreißt die kirchliche Auffassung einer guten Ehe. Von der »alten Gewohnheit« ist darin die Rede und davon, daß uns »das Gesetz des Alten und Neuen Testamentes und die Bestätigung des Heiligen Geistes durch Mose [?] über die Ehe des Mannes und der Frau belehrt«. Gen. 2,24 wird angeführt: ». . . sie werden zwei sein in einem Fleisch«, und Matth. 19,6: »Was Gott zusammengefügt hat, soll der Mensch nicht scheiden«. Schließlich folgt noch eine Anspielung auf die Hochzeit in Kana: »Unser Herr, der Mensch gewordene Menschenschöpfer, wollte bei der Hochzeit zugegen sein, um in eigener Person die Heiligkeit und Vollmächtigkeit der Ehe zu bekräftigen.« Aller Wahrscheinlichkeit nach hat Ulrich selbst diesen Abschnitt des Textes gelesen und die Bibelworte nachgesprochen. Man kann hier beobachten, wie durch die Notwendigkeit des schriftlichen Rechtsgeschäftes und die damit zwangsläufig verbundene Heranziehung der schriftkundigen Kirchenmänner die Moral, die von diesen gepredigt wurde, in das Denken der Laien eindrang und ihre profane Tauschhandlung – Übergabe der Tochter, Gegengabe der *dos* – durchtränkte. »Darum«, so fährt die Urkunde fort, »greife ich, Ulrich, im Gehorsam gegen eine so hohe Autorität, geleitet durch den Rat und die Ermahnung meiner Freunde und mit Hilfe der himmlischen Frömmigkeit, nach allgemeiner Gewohnheit zur ehelichen Gemeinschaft. Aus Liebe und nach altem Brauch gebe ich dir, meiner sehr geliebten und liebenden Braut Irmingard, durch die Vollmacht dieses Heiratsvertrages *(sponsalicium)* . . .« – dieses Mal nicht einen Gemeinderanteil, sondern eine Reihe namentlich bezeichneter Güter, einen breiten Komplex von Herrschaften aus dem Erbvermögen, der mit Zustimmung seines Bruders (die Eltern sind tot) der Braut zum dauernden Geschenk gemacht wird: »daß du es behalten, verkaufen, verschenken bzw. vertauschen oder damit ... tun kannst, was immer du willst«. Diese emphatische Erklärung benutzt dieselben Worte, die auch die Dorfpriester in ihrer ungelenken Sprache auf Pergamentschnipsel schrieben, wenn sich ländliche Habenichtse verlobten.

In den 50 Jahren um die Jahrtausendwende veränderten sich die Formen. Die letzten Dotationsurkunden dieser Art, die in den kirchlichen Chartularen der Gegend kopiert wurden, fallen in die 30er Jahre des 11. Jahrhunderts.[19] Daß sie danach verschwinden, hat seinen Grund in einem Wandel der Rechtsverfahren: statt auf schriftliche Beweise begannen die Schiedsgerichte nun, ihre Urteile auf mündliche Zeugnisse oder auf Ordale zu stützen. Die Archivare kümmerten sich folglich nicht länger um derartige Instrumente. Gleichwohl blieb der Brauch einer förmlichen Schenkung des Bräutigams bei der Verlobung erhalten, wie eine Urkunde von 1087 aus dem Archiv der Kirche Notre-Dame in Beaujeu zeigt, in der ein Mann aussagt, er habe eine Frau ›nach dem Dotalsystem‹ geheiratet und ihr dabei ›ein Drittel seiner Rechte an einem Bauernhof‹ gegeben.[20] Wenn freilich die Mönche und Chorherren die Spuren solcher Verträge nicht mehr aufbewahrten, so liegt dies zweifellos auch daran, daß sich nach 1030/40 die Macht des Mannes über das Gesamteigentum eines Ehepaares so sehr verstärkte, daß es keinen Sinn mehr hatte, die fortan nur noch auf dem Papier stehenden Prärogativen der Gattin hervorzukehren.
Offenbar lief die Entwicklung in diese Richtung. Der Verband zweier Ehepartner verwandelte sich unmerklich aus einer Gesellschaft zu gleichen Teilen in eine kleine Monarchie, wo der Mann als Gebieter regierte. In der Tat begünstigte die Bewegung, durch die sich die Familienbeziehungen auf den Rahmen eines agnatischen Stammes einengten, die Vorrangstellung der Männer. Sie ließ es immer dringlicher erscheinen, das althergebrachte Erbgut vor der Zersplitterung zu

schützen und die Zahl derer zu begrenzen, die einen partiellen Anspruch darauf erheben konnten. Glatt um die Hälfte ließ sich diese Zahl verringern, wenn man nur die Frauen des Hauses von der Erbfolge ausschloß. So schrumpfte die Macht der Frauen über das Familiengut zusammen. Für diese fortschreitende Verkürzung gibt es mehrere Indizien.

Man sieht zunächst, wie der den Frauen in den Heiratsbriefen als Wittum bewilligte Anteil am Landbesitz des Mannes kleiner wurde. Gegen Ende des 10. Jahrhunderts betrug er die Hälfte; ebenso noch in einem Fall von 1008.[21] Aber schon in Urkunden aus den Jahren 1005-1008[22] gibt der Bräutigam nurmehr ein Drittel seines Landes, mit einem kleinen Zusatzgeschenk, einem Stück Feld oder Weinberg. Nach 1030 verschwindet diese Zulage. Folgenschwerer noch waren die Bestimmungen, die das Verfügungsrecht der Frau über ihren Anteil einschränkten. Man kann ihr Aufkommen in den Jahren 1004, 1005, 1006 beobachten. Die Übereignung erfolgt nur noch auf Lebenszeit: nach dem Tode der Gattin kehrt das Dotalgut, so heißt es nun ausdrücklich, an die Leibeserben des Paares zurück. Derselbe Ulrich von Bâgé erweiterte einige zehn Jahre nach seiner Eheschließung zugunsten derselben »sehr geliebten und liebenden« Lebensgefährtin, bewegt von derselben »Liebe« und demselben »Wohlwollen«, die Schenkung, die er seinerzeit gemacht hatte: wahrscheinlich war sein Bruder gestorben, und er mußte nun, nachdem dessen Besitz an ihn übergegangen war, das Gleichgewicht innerhalb des Eheverbandes wiederherstellen. Dieses Mal jedoch schiebt er in den Schenkungsvertrag die Klausel ein, daß jene Liegenschaften »nach ihrem Tod an die Kinder gelangen sollen, die von mir und ihr geboren sind und noch geboren werden«.[23] Auf dem Dorf verwendet man noch restriktivere Formeln: »Wenn aus uns Erben hervorgehen, soll [die Brautgabe] an jene gelangen, und wenn nicht, sollen wir den Nießbrauch haben, solange wir leben [NB: die Gattin hat nurmehr ein Nutzungsrecht, und zwar gemeinsam mit ihrem Gemahl], und nach deinem Tod soll sie [in diesem Fall] an meine Nächstverwandten gelangen.«[24] Diese Regelung bürgerte sich zur selben Zeit im Gewohnheitsrecht ein wie eine andere, weniger strenge: »Nach unserem Tod [sc. bei Kinderlosigkeit] soll eine Hälfte an meine nächsten Verwandten zurückfallen; mit der anderen Hälfte sollst du tun, was du willst.«[25] Vergessen wir nicht, daß diese Schriftstücke von Priestern ausgefertigt wurden: sie wachten über die Erhaltung des Totenteils, in der Hoffnung, daß man ihn für ein Seelgerät gebrauchen würde. An diesem Punkt der Entwicklung war das Recht der Gattin noch wirksam. Überlebte sie ihren Gemahl, verfügte sie bis zu ihrem Tod über die Güter, die ihr bei der Eheschließung zugedacht worden waren. Zwischen 1031 und 1048 entledigte sich ein Ritter Bernhard vor seinem Aufbruch nach Jerusalem aller irdischen Habe. Er stiftete dem Kloster Cluny ein Drittel des väterlichen Vermögens, das er zur gesamten Hand mit seinen zwei Brüdern besaß, und ebenfalls ein Drittel »von dem anderen Erbe, das meine Mutter zu ihren Lebzeiten innehat« und das nach ihrem Tod statt an ihn an die Mönche fallen soll.[26] Ein weiterer Bernhard trat 1037 in den geistlichen Stand ein und vermachte bei dieser Gelegenheit dem Kloster Cluny mit dem Konsens seines Bruders, seiner Frau und all seiner Freunde die Hälfte einer Grundherrschaft, während die zweite Hälfte bei seinem Bruder verblieb. Mit gleicher Kompetenz traf er auch Bestimmungen über das *dotalicium,* das er seiner Frau überschrieben hatte: es sollte ebenfalls an das Kloster übergehen, jedoch erst nach ihrem Tod – so lange hatte sie den Nießbrauch.[27] Und ein letztes Beispiel aus der Zeit König Roberts: »Meinem lieben Sohn schenke ich, seine Mutter, aus Liebe und Wohlwollen [dieselbe Wendung, wie sie der Bräutigam bei der Aussetzung des Wittums gebraucht] meine Güter, die ich als *dotalicium* von meinem Herrn [*senior* = der Ehemann] und von meinem Vater habe.«[28] Bei diesem Paar hatten also sowohl ihre eigene als auch die Familie ihres Mannes zur Heimsteuer der Frau beigetragen. Die Schenkerin vergibt hier das nackte Eigentum und reserviert sich das Nutzungsrecht zu ihren Lebzeiten. Man kann sich den Zweck dieser Urkunde unschwer ausmalen: der Gatte war gestorben, und damit wurde es erforderlich, die Rechte der Witwe gegenüber den Ansprüchen des Sohnes von neuem zu gewährleisten. Auf eine ähnliche Bestätigung verweist auch ein Schriftstück aus der Zeit um 1080, in dem eine Frau mit Einwilligung ihrer Söhne eine sehr große Domäne an Cluny übereignet. »Diese *villa*«, so heißt es im Text, hatte sie »von ihrem Mann und ihren Söhnen als Almosen erhalten, als ihr Mann seine Ehre unter seinen Söhnen verteilte«.[29] Die Brautgabe des künftigen Gatten sollte also die Frau gegen die Risiken des Witwenstandes absichern. In gleicher Weise diente sie zur Versorgung einer verstoßenen Gemahlin. Durch das oben zitierte Instrument empfing die Kirche Notre-Dame in Beaujeu von einer Frau das *sponsalicium,* das sie bis zu ihrem Tod besessen hatte, obwohl ihre Ehe aufgrund bestehender Verwandtschaft aufgelöst worden war: nicht alle Ehemänner behandelten das Land, das sie ihrer Braut hatten zukommen lassen, mit derselben Willkür wie Gottfried Martell.

Die Regelungen dieser Dotationsbriefe traten in Kraft, wenn das Eheband zertrennt wurde und die Frau allein dastand. Vorher wurden die Rechte der Gattin durch die Verfügungsgewalt überschattet, die der Mann sich vorbehielt und ausübte. Das innereheliche Ungleichgewicht wurde um so ausgeprägter, je mehr sich die Verwandtschaftsbeziehungen auf eine agnatische Abstammungseinheit konzentrierten und je deutlicher die Familie im Bewußtsein der Männer den Charakter einer Abfolge von Männern annahm. Ein Reflex dieser Auffassung findet sich in dem Passus einer Schenkungsurkunde von 1015, in dem der Donator von seinen »rechtmäßigen Söhnen« spricht, die »aus dem Samen meiner rechtmäßigen Gattin hervorgehen« und die »einander in der rechten und rechtmäßigen Linie ihrer Zeugung nachfolgen«.[30] Die Ausdrucksweise ist unmißverständlich: nur »Söhne«, und nicht etwa »Kinder«, sind wahre Erben, wohingegen Töchter ebenso wie Bastarde ausgeschlossen bleiben. An einer Stelle wie dieser läßt sich die Privilegierung der Männlichkeit und die Bedeutung der Legitimität einer Ehe mit Händen greifen. Das Resultat war ein relativer Machtzuwachs des Gatten, des »Gebieters« und »Herrn« – er führt dasselbe Attribut wie Gott Vater –, innerhalb der Ehe. Er verwaltete nun den Teil des Erbguts, den er seiner Lebensgefährtin überschrieben hatte, und er verwaltete ebenso, was ihr von ihren Eltern oder Verwandten zufallen mochte. Er verfügte darüber. Gewiß, er holte ihre Zustimmung ein, aber das Subjekt, das dann sprach und handelte, war er. So vergab 1005 ein Ritter Bernhard den gesamten einstigen Besitz des Vaters seiner Frau an einem benannten Ort, den er, Bernhard, »von seiten seiner Frau innehatte *(tenebat)*«.[31] Am Ausgang desselben Jahrhunderts stiftete eine Gattin der Kirche Saint-Vincent in Mâcon die Mitgift, die sie empfangen hatte; die Schenkung erfolgte »durch die Hand« ihres Gatten.[32] Alle Rechte des ehelichen Verbandes hielt, man beachte die Wortwahl, ein Mann in seiner sich immer fester zusammenballenden Hand.

Dieser wachsende Zugriff des Gatten auf die Gesamtheit der Güter eines Ehepaares, verbunden mit Bestimmungen, die den Umfang des Wittums beschränkten und für seinen Rückfall an die Männer der Familie Vorsorge trafen, schützte den ererbten Grundbesitz vor einer Gefahr: vor dem Mißbrauch, den die in das Haus aufgenommene Frau fremden Blutes mit dem ihr überlassenen Anteil treiben mochte. Zugleich jedoch erhöhte dieselbe Ausdehnung der Macht des Ehemannes ein anderes Risiko. Wer eine Schwester, Tochter oder Nichte verheiratete, konnte nun fürchten, daß der fremde Mann, der künftighin der Gewalthaber dieser Frau war, seine Hand auf das Vermögen ihrer Herkunftsfamilie legen würde. Tatsächlich gehen die hier untersuchten Archivalien – wenngleich zögernd, erst ab der Mitte des Jahrhunderts – auch auf die Rechte des Schwiegersohnes ein. Um 1050 rüstete sich der Ritter Achard in seinem Haus in der Nähe von Cluny für den Tod. Auf dem Sterbebett diktierte er sein Testament. Er benennt darin die Ländereien, die er für sein Seelenheil Gott spenden will, und fordert seine Verwandten auf, in die Schenkung einzuwilligen, d.h. genau verstanden: zugunsten der Teilhabe an der Stiftung und an dem geistlichen Gewinn, den man von ihr erwartete, auf ihre Vorrechte an den betroffenen Gütern zu verzichten. Als erste treten seine Söhne heran, dann ein Vetter, ein nicht näher qualifizierter Verwandter und schließlich der Schwiegersohn mit seiner Gemahlin. Der Mann seiner Tochter ist der letzte im Defilee, aber er erscheint darin, und zwar, wie es die natürliche Hierarchie verlangte, vor seiner Frau.[33] Es ist dies zugleich die Zeit, in der man immer bedrohlicher die Schwiegersöhne verstorbener Donatoren unter den immer zahlreicher werdenden Männern auftauchen sieht, deren Verzichtserklärung sich religiöse Anstalten immer teurer erkaufen müssen, wenn sie ihre frommen Schenkungen in Frieden genießen wollen.

Das Gegenmittel gegen die Gefahr, die von Schwiegersöhnen ausging, war die Beschneidung des Erbrechts verheirateter Töchter, seine Beschränkung auf bestimmte Güter, die ihre Mutter selbst als Wittum innegehabt hatte und die, ein kleines Randstück des althergebrachten Allodialbesitzes, für eine derartige Weiterverwertung geopfert wurden. Wenn freilich das Familienoberhaupt bei seinem Tode nur Töchter hinterließ, eignete sich der Gatte der Erstgeborenen das gesamte Gut an. Er stand in dieser Konstellation dem Erbe näher als ein Onkel oder Vetter und rückte an den Platz seines Schwiegervaters. Drei solche Fälle spielten sich am Ende des 11. Jahrhunderts in Burgen der Gegend um Mâcon ab.[34] Wie sich ein Gatte damals die Prärogativen seiner Frau zunutze machte, zeigt eine weitere Eintragung in den Urkundenbüchern von Cluny, die sich, wie andere auch, faktisch zu einer kurzen Chronik auswächst.[35] Der Vizegraf von Mâcon war auf dem Rückweg von Rom in Lyon, zwei Tagereisen vor seiner Heimatstadt, erschöpft gestorben; er war ein »junger«, lediger Mann mit einem enormen Vermögen. Sogleich brach eine heftige Auseinandersetzung um sein Erbe aus; »denn der Graf von Mâcon beanspruchte, nachdem er die Schwester [des Vizegrafen], die als einzige übrig war, zur Ehe an sich gebracht hatte, die ganze Ehre für sich« (er hatte also mit eben dieser Intention geheiratet und dabei in Kauf genommen, daß seine Frau aus dem tieferstehenden Geschlecht eines Lehnsmannes kam). Sein Ansinnen stieß jedoch auf den Widerstand der Mönche von Cluny, denen der Verstorbene fast seinen ganzen Besitz geschenkt hatte. Vor diesem Hindernis wich der Graf zurück. Er trennte sich von seiner Gattin, aus der er nun keinen Vorteil mehr ziehen konnte, wobei er »festgesetzte Gründe«, d.h. das Hindernis der Verwandtschaft, vorschob. Die Frau fiel nunmehr, wie der Text bemerkt, »einem gewissen Ritter« zu, einem Vasallen desselben Grafen, der also die von ihm verstoßene Gattin einem seiner eigenen Leute zur Frau gab. Eine bessere Verwendung konnte er für sie nicht finden, als einen jungen Mann seines Gefolges mit ihr zu belohnen und sich diesen dadurch zur Dankbarkeit zu verpflichten. Denn die Frau und ihr neuer Gemahl meldeten weiterhin Ansprüche an, die sie sich schließlich von der Abtei sehr teuer abgelten ließen. Ohne die Mönche hätte diese Frau in ihre Ehe das ganze Erbe ihrer Väter eingebracht – da sie keinen Bruder mehr hatte.

Wenn dagegen die Gemahlin einen Bruder besaß, lagen die Dinge klar: seine Rechte am Gut der Vorfahren, das ihr bei ihrer Eheschließung zugeteilt worden war, gingen denen des Ehemannes vor. Als Beispiel mag die Geschichte eines Schwiegersohnes dienen, eines Roland »aus Bresse«, der durch seinen Namen wie durch den Beinamen, den er trägt, als ein Mann des Abenteuers gekennzeichnet ist.[36] Er hatte das Glück gehabt, die Tochter eines Burgherrn, des Sire von Berzé, zur Frau zu erlangen. Sie war Witwe gewesen und hatte vor ihrer Wiederheirat den Mönchen von Cluny eine üppige Schenkung gemacht, wobei sie sich nur den lebenslangen Nießbrauch der betreffenden Güter vorbehalten hatte. Das Eigentum stammte von ihrem Vater, der es ihr bei Gelegenheit ihrer ersten Ehe mitgegeben hatte: die Töchter verließen das Haus ihrer Eltern nicht mit leeren Händen. Diese Frau starb im Jahr 1100. Um in den Besitz ihrer frommen Stiftung eintreten zu können, mußte das Kloster einen verbissenen Streit mit den Männern ausfechten, die das Land stets in den Händen hatten oder deren Hand jedenfalls bereit war, sich nach jenen Ländereien auszustrecken: mit dem Ehemann und dem Bruder. Beide verzichteten am Ende auf ihre Rechte und sagten zu, daß sie die Schenkung später, bei erreichter Vertragsmündigkeit, durch die noch jungen Kinder (infantes) der Verstorbenen bestätigen lassen würden. Ihre Zugeständnisse wurden ihnen in barer Münze aufgewogen. Der Bruder, Hugo von Berzé, bekam 200 Solidi und ein Pferd. Das war viel: ein Bruder behielt somit einen erheblichen Anspruch auf den Teil des Familienguts, den seine Schwester als Mitgift empfangen hatte. An den Ehemann bezahlte Cluny sehr viel mehr, nämlich 4000 Solidi. Was aber die Verwalter der Abtei um diesen Preis erwarben, waren in Wirklichkeit nicht die eigenen Rechtstitel des Gatten, sondern die der Kinder, die er mit seiner Frau gezeugt hatte. Denn Roland, so heißt es in der Urkunde, überreichte die Goldstücke seinem Schwager, »damit er im Namen der vorerwähnten Kinder Land dafür kaufe«. Das Geld wurde zwar an ihn ausgehändigt, aber er fungierte nur als Zwischenstation; denn es war nicht *sein* Geld, so wenig wie es *seine* Zustimmung war, die er abgegeben hatte: durch seinen Mund sprachen vielmehr seine Kinder. Jene Landgüter hatten nie ihm gehört; über sie behielt der Bruder seiner Frau und Onkel mütterlicherseits seiner Söhne, das Oberhaupt des Geschlechts, ein Aufsichtsrecht – zusammen mit der Pflicht, seinen Neffen in quasi-väterlicher Liebe beizustehen. Diesem Mann, dem vorrangigen Hüter des familiären Erbguts, kam es zu, die Entschädigungszahlung zugunsten der minderjährigen Kinder wieder in Grund und Boden anzulegen.

Auf der Basis dieser noch im Fluß befindlichen Gewohnheitsregeln, die wir aus kärglichen Informationsresten erschließen müssen, entwickelte sich eine Ehestrategie. Sie war sehr einfach. Das Oberhaupt eines Geschlechts arbeitete darauf hin, alle verfügbaren Töchter des Hauses zu verheiraten. Indem er so das Blut seiner Ahnen verbreitete, knüpfte er Bündnisse, die in der nächsten Generation durch das privilegierte Verhältnis zwischen Knaben und ihrem Mutterbruder noch verstärkt wurden. Eben diese Politik – und damit kehren wir wieder nach Nordfrankreich zurück – verfolgte auch ein sehr erfolgreicher Schwiegersohn, Hilduin von Ramerupt. Er hatte von dem Vater seiner Gattin die Grafschaft Roucy geerbt und, um den Besitz zu konsolidieren, seine verwitwete Schwiegermutter seinem eigenen Bruder zur Frau gegeben. Sieben Töchter wurden von ihm, z. T. mehrfach, vermählt. Drei Generationen später kann der Historiker einige 120 Abkömmlinge dieses Mannes identifizieren.[37] Andererseits gebot ihm die Klugheit, nur einem einzigen Sohn eine rechtmäßige Ehe zu erlauben – es sei denn, daß für einen anderen eine Braut ohne Bruder, eine Erbtochter, aufgetrieben werden konnte. Zwei der Söhne Hilduins heirateten: der eine konnte in das Haus seiner Frau einziehen; an den anderen ging, anscheinend intakt, die »Ehre«, d.h. die Essenz des väterlichen Erbes über. Ihren überzähligen Brüdern aber blieb nur die Wahl, entweder als Günstling eines Onkels, der Prior oder Chorherr war, in einer religiösen Gemeinschaft Aufnahme zu finden[38] oder hoffnungsvoll darauf zu warten, daß sie eines Tages, wie der Vasall des Grafen von Mâcon, eine Frau zum Geschenk erhalten würden – oder aber aufzubrechen, um in der Ferne dem Reichtum nachzujagen. Die Urkunden aus dem Mâconnais vom Anfang des 11. Jahrhunderts bieten eine Fülle von Beispielen junger Männer, die auf dem Weg nach Jerusalem zugleich ein Vermögen und ihr Seelenheil suchten.

Die außergewöhnliche Dichte der Dokumentation ermöglicht es uns, das Wachstum der in der Umgebung des Klosters Cluny angesiedelten Rittergeschlechter während des 11. Jahrhunderts zu beobachten und damit die Wirksamkeit einer solchen Kontrolle des männlichen Heiratsverhaltens zu ermessen. Man kann feststellen, daß die Überwachung bald nach dem Jahr 1000 der Bildung von Nebenlinien, die sich seit Dezennien fortgesetzt und die zur Zersplitterung der immensen Vermögen aus karolingischer Zeit geführt hatte, tatsächlich ein Ende bereitete. Die Zahl der Adelsfamilien wurde fixiert. Gegen 1100 gab es in dieser sehr begrenzten Region – der einzigen in Frankreich, die eine präzisere Untersuchung zuläßt – 34 adlige Häuser, ungefähr ebenso viele wie Pfarrgemeinden. Zwei Generationen später waren durch Abspaltungen infolge von fruchtbaren Ehen nachgeborener Söhne nur drei weitere hinzugekommen. In sämtlichen anderen Geschlechtern hatte, obwohl ein Geburtenüberschuß bestand, eine rigorose Heiratsdisziplin verhindert, daß irgendwelche Seitenzweige aus dem Hauptstamm hervorwuchsen. Man betrachte etwa Bernhard den Dicken, den Herrn der Burg Uxelles, zu Beginn des 11. Jahrhunderts: er hatte sechs Söhne; zwei wurden zu Mönchen gemacht; drei andere, die

Ritter wurden, starben ledig; ein einziger zeugte einen legitimen Sohn, der um 1090 ungeteilt die Festung und alle daran hängenden Rechte in seiner Hand hatte.[39]

Eine Folge dieses Kristallisationsprozesses war eine striktere Unterordnung der Frau unter den Mann und *pari passu* eine Steigerung des heimlichen Schreckens, den die Gattinnen ihrem Gatten einflößten, der Angst vor einer heimtückischen Revanche in der Form von Ehebruch oder Mord. Kaum zu zählen sind die Fürsten, von denen die Chronisten der Zeit berichten, daß sie von ihren Frauen vergiftet worden seien; kaum zu zählen auch die Anspielungen auf »weibliche Intrigen«, »unheilvolle Ränke«, auf Hexenwerk aller Art, das in der Kemenate ausgeheckt wurde. Der Ritter des 11. Jahrhunderts muß in Zittern und Argwohn neben jener Eva gelebt haben, die sich jede Nacht zu ihm gesellte, bei der er nie sicher war, ob er ihre unersättliche Lüsternheit stillen konnte, die ihn gewiß betrog und ihn vielleicht noch in dieser Nacht, während er schlief, unter dem Kissen ersticken würde.

VI
Die Ketzer

In den 20er Jahren des 11. Jahrhunderts läßt sich eine überraschende Koinzidenz feststellen: im selben Moment, in dem der soeben geschilderte Umschwung in den Ehegewohnheiten der Ritterschaft hervortritt, sieht man auch die Bewegungen aufkommen, die von den Regenten der Kirche »häretisch« genannt wurden.[1] Es handelt sich hier um zwei zusammenhängende Aspekte des allgemeinen Aufruhrs, der das französische Königreich damals erschütterte. Zweifellos ist die Neublüte des Ketzertums nicht von den »Schrecken des Jahres 1000« zu trennen, von der gewaltigen Welle religiöser Unruhe, die mit dem Herannahen der tausendsten Wiederkehr der Passion Christi immer mehr anschwoll. Überall hörte man Aufrufe zur Buße und zur Reinigung; überall bildeten sich Bruderschaften der Weltflucht, und einige von ihnen erschienen verdächtig. Ebenso unbestreitbar aber war die Häresie auch eine der Formen, in die sich der Widerstand gegen die Aufrichtung der »Feudalordnung«, d. h. einer neuen Machtverteilung, kleidete. Sie faßte Menschen zusammen, die sich unterdrückt fühlten: wohlhabende Bauern, die vom Ritterstand ausgeschlossen und den grundherrschaftlichen Belastungen unterworfen wurden, Stadtbewohner, die aus ihrer Erstarrung erwachten, und gewiß auch die Frauen, die von den Männern an kürzerem Zügel gehalten und in ihren Rechten beschnitten wurden. Man kann sich kaum des Eindrucks erwehren, daß das Gewimmel abweichender Sekten in einer Beziehung zur Verschlechterung der weiblichen Lebensbedingungen stand.

Verfolgt, schließlich zerschlagen oder jedenfalls in das Dunkel einer Untergrundexistenz getrieben, hat das Ketzertum – und das gilt für alle Protestideologien – nur wenige Spuren hinterlassen, die überdies durchweg indirekt sind. Die Abweichung wird erst in dem Augenblick greifbar, in dem sie zurückgedrängt wird, hinter den Sarkasmen und Urteilen, die sie verdammen. Sie scheint allenthalben auszubrechen. In

Nordfrankreich berichten die Quellen von drei Herden: in der Champagne – hier predigte ein Häresiarch in der Nähe von Vertus; in Orléans – wo das Strafgericht über die Leiter eines der herausragenden Zentren der Liturgie und der theologischen Studien an der Kathedrale Saint-Croix und der königlichen Kapelle hereinbrach; und in Arras – nach der Flucht der Anstifter blieben einige »des Lesens und Schreibens unkundige« Adepten, sprich Laien, zurück, unter denen nicht notwendigerweise Arme zu verstehen sind.

Die Sekten sahen sich selbst als kleine Gruppen von Auserwählten, deren Mitglieder gleich den Mönchen oder den Büßern eine Bekehrung durchgemacht, ihren Lebenswandel geändert, sich »aus dem schlechten *saeculum* in eine heilige Gemeinschaft überführt« hatten.[2] Ihr Programm einer gemeinsamen Abwendung von der verdorbenen Welt, eines Fortschreitens zum Immateriellen durch die Absonderung vom Bösen und Fleischlichen, unterschied sich nur in einer wesentlichen Hinsicht vom Prinzip des Mönchtums: in der Weigerung, sich in die Kirche einzugliedern. Dieser Punkt war es, der den Ketzern in erster Linie vorgeworfen wurde und der in den Fragen zu ihrer Entlarvung am deutlichsten aufscheint: sie akzeptierten nicht, daß die Frömmigkeit eine Institution sei, daß der Verkehr mit dem Göttlichen der priesterlichen Vermittlung bedürfe; sie hielten die Geistlichkeit für überflüssig und wollten die Kirche zerstören. Die Kirche verteidigte sich, zerstreute ihre Gegner und verbrannte sie. Was jedoch die Lebensführung, die Art der Heilssuche, des Strebens nach der Reinheit der Engel anbelangt, scheint der Abstand zwischen den Häresiarchen – die von Orléans gehörten zu den »Besten« des Klerus – und den Rigoristen der Orthodoxie sehr gering gewesen zu sein. Für die einen wie für die anderen war das Böse das Geschlecht, sie alle verabscheuten wie Johannes Scotus Eriugena die Ehe. Nur wurde sie von den Ketzern noch kompromißloser verurteilt. In Orléans »schmähten« sie nach Johannes von Ripoll »die Hochzeit«.[3] Der als Sympathisant verdächtigte Abt Gauzlin von Saint-Benoît-sur-Loire mußte schwören, daß er »die Hochzeit nicht verbiete«[4] – die Hochzeit, d. h. die Vereinigung der

Leiber, nicht die der Seelen, die im *sponsalicium* zustande kam. In der Champagne entließ Leutard, der »wahnsinnige« Häretiker, in dessen Körper, wie Rodulf Glaber erzählt, ein Bienenschwarm gefahren war, seine Frau und »vollzog, als ob es die Vorschrift des Evangeliums wäre, die Scheidung«.[5] In der Tat grübelten sie alle über die Stelle in Matth. 19 nach, wo Jesus auf die Schlußfolgerung der Jünger: »Wenn die Sache des Mannes mit dem Weibe so steht, ist es nicht gut zu heiraten«, mit dem Gleichnis von den Verschnittenen antwortet: »Wer es fassen kann, der fasse es.« Waren nicht diejenigen, die sich abseits der schlechten Welt als Anhänger der verfolgten Sekten bekannten, die »wenigen Auserwählten«, denen es gegeben war, dieses Wort zu »fassen«? Und wenn sie bei Lukas lasen (20,34 f.): »Die Söhne dieser Welt heiraten und werden verheiratet; die aber, welche gewürdigt worden sind, jener Welt und der Auferstehung von den Toten teilhaft zu werden, heiraten nicht und werden nicht verheiratet«, dann gelangten die Ketzer zu der Überzeugung, daß der Ehestand sie daran hindere, sich zum Licht zu erheben. Während sie sich auf die Wiederkunft Christi vorbereiteten, träumten sie davon, die Sexualität ganz und gar abzuschaffen. Aus dieser Haltung heraus scharten die von der häretischen Bewegung ergriffenen Männer Frauen um sich, die sie von gleich zu gleich behandelten und mit denen sie in der Gemeinschaft einer solchen *caritas* zu leben behaupteten, wie sie im Paradies die himmlischen Wesen in vollkommener Reinheit, als Brüder und Schwestern, miteinander verbinde. Dieser Aspekt ihrer Lehre dürfte ihre Umwelt am meisten schockiert haben. Damit rüttelten sie am Fundament des Gesellschaftsgefüges. Die Häresie scheiterte, weil sie sich den Zeitgenossen als feministische Bewegung darstellte bzw. von ihren Gegnern als solche dargestellt wurde. Der Mönch Paulus vom Kloster Saint-Père in Chartres versäumt in seinem Bericht über den Prozeß in Orléans nicht zu erwähnen, daß sich unter den Hingerichteten auch eine Frau, eine *monacha,* befand, und Rodulf Glaber weist eigens darauf hin, daß das »Gift« der Irrlehre durch eine Frau in Orléans eingeführt worden sei. Dies war ein unfehlbares Mittel, um die Sekten in Verruf zu bringen; denn war nicht die Frau das Werkzeug des Satans, boshaft, eine Giftmischerin?

Vor allem betrachteten die Verleumder der Häresie die Ablehnung der sexuellen Vereinigung, bei gleichzeitiger Geschlechtergemeinschaft, als Heuchelei. Wie konnten, so grinsten sie, Männer und Laien, die nicht wie die Geistlichen durch die Riten der Priesterweihe und die dadurch verliehene besondere Gnade gefeit waren, auf engstem Raum mit Frauen zusammenleben, ohne mit ihnen Unzucht zu begehen? Kein Zweifel: sie logen, diese Leute waren Hochstapler. In Wirklichkeit suhlten sie sich im Laster. Fern aller Blicke, im nächtlichen Waldesdunkel, das den weiblichen Zauberkünsten so günstig war, praktizierten sie die sexuelle Kommune. Wer sich anmaßte, den Laien die Ehe zu verwehren, verleitete sie zu Unzucht und Inzest. Alle unsere Quellen schlagen dieselbe Saite an. Rodulf Glaber versichert, daß für die Häretiker von Orléans die Ausschweifung keine Sünde gewesen sei. Und Paulus von Chartres wiederholt, was man sich in den Klöstern zuraunte: daß sich am Ende ihrer Versammlungen jeder Mann seiner Nachbarin, auch wenn sie seine Mutter oder Schwester war, bemächtigte und daß sie die Kinder aus diesen widernatürlichen Paarungen später rituell verbrannten und ihre Asche als Amulett verwendeten.

Kehren wir zur Realität zurück. Genau zu dem Zeitpunkt, als sich zum Schutz der Familien»ehre« die Kontrolle über das Heiratsverhalten verschärfte, machte sich vielerorts eine radikale Infragestellung der Ehe bemerkbar. Nun gab es freilich bei der Häresie zwei zu unterscheidende Ebenen: einerseits die Gelehrten, auf die alles Licht fällt – zu ihnen gehörten die selbstsicheren Kleriker von Orléans, die wie im Triumph zum Scheiterhaufen zogen –, und andererseits, ich würde nicht sagen das »Volk«, wohl aber die des Lesens und Schreibens unkundigen Laien – also etwa die Männer und Frauen von Arras, die vor der bischöflichen Inquisition ohne ein Widerwort, eingeschüchtert und folgsam jedem Irrglauben abschworen. Und wie man diese beiden Gruppen unterscheiden muß, so darf man auch nicht im Einklang mit der orthodoxen Propaganda, die sie überhaupt gerne in einen Topf warf, ihre

Einstellungen zur Eheinstitution miteinander vermengen. Tatsächlich schwebte bei den Ketzern eine kleine Minderheit von »Vollkommenen«, die alle Menschen zur Enthaltsamkeit, wenn nicht gar zur Jungfräulichkeit verpflichten wollten, damit alle wie die Engel würden, über einer großen Masse von Sympathisanten, die keineswegs daran dachten, der Welt und ihren Freuden den Rücken zu kehren. Für sie war die häretische Herausforderung ein Mittel, um die Einmischung der Kirche in die Eheschließungsvorgänge zu bremsen. Je mehr sich die herrschende Klasse im Zuge der Neuordnung der sozialen Verhältnisse zu einer strikten Regulierung ihrer Fortpflanzung genötigt sah, als desto lästiger mußte sie die von den Kirchenleuten gepredigte Moral empfinden. Andreas von Fleury schreibt über die Sekte von Orléans nicht einfach wie Johannes von Ripoll, daß sie »die Hochzeit schmähten«, sondern präziser, daß sie verkündeten, »die Hochzeit müsse nicht mit der Benediktion geschehen, sondern jedermann könne heiraten, wie immer er wolle«.[6] Dieser Satz entstammt nicht dem Klatsch, den der Mönch Paulus kolportiert, sondern er stellt ihn richtig. Er gibt die Auffassung wieder, die in der klösterlichen Gerüchteküche mißverstanden oder bewußt verdreht wurde. Die häretische Weigerung richtete sich im Kern gegen die Sakralisierung des Fleischesakts: Geistliche sollten sich nicht in die Zeremonien einmischen, die sich um das Hochzeitsbett herum abspielten. Von hier aus enthüllt sich die ganze Kohärenz der Lehre, der innere Zusammenhang zwischen der Verurteilung der Priesterprivilegien, der Verwerfung des Rituals und der Verdammung des Fleisches. Die Ehe ist etwas Fleischliches. Sie heiligen zu wollen, ist Sakrileg. Sie gehört zur »schlechten Welt«. Die Vollkommenen dürfen mit ihr nichts zu tun haben, auch nicht als ihre Kontrolleure, da die Ehe in jedem Fall, ob Inzest, Ehebruch oder nicht, besudelt ist. Wenn einer unbedingt eine Frau nehmen will, soll er sie nehmen, »wie immer er will«; denn wer sie auch sei, er sündigt. Die Nachforschung der Priester nach Verwandtschaftsgraden und Bigamie ist nutzlos. Da somit die Ketzer eine Segnung der leiblichen Vereinigung für einen Widerspruch in sich hielten, wandten sie sich explizit gegen die Entwicklung einer Eheliturgie. Das verschaffte ihnen bei all denen Gehör, die Grund hatten, über eine solche Entwicklung beunruhigt zu sein, durch die die legitime Ehe vom Konkubinat geschieden, das letztere abgewertet und in den Bereich des Unerlaubten geschoben und durch die Inzest und Ehebruch immer nachdrücklicher aufgespürt wurden. Zweifellos waren darum die ersten, die sich auf die Seite des häretischen Protests schlugen, konkubinarische Priester, die nicht bereit waren, ohne Frauen zu leben; dann aber auch all die Adligen, die darauf bestanden, ihre Gefährtin frei wählen und frei wieder verjagen zu dürfen, wenn es ihnen vorteilhaft schien, eine andere zu nehmen. Man kann die Frage von Francesco Chiovaro nur unterstreichen: War nicht die Häresie in solchen Regionen besonders virulent, in denen es sehr frühzeitig zu einer Mitwirkung von Geistlichen beim Eheschließungsritual gekommen war, und fiel nicht ihr Auftauchen exakt mit diesem Schritt zusammen? Wenn man sich diese Frage zu eigen macht, muß man die Aufmerksamkeit vom dogmatischen Zentrum der Häresie auf das breitere Echo richten, das die heterodoxe Verkündigung auslöste. Und man muß ausgehen von dem sozialen Faktum des Widerwillens, Priester nach eigenem Gutdünken über die Ehe bestimmen zu lassen: die Oberhäupter der Adelshäuser konnten ihnen nicht eine Regulierungsbefugnis abtreten, von der die Fortdauer ihrer Macht abhing.

Die häretische Herausforderung wurde aufgenommen, und zwar besonders durch Gerhard, den Bischof von Cambrai-Arras. In dem kleinen Buch, das auf sein Geheiß nach dem Prozeß von 1024 abgefaßt wurde, summieren sich die Argumente, die er zur Überführung der Häretiker gebraucht hatte, durch Schriftbelege erweitert und abgestützt, zu einer Art Kompendium der rechten Lehre. Es enthält auch einen Abschnitt über die Ehe[7], der sehr wertvoll ist, weil er die Einstellung des aufgeklärten Episkopats zu erkennen gibt.
Gerhard geht es darum, die Institution der Kirche zu verteidigen, die Bedeutung der Sakramtente zu bekräftigen und seine Opponenten zur Anerkennung des priesterlichen Monopols

auf die Verwaltung der Beziehungen zwischen dem gläubigen Volk und seinem Gott zu bringen. Er betont deshalb die Notwendigkeit einer Berücksichtigung der »Unterschiede des Standes *(discretio ordinis)*«, also der hierarchisch gestaffelten Funktionskategorien, in die Gottes Wille die Menschen geteilt hat. Diejenigen, die sich auf Erden dem Dienst Gottes geweiht haben, stehen auf der obersten Stufe, gleich unterhalb der himmlischen Heerscharen, und müssen sich somit auch der Reinheit der Engel nähern. Ihr Vorrang hängt ab von dieser Reinheit. Derselbe Gedanke wurde von Gerhards Amtskollegen Adalbero von Laon aufgegriffen, in einem zwischen 1028 und 1031 zu datierenden Gedicht, das König Robert gewidmet ist.[8] Darin wird der Aufbau des Systems klarer beschrieben. Die Mitglieder des »*ordo* der Kirche« sind dem göttlichen Gesetz unterstellt, das sie »von allem irdischen Schmutz absondert« und sie dazu verpflichtet, »ihren Geist und ihren Leib zu läutern«. Gott »hat ihnen das ganze Menschengeschlecht unterworfen«, wenn sie keusch sind. Damit sie es bleiben, ist ihnen die Ehe verboten – aber ihnen allein. Wie sollte man alle Menschen zur Ehelosigkeit anhalten, wo doch die Menscheit bis zum jüngsten Tag fortbestehen muß? Die Funktion der »Edlen« und der »Knechte« liegt eben darin, Kinder zu zeugen und die Frauen zu befruchten. Seinen ganzen Spott gießt Adalbero über die Kluniazenser aus, die den Vornehmen mönchische Abstinenz predigen. Allerdings muß die Fortpflanzungsfunktion auf die bestmögliche Weise, nämlich ordnungsgemäß, erfüllt werden. Dazu gehört, daß sich ein jeder innerhalb seiner »Ordnung«, seiner Funktionsgruppe, die Gott ihm zugewiesen hat, vermählt, also die Vermeidung von Mésalliancen. Und dazu gehört weiter, daß sich die Paarung im Rahmen der legitimen Ehe vollzieht. In diesem Sinne dann, als gute Ehe, die in Harmonie mit den christlichen Grundsätzen und unter priesterlicher Kontrolle geschlossen und gelebt wird, ist die Ehe nicht etwa verboten, sondern geradezu vorgeschrieben.

Auf denselben Punkt läuft auch die Widerlegung der häretischen Ehelehre durch Gerhard von Cambrai hinaus. Die Ketzer behaupteten, daß »Eheleute keinesfalls zum Stand *(sors)* der Gläubigen gezählt werden« können: Verheiratete Männer und Frauen, die nicht auf die Vereinigung im Akt des Fleisches verzichteten, hatten in der Sekte keinen Platz und wurden der Finsternis anheimgegeben. In der Ehe gab es kein Heil. Was sollte man darauf erwidern? Es gelte, sagt Gerhard, behutsam zwischen zwei Klippen hindurchzusteuern. Weder dürfe man die Menschen in Bausch und Bogen von der Ehe abschrecken noch sie allesamt zur Ehe drängen; denn »wie zwischen den Männern der Welt und der Kirche ein Unterschied des *ordo* besteht, so muß auch in ihrer Lebensweise ein Unterschied gewahrt werden«. Das Bild einer hierarchisch gegliederten Gesellschaft, das er dem Gleichheitsanspruch der Häretiker entgegensetzt, dient auch zur Untermauerung seines Standpunkts in der Ehefrage. Das moralische Gesetz ist zweigeteilt. »Der Kirchenmann [durchgehend und ganz bewußt redet das Kapitel nur zu den Männern und schweigt von den Frauen: es will zuallererst die *distinctio,* die kardinale Spaltung zwischen den beiden Geschlechtern markieren, die dem Autor so grundlegend und so evident erscheint, daß er sie gar nicht erst erwähnt] – der Kirchenmann kann sich, nachdem er den Heeresdienst der Welt verlassen hat und zum Stand Gottes gezählt wird, nicht ohne Schaden für das *cingulum* seines Berufes [das Schwertgehänge, der Gürtel als Emblem der Geistlichkeit, aber zugleich eine deutliche Anspielung auf den Sexualakt] wiederum dem Ehebett ausliefern [er würde dadurch seine eminente Freiheit verlieren, wäre nicht mehr dem ›göttlichen Gesetz‹ unterstellt, das auch nach Adalbero von der irdischen ›Knechtschaft‹ befreit].« Den »Männern der Welt« hingegen »verbieten weder die Bestimmungen des Evangeliums noch die der Apostel die legitime Ehe« – unter der einen Bedingung, »daß sie zu jeder Zeit die eheliche Sinnenlust *(voluptas)* bemeistern müssen«. Es gibt Zeiten für die körperliche Vereinigung, in denen man seiner Gattin beiwohnen darf, und andere, in denen man gehalten ist, ihr fernzubleiben. »Denn solche Ehen sind Gott nicht wohlgefällig, durch die die Menschen, ähnlich den Tieren, zur Wollust und zum Vergnügen getrieben werden und in denen sie . . . ihrer Begierde frönen wie das Pferd und der Maulesel.«

Wer jedoch die Ehe richtig gebraucht, d. h. »in der Furcht Gottes mehr durch das Streben nach Kindern *(amor filiorum)* bewegt ist, als daß er das Verlangen des leichtfertigen Fleisches zu befriedigen suchte, den wird die Sünde der Ehe *(culpa coniugii)* nicht aus dem Stand der Gläubigen ausschließen«.

Am Ende des Abschnitts fügt Gerhard hinzu, die Ehe offenbare »das Gesetz der menschlichen Gewohnheit«. *Lex, consuetudo* – der bewundernswerte Rhetoriker kennt natürlich den Gegensatz zwischen diesen Begriffen, den vor allem Cicero in *De inventione* und unlängst wieder Abbo von Fleury in seiner Kirchenrechtssammlung herausgearbeitet hatten. Daß er die beiden Wörter hier zusammenspannt, geschieht in voller Absicht. Auf diese Weise will Gerhard den Unterschied zwischen dem göttlichen und dem menschlichen Gesetz akzentuieren und das letztere, indem er es der schlichten Gewohnheit angleicht, herabstufen. Er spricht zu Ketzern, die er überzeugen will. Er weiß, in welchem Sinn die Vordenker der Sekte das Wort *lex* gebrauchen, und möchte sie nicht vor den Kopf stoßen. Das göttliche »Gesetz«, soweit kommt er ihnen entgegen, verwirft die Ehe; es verwehrt sie den Geistlichen, die sich in die *sors Dei* begeben haben. Die Ehe fällt unter ein anderes, minderwertiges, weniger fest gegründetes Regelwerk: unter die Gewohnheit. Unter pädagogischem Aspekt ist dies eine glänzende Formulierung. Aber sie hat auch schwerwiegende Folgen, insofern sie dem Gedanken Vorschub leistet, als gehöre die Ehe, weil sie dem Bereich des Fleischlichen zugehört, nicht zur Sphäre des Heiligen, als sei sie kein Sakrament, keine kirchliche Institution.

Gerhard und Adalbero beziehen sich auf diverse patristische Autoritäten: auf Gregor den Großen, Augustin, aber auch auf Dionysius und Scotus Eriugena, deren Schriften ihnen in ihren Dombibliotheken zugänglich waren und die ihren Ekel vor dem Fleisch schürten. Ihr eigener Ekel ist kaum geringer als der ihrer Gegner. Auf dieser Ebene besteht eine offenkundige Nähe zwischen Gerhard und den Ketzern, die er abkanzelt: ihre »Magister« lasen dieselben Texte. Auch für Gerhard ist die Ehe ihrem Wesen nach unrein und hat teil an der

»schlechten Welt«. Sie ist das Los jener minderwertigen Menschen, die dem Irdischen verhaftet, im Materiellen verstrickt bleiben. Nur wenn jede Leibesfreude aus ihr verbannt würde, wäre die Ehe vollkommen gut. Aber es ist unmöglich, so weit zu gehen. Die Lust kann allenfalls »bemeistert«, »unterworfen« werden. So bleibt die Ehe immer »Sünde«; und darum sind alle Laien, selbst die Könige, den Priestern als den Reinen untergeordnet. Trotzdem wird man Gerhard, weil er so dachte, nicht als einen Verfechter der voraugustinischen Tradition ansehen müssen. Er scheint vielmehr die Linie früherer Bischöfe wie Jonas von Orléans und Hinkmar von Reims fortzusetzen. Gleich diesen übernimmt er von Augustin das Argument, daß das »Streben nach Kindern/Söhnen« die Ehe rechtfertige. Gleich diesen achtet er darauf, seine Abhandlung mit dem Hinweis zu beschließen, daß das »Gesetz der menschlichen Gewohnheit« durch die göttliche »Autorität« »bestätigt« worden sei. Zwar wurde dieses Gesetz nicht von Gott erlassen; aber es wird doch durch seine Autorität gestützt. Gerhard zitiert das Neue Testament, das Matthäusevangelium und die Briefe des Petrus und Paulus. Er belegt und unterstreicht zunächst die unabdingbare Unterwerfung der Gattin unter den Gatten und damit die gottgewollte Inferiorität der Frau als tragendes Moment jeder Gesellschaftsordnung. Sodann betont er die Unauflöslichkeit der Ehe und hier besonders, daß der *vir infidelis* (der »ungläubige«, aber auch der »treulose« Mann) durch die *mulier fidelis* geheiligt werde (nach 1. Kor. 7,14). Durch den wechselseitigen Dienst, den Eheleute einander erweisen, hat die eheliche Vereinigung immerhin auch etwas Gutes und trägt zum Kreislauf der Gnade bei. Und eben darum ist die häretische Lehre schädlich. »Wenn die eheliche Gemeinschaft für den Menschen ein Grund des Verderbens wäre, dann hätte er, der gekommen ist, die Verdorbenen wiederherzustellen, keine Anweisung über diese Verbindung gegeben.« Die Ehe ist unvermeidlich eine »Sünde« – das ist der manichäische Strang in der Anschauung Gerhards. Aber diese Sünde kann »repariert«, sie kann abgestreift werden wie jene anderen Keime des Verderbens, deren Jesus sich angenommen hat. In der genauen Nachfolge Jonas' von Orléans rechnet Gerhard den ehelichen Geschlechtsverkehr unter die läßlichen Sünden, die gesühnt werden können.

Kraft der *discretio,* von der er in der soeben erörterten Passage ein Musterbeispiel liefert, kehrt der Bischof von Cambrai, zur selben Zeit wie der Bischof von Laon, angesichts der Turbulenz, die damals den Norden Galliens erschütterte, zu den Strukturen der karolingischen Ordnung zurück. Die Ehemoral, die er unter Berufung auf das Neue Testament verkündete, reagiert auf die Unruhen seiner Epoche und legt darum das Gewicht auf Forderungen von bußartigem Charakter: auf die Einhaltung der Zeiten der Abstinenz, auf die Unterdrückung der Lust. Zugleich aber wehrt sich Gerhard gegen jede asketische Übertreibung. Er ist überzeugt, daß Gott dem Menschen nicht zumutet, wie ein Engel zu sein, und verweist in der Nachfolge Hinkmars alles, was die Ehe betrifft, auf die Seite der »Welt«, d.h. der Laien.

Indessen ist unverkennbar, daß ihn die Ehe der Laien weniger beschäftigt als die Ehelosigkeit der Priester. Seine zum *libellus* erweiterte lateinische Darlegung wandte sich nicht mehr an die Analphabeten von Arras, sondern an Geistliche. Denn an der Schwelle des 11. Jahrhunderts, inmitten der gewaltigen Umwälzung, in der sich die neuen Herrschaftsformen etablierten, war es das vordringliche Anliegen der Prälaten, die Privilegien der Gottesdiener, ihr Monopol und ihre Immunitäten zu sichern. Um dieses Ziel zu erreichen, bauten sie auf die in ihrer Umwelt verbreitete Vorstellung, daß der Vollzieher des Opfers, der Vermittler zwischen dem Menschen und den unsichtbaren Mächten, zu den Frauen Distanz halten müsse. Das Postulat einer Hierarchie, in der die *spiritualia* vor den *temporalia* rangierten, in der das Laienvolk dem Klerus untergeordnet war, verlangte, daß eine konsequente Spaltung sexueller Art unter den Männern eingeführt wurde, die einen Teil von ihnen zu dauernder Keuschheit verpflichtete. Insofern bedeutete die Lehräußerung Gerhards von Cambrai — ebenso wie das Unternehmen Burchards von Worms oder wie die Gespräche, in denen zur selben Zeit Kaiser Heinrich II. und der König von Frankreich mit dem Papst über Mittel und Wege zur Wiederherstellung der Ordnung auf Erden stritten – ein Vorspiel zur Kirchenreform, zur Bekämpfung des Nikolaitismus, d.h. im wesentlichen der Priesterehe. Im Umkreis von Klostergemeinschaften und manchen Domkapiteln, die von ihrem Bischof zur Disziplin gebracht wurden, gewann die Ideologie des Chiliasmus und der vorbereitenden Buße zahlreiche Anhänger unter den Laien. Und auch die Oberhäupter der Adelsgeschlechter billigten das Bemühen, den Zölibat der Kleriker durchzusetzen: sie wollten, daß der Errichtung von Priesterdynastien, deren Konkurrenz sie fürchteten, ein Riegel vorgeschoben werde, und sie wollten vor allem, daß ihre Söhne, die sie mit einem Kanonikat versorgten, um die Ausdehnung der Familie zu beschränken, nicht in der Lage seien, legitime Kinder zu zeugen.

Trotzdem war es ein harter Kampf. In Nordfrankreich war er bereits im Jahr 1031 in vollem Gange, als das Konzil von Bourges sämtliche Priestersöhne von den Weihen ausschloß und verbot, daß jemand seine Tochter einem Priester, Diakon oder einem ihrer Söhne zur Frau gebe bzw. daß jemand die Tochter oder die »Gattin *(uxor)*« eines Priesters oder Diakons zur Ehe nehme.[9] 30 Jahre später mußten die in Lisieux versammelten Bischöfe den Chorherren unverändert einschärfen, sie sollten ihre Lebensgefährtinnen von sich schicken, während den Landgeistlichen resigniert gestattet wurde, die ihrigen zu behalten. Unentwegt wurde dieselbe Auflage wiederholt und verpuffte wirkungslos am hartnäckigen Widerstand der Betroffenen. Von den Schriften derer, die in der Kirche den entgegengesetzten Standpunkt vertraten, ist sehr wenig auf uns gekommen, da sie schließlich besiegt wurden. Jene Überreste aber lassen noch ihre Argumente erkennen. Die Enthaltsamkeit, so sagen sie, ist ein Geschenk der Gnade; daher wäre es widersinnig, sie befehlen und die Menschen zur Reinheit zwingen zu wollen. Statt dessen plädieren die Gegner für eine weniger institutionelle Unterscheidung, bei der die individuelle Beschaffenheit in Anschlag gebracht wird. Mit einem Wort: sie plädieren für das Prinzip der *caritas*. Ihr Kronzeuge ist Paulus, der die Ehe als Heilmittel gegen die Begierde bezeichnete. Warum sollte man den Priestern dieses Heilmittel verweigern? Sie erinnern ferner an die Geschichte von Lot und seinen Töchtern, aus der zu lernen sei, daß der Hochmütige, der glaube, er könne die Ehe entbehren, der Unzucht anheimzufallen drohe. Zugegeben, die Enthaltsamkeit ist besser, aber auch die Ehe hat ihr Gutes. Diese Männer waren ihrerseits Erben der karolingischen Tradition und insistierten darauf, daß die Grenze zwischen Gut und Böse für alle Welt zwischen der Ehe und der Unzucht gezogen bleiben und nicht allein für die Gottesdiener zwischen die Enthaltsamkeit und die Ehe verlagert werden solle. Aber durch ihre Forderung einer Gleichbehandlung aller Menschen, ob Priester oder Laien, durch ihre Leugnung der sozialen Kluft zwischen den Bezirken des göttlichen und des menschlichen Gesetzes – von der die Reformer zutiefst ausgingen – öffneten sie den Angriffen des Ketzertums Tor und Tür. Der Konflikt währte lange, und das Volk unterstützte oft die Geistlichen, die nicht bereit waren, ihre Haus- und Lebensgemeinschaften aufzulösen. In den letzten Jahrzehnten des 11. Jahrhunderts scheinen dann die Einsprüche nach und nach verstummt zu sein. Der Sieg gehörte den »Gregorianern«.

Diesem zähen Ringen fiel die Zwischenform des Konkubinats zum Opfer. Die Schärfe der Auseinandersetzung hatte zur Folge, daß man, im Geiste Gerhards von Cambrai, die einfachste Zweiteilung propagierte: keine Gefährtin, ob legitim oder nicht, für die *viri ecclesiastici,* wohingegen die *viri saeculares* eine Gefährtin brauchten, die aber eine rechtmäßige Ehefrau sein mußte. Jede Vereinigung der Leiber außerhalb des feierlich durch weltliche und religiöse Riten geschlossenen *connubium legitimum* wurde verpönt. Die römische Synode von 1069 zitiert noch einmal den Kanon des Konzils von Toledo (398), der die Monogamie vorschreibt, dabei aber die Wahl zwischen Ehe und Konkubinat freistellt; danach wird er in den offiziellen Dokumenten der Orthodoxie nicht mehr erwähnt. Seitdem entwickelten die Oberen der Kirche, während sie gleichzeitig die Klerikerehe inkriminierten, die Idee, das Laienvolk in einem lückenlosen Netz zu erfassen, dessen

Masche die eingesegnete Ehezelle war. Unautorisierte Verbindungen jenseits dieses Rahmens wurden nicht mehr geduldet; den Ledigen blieb nichts anderes übrig, als sich in das »Haus« einzufügen, unter der Hoheit des privilegierten, weil zulässig verheirateten Hausherrn.[10] An diesem Punkt trafen sich das klerikale und das aristokratische Modell der Ehe. Wie gesagt: der Wandlungsprozeß, der sich in der hohen Gesellschaft des 11. Jahrhunderts wahrnehmen läßt – die Verankerung im Stammgut, die Verstärkung der agnatischen Strukturen, die Erweiterung der Macht von Ehemann und Vater –, trug vor allem durch die Enttäuschungen, die er erzeugte, das Seine zum Aufschwung des Ketzertums bei. Zugleich jedoch stimmte dieser Prozeß in augenfälliger Weise mit den Zielen der Kirchenreformer zusammen. Es entsprach deren eigenen Hoffnungen, wenn man nun darauf beharrte, daß die jungen Männer der Verwandtschaft von den älteren kontrolliert wurden und daß die Frauen übergangslos von der Jungfräulichkeit zur ehelichen Mutterschaft, von der strikten Herrschaft eines Vaters zu der eines Gemahls, des künftigen Vaters ihrer Kinder, überwechselten. Der Wert der Ehe erhöhte sich in ein und derselben Bewegung sowohl in der adligen Familienethik als auch in den ethischen Normen, die von den Prälaten verkündet wurden.

In anderer Hinsicht freilich vertiefte sich die Diskrepanz. Denn die Protagonisten der Reform waren vor allem darauf aus, die Ehe zu entfleischlichen. Um der häretischen Predigt die Spitze zu nehmen, hatten die Bischöfe eines ihrer Themen aufgreifen müssen. Insbesondere die Mönche, die professionellen Verächter der Welt des Fleisches, hatten sich in die vorderste Frontlinie gestellt und wiederholten lauter als alle anderen, daß die Ehe keusch sein könne und müsse. Sie ermahnten die Laien, die sinnliche Begierde im Ehebett zu unterdrücken. Auf der symbolischen Ebene arbeiteten sie darauf hin, die Bedeutung der Hochzeit im Eheschließungsvorgang zugunsten der Verlobung herabzusetzen, in der die Vereinigung der Seelen zum Ausdruck kam. Entscheidend wurde für sie die Willensübereinstimmung, der wechselseitige Konsens, jene Gattenliebe, die den Zusammenhalt der ehelichen Gemeinschaft verbürgte: sobald einmal die Kinder, in einem momentanen Abstieg zur Hölle, empfangen waren, wurde den Ehegatten nahegelegt, in einer spirituellen Bruder-Schwester-Beziehung zusammenzuleben, wie sie ganz analog auch von den Häresiarchen gepriesen wurde. Neben diese Keuschheitsforderungen trat der Anspruch auf eine Überwachung der Eheverträge. Je mehr sich die Ehe versittlichte, desto mehr rückte sie in die Sphäre des Geistig-Geistlichen, also unter die Zuständigkeit der Priester. Soweit diese jede heimliche Verbindung untersagten, fanden sie den Beifall der Familienoberhäupter. Auf Widerstand dagegen trafen sie, wenn sie den erwählten Bräutigam einer Befragung unterzogen: Hatte er vielleicht eine Konkubine, eine erste Gattin verstoßen? War er ein Verwandter des Mädchens, das man ihm zugedacht hatte? Eine solche Überprüfung, die etwaige Ehehindernisse ans Licht bringen sollte, störte die Familienabmachungen. Auch wurde die Kirche mit dem Fortschreiten der Reform immer expansiver, bis sie sich endlich – und dieses Mal in einem bewußten Bruch mit der karolingischen Tradition – zur alleinigen Rechtsprechungsinstanz in Ehesachen aufzuschwingen versuchte.[11] Gegen 1080 tauchen in Nordfrankreich die ersten Spuren dieses unerhörten Machtanspruchs auf.

Die »Feudalisierung« und die Ausbildung der Grundherrschaft hatten den hohen Klerus langsam darauf vorbereitet, sich diese jurisdiktionelle Kompetenz beizulegen. Im Laufe des 11. Jahrhunderts hatten Bischöfe und Äbte den vollen seigneurialen Status erworben. Sie hatten sich gegen ihre Laienrivalen, gegen Vögte, Grafen und Burgherren, die Befugnis erstritten, über einen Teil ihrer Untertanen die hohe Gerichtsbarkeit auszuüben. Zu den öffentlichen Verbrechen, die darunter fielen, gehörten auch Entführung und Ehebruch. Dadurch, daß es für sie zu einem normalen Geschäft geworden war, Übertretungen des Eherechts zu ahnden, wurden die Prälaten ermutigt, solche Fälle in den Bereich mit einzubeziehen, den Gerhard von Cambrai den »Stand«, das »Amt Gottes« nennt. So griff, durch die einfache Rechtsprechungspraxis, das »göttliche Gesetz« unmerklich auf das »Gesetz der menschlichen Gewohnheit« über. Der wichtigste Beweggrund freilich, der die Bischöfe zur Ausweitung ihrer Gewalt in diesen Dingen antrieb, waren die Schwierigkeiten im Kampf gegen die verheirateten Priester: es mußte alles getan werden, um die Widerspenstigen in ein gesellschaftliches Abseits zu drängen, um sie als Rechtsbrecher abzustempeln, d.h. zu verurteilen. Die ersten Delinquenten, die wegen ihres Eheverhaltens vor einem rein kirchlichen Gericht angeklagt wurden, waren gewiß unbotmäßige Kanoniker, die sich sträubten, von ihrer Frau abzulassen.

Der Kampf gegen den Nikolaitismus, auf dessen Schärfe bereits hingewiesen wurde, führte zwangsläufig zu einer kompakteren Formierung der Kräfte unter der Leitung des Papstes. Durch die unausweichliche Konzentration der *auctoritas* wurde die *discretio pastoralis,* die Kompetenz der Strafzumessung, die jeder Bischof in seiner Diözese hatte, mehr und mehr eingeengt. Bußbücher kamen außer Gebrauch. In den Bibliotheken gingen Experten daran, die kanonischen Sammlungen zu vereinheitlichen und eine allgemeingültige Richtschnur auszuarbeiten. Was damit entstand, war nicht mehr dehnbar wie die »Gewohnheit«, sondern war »Gesetz«, ebenso starr wie das »göttliche Gesetz«. Dieses zunehmend fixierte und systematisierte Kirchenrecht schob die Ehe an den äußersten Rand des Erlaubten, an die Grenze, die Heil und unwiderrufliches Verderben trennte. Es räumte ihr noch einen Platz auf der Seite des Guten ein und schlug sie nicht schlankweg dem Bösen zu, wie es die Irrlehrer in den 20er Jahren des 11. Jahrhunderts getan hatten und wie es die trotz aller Repression ständig von neuem auflodernden Häresien weiter taten. Aber es lud dazu ein, die Eheinstitution immer stärker zu sakralisieren, damit die Kirche immer besser legitimiert sei, diesen Lebensbereich in ihre Regie zu nehmen und ihn der Alleinzuständigkeit ihrer Rechtsspezialisten zu unterwerfen.

So begann in dem hier untersuchten Gebiet in den letzten Dezennien des 11. Jahrhunderts die Zeit der Juristen. Es war dies die Epoche Papst Urbans II. und seines treuen Handlangers Ivo von Chartres, die sich beide nicht scheuten, den König von Frankreich zu verurteilen, wie man halsstarrige Ni kolaiten verurteilte, und ihn aus der Gemeinschaft der Gläubigen auszuschließen, weil sein Eheverhalten nicht mit den Anordnungen des Gesetzes übereinstimmte. Die parallele Entwicklung der Familienstrukturen und der Kirchenlehre macht verständlich, warum Philipp I. strenger behandelt wurde als sein Großvater Robert; warum er einerseits exkommuniziert wurde und warum er andererseits nicht nachgab.

Um 1100

VII
Heilige Männer und Frauen

Wir sind nun wieder an unserem Ausgangspunkt angelangt: in der Epoche, in der die Zusammenstöße zwischen den Oberhäuptern der großen Geschlechter und den reformerischen Kirchenoberen zahlreicher und heftiger wurden. Für diese Zuspitzung ist die demonstrative Verurteilung des Königs von Frankreich das auffälligste, aber keineswegs das einzige Indiz. Ein weiteres Beispiel, um nur dieses zu nennen, bietet die Geschichte des Grafen von Poitiers (und ersten Troubadours) Wilhelms IX. von Aquitanien. Als die Bischöfe 1099 in seiner Stadt zusammenkamen, um seinen Lehnsherrn mit dem Bann zu belegen, ergriff Wilhelm, wie erwähnt, die Partei des Königs und befahl, das Konzil auseinanderzuprügeln. Ein Grund für seine Handlungsweise war, daß er sich in derselben Lage befand: zweimal hatte er sich einer Gattin entledigt, um eine neue zu nehmen; von der ersten wurde er legal geschieden, weil er mit ihr verwandt war, aber auch die zweite ersetzte er bald durch eine »hinzugeheiratete *(superducta)*« dritte Frau, die ihrerseits die Gemahlin eines anderen war. Die Prälaten exkommunizierten Wilhelm ebenso wie Philipp I. wegen Inzests. Diese Periode der Spannungen muß sehr eingehend betrachtet werden. Die Zeugnisse, die uns über sie informieren, sind weiterhin durchweg kirchlicher Provenienz. Aber die Welt rückt den Schriftstellern der Kirche jetzt dichter auf den Leib: ob sie sie verabscheuen und zu fliehen suchen oder ob sie ihr entgegentreten, um sie zur Ordnung zu weisen, in jedem Fall beginnen sie nun, ausführlicher und genauer vom konkreten Leben zu sprechen.

Die Prälaten der Reformpartei wandten sich frontal gegen die vornehmsten Seigneurs und überzogen sie mit aufsehenerregenden Prozessen: man mußte diese Großen als Werkzeuge des Satans brandmarken, um zu verhindern, daß das Volk ihrem Beispiel folgte. Umgekehrt rühmten sie andere Personen, Helden der guten Sache, deren Verhalten sie zur Nachahmung empfahlen, indem sie ihre Tugend in den leuchtend-

sten Farben malten und das Gedächtnis ihrer Taten verbreiteten. Sie reihten sie unter die Heiligen ein, unter jene himmlischen Schutzhelfer, die bereits in den Kreis der Erwählten
aufgenommen waren und auf deren wirksame Fürsprache vor
dem höchsten Richter jeder Sünder, wenn er fromm war,
hoffen konnte. An den Gräbern dieser Seligen erzählte man
den Pilgern haarklein ihre Lebensgeschichte. Die erste Version dieser Geschichte wurde im allgemeinen aufgezeichnet,
um ihre Kanonisation zu rechtfertigen, um den Bischof der
Diözese, den Erzbischof der Kirchenprovinz zu veranlassen,
daß er die feierliche Erhebung ihrer Reliquien in die Wege
leite. In einem Kloster auf lateinisch abgefaßt, so wie die Biographie Roberts des Frommen, wurden diese Werke innerhalb der Mauern religiöser Gemeinschaften wieder und wieder gelesen. Darüber hinaus aber speisten sie, in Anekdoten-
form, eine reichentwickelte Predigttätigkeit, die sich an die
schriftunkundigen Gläubigen richtete und deren Grundmu-
ster wir aus den allein erhaltenen Initialschriften erschließen
müssen. Ihr Text lüftet einen Zipfel des Schleiers. Er läßt uns
einen Blick auf die Praxis der Seelsorge erhaschen und zumal
auf einige Aspekte der Propaganda, die zur Verbesserung der
Ehemoral ausgebildet wurde. Überquellend von Gemeinplät-
zen und frommen Sprüchen, eingezwängt in die Topik einer
langen Tradition, erscheinen diese Erzählungen zunächst wenig reizvoll. Nimmt man aber die Heiligenviten als das, was
sie sind, als besonders schlagkräftige Waffen in einem ideologischen Kampf, dann machen sie offenbar, wie die Lebens-
wirklichkeit im Dienst bestimmter Interessen manipuliert,
ihres Zusammenhangs entkleidet und zum Zweck der Indok-
trinierung neu inszeniert wurde. Vier dieser erbaulichen Texte sollen im folgenden erörtert werden. Sie beziehen sich alle
auf die Gegend, der die vorliegende Arbeit gewidmet ist, und
sind alle auf dem Höhepunkt der Krise, zwischen 1084 und
1138, entstanden.

Einer von ihnen fällt aus dem Rahmen. Er stammt aus einer
entfernten Werkstatt, aus der Abtei Saint-Claude im Jura, wo
die mönchische Tendenz auf ihre asketischste Spitze getrie-

ben wurde. Dieser Text, die Biographie des heiligen Simon[1], kündet von einer radikalen Weltverachtung und sieht in der Ehe reineweg ein Übel. Simons Vater Rodulf, ein Nachfahre Karls des Großen, hatte mehrere Grafschaften in seiner Hand vereinigt. Zu Vexin und Crépy, die er bereits besaß, gewann er die Grafschaft Bar-sur-Aube hinzu, indem er die Erbin, eine Witwe, heiratete. Der Vertrag war geschlossen; sie war seine *sponsa*. Vor der Hochzeit aber »tradierten« sie die »Großen des Landes«, »weil sie die Macht und Gewaltherrschaft [Rodulfs] fürchteten«, von ihrer Burg Joigny aus einem anderen Seigneur. Rodulf kehrte mit einer bewaffneten Schar zurück, nahm Joigny, nahm die Frau und ließ sie in der Festung La Ferté-sur-Aube in Gewahrsam halten, bis er sicher sein konnte, daß sie nicht schwanger war. Als sie in seiner Abwesenheit noch einmal, an einen dritten Mann von geringerem Adel, vergeben wurde, entriß er die begehrte Witwe mit Feuer und Schwert auch diesem Rivalen. Endlich bezog sie das Bett des Grafen von Crépy und schenkte ihm zwei Töchter und zwei Söhne. 1060 entließ Rodulf seine Frau, entweder die besagte oder eine andere, die er in der Zwischenzeit heimgeführt hatte. Soeben war König Heinrich I. gestorben, und der Graf heiratete seine Witwe Anna von Kiew, womit er dem Thron gefährlich nahe kam; denn Philipp I. war noch ein Kind. Die verstoßene Gattin erhob Klage beim Papst, »sie sei von ihrem Mann all ihres Besitzes beraubt und unter der falschen Anschuldigung der Unzucht verjagt worden«. Rodulf wurde exkommuniziert, wiederum nicht wegen Ehebruchs, sondern wegen Inzests: »Graf Rodulf, sein Blutsverwandter, heiratete die Frau des Königs gegen Recht und Gesetz.« Das Hin und Her seiner Ehegeschichte, die uns durch Clarius von Sens und die von Chifflet und Mabillon verwendeten Quellen bekannt ist[2], zeigt sehr deutlich, welchen Gebrauch man in diesem sozialen Milieu vor der gregorianischen Offensive von der Ehe machte.

Nachdem Rodulf gestorben, sein ältester Sohn in der Schlacht getötet worden und seine Töchter vermählt waren, ging die »Ehre« an Simon über, der sie gegen alle Begehrlichkeiten, insbesondere gegen König Philipp, mannhaft verteidigte. Zugleich ließ ihm, so heißt es, die Sünde seines Vaters keine Ruhe – die unstillbare *cupiditas,* die Gier, alles haben zu wollen –, weshalb er sich Instruktionen bei Gregor VII., dem Abt von Cluny und dem Legaten Hugo von Die holte. Er oblag lange Zeit heimlich einer mönchischen Lebensweise, bis er schließlich den Eremiten von Saint-Claude beitrat; zwischen 1080 und 1082 starb er in Rom. Sein krankhafter Ekel vor den Freuden der Welt hinderte ihn daran, die Pflichten eines Familienoberhauptes zu erfüllen, die ihm durch den unvermuteten Tod seines Bruders zugefallen waren: Simon versäumte es, Söhne zu zeugen; er weigerte sich beharrlich, zu heiraten. Anläßlich des Friedensschlusses mit dem Kapetinger wurde gleichwohl eine Frau für ihn ausersehen, natürlich von höchster Abkunft und Schönheit, die Tochter des Grafen von La Marche. Simon heuchelte Zustimmung. Er reiste in die Auvergne, fügte sich in die Riten der *desponsatio* und kam am vereinbarten Hochzeitstag mit großem Gepränge wieder. Bei der Begrüßung schloß ihn seine Braut in die Arme. Er ließ es geschehen, achtete aber darauf, daß die Umarmung wenigstens von seiner Seite aus ohne Feuer blieb. In der Hochzeitskammer dann, als jedermann ihn der Sinnenlust hingegeben wähnte, begann er, seiner Gattin eine Predigt zu halten; und so verbrachte er die Nacht. Wie ein zweiter heiliger Alexius, schreibt sein Biograph, sorgte er sich um das Seelenheil seiner Frau, »bekehrte« sie und pflanzte ihr den Wunsch ein, »die Wollust zu meiden, Keuschheit zu wahren« und das Gelübde der Jungfräulichkeit abzulegen. Noch vor dem Morgengrauen geleitete er sie zum Kloster La Chaise-Dieu; dann machte er sich unverzüglich auf den Heimweg, nachdem er mit knapper Not einen friedlichen Abschied von dem betrogenen Brautvater erlangt hatte. Gleich nach seiner Ankunft in der Ile-de-France wurde er von Wilhelm dem Eroberer in die Normandie berufen. »Da ich seit langem deine Treue und Zuneigung kenne«, so eröffnete ihm dort der Herzog, »will ich über die Nahrung hinaus, die du bereits von mir empfangen hast [der Vater Simons hatte seinen Sohn in das Haus Wilhelms gegeben, damit er dort ›ernährt‹, d. h. erzogen werde], noch mehr für dich tun.« Königs- und Fürstensöhne hätten ihn um seine Tochter gebeten, aber er habe sie abgewiesen und wolle sie ihm zur Frau überlassen: »Dich habe ich erwählt und dich als Sohn meines Erbes adoptiert.« Um diesen jungen Mann – er war noch keine 25 Jahre alt –, den Gebieter über ein mächtiges Besitztum, rissen sich die Fürsten: sie alle wollten ihn zum Schwiegersohn haben, damit seine Söhne ihre Neffen und – durch die besondere Affekttönung der Beziehung zum Mutterbruder – an ihr eigenes Haus gefesselt würden. Simon, der »dieses Glück für des Teufels hielt«, bedankte sich sehr demütig: »Groß und offenkundig ist die Wohltat, die du mir in meiner Knabenzeit erwiesen hast ... Aber ein Hindernis stellt sich uns in den Weg, das sehr gefährlich und gravierend ist ...: denn meine Herrin und Königin, deine Gemahlin, und ich sind, wie die Kunde geht, durch Blutsverwandtschaft verbunden.« Das war nicht unwahr – wenngleich es sich um eine sehr lose Verwandtschaft (sechsten Grades) handelte. Wilhelm schlug vor, bei den Alten des Landes wegen der Stammbäume nachzufragen und dann mit den Bischöfen und Äbten zu sprechen; gewiß konnte die Barriere durch reichliche Almosen beiseite geräumt werden. Der Graf von Crépy jedoch, von den Gregorianern indoktriniert, erwiderte, daß die Dispens vom Papst kommen müsse. Er brach sogleich auf, um sie zu erlangen, und nahm auf dem Weg nach Rom das Mönchsgewand an. Diese Apologie der heroischen Keuschheit – und der heiligen Hinterlist: Simon lügt mit jedem Wort, und alle, der Graf von La Marche mit seiner Tochter, der Herzog von der Normandie, seine Waffengefährten, die nichts von dem härenen Kleid ahnen, das er unter der Rüstung trägt, fallen darauf herein – repräsentiert im Spektrum der Reformbestrebungen den Pol asketischer Überspanntheit. Sie steht einer effektiven, weil gemäßigten und für die soziale Realität aufgeschlossenen Hirtentätigkeit recht fern, die gerade durch die anderen drei Heiligenleben gefördert werden sollte. Sie alle sind im Osten des flandrischen Fürstentums, zwischen Boulogne und Brügge, entstanden und führen den Laien, die sich fortpflanzen wollen, die Formen ehelicher Gemeinschaft vor Augen, die von den aufgeklärten Prälaten als gesund und heilbringend empfohlen wurden.

Der Held der zweiten Geschichte ist ein Mann »aus glänzendem Adelsgeschlecht«: Arnulf, ein Sproß des flandrischen Hauses Pamele-Audenarde. Seiner Mutter war während der Schwangerschaft ein Engel erschienen und hatte ihr geboten, das Kind Christophorus zu nennen; er sollte ebenfalls Christus tragen, also Geistlicher werden. Aber der Bruder des Vaters, das Oberhaupt der Familie, ergriff den Knaben, gab ihm bei der Taufe seinen eigenen Namen und beschloß später, da er von schönem Körperbau war, daß man ihm »nach den Riten der Ritterschaft des Adels« feierlich das Schwert umgürten solle: Arnulf sollte der Kämpfer des Geschlechts werden. Er wurde es, warf kühn die Feinde nieder und gewann Ruhm und Ansehen. »Man bot ihm die erlauchtesten Ehen an«, aber er schlug sie aus. Schließlich entwich er aus seinem Elternhaus. Wiederum mit Hilfe einer Lüge, indem er seiner Mutter vorspiegelte, er wolle gewappnet an den Hof des Königs von Frankreich ziehen, begab er sich in das Kloster Saint-Médard in Soissons, wo er das »Schwertgehänge des Krieges« mit einem besseren Dienst, dem Dienst Gottes, vertauschte.

Genau wie Simon lehnte Arnulf für sich den Ehestand ab. Immerhin aber wiegelte er nicht andere dagegen auf, sondern half ihnen im Gegenteil, den Normen des Ehelebens gerecht zu werden. An dieser Erzählung wird die kirchliche Moral in ihrer Zweigleisigkeit faßbar: die Ehe ist gefährlich und daher von den Vollkommenen zu meiden – das ist die Ethik der eingefleischten Asketen und ebenso der Ketzer; für die Masse der Menschen aber ist die Ehe angemessen und von Gott gesegnet, insofern sie die Reproduktion der Gesellschaft und ihrer hierarchischen Strukturen sichert – das ist die karolingische Ethik. Obwohl er die Tonsur angenommen hatte, paßte Arnulf, der an seinen ritterlichen Gewohnheiten festhielt, nicht in den Rahmen des Klosters, so daß man ihm eine externe Zelle zuwies. 42 Monate lang blieb er ein stummer Rekluse; dann fing er an, ununterbrochen aus seinem Zellenfenster hinaus zu reden.[3] Er spendete Erbauung und gab

Ratschläge, wobei er sich besonders seinen Landsleuten aus Flandern und Brabant widmete. Seine Berühmtheit wuchs. Als approbierter Verteidiger der Geschlechterehre und der Familientugenden spielte er die Rolle eines Mentors in den Schwierigkeiten, die der Aristokratie jener Zeit besonders zu schaffen machten, nämlich in den Fragen der Elternschaft. Er tat das Seine dazu, daß die Ehen gut, d. h. kinderreich wurden. Wie erwähnt, geschah es auf seine Intervention hin, daß die Vorsehung Königin Bertha endlich einen Sohn schenkte. Arnulf selbst wählte für ihn den königlichen Namen Ludwig. Noch eine andere Gattin vertraute sich seinen Fähigkeiten an.[4] Ihr Gemahl, ein alter Waffengefährte des Heiligen, hatte sich einem räuberischen und gottlosen Leben ergeben, wofür ihn der Himmel bestraft hatte: alle seine Kinder waren nacheinander gestorben, und er selbst lag todkrank darnieder. Seine Neffen warteten nur auf sein endgültiges Hinscheiden, um seine Frau aus dem Haus zu jagen und sich ihres Wittums zu bemächtigen – ein weiterer Beleg für die schwere Bedrohung, die über einer Witwe hing, wenn sie keine Kinder (mehr) hatte. Der Mann Gottes nahm die gefährdete Frau unter seinen Schutz. Er befahl, den bettlägrigen Ritter »vor das Fenster« zu tragen, und ermahnte ihn, sein Verhalten zu bessern und vor allem dem Bischof den Zehnten zu entrichten. Der Gattin verhieß der Heilige eine große Freude »dafür, daß du deinem Mann in seiner Schwäche treulich gedient hast«: so belohnte die Moral der guten Ehe die Frauen, die gewissenhaft den Bedürfnissen ihres Herrn und Meisters nachkamen. Drei Monate später – er war inzwischen geheilt – zeugte der Ritter zum großen Verdruß der Männer seines Blutes einen Stammhalter, und die gute Mutter »lebte noch so lange auf Erden, bis ihr Sohn rechtmäßig verheiratet war und Söhne hervorbrachte«.

Durch den Ruf seiner Wirkungskraft wurde Arnulf zur Hoffnung der Adelsgeschlechter. Er kümmerte sich um den Kindersegen und agierte damit genau an dem Punkt, an dem sich Priester- und Kriegermoral am engsten berührten. Darüber hinaus verwandte er sich, auf einer anderen Ebene der Übereinstimmung, auch dafür, daß Eheverbindungen durch die

Weisheit der Eltern und Verwandten kontrolliert, daß also vor allem Mißheiraten vermieden würden. Guido von Châtillon-sur-Marne hatte seine Tochter mit einem Ritter verlobt, der ihr »an Besitz und Geburt nicht ungleich war« – also eine gute Partie.[5] Leider hatte das Mädchen einen anderen, weniger reichen und weniger edlen Mann lieber und »beteuerte mit vielen Eiden, daß sie sich selbst töten werde, wenn man ihr die gewünschten Umarmungen verweigere«. Die Eltern fragten den Einsiedler um Rat. Als treues Sprachrohr der bischöflichen Botschaft begann Arnulf mit einer Darlegung des Konsensprinzips – man glaubt, Ivo von Chartres zu hören, der zur selben Zeit, als sich der Abt von Oudenburg an die Niederschrift der *Vita* des heiligen Arnulf machte, für die Durchsetzung dieses Prinzips kämpfte. »Laut kanonischer Autorität darf ein Mädchen niemals mit einem Mann, den es nicht will, verbunden werden. Darum gebe ich euch die Anweisung, daß ihr das Mädchen dem von ihr geliebten Mann überlassen sollt, um sie nicht zu etwas Unschicklichem zu zwingen.« Aber keine Angst: »Ihr werdet sehen, daß sich eure Tochter in kurzer Zeit nach jenem *sponsus* sehnen wird, gegen dessen Ehe sie sich jetzt noch so heftig sträubt«; laßt ihr ihren Willen, und eure Ehre wird nicht darunter leiden. Die Eltern folgten dem Geheiß des frommen Mannes und konnten sich deshalb glücklich schätzen. Man glaube nicht, daß Arnulf auf die »mädchenhafte Unbeständigkeit« rechnete, von der im Text die Rede ist. Man unterschiebe ihm auch nicht die Idee, die frischvermählte Frau könne mit dem verschmähten Bewerber eine ehebrecherische Beziehung eingehen, sie könne ihren Gatten verlassen, um jenen anderen zu heiraten: das Band ist unauflöslich. Nein, was Arnulf ankündigte, war ein Wunder. Der Geliebte war ein »Junger«, einer der Verführer, die sich unter den argwöhnischen Augen der Eltern vor den Mädchen höheren Ranges zur Schau stellten, um ihr Verlangen zu erregen. Als glorreicher Ritter setzte er auch weiterhin, um seinen Ruhm zu mehren, sein Leben aufs Spiel und verlor es sehr bald. Gestern noch Braut, war die ungehorsame Tochter heute schon Witwe. Das war der Umweg, den der Himmel einschlug, damit sie »zur Liebe jenes Bräutigams zurückkehre«, den ihre Eltern zuerst für sie ausgesucht hatten; und nachdem sie mit ihm vereint war, trug sie »mit Gleichmut den Verlust des vorigen«. Zur guten Ehe gehörte also auch die Liebe. Gott ließ sich durch die Fürbitte seines guten Dieners und durch die Tugend der Hoffnung, von der die guten Eltern Beweis abgelegt hatten, bewegen und fügte es, daß die Familienstrategie und die Anordnungen der Bischöfe zur Deckung gelangten.

Ergiebiger noch sind die beiden letzten Lebensbeschreibungen, denen wir uns nun zuwenden. Beide handeln von einer Frau, von einer schlecht verheirateten die eine, von einer sehr fruchtbaren Gattin die andere, und beide zeichnen somit das Idealbild einer Ehe, wie sie von der weiblichen Seite aus gelebt werden sollte. Darüber hinaus aber offenbaren sie auch, wie die Wirklichkeit des Ehelebens im Adel aussah. An dem, was sie mitteilen und verschweigen, an der Art, wie sie die realen Fakten beschönigen oder schwarz malen, läßt sich ablesen, wie die Oberen der Kirche diskret und ohne jede Hast daran gingen, die Ehegewohnheiten nach ihren Vorstellungen umzumodeln.
Die ältere dieser Erzählungen, oder wenigstens ihre erste Version[6], wurde 1084 abgefaßt, zu einem Zeitpunkt, als der Bischof von Noyon-Tournai im Verein mit dem Grafen von Flandern bemüht war, die ungebärdige Bevölkerung in den sumpfigen Küstengebieten der Nordsee, in den Landstrichen, die man Stück um Stück dem stehenden Wasser abgerungen hatte, einer festeren Herrschaft zu unterwerfen. In der Nähe von Oudenburg, wo der heilige Arnulf mit Billigung des Prälaten eine benediktinische Gemeinschaft eingerichtet hatte, war in der Gemeinde Ghistelle ein spontaner Kult bei einem Grab entsprungen: Kranke kamen in der Hoffnung auf Heilung, um das Wasser eines Tümpels zu trinken; rings um das Grab hatte sich der Schlamm in weiße Steine verwandelt, und wer in Gottvertrauen einige von ihnen davontrug, konnte erleben, wie sie zu Edelsteinen wurden. Man betete zu einer Frau, die dort begraben lag – einer Märtyrerin, die, wie man sagte, durch die Spießgesellen ihres Gatten ermordet

worden war. Diese aufquellende Volksfrömmigkeit mußte kontrolliert und kanalisiert werden. Man beschloß, zur feierlichen Erhebung der Reliquien zu schreiten und die Heiligkeit jener Frau zu verkünden. Zur Vorbereitung der Zeremonie wurde Drogo, ein Mönch aus einem benachbarten Kloster und Spezialist der Hagiographie, beauftragt, die Legende zusammenzustellen und zu einem erbaulichen Werk zu gestalten. Wenig später wurde der Text, um seine Wirksamkeit zu erhöhen, von einem anderen Ordensgeistlichen (aus Oudenburg) redigiert.[7]

Die Frau, deren wohltätige Macht von Ghistelle ausstrahlte, hieß Godelive – ein germanischer Name, den der zweite Biograph, da sich ihre Verehrung in romanisch-sprachigen Landen auszubreiten begann, meinte übersetzen zu müssen: *Deo cara,* »Gott lieb«. Es war ein passender, ein nur allzu passender Name für eine Heilige. Dennoch ist ihre Person kein Mythos. In den Urkunden der Zeit finden sich Spuren der Existenz ihres Vaters, eines ritterlichen Vasallen des Grafen Eustach II. von Boulogne. Auch Godelive stammte also von »berühmten Eltern« ab, freilich auf einer niedrigeren Stufe der Aristokratie. Dasselbe gilt von dem Mann, dem sie zur Frau gegeben wurde, einem Beamten des Grafen von Flandern namens Bertolf, der als »vermögend« und »dem Fleische nach von hervorragendem Geschlecht« charakterisiert wird. Die beiden Gatten waren gleichrangig und darum einander angemessen. Trotzdem wurde es eine schlechte Ehe. Die *Vita* beschreibt das Schlechte an ihr, um durch den Kontrast desto schärfer hervorzuheben, was gut ist. Zunächst einmal mußte die Ehe von den beiden Verwandtschaftsgruppen angebahnt werden, und diese hatten bei ihrer Entscheidung vor allem die moralischen Eigenschaften der Brautleute zu berücksichtigen. Wohl waren es in diesem Fall die Eltern von Godelive gewesen, die den Bräutigam ausgewählt hatten, aber sie hatten die falschen Kriterien angelegt: aus der Schar der von Liebe entflammten Freier, die ihre gebührend passive Tochter umschwärmten – sie war hübsch, wenn auch dunkel, doch ließen ihre schwarzen Haare und Brauen, wie sich Drogo alsbald korrigiert, die Farbe ihres Fleisches desto heller erscheinen, »was erfreulich ist, an den Frauen gefällt und gar oft zur Ehre angerechnet wird« –, hatten sie Bertolf den Vorzug gegeben, »weil ihnen seine *dos* besser paßte als die der anderen«. Mit einem Wort: er war der reichste. Geldheirat – schlechte Heirat. Und zu diesem ersten kam noch ein zweiter Mangel. Bertolf hatte sich zwar gehütet, als Verführer aufzutreten: er hatte nicht die Tochter, die nichts zu sagen hatte, wegen einer Ehe angesprochen, sondern die Eltern. Dabei jedoch, und das war der Fehler, hatte er »allein aus eigenem Willen« gehandelt – ein nachgeborener Sohn, der fern von zu Hause sein Glück in die eigenen Hände nahm. Nun hatte aber auch er Vater und Mutter und hätte zumindest ihren Rat einholen müssen. Man machte ihm später deswegen schwere Vorhaltungen, und dieser Tadel hatte Gewicht. Die erste Regel lautete daher, ganz im Einklang mit den Wünschen der Familienoberhäupter, daß die gute Ehe nicht eine Angelegenheit von Individuen, sondern von Familien sei.

Die zweite Regel besagte, daß ein Ehemann bei seiner Frau bleiben müsse, daß es seine Aufgabe sei, über sie zu wachen. Das Schicksal wollte es, daß Bertolf seine Braut zu hassen begann, und zwar noch während des üblichen Zuges, in dem er sie aus ihrem Elternhaus bei Boulogne zu dem Haus in Ghistelle nahe der flandrischen Küste führte, wo er mit seiner Mutter wohnte. Diese lebte von ihrem Mann getrennt; in dem »kleinen Wohnsitz« stand also das Ehebett leer. Während der recht langen Reise – man mußte unterwegs übernachten – verkehrte der Teufel Bertolfs Sinn. Und seine Abneigung wurde noch verstärkt durch die Worte, mit denen sich seine Mutter bei der Ankunft über die körperliche Beschaffenheit der jungen Frau, über die schwarzen Haare dieser Fremden mokierte. Auch in der Verwandtschaft des Ehemannes gab es also Schlechtes genug: sie hätte die Braut, die er mitbrachte, besser empfangen müssen. »Alle Schwiegermütter« freilich, merkt Drogo an, »hassen ihre Schwiegertochter; ... sie verzehren sich in dem Wunsch, ihren Sohn verheiratet zu sehen, aber dann werden sie eifersüchtig auf ihn und seine Frau«. (Auch aufgrund einer solchen Nähe zum Konkreten, zum gewöhnlichen Alltagsleben und seinen Redensarten, ist diese Biographie von Interesse: wir erfahren aus ihr viel mehr als aus einer Chronik.) Bertolf hielt fortan Distanz zu seiner Gattin. Schon an der Hochzeitszeremonie, die der Sitte gemäß im Haus des Bräutigams stattfand, weigerte er sich teilzunehmen; während des dreitägigen Festes vertrat seine Mutter, eine Frau, seine Stelle. Es war ein Skandal, ein fundamentaler Verstoß gegen die moralische und sexuelle Ordnung. Danach blieb Godelive in ihrem ehelichen Heim allein. *Desolata,* verbrachte sie die Tage mit Weben, die Nächte im Gebet. »Durch diesen Schild [die Arbeit und das Gebet] wehrte sie ... alle Pfeile müßiger Gedanken ab, von denen das Jugendalter durchbohrt zu werden pflegt.« Wie man an diesem Satz erkennt, verwendet der jüngere Biograph, um die Fassung seines Vorgängers glaubwürdiger zu machen, eine besondere Mühe darauf klarzustellen, daß die nachmalige Heilige, obwohl ganz und gar auf ihre Selbstbeherrschung verwiesen, deshalb nicht schamlos wurde; denn in der Meinung der Leute mußte eine Frau, und zumal eine noch jugendliche Frau, der Sünde, d. h. der Wollust verfallen, sobald sie nicht mehr von einem Mann beaufsichtigt wurde. Die Kontrolle war Sache des Ehemannes. In guten und schlechten Tagen mußte er gegenwärtig sein; er war »von Rechts wegen« der Schutz und Halt seiner Gefährtin und hatte, komme was wolle, die Pflicht, bis zum Tode »geduldig« bei ihr auszuharren, da sie zwei in *einem* Fleisch waren, oder genauer: da sie »durch die eheliche Paarung *einen* Leib bildeten«. Es geht hier durchaus um das Fleisch und den Leib. Nichts spricht dafür, daß die Befürworter der Kanonisation Godelives in dieser Märtyrerin die Jungfrau feiern wollten (als welche sie später, zur Zeit, als die Bollandisten die zweite *Vita* edierten, in Ghistelle hauptsächlich verehrt wurde). Im 11. Jahrhundert sah man in ihr eine Gattin, eine Frau ohne Abstriche, und unter diesem Vorzeichen diente sie in dem hier analysierten Doppeltext als Demonstrationsobjekt ehelicher Tugenden.

Wenn die Ehe einmal durch die *copulatio coniugii* vollzogen, vollendet war, dann war sie unauflöslich – das war die dritte Regel, die Godelives Geschichte lehren sollte. Bertolf hatte jeden Umgang mit seiner Frau aufgegeben und wollte sie loswerden. Die Möglichkeit freilich, sie schlichtweg zu verstoßen, wurde den Biographen zufolge weder von ihm noch von seinem Vater erwogen. Statt dessen verabredete man im Hause hinter ihrem Rücken, sie so zu maltrátieren, daß sie es selbst überdrüssig würde. Man setzte sie auf Wasser und Brot. Des »Unrechts« müde, floh sie. Das war ein Fehler (den man erwartet hatte). Während Drogo sich hierzu nicht weiter äußert, erkennt der Mönch von Oudenburg in seiner Neufassung der *Vita* an, daß Godelive damit das »evangelische Gesetz«, das Verbot zu scheiden, was Gott zusammengefügt hat, übertrat: eine Frau durfte den ehelichen Herd nicht verlassen. Sie entwich, barfüßig und hungrig – aber selbstverständlich in Begleitung eines Dieners: nur die sittenlosen Frauen zogen ganz ohne Geleit ihres Weges. Ihr Ziel war der Mann, der, wenn ihr Gatte aus der Rolle fiel, ihre Rechte zu verteidigen hatte: ihr Vater. Ohne große Begeisterung legte dieser bei dem Grafen von Flandern, dem Herrn des schlechten Gemahls, Beschwerde ein. Hier enthalten beide Lebensbeschreibungen einen Absatz, der – meines Wissens erstmals in dieser Region – die ausschließliche Kompetenz der Kirche in Ehedingen beansprucht. Der gewitzte Drogo läßt den Fürsten selbst sprechen: Er könne über eine solche Angelegenheit, die an die *christianitas* rühre, nicht urteilen. Zuständig für die Zurechtweisung, wenn etwas »vom Weg der heiligen Ordnung abweicht«, sei vielmehr der Bischof, dem er dann gegebenenfalls als weltlicher Arm beizuspringen habe. Dem Bischof obliege es zu rügen, dem Grafen, wo nötig, zu zwingen. Der eine hat die *auctoritas,* der andere die *potestas* – exakt die gregorianische Aufgabenteilung, wobei der geistlichen Gewalt der Vorrang zukam. Der Bischof von Noyon-Tournai fühlte sich verpflichtet, die beiden Gatten miteinander zu versöhnen. Es bestand ja keine Ehebruchsvermutung, kein Hinweis auf Impotenz des Mannes und keinerlei Zweifel am Vollzug der Ehe. Godelive hatte weniger Glück als die Frau des Grafen von Meulan: in der Zwischenzeit hatte sich das kanonische Recht verfestigt, und es verlangte, daß sie in das Haus Bertolfs zurückgebracht werde.

Dieser schwor, sie nicht mehr zu mißhandeln, ließ sie aber

weiter »allein«, ohne Kontakt mit Männern. Das erregte Anstoß. Man bemitleidete Godelive, weil sie die »Verlockungen des Leibes« entbehren müsse. Die Betroffene selbst freilich versicherte, derartige Freuden zu verachten. An diesem Punkt des Textes, voller Anklänge an die Marienliturgie, scheint, wenn auch flüchtig, die Ideologie des *contemptus mundi* durch. Unter den Versagungen, die sie willig akzeptierte, ging die Heilige dem Martyrium entgegen. Bertolf hatte beschlossen, sie zu beseitigen, sie in der Nacht durch zwei Knechte töten zu lassen. Eines Abends erschien er, ein Lächeln auf den Lippen, bei seiner verdutzten Frau und forderte sie auf, sich neben ihn auf ein Kissen zu setzen, in der Position traulicher Liebesgespräche. Er nahm sie in die Arme, gab ihr einen Kuß und drückte sie an sich. Reserviert, aber folgsam ließ sie es geschehen und richtete sich darauf ein, ihm die ehelichen Pflichten zu leisten, wenn ihr Gebieter sie fordern sollte. Er umschmeichelte sie: »Du bist nicht an meine Gegenwart gewöhnt und kannst dich nicht an der süßen Anrede, an der gemeinsamen Lust des Fleisches ergötzen [auch in der guten Ehe durfte das nicht fehlen] . . . Ich will dem Zerwürfnis des Geistes ein wahrhaftes Ende bereiten und dich als geliebte Gemahlin halten, so daß allmählich der Haß verdrängt wird und unsere Geister und Leiber in Einheit zusammenkommen . . . Ich habe eine Frau gefunden, die sich anheischig macht, uns in fester Liebe zusammenzuleimen und uns im Fortgang der Zeit dahin zu bringen, daß sich nirgendwo auf Erden zwei Ehegatten stärker lieben.« Ein Lobpreis der Liebe, im Geist wie im Fleische – und wenn es denn nicht ohne Zaubertrank abging, mußte man auch zu diesem Mittel greifen. Zugleich singt die Stelle auch das Lob weiblicher Untertänigkeit. Godelive zögerte, dann stimmte sie zu: »Ich bin Gottes Dienerin, ihm vertraue ich mich ganz und gar an«; trotzdem wolle sie, wenn es »ohne Beimischung eines Verbrechens« möglich sei, den beiden Knechten folgen, die sie zu der Weisen Frau führen sollten – oder vielmehr in den Tod: tatsächlich wurde sie von ihnen auf dem Weg erdrosselt. In seinem Kommentar zu dieser Szene verwundert sich der Hagiograph über ein solches Maß an Tugend. Godelive wandte sich, so schreibt er, zunächst an Gott, weil sie fürchtete, durch das Hexenwerk von ihm getrennt zu werden. Dann aber ließ sie sich doch darauf ein: »Du wähltest die Ehe, um nicht Gott, der die Ehe verbindet, zu verlieren.« Das also ist die große, erstaunliche Lektion dieses frommen Lesestoffs: die eheliche Gemeinschaft wird von Gott selbst gestiftet. Sie ist in den Bereich des Sakralen gehoben und damit *eo ipso* auch das Fleisch und die Liebe, um die sich die Erzählung durch und durch dreht. In dieser geheiligten Liebe muß freilich die Rangordnung gewahrt bleiben, die eine fügsame Gattin ihrem Mann unterstellt. Aber sie ist eine Liebe, von der die Eheleute nicht nur reden, sondern die sie auch körperlich praktizieren. Und es hat nicht den Anschein, als ob der Bischof von Noyon im Jahr 1084 – mit einem klarsichtigen Mut und einem Bewußtsein für die Realität und für die Notwendigkeit, seine Lehre dem wirklichen Leben anzupassen, die seine Mitbrüder noch lange nicht aufbrachten – die Vorstellung gehabt hätte, daß diese Geschichte von einer schlecht Verheirateten etwas anderes exemplifizieren sollte als den hohen Wert der vollen, leib-seelischen Liebesverbindung in der Ehe.

Die zweite Heldin ehelicher Tugenden ist eine ganz andere Figur. Sie war eine sehr vornehme Dame, Gräfin Ida von Boulogne, die in der Ehe restlose Erfüllung fand. In ihrem Fall wurde die kirchliche Autorität nicht durch das fromme Volk, sondern durch ihre Enkelin und Erbin, die Gemahlin Stefans von Blois, zur Kanonisation gedrängt. Als Stefan seine Chancen auf den englischen Thron wachsen sah, versuchte seine Frau gegen 1130, die Anerkennung der Heiligkeit ihrer zweiten Großmutter zu erwirken, nachdem die erste, Margarethe von Schottland, bereits offiziell heiliggesprochen war. Die Mönche von Vasconvilliers, die das Grab Idas unter ihrer Obhut hatten, wurden beauftragt, ihre Geschichte aufzuzeichnen.[8] An ihrem Dasein gab es nichts Ungewöhnliches, außer der einen Tatsache, daß die Gräfin die Mutter Gottfrieds von Bouillon war. Der Hagiograph mußte die Mutterschaft ins Zentrum seiner Eulogie stellen. Man errät sein Unbehagen im Prolog, wo er sich um eine Rechtfertigung seiner

Parteinahme bemüht. Die Heiligen, so führt er aus, helfen den Gläubigen, den Angriffen des Teufels zu widerstehen, und darum hat die Vorsehung sie auf allen Ebenen der Gesellschaft auftreten lassen, selbst auf der so niedrigen Stufe des Weiblichen. Man begegnet unter den Heiligen auch Frauen, ja sogar verheirateten Frauen – vorausgesetzt freilich, daß sie Mütter sind. Dann und nur dann kann es geschehen, daß sie »um ihrer eigenen und der Verdienste ihrer Söhne willen in das Buch des Lebens geschrieben werden«. Es folgt ein Lob der guten Ehe. Sie ist ein Heilmittel gegen die Wollust und wird, nach dem »Gebot des Gesetzes«, durch Fruchtbarkeit geweiht. Allerdings muß sie in Keuschheit gelebt werden: »Wenn einerseits die Jungfräulichkeit als gut gepriesen wird, so ist andererseits auch die Keuschheit nach [der Geburt von] Söhnen ... erweislich groß.« Nachdem er sich hinter diesen Prinzipien verschanzt hat, kann ein Benediktiner es riskieren, auch die Heiligkeit einer Gattin darzulegen. Er tut es diskret, in kluniazensischer Manier, mit einem scharfen Gespür für soziale Zweckmäßigkeiten, wobei er ähnlich wie der Bischof von Noyon, aber in einem anderen Sinn, die Botschaft des Evangeliums und Augustins mit den weltlichen Werten zum Ausgleich bringt, die in den Häusern des höchsten Adels geschätzt wurden.

Genus, gignere, generositas – diese Worte skandieren die Beschreibung jenes vorbildlichen Ehelebens. Man beachte ihre fleischliche Konnotation, ihre Betonung des Blutes, des guten Blutes. Ida wurde »durch Gottes Huld« eines der Glieder in einer genealogischen Kette. Ihr Vater, der mächtige Herzog von Niederlothringen, hatte 1057 – nachdem er sich Rat geholt hatte und im Vertrauen auf die *fama,* aufgrund welcher sich »die Adepten der Kühnheit *(probitas)* verbinden« – die ihm in geziemender Weise durch Boten übermittelte Werbung des Grafen Eustach II. von Boulogne angenommen und ihm seine damals 16- oder 17jährige Tochter zur Frau gegeben. Es war eine kluge Wahl, denn der Bräutigam war »ein Held von edelstem Geschlecht und sogar mit König Karl [dem Großen] blutsverwandt«. Nachdem Ida »gemäß dem Brauch der katholischen Kirche« mit dem Grafen verheiratet worden war, führte sie ihre Ehe, wie es sich für alle guten Christinnen gehörte. Zunächst einmal war sie ihrem Gatten untertan: ihre Gottesfurcht und Spendenfreudigkeit entwickelten sich »mit Zustimmung und Willen ihres Mannes«. Wie hätte man sich auch vorstellen sollen, daß eine Frau gegen den Wunsch ihres Mannes fromm war? Sie war also gefügig, zurückhaltend in ihrem Hausregiment und keusch. Ihre Keuschheit bestand darin, daß sie sich »nach der Vorschrift des Apostels ihrem Mann gegenüber ... so verhielt, als hätte sie keinen Mann«, daß sie sich von der Lust abkehrte, die sie hervorrief. Drei Söhne entsprangen aus dieser beispielhaften Paarung (von Töchtern wird nichts gesagt); der zweite war Gottfried von Bouillon, der letzte König Balduin von Jerusalem. Auf den Ruhm, den die Frucht ihres Leibes erringen würde, war Ida schon in ihrer Jugend vorbereitet worden: im Traum hatte sie die Sonne vom Himmel herabsteigen und einen Augenblick an ihrem Busen ruhen sehen. Mit Sorgfalt tilgt der Biograph aus dieser Anekdote die Spuren vorpubertärer Erotik, die man darin entdecken könnte. Ida schlief, so erzählt er, aber ihr Geist war »nach oben« gerichtet. Der Traum zog sie also nicht in die Lüsternheit hinab, sondern kündigte ihr eine heilige Mutterschaft an. Und ihre Söhne beschloß Ida selbst zu stillen (das Lob, das ihr deswegen gezollt wird, läßt vermuten, daß sie sich darin von den sonstigen Stillgewohnheiten aristokratischer Frauen unterschied): sie wollte vermeiden, daß sie durch die Milch einer anderen Brust »mit schlechten Sitten infiziert« würden. Ein edler Körper, gebeugt unter die eheherrliche Gewalt, ist der Quell alles Guten, das diesem erbaulichen Text zufolge von einer idealen Gattin ausströmt.

Nach dem Tod ihres Gemahls, der um 1070 starb, blieb Ida Witwe und konnte es bleiben, weil sie »durch die Liebe von oben fortwährend bereichert und durch den Adel ihrer Söhne beglückt wurde«. Sie »vermählte sich durch ein keusches und eheloses Leben ... mit dem himmlischen Bräutigam«. Einst war sie aus der Herrschaft ihres Vaters in die ihres Mannes übergewechselt, jetzt kam sie, da Frauen nicht ohne Lenkung sein durften, unter die ihres erstgeborenen Sohnes Eustach III., der die Nachfolge seines Vaters antrat. Sie fuhr fort, Kinder zu erzeugen, nun aber nicht mehr aus ihrem Leib, sondern durch ihren Reichtum oder genauer: durch das Geld, das sie beim Verkauf ihrer Erbgüter an die Männer ihres Blutes ausgezahlt bekommen hatte. Das Geld, dessen entfernter Ursprung immer noch das väterliche *genus* war, verwandte sie – natürlich mit dem »Rat« und »Beistand« des Grafen Eustach –, um weitere, nun aber geistige Söhne hervorzubringen. Sie erwies ihre Fruchtbarkeit an der Grafschaft Boulogne, indem sie Klöster wiederaufbaute, restaurierte und drei neue gründete. Es waren ausnahmslos Männerklöster; auch hier wieder zählt nur der maskuline Teil ihrer Nachkommenschaft. Auf diese Weise glitt Ida allmählich in eine andere Familie hinüber: der Abt von Cluny »adoptierte« sie als »Tochter«. Damit entlastete sie das Haus ihres Sohnes, ohne jedoch Nonne zu werden. Nach wie vor unter der Oberhoheit eines Mannes – nun des Abtes von Capelle-Sainte-Marie –, lebte sie mit ihren Zofen an der Pforte jenes neuen Hauses. Sie beteiligte sich am Stundengebet, aber »maßvoll«, und blieb vor allem Ernährerin – der Armen und der Mönche; denn das war die nie endende Aufgabe der Frauen, den Männern zu »dienen«. Man sah sie Wunder vollbringen, in denen sich einmal mehr ihre generative Kraft manifestierte. Ein taubstummes Mädchen hatte sich eines Morgens unter ihren Mantel gekauert – es war wie eine nochmalige Schwangerschaft. In einer geistigen Geburt begann das Kind zu reden, und sein erstes Wort war »Mutter«. Zweimal fiel dieses Mädchen später, weil es gesündigt, nämlich ein Kind außerhalb der Ehe geboren hatte, wieder in sein Gebrechen zurück, und zweimal wurde es von der heiligen Ida geheilt, d. h. von der Schuld seiner Mutterschaft gereinigt.

Diese bestellte Eulogie war an die Männer adressiert, die an der Spitze der Adelshäuser standen. Sie sprach zu ihnen, freilich nur halblaut, von der Keuschheit und von den »Bräuchen der katholischen Kirche«. Damit wenigstens etwas von der intendierten Botschaft durchdrang, unterstrich der Verfasser mit Nachdruck die unerläßliche Unterwerfung der Ehefrauen und die Gebärfunktion des weiblichen Leibes. Die Liebe hingegen war für ihn kein Thema. Mit seinem Hymnus auf die Kindererzeugung und die rechte Ordnung pries er eine rein mütterliche Heiligkeit. Denn die Kluniazenser waren sich sehr wohl im klaren darüber, welche hauptsächliche Leistung man in den Wohnstätten der Mächtigen von den Frauen verlangte, und wußten, was die Familienoberhäupter zu hören erwarteten.

VIII
Guibert von Nogent

Die folgenden Kapitel beschäftigen sich mit zwei höchst aufschlußreichen Schriften, die gleichzeitig mit den zuletzt behandelten Heiligenleben entstanden sind und deren Verfasser beide aus derselben Region, dem Beauvaisis, stammten. Das erste dieser beiden Werke ist ganz nach innen gewendet, im sozialen wie im psychischen Sinn. Sein Autor, Guibert, war ein Benediktinermönch in einem kleinen Kloster bei Laon, der sich vom Irdischen abgekehrt hatte und der von der Ehe das Wahnbild wiedergibt, das ihn in seiner angstvollen Zurückgezogenheit heimsuchte. Im Gegensatz dazu ist das andere Werk weit offen für die wirkliche Welt, intellektuell von der »Schule« und sozial von der Stadt geprägt. Sein Autor, Ivo von Chartres, der zu Beginn dieses Buches schon einmal auftauchte, war ein in die Kämpfe seiner Zeit verwickelter Bischof, der mosaikartig und immer anhand bestimmter, konkreter Probleme die pastoralen Normen der guten Ehe entwickelte, wie sie von den Rigoristen und Gelehrten der Kirche vertreten wurden.

Im Jahr 1115 – elf Jahre nach der Aufhebung der Exkommunikation Philipps I. – schrieb Guibert, der Abt von Nogent-sous-Coucy, als Sechzigjähriger seine Lebenserinnerungen *(De vita sua)*.[1] In diesem ungewöhnlichen Text ist die Autobiographie nach der Art Augustins mit der Chronik verschmolzen. Der Blick auf den Gang der Geschichte konzentriert sich auf ein skandalöses Ereignis der jüngsten Vergangenheit, auf den Ausbruch des Bürgerkriegs 1112 in der nahegelegenen Stadt Laon. Mit einiger Wahrscheinlichkeit waren es diese Unruhen, die den Mönch veranlaßten, seine Erfahrungen festzuhalten, aus seiner Abkapselung herauszutreten und über die Stadt, über die Geldleute und räuberischen Ritter – mit einem Wort: über die Welt, deren Schmutz man fliehen mußte – nachzudenken. Guibert malt von ihr ein tiefschwarzes Bild, um in denen, die das Pergament mit sei-

nen Schriftzügen zu lesen verstanden, eine gesteigerte Sehn-
sucht nach dem Land jenseits des Bösen, nach dem verheiße-
nen, wiedererlangten Paradies zu erwecken, dessen zweifache
symbolische Präfiguration hienieden in den Klöstern und im
Heiligen Land zu finden war. Sieben Jahre zuvor hatte Guibert ein anderes Buch verfaßt, über *Die Taten Gottes durch die
Franken,* also den großen, segensreichen Marsch nach Osten,
der die ritterliche Anarchie zu zügeln und die Kriegerhorden
von ihren Sünden zu befreien vermochte: indem sie sich auf
den Weg nach Jerusalem machten, entrannen die Ritter der
weltlichen Verderbnis, wie es andere durch das Aufsuchen eines Klosters taten. Daß er nun erneut die Feder in die Hand
nahm, geschah mit dem Ziel, seine Mitbrüder durch »Exempel« oder erbauliche Anekdoten in ihrem Streben nach Vollkommenheit zu bestärken, wobei er durchaus auch hoffte,
daß ein Echo seiner Belehrung außerhalb der Mauern der Abtei widerhallen möge. Seine ganze Pädagogik fußt auf dem
Axiom, daß die Welt verabscheuenswert sei. Der systematische Pessimismus, der die Aussagen dieser Quelle sichtlich
verzerrt, muß bei der Auswertung stets in Rechnung gestellt
werden.[2]
Dennoch liefert das Werk, gerade durch seine Übertreibungen, kostbare Informationen über das Eheverhalten der Ritterschaft in der zweiten Hälfte des 11. Jahrhunderts. Guibert
geht nämlich ausgiebig auf seine Kindheit ein, d. h. auch auf
seine Eltern und deren Ehe.[3] Sein Vater war einer der Krieger,
die dem Burgherrn von Clermont-sur-Beauvaisis Gefolgschaft schuldeten, und gehörte damit, wie der Vater Godelives, zum Adel zweiten Grades. Er hatte 1040 geheiratet, als
die Kirchenreform noch in den allerersten Anfängen steckte.
Seine Gemahlin hatte er von einem gewichtigen Mann empfangen, der als Schirmherr des Klosters Saint-Germer-de-Fly
(wo Anselm von Canterbury eine kurze Zeit Prior war) über
einige Macht verfügte und in der Hierarchie der »Ehren« eine
Sprosse über seinem Schwiegersohn stand. Der Fall war
durchaus normal: auch Eustach von Boulogne hatte eine Frau
von höherer Abkunft geheiratet; und dasselbe ist wohl für
Bertolf anzunehmen. Das Mädchen war keine Erbtochter,

sondern sollte bei ihrem Gatten wohnen. Im Zusammenhang der Übergabehandlung charakterisiert Guibert seinen Vater als »jung«, was nichts über sein kalendarisches Alter besagt. Die Braut hingegen hatte gerade eben die Altersgrenze von zwölf Jahren erreicht, unterhalb derer das weltliche Gewohnheitsrecht wie das Kirchenrecht die Heimführung eines Mädchens zum Ehebett verbot. Angesichts dieses Sachverhalts erscheint es verständlich, daß die Ehe nicht sogleich vollzogen wurde. Trotzdem munkelte man bald von einem der zauberischen Einflüsse, wie sie Burchard von Worms in seinem *Medicus* beschreibt. Die schwarze Magie ging dieses Mal nicht, wie sonst, von einer fallengelassenen Konkubine aus, sondern von einer »kleinen Alten«, der eifersüchtigen Stiefmutter des Bräutigams, deren Pläne durch jene Verbindung durchkreuzt worden waren: sie hatte gewünscht, daß ihr Stiefsohn eine ihrer Nichten heirate. Guibert zweifelt nicht an dem Faktum selbst, sondern meint, daß bei den »Ungebildeten«, sprich: bei den Laien, derartige Praktiken gang und gäbe seien. Halten wir fest, daß der Brauch, die Mädchen sehr jung zu verheiraten, solche Zwischenfälle häufig provozierte.

Eine unvollzogene Ehe war für das Geschlecht nutzlos, da sie keine Erben hervorbringen konnte. Ohne Zweifel war sie es auch in den Augen eines Großteils der Kirchenmänner; denn wenn sie nicht die Begierde löschte, erfüllte sie nicht ihre Funktion. Konnte sie überhaupt als wahrhafte Ehe betrachtet werden? Zu diesem Zeitpunkt ist nicht sicher, daß sie eingesegnet worden war. Erschien aber das bloße Band der Verlobung als so fest geknüpft, daß man es nicht mehr ohne weiteres lösen konnte? Bemerkenswerte Tatsache ist, daß man in diesem Fall zögerte, es brutal zu zerschneiden. Man wahrte die Formen. Als erstes wurde dem Quasi-Ehemann nahegelegt, zugleich mit seiner Frau ins Kloster zu gehen – gewiß doch, weil dort der passende Platz für einen Impotenten war. In der Kirche sahen es viele als heilbringend an, wenn sich Gatten auf diese Weise in beiderseitigem Konsens trennten. Aber der künftige Vater Guiberts lehnte diesen Ausweg ab. Nach drei Jahren bemühte man ein anderes legales Mittel.

Die von Burchard von Worms zusammengestellten kanonischen Texte erlaubten einem Mann, der zum sexuellen Verkehr mit seiner Frau unfähig war, die Scheidung. Die Unfähigkeit freilich mußte bewiesen werden. »Schlechte Ratgeber« forderten den jungen Mann auf, es mit einer anderen Partnerin zu probieren.[4] Aufbrausend und unvernünftig, wie es »die Art der Jungen« ist, befolgte er den Rat und nahm eine Konkubine. Er galt damit keineswegs als Bigamist; denn es war ja nicht ausgemacht, ob er im eigentlichen Sinne verheiratet war. Auch trug die Gefährtin von niedrigem Stand, die er für sein Experiment auswählte, nicht den Titel einer Gattin. Einstweilen war das Konkubinat, unterhalb der rechten Ehe, noch in vollem Schwange. Das Resultat konnte nicht überzeugender sein: die Frau gebar ein Kind, das allerdings sofort starb, wie es damals so vielen legitimen Säuglingen und noch häufiger kleinen Bastarden, ob zufällig oder auch nicht, widerfuhr. Das Motiv einer autorisierten Scheidung entfiel.

Danach nahm sich der Familienverband die untüchtige Gemahlin vor. Man versuchte zunächst, sie durch schlechte Behandlung so weit zu treiben, daß sie die Flucht ergriff, also durch Verlassen des heimischen Herdes von sich aus das Band zerriß. Dieses Mädchen jedoch erduldete die Demütigungen, denen die heilige Godelive nicht hatte standhalten können. Die Parallele zwischen den beiden Frauenschicksalen ist schlagend: auch Guibert wollte, daß man an die Heiligkeit seiner Mutter glaube, auch er betont ihre Schönheit und ihre Kraft. Sie ertrug alles. Damit blieb nur noch ein Trennungsgrund übrig: die Unzucht der Gattin. Man wollte sie zur Untreue verleiten oder wenigstens ihre Verwandten dazu bringen, daß sie ihrerseits die *desponsatio* zugunsten einer besseren Partie lösten. So machte man die »reichsten Männer« auf sie aufmerksam.[5] Die junge Frau aber blieb eisern. Gott hatte sie, schreibt ihr Sohn, mit einer Frömmigkeit begabt, die stärker war, als es ihrer »Natur« und ihrem »Alter« entsprach. Die Gnade bewahrte sie davor zu »brennen«; ihr Herz – oder richtiger: ihr Blut – blieb unter ihrer Kontrolle. Guibert erblickt in seiner Mutter die Anti-Eva, die starke Frau der Schrift, die kluge Jungfrau: enthaltsam und steinkalt. Endlich, sieben Jahre nach der Hochzeitszeremonie (aber Mißtrauen ist angebracht: die Zahl Sieben ist eine symbolische Zahl; wenn die Angabe zutrifft, war die Frau damals beinahe 20 Jahre alt), wurde sie von ihrem Gatten defloriert. Der Bann war durch den Gegenzauber einer anderen »kleinen Alten« gebrochen worden, wie ihn auch der Mann Godelives vorgeblich anwenden wollte; und so wenig wie der Mönch von Bergues-Saint-Winrock, der die Geschichte der heiligen Godelive erzählt, so wenig hält der Abt von Nogent einen solchen Rekurs auf Hexenkünste für verdammenswert. Die Magie war Gott wohlgefällig, wenn sie weiß war, wenn sie der rechtmäßigen Paarung diente. In jedem Fall erfüllte die Gemahlin von diesem Durchbruch an, mit derselben Willfährigkeit wie Godelive, »getreulich die Pflicht des Ehebettes«. Passiv und ohne Erregung, wie es einer guten Ehefrau zukam, gab sie sich ihrem Gatten hin, damit dieser sich vom Übermaß seiner Manneskraft reinigen konnte.

Die Ehe ist gesegnet, wenn sie fruchtbar ist. Diese war es in reicher Fülle. Abgesehen von Töchtern, die ohne Belang waren, gingen aus ihr vier Söhne hervor (von denen einer mit seinem Bruder Mönch in Nogent wurde). Guibert war der jüngste. An seiner Geburt – eine neuerliche Prüfung, von der Guibert bereitwillig schreibt – wäre die Mutter fast gestorben.[6] Die Entbindung dauerte über einen Tag. Am Karfreitag setzten die Wehen ein, im Mitleiden mit dem Leiden Christi. Als die Gebärende mit dem Tode rang, wollte man am folgenden Morgen eine Messe ausrichten, aber die Karsamstagliturgie ließ es nicht zu. Daraufhin wurde das noch ungeborene Kind vor dem Altar der Gottesmutter geopfert: wenn es ein Knabe würde, sollte er der Kirche gehören, und wenn ein Mädchen – der Autor sagt: »minderwertig (deterior)« –, sollte es der Jungfräulichkeit geweiht sein. Das Kind kam zur Welt. Die Mutter vergewisserte sich: es war ein Sohn.

Der Knabe war acht Monate alt, als sein Vater starb. Guibert nennt dieses Ereignis ein Werk der Vorsehung: wahrscheinlich hätte sein Vater, wenn er weitergelebt hätte, das Gelübde gebrochen und aus ihm einen Ritter gemacht. Von nun an war die Familie darauf aus, sich die Witwe vom Hals zu schaffen.[7]

Sie war zu nichts mehr nütze, nachdem sie genügend oder sogar zu viele Söhne hervorgebracht hatte; und vor allem hatte sie weiterhin ihr Wittum und das »Regiment« über ihre Söhne inne. Man hielt Rücksprache mit ihrer Verwandtschaft, ob sie nicht die noch junge Frau, mittels derer man durchaus noch andere Verbindungen knüpfen konnte, zurücknehmen wolle. Sie aber widersetzte sich denen, die sie ausstoßen wollten, und wählte sich dafür Jesus zum Schutzhelfer. So wie sie sich vor dem Kruzifix niederwarf, war es schwierig, sie zu verjagen. Schließlich konnte sie bleiben, wenn auch in Abhängigkeit von den Verwandten ihres Mannes. Der zum Familienoberhaupt aufgerückte Sohn ihres Schwagers fühlte ihr gegenüber die gleiche Verantwortung wie gegenüber seinen Schwestern, Töchtern oder Nichten: die Verantwortung, ihr einen neuen Mann zu geben. Innerhalb eines Adelshauses war die Macht so verteilt, daß sie sich gegen seine Entscheidung nicht auflehnen konnte. Doch forderte sie wenigstens einen Gemahl, der vornehmer wäre als sie selbst. Dieses Argument stach: sie war von besserer Abstammung, und das war ihr Trumpf. Wie gesagt, war bei aristokratischen Paaren die Hypergamie des Mannes die Regel. Der dadurch begründete Rangunterschied nährte im Herzen der Männer die Furcht vor der Frau und bewog sie, auf diese die Vorstellung der Unreinheit zu projizieren, durch die, wie Mary Douglas gezeigt hat[8], die von ihr ausgehende Gefahr neutralisiert werden sollte. Im vorliegenden Fall erwies sich die Hürde vor der Wiederverheiratung als unüberwindlich. Wie sollte man je, in Umkehrung der Ungleichheit, eine geeignete Partie für sie finden? Durch ihre Hartnäckigkeit erreichte es die Mutter Guiberts, daß sie »die alte Einheit des Leibes [mit ihrem Gatten] nach dessen Tod nicht durch die Unterschiebung eines anderen Fleisches zertrennen« mußte. Von der offiziellen Kirche wurde die Zweitehe, im Gegensatz zur Auffassung der Häretiker, nicht verurteilt. Rigoristen wie Guibert jedoch hielten den Witwenstand nach dem Vorbild des Hieronymus zwar für weniger verdienstvoll als die Jungfräulichkeit, aber für sehr viel löblicher als den Ehestand. Die Mutter des späteren Abtes nahm, wie es die heilige Ida tat, die spezifischen

Verpflichtungen auf sich, die den Mitgliedern dieses *ordo* abverlangt wurden.

Das erste Erfordernis des Witwendaseins bestand darin, die im Fegfeuer schmachtende Seele des Verstorbenen durch fromme Handlungen zu erleichtern, deren Wirksamkeit Guibert nebenbei unterstreicht. Seine Mutter, so berichtet er[9], sah eines Tages ihren Gemahl erscheinen, in einer körperlichen Beschaffenheit, die der des auferstandenen Christus glich: wie dieser verbot der Geist des Gatten, daß man die Hand auf seinen Leib lege. Er war an der Seite verletzt, und neben ihm wimmerte ein kleiner Säugling. Die Seitenwunde, an der Stelle der Rippe Adams, deutete darauf hin, daß er den Ehevertrag gebrochen hatte, und in der Tat ist der Erzähler überzeugt, daß sein Vater gesündigt habe, als er sich nach der *desponsatio* eine Konkubine beigesellte. Guibert teilt den Standpunkt seines Zeitgenossen Ivo von Chartres, der energisch darauf insistierte, daß ein Paar, auch wenn die Hochzeit nicht stattgefunden habe, auch wenn ihre Leiber sich nicht vermischt hätten, allein durch den Austausch der verbindlichen Willensäußerung unauflöslich vereinigt sei. Außerdem hatte sich mittlerweile die Einschätzung des Konkubinats verändert, das nun mit der Unzucht gleichgestellt wurde; und so war der Vater Guiberts in den Augen seines Sohnes der Unzucht und der Bigamie schuldig. Der Säugling in der Erscheinung war natürlich der ungetauft verstorbene und folglich den Höllenqualen preisgegebene Bastard. Die Witwe fragte, was sie tun solle. Der Tote antwortete: Almosen spenden; und dann enthüllte er ihr den Namen seiner unerlaubten Gefährtin. Sie lebte noch, und zwar unter demselben Dach — ein weiterer Beleg für den häuslichen Charakter sexueller Ausschweifungen. Um zur Erlösung des kleinen Toten beizutragen, adoptierte die gute Mutter ein anderes Neugeborenes. Damit bürdete sie sich selbst die Verfehlung auf und beschloß zur Buße, das Geschrei des lebenden Kindes zu ertragen. Man ersieht im übrigen hieraus einmal mehr, daß es für aristokratische Frauen nicht üblich war, selbst für ihre Säuglinge zu sorgen.

Zum Witwendasein gehörten auch Fasten, fleißiger Gottesdienstbesuch und vor allem großzügige Almosen. Entsprechend vergeudete die Mutter Guiberts die Einkünfte aus ihrem Wittum, indem sie sie an die Armen verteilte – sehr zum Schaden der Verwandten ihres Gatten, denen sie sich schließlich, nach zwölf Jahren, ganz entzog.[10] Stellen wir uns ihre Lage vor: eine Frau zwischen 30 und 40 Jahren, von Männern umgeben, in ihre Enthaltsamkeit eingehüllt. Mehr und mehr war sie unter den Einfluß der Priester geraten und besonders unter den eines Geistlichen, der als Erzieher ihrer Söhne in ihrem Haus verköstigt wurde. Dieser Mann lenkte ihr Gewissen und deutete ihre Träume. Eines Morgens verkündete sie zur großen Überraschung ihrer Kinder, Freunde und Verwandten, daß sie von einer Wiederheirat geträumt habe: kein Zweifel, der Bräutigam, mit dem sie sich zu vereinigen strebte, war Christus. Diese unbefriedigten Frauen wurden von großen und kleinen Kirchenmännern umlagert, die sie einzufangen suchten. Allerdings stießen sie dabei auf Opposition: Guibert nennt den Mann verrückt, vom »Dämon« besessen, der mit dem Ruf in ihre Wohnung gestürmt sei: »Die Priester haben ein Kreuz in ihre Lenden gesetzt.« Kurz darauf verschwand die Witwe in Begleitung ihres Beichtigers und ließ sich an der Pforte des Klosters Saint-Germer nieder. Sie hatte ihr Haar abgeschnitten, sich ein älteres Aussehen gegeben und kleidete sich wie die Nonnen. Sie hatte den Sprung gewagt, und ihr jüngster Sohn schloß sich ihr an, indem er ganz in die Klostergemeinschaft eintrat.

Guibert war ein Mann von außerordentlicher Intelligenz und Empfindsamkeit. Man kann ihn als Repräsentanten der Gruppe spätgeborener Söhne aus Ehen auffassen, die wie die seiner Eltern gebildet wurden. Die punktuellen Einblicke, die wir in seine frühe Lebenszeit gewinnen, lassen ihn als ein zurückgesetztes Kind erscheinen, seines Vaters beraubt und durch den Säugling verdrängt, der als Sühne für die väterliche Verfehlung von der Mutter aufgenommen wurde. Er war zum Priester bestimmt und wurde dadurch ein Außenseiter. In jenem kriegerischen Milieu richtete sich alle Aufmerksamkeit auf seinen erstgeborenen Ritterbruder oder auf seinen Vetter, das Oberhaupt des Geschlechts, den Guibert haßte.[11] Die Folge war ein tiefer Groll, ein innerer und äußerer Rückzug, der dazu führte, daß er sich an seine Mutter klammerte und sie mit einer krankhaften Verehrung umgab.[12] Sie war schön, sittsam und vor allem keusch. Sie zumindest verachtete das Fleisch, verschloß ihre Ohren vor obszönen Geschichten, floh die ganze Gattung einer rohen und mörderischen Ritterschaft. Guibert klebte an ihren Rockschößen; er trennte sich zum ersten Mal von ihr, als er 1104, mit 50 Jahren, Abt von Nogent wurde. Ein gleichgeartetes Band knüpfte ihn an die Jungfrau Maria, der er noch vor seiner Geburt geweiht worden war. Sie war für ihn die Herrin, die unerreichbare Mutter, die Unbefleckte. Als Zwanzigjähriger verfaßte er in Saint-Germer einen Traktat *Über die Jungfräulichkeit,* in dem er gegen Eusebius von Cäsarea nachwies, daß Paulus nie verheiratet war. Guibert ist ein ausgezeichnetes Beispiel für die Enttäuschung jüngerer Söhne. Einige von ihnen trugen Waffen und suchten ein Ventil für ihre angestauten Wünsche im Abenteuer, im Frauenraub oder den abgemilderten Formen, die er im Ritual der höfischen Liebe annahm; andere wurden Kleriker oder Mönche, eiferten gegen alles, was die Ehe mit Blut und Genuß assoziierte, und stürzten sich in den Marienkult. Wie alle »Jungen«, die durch die Familiendisziplin zur Ehelosigkeit genötigt waren, hatte Guibert eine nagende Wut auf die *seniores,* denen das Glück beschieden war, heiraten zu dürfen. Er verurteilt sie in der Person seines Vaters, und die Anklagen, mit denen er diesen überhäuft, erinnern wiederum an die jungen Katalanen, die, wie uns Pierre Bonnassie anhand von Urkunden aus dem 11. Jahrhundert vor Augen führt, ihre Väter vor Gericht ziehen, um sie der Häresie, der Trunksucht oder der Geilheit zu bezichtigen. Aus diesem Ingrimm erwuchsen zwei Zwangsvorstellungen: eine phobische Angst vor dem Blut, vor der Gewalt, d. h. vor der virilen Kraft – sie durchtränkt Guiberts Abhandlung *Über die Reliquien der Heiligen* mit ihrer Entwertung der schmutzigen Körperreste, die man in den Schreinen anbetete; und eine phobische Angst vor der Sexualität – sie äußert sich in seinen *Lebenserinnerungen* in den Kastrationsgeschichten, in all den kolportierten Schauermärchen über die adligen Herren des Laonnais, die am Abend der Schlacht das Geschlecht ihrer Gefangenen abhieben oder sie an den Hoden aufhängten. Guibert hat sich die Geschichte gemerkt, die ihm der Neffe des Abtes von Cluny erzählt hatte; sie gefiel ihm, und er nahm sie in sein Buch auf.[13] Ihr trauriger Held war ein junger Ehemann, der dadurch schuldig wurde, daß er zu sehr an seiner Frau hing (»nicht mit einer ehelichen, d.h. gebührenden, sondern mit einer wucherischen, d.h. ungebührlichen Liebe« – ein Vergleich, der die Parallele zwischen der unmäßigen Gier nach Geld und nach sexueller Lust ausbeutet). Als dieser zur Pilgerfahrt nach Santiago de Compostela aufbrach, nahm er den Gürtel seiner Geliebten mit sich. Da erschien ihm der heilige Jakob – in Wirklichkeit war es der Teufel – und befahl ihm zornig, sich selbst zu kastrieren. Er gehorchte; dann schnitt er sich die Kehle durch. In den Klöstern herrschte ein Horror vor den Frauen, der solche Entmannungsphantasien produzierte. Er wurde geschürt durch das, was Männer, die in fortgeschrittenem Alter und nicht jungfräulich (wie Guibert) Mönch geworden waren, über jene verschlingenden Wesen zu berichten hatten – Männer wie der alte Adlige aus dem Beauvaisis, der sich ausgelaugt und halbtot nach Saint-Germer flüchtete, »weil er eine Frau hatte, die in der Pflicht des Ehebettes munterer war [als er]«.[14] Man war bestürzt über Witwer, die sich in zweiter Ehe mit einem jungen Blut zusammentaten, bestürzt über Jugendliche, die kaum mannbare Mädchen heirateten – die Frau flößte Schauder ein. Einst, so schreibt Guibert[15], war sie züchtig gewesen. Wie aber konnte sie es heute sein, bedeckt mit unverschämtem Geschmeide, unaufhörlich verfolgt von Verführern, irregeleitet durch schlechte Beispiele? Der Blick, den der Abt von Nogent auf die Außenwelt wirft, ist getrübt: durch seine erbauliche Absicht, aber mehr vielleicht noch durch bestimmte psychische Dispositionen, die das Resultat einer frühkindlichen Erfahrung waren, und damit letztlich durch die Art und Weise, wie man die Ehe zu Guiberts Zeit in seiner Gesellschaftsschicht praktizierte.

Was sich 1112 in der Stadt Laon abspielte, ließ die ganze Fäulnis der Welt erkennen. Die Eiterbeule, die damals im Bürgerkrieg aufplatzte, war nach Guibert im Zuge eines langen Konfliktes herangereift.[16] Die Hauptantagonisten waren Thomas von Marle, ein der Wollust und sexuellen Perversion ergebener Seigneur, und seine nicht minder wollüstige und perverse Stiefmutter Sibylle, die »hinzugeheiratete« Gattin seines Vaters, des Herrn von Coucy. Ein Zweikampf zwischen Mars und Venus, ausgefochten auf dem Feld des Blutes und des Geschlechts. Am Ursprung allen Übels stand die Sünde des Fleisches: Sibylle war eine Messalina; um sie zu sich zu nehmen, hatte ihr Mann seine Frau, die unzüchtige (und wahrscheinlich uneheliche) Mutter von Thomas verstoßen. Was dann am Ende kam, die soziale Explosion, der bewaffnete Aufruhr, das vermessene Aufbegehren des Volkes gegen seine natürlichen Gebieter, die sich ihrerseits in einer ruchlosen und empörenden Schwurvereinigung verbanden, hatte somit seine Wurzel in der Begehrlichkeit. Guibert ist von diesem Zusammenhang überzeugt, namentlich wenn er in seinem Bericht über die Ereignisse hier und da auf die Ehe zu sprechen kommt.

Bei der Lektüre seiner Schilderung gewinnt man zunächst einen Eindruck davon, wie äußerst langsam sich die Einstellungen wandelten. Es ist dies eine nützliche Warnung an den Historiker, der immer geneigt ist, eine Neuerung bei ihrem ersten Auftreten überzubetonen. Die Verhaltensweisen, die der Text bezeugt, unterscheiden sich kaum von denen, die uns die Quellen der Jahrtausendwende erahnen lassen. Man begegnet einem fest verankerten Ketzertum, das um so dickköpfiger auftrumpft, als es auf dem Lande beheimatet ist, und seine Lehre ähnelt, vor allem was die negative Haltung zur Ehe anbelangt, aufs Haar den Anschauungen, die 80 Jahre zuvor Gerhard von Cambrai anprangerte. In seiner Beschreibung dieser Irrlehre[17] wiederholt Guibert die Worte Ademars von Chabannes und des Mönches Paulus von Saint-Père in Chartres: die Ehe ablehnen heißt, allen wollüstigen Trieben freien Lauf lassen. Als ein Zusammenschluß von Gleichen ist die Sekte eine Kommune, ebenso abscheulich wie die der

Stadt, auch wenn keine bürgerliche, sondern eine sexuelle Gemeinschaft. Und wieder erscheint dasselbe Gerücht: In der Heimlichkeit der Nacht mischen sich Männer und Frauen, man löscht die Fackeln, es ertönt der Ruf »chaos«, die Orgie bricht aus; die Frucht, die aus ihr entspringt, wird verbrannt und die Asche dem Brot beigemengt: das ist die ketzerische Eucharistie. Neu hingegen ist der Vorwurf, daß sich unter dem Deckmantel der Enthaltsamkeit die Homosexualität verstecke: »Männer schlafen, wie man hört, mit Männern, und Frauen mit Frauen; denn sie erachten es für frevelhaft, wenn die Männer eine Frau haben.« Wie könnte es auch anders sein? Nur die Verheirateten entrinnen der Versuchung, die sich wie Simon von Crépy und seine Braut jeweils in ein Kloster zurückziehen.

Wie die Häresie, so blieb auch der Nikolaitismus virulent. Guiberts Verwandte wollten ihn aus Saint-Germer herausholen, damit er eine Karriere als Weltgeistlicher einschlage. Dies geschah im selben Moment, gegen 1075, als den *Lebenserinnerungen* zufolge in Nordfrankreich – nördlich der Alpen, wie es darin heißt – die machtvolle Kampagne gegen die Priesterehe begann. Ein Teil der Adelsfamilien unterstützte sie in der Hoffnung, die Säuberung werde es ihnen leichter machen, einige ihrer Söhne auf einträglichen Klerikerstellen unterzubringen. Dem Oberhaupt von Guiberts Geschlecht gelang es, die Absetzung eines verheirateten Chorherren zu erwirken, und nun arbeitete er darauf hin, das freigewordene Kanonikat seinem jungen Vetter zuzuschanzen. Der andere jedoch setzte sich zur Wehr und ließ, da er über gute Verbindungen verfügte, das ganze Haus wegen Simonie, wegen unerlaubten Handels mit Kirchengut, exkommunizieren; schließlich behielt er Pfründe und Frau. Wie man erkennt, stieß die gregorianische Reform auf massiven und erfolgreichen Widerstand. Er war noch zu der Zeit, als Guibert sein Werk vollendete, nicht gebrochen. 1121 fand ein Konzil in Soissons statt, das einmal mehr für den Priesterzölibat zu Felde zog. Aber die Gegenkräfte waren stark. Ein Indiz dafür ist ein wunderbarer Vorfall, der in der *Vita* des heiligen Norbert, des Gründers der nahe bei Nogent gelegenen Abtei Prémontré, erzählt wird: in einer unbewußten Parteinahme für diejenigen, die in Geistlichen Männer wie alle anderen sahen und ihnen darum ihre Lebensgefährtinnen belassen wollten, hatte ein fünfjähriger Knabe 1125 eine Vision, in der das Jesuskind in den Armen eines verheirateten Priesters lag.[18]

Nicht weniger zäh lebten die alten Strukturen zu Beginn des 12. Jahrhunderts im Bereich der Ehegewohnheiten fort. Insbesondere praktizierte der Adel weiterhin das Konkubinat. Guibert hatte, wie gesagt, für den Gewalthaber seines Geschlechts keine Sympathie: »Er ließ sich«, so schreibt er[19], »nicht durch die Gesetze der Laien zügeln« – das heißt: er weigerte sich, eine rechtmäßige Ehe nach der gregorianischen Norm zu schließen. Darin bestand seine »Lasterhaftigkeit«. Und die Gefährtin des hohen Beamten, der in der Stadt Laon die Rechte des Königs wahrnahm, die Mutter seiner Kinder, wird von Guibert »Konkubine« genannt.[20] Im Mund der Kirchenleute bezeichnete dieses Wort jede rechtswidrige Gemahlin, ob es sich um ein bigamisches oder ein inzestuöses Paar handelte. Mit demselben Etikett wird Sibylle von Coucy belegt.[21] Drückt es nicht auch die Kritik Guiberts und der Regenten der Kirche an Gatten aus, deren Hochzeit nicht mit den vorgeschriebenen Riten des Ehesegens gefeiert wurde? War das, wogegen sich der »lasterhafte« Vetter sträubte, nicht einfach jenes Zeremoniell, das die Priester mit aller Macht zur Regel erheben wollten? Wir wissen, daß zur selben Zeit (1116) der Mönch Heinrich – von Lausanne, der 1119 in Toulouse als Ketzer verurteilt wurde – in Le Mans nicht gegen die Ehe, sondern wie 1022 die Spiritualen von Orléans gegen ihre Sakralisierung predigte: »Allein der Konsens«, verkündete er (und das war so weit auch orthodoxe Lehre), »schafft die Ehe, wer immer die Personen seien [damit erklärte er, daß Fragen des Blutes, also der Verwandtschaftsbeziehungen, die Priester nichts angingen], ohne jede öffentliche Feier ... und kirchliche Anordnung *(institutio)*.«[22] Das rigoristische Establishment hatte leichtes Spiel, solche Ansichten als Einladung zur willkürlichen Verbindung und somit zur Unzucht zu verleumden. In Wirklichkeit waren sie durch die Verachtung des Fleisches bestimmt: ihr Ausgangspunkt war die Überzeugung, daß es unanständig sei, das Heilige mit den Riten zur Vorbereitung des Zeugungsaktes, der unbedingt verabscheuenswerten sexuellen Vereinigung zu vermischen. Das Eintreten für die ungehinderte Freiheit des Ehegelöbnisses schockierte die Oberhäupter der Adelsfamilien, weil es die Fäden, die sie spannen, durcheinanderbrachte: der Mönch Heinrich mußte fliehen. Zugleich aber widersprach seine Predigt auch den Plänen der Priester, die in die Eheschließungszeremonien eindringen wollten. Derartige Bestrebungen gab es in unserem Gebiet, wie die Reaktion der Kanoniker von Orléans 1022 belegt, bereits am Anfang des 11. Jahrhunderts. Waren sie 100 Jahre später von Erfolg gekrönt?

Außerhalb des königlichen Hauses und einiger Fürstenhäuser hat es ganz den Anschein, als ob das Eheschließungsritual noch sehr lange rein profan geblieben sei. Das gilt mit Sicherheit für das Hochzeitsfest, für das große Gelage und die Heimführung der Braut zu ihrem neuen Wohnsitz, zum Ehebett. Wie aber war es in dieser Hinsicht um die Verlobung bestellt, um die *traditio,* die Übergabe einer Tochter durch die Oberen ihrer Verwandtschaft? Die Heiratsbriefe des Chartulars von Cluny sprechen schon ab dem Jahr 1000 durchaus von Gott und der Liebe, in erster Linie freilich von der *dos.* In der Kirche von Civaux befindet sich ein mit szenischen Darstellungen geschmücktes Kapitell (vom Ende des 11. Jahrhunderts[23]), das einzige seiner Art im ganzen Kirchenschiff, das eine stumme Ermahnung an die Laien richtet. Auf einer Seite werden Sirenen gezeigt, die Männer aus einem kleinen Boot zerren. Diese Männer befahren das Meer der Sünde, und die Gefahr geht von den Frauen aus. Um sich dagegen zu wappnen, muß der Laie heiraten. Das ist die Lehre dieses Reliefs, dessen Gegenstück auf der anderen Seite die Ehe beschreibt. Man erblickt hier den Bräutigam und die Braut mit ineinandergelegten Händen. Sie schauen sich nicht an, als ob auf diese Weise ausgedrückt würde, daß sich die keuschen Gatten im Fortpflanzungsakt so weit wie nur möglich von der ekelhaften Sache selbst abkehren sollten. Jedenfalls stehen da nur zwei Personen, nicht drei: weder ein Vater – ihre beiderseitige Willenserklärung ist frei – noch aber auch ein Priester, dessen notwendige Gegenwart später in der christlichen Ikonographie so unermüdlich betont wird. Auf einem anderen Kapitell, in Vézelay (um 1100), ist die Versuchung des heiligen Benedikt abgebildet. Ein Mann führt an der Hand eine Frau einem anderen Manne zu. Unter zwei Figuren ist jeweils das Wort *diabolus* eingemeißelt, unter dem Geber und der Vergebenen: die Wollust ist die Tochter des Teufels. Eindeutig ist die Instanz, von der hier die Ehe gestiftet wird, der Vater und nicht ein Priester.

Die bildliche Darstellung sicherte einer Botschaft damals die weiteste Verbreitung. In der sehr diffizilen Erforschung von Riten ist sie die am wenigsten ergiebige Quelle, da einschlägige Beispiele, was die Eheschließung betrifft, überaus selten sind (und insofern sämtliche erhaltenen Kunstwerke jener Zeit sakraler Natur sind, beweist dieses Faktum *per se,* daß die Ehe eben nicht zum Bereich des Sakralen gehörte) und sich nur schwer interpretieren lassen. Von größerer Aussagekraft sind schriftliche Texte, liturgische Bücher. Ihre Auswertung bleibt allerdings hypothetisch; denn diese Bücher sind schlecht datiert, und man weiß nie genau, wie sie gebraucht wurden. Man ermittelt, daß eine Formel in ein Pontifikale Eingang gefunden hat – aber wo, wann und für wen wurde sie wirklich verwendet? Der geographische Weg, den Spuren dieser Art abstecken, ist ungewiß.[24] Die Gewohnheit, einen Mann der Kirche an den aufeinanderfolgenden Feierlichkeiten von *desponsatio* und *nuptiae* zu beteiligen, scheint von der Normandie her nach Cambrai, Arras und Laon vorgedrungen zu sein. Ein Manuale, das im 11. Jahrhundert in Évreux verfaßt wurde, enthält mehrere von einem Priester zu sprechende Gebete. Er übt seine Tätigkeit im Innern des Hauses aus. Er segnet. Alles wird von ihm gesegnet, die Geschenke, der Ring, die Kammer vor dem Eintreten der Brautleute, das Hochzeitsbett. Aber handelt es sich hier um etwas anderes als um vervielfältigte Exorzismen, durch die man das Böse zu bannen glaubte, um Vorsichtsmaßregeln in dem besonders gefährlichen Moment der leibhaftigen Paarung bei Einbruch der Nacht? Ein jüngeres Pontifikale aus der zweiten Hälfte des 11. Jahrhunderts, das in der Diözese Cambrai-Arras benutzt wurde[25], zeigt, daß ein Teil der Zeremonie nunmehr in die Kirche verlegt wurde. »Nachdem die Frau mit dem Mann verheiratet *(desponsata)* und rechtmäßig dotiert worden ist, soll sie mit ihrem Ehemann *(maritus)* in die Kirche gehen.« Kniend nehmen sie die Benediktion entgegen, vor der Messe. Die rituelle Praxis, die zwei Jahrhunderte zuvor für die Eheschließung von Königinnen eingeführt worden war, hatte sich in der Folgezeit verbreitet. Die kirchlichen Autoritäten hatten erreicht, daß die Braut inmitten der Riten des Übergangs – zwischen Übergabe, Gelöbnis, verbaler Selbstverpflichtung und dem Geleit zur Hochzeitskammer – vor den Altar trat, damit das bereits gebildete, aber noch nicht durch den Geschlechtsakt vereinte Paar gesegnet werde. Das jedoch war auch alles. Ein Missale aus Soissons (11. Jahrhundert) bietet vor der Messe eine Benediktion des Ringes, nach der Messe eine Benediktion der Kammer. So scheint sich allmählich verwirklicht zu haben, was eine Synode in Rouen 1072 anordnete[26]: daß vor dem Hochzeitsmahl »der Bräutigam und die Braut nüchtern von dem nüchternen Priester in der Kirche gesegnet werden« sollen – wobei die Sakralisierung dann auch eine vorhergehende kirchliche Nachforschung rechtfertigte: »Bevor sie zusammengegeben werden, soll man die Abstammung beider sorgfältig erfragen; und wenn man eine Blutsverwandtschaft innerhalb des siebten Grades findet oder wenn einer von ihnen [aus einer vorherigen Ehe] entlassen worden ist, soll man sie nicht verbinden.« Erst im 12. Jahrhundert freilich kann man in den erhaltenen Manualen für Priester – die zumeist normannischer Herkunft sind, von denen jedoch eines englischer Provenienz zwischen 1125 und 1135 auch in Laon Verwendung fand – ein kohärentes liturgisches System entdecken.[27] Der Schauplatz der Sponsalien ist nun nicht mehr das Haus des Brautvaters. Vor der Kirchentür wird der Ring gesegnet, die Dotierungsurkunde verlesen, der wechselseitige Konsens erfragt, und zwar alles durch den Priester. Von nun an wirkt er bei Eheschließungen mit – als ein vorrangiger, wenn auch noch passiver Zeuge. Er vollzieht keine der Handlungen, die von elementarer Bedeutung sind; er hat im strengen Sinne des Wortes sei-

ne Hand nicht im Spiel: »Dann soll der, der die Frau vergeben muß [der Hauptakteur, der Ehestifter, nämlich das Oberhaupt der Brautfamilie: Vater, Bruder oder Onkel] kommen,
soll sie bei der rechten Hand fassen [wie der Teufel auf dem
Kapitell von Vézelay] und soll sie dem Mann zur legitimen
Gattin übergeben; wenn sie ein Mädchen ist, soll sie mit be-
deckter Hand, wenn aber eine Witwe, mit entblößter Hand
verheiratet werden.« Der Priester streift »mit dem Bräutigam«
nacheinander den Ring über drei Finger der rechten Hand der
Braut, im Namen des Vaters, des Sohnes und des Heiligen
Geistes; am Mittelfinger soll er stecken bleiben. Dann spricht
der Mann die Gelöbnisformel: »Mit diesem Ring heirate ich
dich *(te sponso),* dieses Gold und Silber schenke ich dir, mit
meinem Leib ehre ich dich, mit diesem Wittum begabe ich
dich.« In Laon muß sich die Braut jetzt zu Füßen ihres neuen
Herrn niederwerfen. Darauf betritt man die Kirche; die
Brautleute werden unter dem Schleier gesegnet, ausgenom-
men bei Zweitehen. Nach der Messe, am Abend, wenn sie
sich zu Bett begeben, soll sich der Priester einfinden und die
Kammer segnen und dann noch einmal das Paar: »Gott Abra-
hams, Gott Isaaks und Gott Jakobs, segne diese Jugendlichen
und säe in ihren Geist den Samen des ewigen Lebens.«
Eine gewisse, wenngleich noch bescheidene, Sakralisierung
ist damit erzielt. Noch hat der Priester bei dem wesentlichen
Schritt des Zusammenlegens der Hände, der Brauttradition,
den Vater nicht verdrängt; der älteste Beleg für diesen entscheidenden Wandel stammt aus Reims, aus der zweiten
Hälfte des 13. Jahrhunderts. Als der Abt von Nogent seine
Lebenserinnerungen schrieb, war die Partie, wie es scheint,
noch lange nicht gewonnen. Hildebert von Lavardin, der Bischof von Le Mans, stellt im Widerspruch zur Predigt des
Mönches Heinrich fest, daß der Segen ›zur Ehe verbinde‹.
Doch muß man beachten, daß er diese Benediktion als eine
besondere Vergünstigung auffaßt, und der Nachdruck, mit
dem er sie preist, läßt darauf schließen, daß er erhebliche Gegenkräfte zu überwinden hatte. Für die Laien blieb die Ehe
eine weltliche Angelegenheit. Sie begrüßten es, wenn die
Priester kamen und rings um das Brautbett ihre Gebete into-

nierten, wie sie es in den Feldern um Regen oder über den Schwertern und Hunden taten. Aber sie wollten die Geistlichkeit auf Distanz halten.

In der Tat war die Ehe bei den Rittern, die Guibert von Nogent so heftig tadelt, zuerst und vor allem ein Instrument, um die Ehre des Hauses zu wahren und zu erhöhen. Zu diesem Zweck war jedes Mittel recht, Entführung, Verstoßung und Inzest. Betrachten wir mit den Augen des Autors der *Lebenserinnerungen* die »Mächtigen« der Nachbarschaft, den Grafen Johannes von Soissons, den Seigneur Ingelrand von Coucy und seinen Sohn Thomas, mit dem Beinamen »von Marle«, da er in Erwartung des väterlichen Todes auf seinem Erbe von Mutterseite saß. Die beiden letzteren werden als Räuber gezeichnet, die sich im Handstreich reicher Töchter bemächtigten – »Burgtöchter«, wie sie Dominique Barthélemy nennt.[28] Sie mußten ihre Herrschaftsgebiete gegen bedrohliche Rivalen verteidigen und waren daher gezwungen, sich vorteilhaft zu vermählen. Das aber war nicht einfach und bedurfte häufig der Gewalt. Ingelrand beging laut Guibert nacheinander zwei Entführungen: um 1075 entriß er dem Grafen von Beaumont seine Frau, Ada von Marle; später schob er sie wieder beiseite und nahm die Gattin des Grafen von Namur, die dieser während eines Kriegszuges im Dienste Kaiser Heinrichs IV. auf einer Burg in den Ardennen zurückgelassen hatte.[29] Ingelrand erschien und verführte sie, was ihm nicht schwerfiel, da Sibylle einverstanden war. Der Mönch von Nogent unterstellt, daß sie von verzehrender Leidenschaft gewesen sei und daß Gottfried von Namur, obwohl jünger als Ingelrand, ihren sexuellen Appetit nicht habe stillen können. Das politische Spiel bleibt ihm verschlossen; er sieht nur die *libido*. Zu Frauenraub und Ehebruch kam hier noch ein Inzest hinzu: nicht anders als Philipp I. und Wilhelm von Aquitanien war Ingelrand mit seiner neuen Frau verwandt, wenn auch nur über ihren ersten Mann; und wie der König und der Herzog wurde er mit dem Bann belegt. Aber der Bischof war sein Vetter, so daß er Absolution erlangte. Was Thomas betrifft, so erkennt Guibert sehr wohl, daß dieser die Ehe zum Gütererwerb benutzte. Nachdem seine erste Frau, eine Tochter des Grafen von Hennegau, gestorben war, raubte er gegen 1107 eine seiner – verheirateten – Cousinen, die er später wieder verjagte, weil sie ihm kein Kind schenkte. Eine Verstoßung war damals recht bequem: die Frauen waren entweder Verwandte oder ehebrüchig. Des letzteren Vergehens wird Ada von Marle beschuldigt. Und Johannes von Soissons bat, um von seiner Gemahlin freizukommen, einen seiner Vertrauten, sich nach dem Löschen der Lichter in ihr Bett zu schleichen; mit Hilfe ihres Gesindes vertrieb sie den Eindringling.[30] War das mehr als eine Klatschgeschichte? Ein Brief Ivos von Chartres bestätigt, daß Johannes einen Gerichtsprozeß gegen sie wegen angeblicher Untreue anstrengte und forderte, ihre Untreue durch den Beweis des glühenden Eisens zu erhärten.

Muß man Guibert des Pessimismus verdächtigen? Was wir über das Betragen König Philipps wissen, steht nicht in Gegensatz zu dem, was er von den rangniedrigeren Kriegeradligen seiner Umgebung berichtet. In noch stärkerem Maße polygam war Graf Fulco Réchin von Anjou. Sein Onkel Gottfried Martell hatte ihn 1060 mit der Tochter eines seiner Getreuen verheiratet. Nach ihrem Tode wurde er der Schwiegersohn des Sire von Bourbon. Er löste diese Verbindung wieder auf – offizielle Begründung: Verwandtschaft – und nahm Orengard von Châtelaillon. 1081 war er ihrer überdrüssig geworden, worauf er sie in das Kloster Beaumont-les-Tours einsperrte. Danach versprach er zur Besiegelung einer Aussöhnung Wilhelm dem Eroberer, eine seiner Töchter zu heiraten, trat von dieser Verlobung jedoch wieder zurück. Die Legaten hatten ein Auge auf ihn; er mußte die *desponsatio* in den geforderten Formen annullieren. In der Abtei Saint-Aubin in Angers fertigte man daher Stammtafeln über sieben Generationen an, die belegten, daß die Braut seine Verwandte war.[31] Ein anderes genealogisches Schema derselben Herkunft läßt vermuten, daß sich Fulco, dieses Mal nach der Hochzeit und mit demselben Argument, auch von einer Tochter des Grafen von Brienne trennte.[32] Vor 1090 verhandelte er mit Robert Kurzhose um Bertrada von Montfort, die ihn später von sich aus verließ. Die Chronisten vermerken, daß ihr Wechsel zu Philipp I. eine Präventivmaßnahme gewesen sei, weil sie nicht das Schicksal ihrer Vorgängerinnen erleben und »wie eine gemeine Hure weggeschickt« werden wollte.³³ Fulco überschritt, wie schon oben gesagt, die Grenzen des Zulässigen. Aber allenthalben stößt man auf ähnliche Manöver. König Heinrich I. von England wollte um jeden Preis verhindern, daß sein Neffe Wilhelm Clito die Tochter des Grafen von Anjou zur Frau nahm. Am Ende erklärte der Papst die Verlobung wegen bestehender Verwandtschaft für nichtig: Heinrich hatte, in den Worten von Ordericus Vitalis, den Sieg davongetragen »durch Drohungen und Bitten und ein gewaltiges Gewicht an Gold, Silber und anderen Kostbarkeiten«.³⁴ Korruption und Gewalt, Vorschiebung des Inzestverbots, um das Scheidungsverbot zu umgehen oder um inopportunen Verbindungen einen zusätzlichen Makel der Schande anzuhängen, Prälaten, die bald pedantisch, bald willfährig ihr eigenes Süppchen kochten – nach allem, was wir wissen, übertreibt Guibert nicht.

Denkbar ist, daß er ein wenig irreredet, wo er auf das Sexualverhalten der benachbarten Burgherren zu sprechen kommt. Ingelrand von Coucy vereinte, so wie ihn Guibert charakterisiert – edel, freigebig, höflich, voller Ehrerbietung gegenüber den Priestern –, in seiner Person alle nur wünschbaren Tugenden; aber leider war er lasziv und von Frauen umringt. Sein Sohn Thomas beherbergte eine Handvoll »Dirnen« bei sich. *Meretrices, pellices* – es sind dieselben Worte, die immer wiederkehren. Ist nicht Wilhelm von Malmesbury ein Gefangener derselben Obsessionen, wenn er phantasiert, der Herzog von Aquitanien habe in Niort ein fröhliches Kloster für seine Konkubinen gegründet? Rundum verdorben durch seinen schlechten Umgang war Johannes von Soissons.³⁵ Er verkehrte mit Ketzern, Juden und natürlich mit zahlreichen Frauen. Ein besonderes Vergnügen bereitete ihm die Vergewaltigung von Nonnen. Er ließ seine junge, hübsche Gemahlin im Stich, zugunsten einer Alten, mit der er im Haus eines Juden zusammentraf. Die Strafe blieb nicht aus: er erkrankte. Nach einer Urinschau hielt ihn der herbeigerufene Kleriker zur Mäßigung an – die Mediziner, die allesamt Kirchenmänner und überzeugt waren, daß sich die Beschmutzung der

Seele oder genauer: die Wollust, auf die Körpersäfte auswirke, waren die wertvollsten Helfer derjenigen, die zur sexuellen Abstinenz mahnten. Der Graf beherzigte den Rat. In einer Osternacht jedoch, während der Vigil, als ihm sein Kaplan das Geheimnis der Auferstehung auslegte, grinste Johannes und meinte: »Was für ein Märchen, was für ein Wind.« Der Prediger erwiderte: »Warum wachst du dann hier?« »Ich beobachte gern die schönen Frauen, die hier zusammen lagern *(coexcubant).*« Diese Szene wirft die Frage auf, ob nicht der Unglaube oder vielmehr der Einfluß häretischer Lehren weiter verbreitet war, als man gewöhnlich anzunehmen scheint. Noch auf seinem Sterbebett entgegnete der unverbesserliche Sünder dem Priester, der ihn aufforderte, seine schwerste Sünde, die Lust am Frauenleib, zu bereuen: »Ich habe von weiseren Männern als dir gelernt, daß die Frauen allen gemeinsam sein sollen und daß diese Sünde ohne Belang ist.« Die Worte, die Guibert dem Grafen hier in den Mund legt, sind dieselben, wie man sie 100 Jahre früher den Ketzern von Orléans zuschrieb. Muß man es als ein reines Hirngespinst abtun, wenn Guibert in seinem düsteren Bild der schlechten Welt, die er verabscheut, eine unlösliche Verbindung zwischen der Häresie und dem Sittenverfall herstellt? Konnte nicht die strenge Askese, der einige Vollkommene sich unterzogen, von allen anderen als stellvertretende Reinigung aufgefaßt werden und damit als Freibrief für sie selbst, ihren Leidenschaften zu frönen? Vieles deutet darauf hin, daß der Autor der *Lebenserinnerungen* nicht allzusehr überzeichnet, wenn er von einem Kommen und Gehen der Edelfrauen des Laonnais von einer Ehe in die andere spricht. Ist er stärker seinen fixen Ideen verhaftet, wenn er schildert, wie sich die Krieger der Frauen bedienten? Der Historiker kann, um es noch einmal zu sagen, den Anteil des Liebesverlangens nicht messen.

Was soll man vom Verlangen der Frauen denken? Sibylle, die Herrin von Coucy, legte ihrem Trieb zu keiner Zeit Zügel an. Der Schirmherr der Abtei Saint-Jean in Laon brüstete sich, schon vor ihrer ersten Hochzeit ihr Bett geteilt zu haben.[36]

Überall erzählte man, daß der Graf von Namur sie als Schwangere geheiratet habe, was — notabene — allgemein mißbilligt wurde.[37] Sie hatte diesen Gemahl unbefriedigt verlassen.[38] Alt und fett geworden, faßte sie eine Zuneigung für einen jungen Mann, dem sie ihre Tochter zur Frau gab, damit er fortan in ihrer Nähe lebe. Diesen Schwiegersohn und Geliebten machte sie zum Verbündeten ihres alten Gatten gegen ihren Stiefsohn. So konnte sie aussehen, die Macht der Ehefrauen. In diesem Fall wurde sie auf die Spitze getrieben und stiftete Unheil: sie verkehrte die natürliche Ordnung, sie erzeugte Unordnung, einen Tumult, eine Fäulnis, von der schließlich die Stadt Laon und die ganze Landschaft angesteckt wurde. *De facto* beruhte diese Macht Sibylles auf dem Adel ihres Blutes, auf ihrem Reichtum. Für Guibert dagegen entsprang sie hauptsächlich ihren weiblichen Reizen.

Wenn man einräumen muß, daß es manchen Frauen gelang, sich aufgrund ihrer Vorzüge zur eigentlichen Herrin des Hauses aufzuschwingen, sollte man nicht die vielen Opfer, die Mißhandelten und Verstoßenen vergessen, die sich den Bischöfen anvertrauten — und von diesen tunlichst mit ihren Gatten versöhnt und in ihr Elend zurückgeschickt wurden. Eine sicherere Zuflucht boten die Gemeinschaften der Enthaltsamkeit. So folgten an der Grenze zur Bretagne zahlreiche wohlgeborene Frauen, der Ehe müde, den Wegen Roberts von Arbrissel. Ihre kleine, verängstigte Schar irrte durch die Wälder und ließ sich kaum von einer häretischen Gruppierung unterscheiden. Die Frauen hatten Kontakt mit den Gefährten des Meisters. In der Nacht lagerten diese auf der einen, jene auf der anderen Seite und ihr Führer in der Mitte, am exponiertesten Platz dieser Übung in Selbstbeherrschung, die sich von den britischen Inseln her ausgedehnt hatte — der heroischen Tat, in der Nähe von Frauen zu schlafen und dabei den Leib zu besiegen. Für die Umwelt freilich war es ein Wahnsinn, ein Skandal, und Robert mußte sehr bald zurückstecken und eine regulierte Anstalt gründen: das Kloster Fontrevault, eine zwar gemischte Gemeinschaft, in der jedoch die beiden Geschlechter durch Mauern voneinander getrennt waren.

Wie waren die Lebensbedingungen der Frauen? Wie groß war ihr Einfluß, ihr Handlungsspielraum? Die Frage läßt sich nicht beantworten. Man kann sie nicht stellen, ohne zusätzlich zu den sozialen und sexuellen Gegebenheiten innerhalb der Ehe – der üblichen Unterlegenheit des Gatten an Rang und Abstammung, der Dominanz triebhafter Strebungen in seinem Verhalten – auf das zweideutige Spiel der Kirchenleute hinzuweisen. Die Ambivalenz entsprang aus der Ambivalenz ihrer Position. In eben diese Epoche fällt die tragische Romanze Abälards. Man zieht heute die Authentizität seiner Korrespondenz mit Heloise in Zweifel, und gewiß bilden diese vorgeblichen und auf jeden Fall überarbeiteten Briefe eine erbauliche Predigt, die den Verlauf einer Bekehrung, einer fortschreitenden Himmelfahrt vorführen soll. Daneben jedoch enthüllen sie auch die Einstellung einer bestimmten klerikalen Intellektuellenschicht. Wie Hieronymus verwarfen diese Männer der Studien die Ehe, weil sie am Philosophieren hindere, ohne dabei freilich den Drang zur Frau zu verlieren. Abälard wurde von ihm gepeinigt und schwankte hin und her zwischen abstoßenden Dirnen, verächtlichen Bürgerstöchtern und adligen Damen, deren Eroberung unvermeidlich viel Zeit kostete. Schließlich beschied er sich mit der Nichte eines Kanonikers, seines Gastgebers, die sich in der Vertraulichkeit der gemeinsamen Wohnung leicht verführen ließ, und bot an, die Verbindung offiziell zu machen, indem er sie zwar heimlich, ohne Öffentlichkeit, ohne Segen und Hochzeit, aber doch immerhin zur Frau nahm, d.h. zu einer festen Konkubine; denn er hatte nach allem, was geschehen war, nur noch die Wahl zwischen dieser heimlichen Quasi-Ehe und der körperlichen oder geistigen Kastration. Wie viele Abälards mag es unter jenen Kirchenmännern gegeben haben, die, selbst der Versuchung ausgesetzt, von widerstreitenden Gefühlen zerrissen waren, die den Laien die Notwendigkeit des unauflöslichen Bandes verkündeten, zugleich aber in eifersüchtigem Neid davon träumten, ihnen dieselbe Enthaltsamkeit aufzuerlegen, zu der ihr eigener Stand sie zwang?
An der Wende vom 11. zum 12. Jahrhundert sieht man in Nordfrankreich die Zahl der Frauenkonvente ansteigen. Das

Bedürfnis nach derartigen Refugien wuchs. Die strenge Familienkontrolle über das männliche Heiratsverhalten, im Verein mit den Fortschritten der Kirchenreform, die mehr und mehr Priester dazu zwang, ihre Lebensgefährtinnen auf die Straße zu setzen, machte es erforderlich, die überzähligen Töchter zu sammeln und einzuschließen. Aber würden nicht auch die unglücklich Verheirateten in steigendem Maße aus ihren Wohnstätten ausziehen, um diese Asyle der Frömmigkeit aufzusuchen? Die Prälaten spürten die Gefahr. Das zeigt sich an der oben erwähnten Irmgard, die ihr Vater, Fulco Réchin, mit Wilhelm von Aquitanien verheiratet hatte. Von diesem entlassen, wurde sie an den Grafen von Nantes vergeben. Sie wollte sich von ihm trennen, um nach Fontrevault zu gehen; aber die Bischöfe weigerten sich, ihrem Wunsch nachzukommen und ihre Ehe zu annullieren. Robert von Arbrissel mußte sie wieder an ihren Ehemann ausliefern, nicht ohne sie zu ermahnen[39]: Sie müsse unterwürfig sein, in ihrem *ordo* einer Gattin und Mutter verbleiben, Geduld üben, sich getrösten und einer kleinen Regel für ihren Hausgebrauch folgen: viele Almosen, nicht allzu viele Gebete und nur mäßige Kasteiungen, um ihren Leib kräftig zu halten. Ausharren sollte sie, selbst auf das Risiko hin, daß man sie auf den Scheiterhaufen bringen würde, wie es unter dem Vorwand des Ehebruchs der Gemahlin von Fulco Nerra, ihrem Urgroßvater, zugestoßen war. Es ist allerdings durchaus möglich, daß diese Fürstentochter, die 1119 auf dem Konzil von Reims vor den verblüfften Bischöfen auftrat, um, endlich Witwe geworden, ihren ersten Mann wegen Bigamie anzuklagen, sich ihrerseits in ihren beiden aufeinanderfolgenden Ehen unbotmäßig, unmöglich aufgeführt hatte.

Die Einmischung von Kirchenleuten in Angelegenheiten der Ehe erregte den Groll der Gatten. Wilhelm von Aquitanien gilt als Verfasser der ältesten okzitanischen Lyrik. Man möchte aus ihm den ersten Sänger der höfischen Liebe machen. Im 5. Lied der Ausgabe von Jeanroy[40] werden Frauen verhöhnt, die sich an Priester und Mönche hängen und so »die Liebe der Ritter zum Bösen wenden«. Sie begehen eine Todsünde und verdienen es, wie Ehebrecherinnen verbrannt zu werden.

Das Gedicht verwendet die Metapher des Feuerbrandes, dessen erotische Konnotation auf der Hand liegt. Offensichtlich handelt es sich um ein Spottlied unter Männern. Statt als Vorspiel zu den höfischen Wortgefechten, in denen sich 100 Jahre später Kleriker und Ritter gegenüberstehen, sollte man es eher als den lebendigsten Ausdruck der Feindseligkeit von Ehemännern gegen jene Lenker der Gewissen lesen, die ihnen ihre eheherrliche Gewalt streitig machten und die Frigidität der Frauen kultivierten. Es ist das einzige direkte Echo einer solchen Empörung, das wir vernehmen. Zur Zeit, in der wir uns jetzt befinden, am Anfang des 12. Jahrhunderts, übertönt die Stimme der Gottesdiener noch alles. Wir haben den Mönch Guibert gehört; hören wir nun den Bischof Ivo.

IX

Ivo von Chartres

Das Werk Ivos ist trockener.[1] Aber es lehrt ebenfalls viel über die ritterliche Ehe, da der Prälat Verhaltensweisen zu korrigieren suchte, die ihm verdammenswert erschienen, und sie bei dieser Gelegenheit beschreibt. Der Blick, den er auf die Welt richtet, ist streng, vielleicht nicht weniger als der des Abtes von Nogent. Ivo war kein Mönch, hatte aber lange in Ordensgemeinschaften gelebt: er war Mitschüler Anselms von Canterbury im Kloster Bec gewesen und 1078, im schon fortgeschrittenen Alter von 38 Jahren, durch den Bischof von Beauvais mit der Leitung des Modellklosters Saint-Quentin betraut worden, einer Bruderschaft von Geistlichen, die der sehr strengen Augustinusregel folgte. Diese Erfahrung ließ ihn zu dem glühenden Parteigänger der Reform werden, als der er sich im Fall Philipps I. erwies.

Es war dies für ihn der Augenblick, sich laut zu äußern und mit aller Deutlichkeit seine Prinzipien zu formulieren. Seine Kardinalforderung war, daß sich die Laien, d.h. vor allem die Mächtigsten unter ihnen, der Autorität des Klerus zu beugen und anzuerkennen hätten, daß dieser ihre Sitten und insbesondere ihre sexuellen Sitten überwachte. Von hier, von der Ehe aus konnte man sie im Zaum halten. Sämtliche Eheprobleme mußten der Kirche unterbreitet und allein von ihr entschieden werden, nach Maßgabe eines einheitlichen Corpus von Rechtssätzen. Für seine unermüdlichen Bemühungen um die Bereitstellung dieses normativen Instruments wurde Ivo von Chartres heiliggesprochen. Zwischen 1093 und 1096, auf dem Höhepunkt des Konflikts zwischen König Philipp I. und denen, die seine Ehe mit Bertrada von Montfort auseinanderbringen wollten, widmete er dieser Aufgabe seine ganze Kraft. Die Arbeit an zwei vorläufigen Sammlungen gipfelte schließlich in der *Panormia,* einer klaren und rigorosen Synthese, bestehend aus 8 Teilen – anstelle der 17 des *Dekrets* von Burchard –, die ihrerseits in jeweils betitelte Unterabschnitte gegliedert sind. Man kann hieran den Fortschritt der Rationalität im 11. Jahrhundert ermessen. Die kleine Welt der hohen Kirche wartete auf dieses perfekte Werkzeug.

Ivo präsentiert die kanonischen Texte in einer besser durchdachten Ordnung. Er verhehlt nicht die Unstimmigkeiten, sondern vermehrt sie sogar noch, indem er Auszüge aus römischen Gesetzen hinzufügt, die von den passionierten Juristen von Bologna ausgegraben worden waren. Tatsächlich wollte er den Richtern die Freiheit lassen, von Fall zu Fall zwischen den Kanones zu wählen. »Daß Verschiedene in verschiedenem Sinne geschrieben haben«, antwortet er dem Bischof von Meaux², »begreife ich so, daß sie gegenüber der Schwäche mancher Menschen im Blick auf die Barmherzigkeit lieber die Härte des Gesetzes mildern wollten. Zwischen diesen Urteilen scheint mir kein anderer Abstand zu liegen als der zwischen Recht und Barmherzigkeit, die, sooft sie in einer Sache zusammentreffen, so im Ermessen der Leiter [*rectores,* d.h. der Bischöfe] stehen, daß unter Erwägung des Seelenheils je nach der Beschaffenheit der Personen und der Umstände von Ort und Zeit bald die Strenge der Gesetze angewandt, bald, welchen es gebührt, Nachsicht entgegengebracht werden kann.« Allerdings hatte sich der Charakter der *discretio,* die den Seelenhirten eingeräumt wurde, seit Burchard von Worms verändert. Sie bedeutete nicht mehr Unterscheidung, eine Sache der Klugheit, sondern Mäßigung, eine Sache des Herzens. Letzten Endes geht Ivo von Chartres von dem Postulat aus, daß es zwar erlaubt ist, die Vorschriften der einfachen Disziplin im Geist der Liebe zu interpretieren, daß es aber keinerlei Kompromiß geben kann, soweit sich im Gesetz der göttliche Wille offenbart. Seine Ehelehre ruht infolgedessen auf zwei unerschütterlichen Säulen: auf der Unauflöslichkeit der ehelichen Verbindung und auf ihrer wesentlich geistlichen Natur. Von daher ergibt sich die doppelte Pflicht der Prälaten, zum einen den Akzent auf das gegenseitige Gelöbnis der Brautleute zu legen, zum anderen die Regungen des Fleisches zu unterdrücken und kategorisch zu verurteilen, was mit dem Blut zusammenhängt: Unzucht und Inzest. Die Auswahl von Rechtssätzen, die Ivo trifft, zielt darauf ab, diese Anweisungen ins helle Licht zu rücken und sie von dem Gestrüpp zu befreien, das sie verdunkelt hat. Anders als der Bischof von Worms verfaßte sein jüngerer Amtsbruder kein Pönitentiale. Seine Arbeit diente nicht den Beichtigern, sondern den Trägern der Rechtsprechung, die sich die Kirche als exklusive Befugnis anmaßte. Aus diesem Grund stellte er genau in die Mitte seiner Kompilation, an den Übergang zwischen den Bestimmungen, die sich auf die Geistlichen und die sich auf die Laien beziehen, zwei Hauptabschnitte über die Ehe und über die Scheidung – die beiden Angelpunkte des ganzen Werks.

Die Aufmerksamkeit derer, die zu richten haben, wird auf vier zentrale Aspekte gelenkt. Als erstes müssen sie auf die Worte und Gesten achten, durch die eine Ehe zustandekommt. Ivo wollte dazu beitragen, daß sich das Ritual durchsetzte, und betonte daher die notwendige Anwesenheit der Priester bei den ehebegründenden Zeremonien. In dieser Absicht versammelte er Texte über die Öffentlichkeit der Hochzeit und über die Benediktionen.[3] Doch läßt er von Anfang an keinen Zweifel am Vorrang des Konsensaustausches, also der Verlobung[4]: weder die durch die Hand ihres Vaters übergebene Braut noch der Bräutigam, der sie in seine Hand nimmt, dürfen passiv bleiben. Es geschieht aus eigenem Willen, daß sie sich miteinander verbinden; folglich müssen sie das Alter der Vernunft, sieben Jahre, erreicht haben. Der Grundsatz wird aufgestellt, daß die Hochzeit etwas Akzidentelles ist, daß die Gatten miteinander vereint sind, noch bevor ihre Leiber es sind. Bereits der Vertrag der *desponsatio* ist somit unverbrüchlich.[5] Von hier aus ist es nur ein kleiner Schritt zu Ivos zweitem Punkt, einer möglichst weitgehenden Ablösung der Ehe vom Fleisch. Das Hochzeitsfest soll zuchtvoll, ohne Ausgelassenheit und schamlose Tänze gefeiert werden. Mit Auszügen aus Augustin wird daran erinnert, daß die Kinderzeugung der einzige Zweck des Sexualaktes sei.[6] Ein Hieronymuszitat fordert zur Keuschheit auf, weil »das wollüstige und unmäßige Beilager in der Ehe« dem Ehebruch gleichkomme; der *illicitus concubitus,* vor dem hier gewarnt wird, ist der sexuelle Gebrauch, d.h. Mißbrauch von Körperteilen der

Gattin, die nicht zur Fortpflanzung bestimmt sind.[7] Selbstverständlich geht die Sinnlichkeit im Ehepaar von der Frau aus, die darum strikt gezügelt werden muß. Zahlreiche Stellen aus Ambrosius und Augustin werden aneinandergereiht, um ihre Unterordnung unter die Herrschaft *(dominium)* ihres Gemahls zu unterstreichen[8]: »Wenn Mann und Frau in einem Haus Streit miteinander haben, muß der Mann sich bemühen, die Frau zu zähmen, und die gezähmte Frau soll sich ihrem Mann unterjochen ... [Danach] wird Friede in das Haus einkehren.« Da »Adam durch Eva betrogen wurde und nicht Eva durch Adam«, ist es recht, daß der Mann die Frau »unter seine Leitung nimmt«; »jener muß befehlen *(imperare),* diese dienen *(servire)*«; »es ist die natürliche Ordnung bei den Menschen, daß die Frauen den Männern dienen und die Kinder den Eltern«; »wie der Mann Christus, so muß die Frau dem Mann untertan sein«; sie muß »das Haupt verhüllen, weil sie nicht das Bild Gottes ist«. Umgekehrt darf der Mann seine Haartracht nicht allzusehr pflegen. In einer Predigt[9] verurteilt Ivo verschiedene Formen von »unsittlichem Gebaren«, darunter auch einen »Überfluß an Haaren« bei Männern. »Der Mann«, so begründet er sein Verdikt, »hat nach der Ordnung Gottes den Primat über die Frau«; wenn er aber seinerseits durch seine Haarlänge »das Haupt verhüllt«, gibt er zu erkennen, daß er diesem Primat entsagt. Die Art der Kleidung, die Behandlung des eigenen Körpers muß den fundamentalen Unterschied, auf dem die Gesellschaftsordnung fußt, die Unterwerfung der Frau unter den Mann, sichtbar vor Augen führen.

Der dritte Punkt betrifft das Gesetz der Monogamie. Damit stellt sich die Frage des Konkubinats. Der beste Weg, um diesen Typus von Lebensgemeinschaft zu eliminieren, ist seine Annäherung an die legitime Ehe: wenn ein Mann mit seiner Konkubine wie mit einer Ehefrau zusammenlebt, ist die Verbindung unauflöslich.[10] Es ist nicht mehr gestattet, eine Konkubine zu entlassen, um zu heiraten. So wird hier die Ehe »nach dänischem Brauch« förmlich verdammt. Im übrigen werden zahlreiche Texte beigebracht, die das Verbot einer Wiederheirat nach der Scheidung untermauern.[11] Zwar kann eine Scheidung »aus fleischlichen Gründen« (Unzucht oder Inzest) ausgesprochen werden; aber sie zerschneidet dann nur das fleischliche, nicht das geistige Band. Der erste Unterabschnitt von Buch VII der *Panormia* trägt den bezeichnenden Titel »Über die Trennung der fleischlichen Verbindung wegen fleischlicher Unzucht«. Das Fleisch ist verachtenswert; darum kann man dieses Objekt, den Leib, heute nehmen und später wieder abstoßen. Aber, und das ist der vierte Punkt, nur die Kirche hat das Recht, das zu tun. Sie kann eine Ehe wegen Ehebruchs trennen[12] oder auch wegen geistlicher Unzucht, wenn der eine der Gatten Gott verrät, indem er z. B. der Häresie anhängt. Doch soll der Seelsorger zur Auflösung nur als *ultima ratio* greifen, nachdem er alles in Bewegung gesetzt hat, um das Paar wieder zu stabilisieren. Wo es sich allerdings um den zweiten der fleischlichen Gründe, um Inzest, handelt, muß er die Ehe auf jeden Fall trennen. Hier ist keine »Versöhnung« möglich; denn niemand kann sein Blut ändern. In einer der vorbereitenden Kompilationen taucht in diesem Zusammenhang ein Passus über die Scheidung zwischen Robert dem Frommen und Bertha auf, der zweifellos eingefügt wurde, um Philipp I. von Bertrada zu entfernen. Sobald Verwandtschaft konstatiert wird, ist die Ehe automatisch nichtig.

Man versteht, daß die Prälaten, die gegen die Bigamie – des Königs von Frankreich, des Herzogs von Aquitanien – zu Felde zogen, in jenen Jahren den Inzest in den Vordergrund rückten. Wie aber war jenes absolute Verbot, das weder im Evangelium noch überhaupt in der Bibel vorkommt (der Leviticus ist sehr viel weniger restriktiv), mit dem von Jesus proklamierten Prinzip der Unauflöslichkeit in Einklang zu bringen? Ivo umgeht den Widerspruch. Seine ganze systematische Anstrengung ist darauf gerichtet, der Monogamieforderung Geltung zu verschaffen. Dabei scheut er, in seiner Neuzusammenstellung der kanonischen Texte, die bereits Burchard von Worms gesammelt hatte, auch nicht vor Manipulationen zurück. Mit mindestens derselben Unbefangenheit wie sein Vorgänger tilgt er in dem einen oder anderen Dekret ein paar Worte, die ihn stören, weil sie die Wiederheirat nach einer Scheidung zulassen. Eine von Burchard zitierte Autorität erlaubt einem Mann, dessen Frau mit anderen ein Komplott geschmiedet hat, um ihn zu töten, nicht nur, die innerhäusliche Feindin zu verjagen, sondern darüber hinaus, »wenn er will, eine andere Gattin zu nehmen«; in Ivos Wiedergabe derselben Stelle ist das letztere Satzglied unterdrückt.[13] Ähnlich liest man in der Sammlung des Bischofs von Worms in bezug auf einen Flüchtling oder Krieger, der in der Ferne weilt und nicht mehr auf Rückkehr hofft, er möge, »wenn er sich nicht enthalten kann, eine andere Gemahlin nehmen«.[14] In der *Panormia* ist diese Regelung verschwunden; doch erwähnt Ivo sie in einem seiner Briefe, und zwar in einer verstümmelten Form. Das Problem war zu seiner Zeit sehr aktuell. Viele Ritter aus Nordfrankreich zogen auf Abenteuerfahrt, um anderswo ihr Glück zu suchen, und wir wissen durch Ordericus Vitalis, daß bei der Eroberung Englands die zurückgelassenen Edelfrauen der Normandie drohten: ›Wir werden uns einen anderen Mann nehmen‹. Was aber sollte man jetzt zu Kreuzrittern sagen, die bei der Heimkehr entdeckten, daß ihre Gattinnen Unzucht begangen hatten? Was sollten die Bischöfe tun – sie trennen? Dem Erzbischof von Sens, der ihm die Frage vorlegte, gab Ivo die Rechtsauskunft[15], daß die Ritter sich zur Versöhnung bereitfinden sollten: sie, die selbst »von der Sinnenlust besiegt werden«, sollten »die Zerbrechlichkeit des weiblichen Gefäßes bedenken und dem schwächeren Geschlecht nachsehen, was sie dem stärkeren nachgesehen haben wollen«; andernfalls müßten sie, wenn sie nicht ehebrüchig werden wollten, bis zum Tode der Frau Abstinenz üben. Und in diesem Zusammenhang erscheint das verkürzte Augustinuszitat.

Soweit einige Hinweise auf die normativen Werkzeuge, die der heilige Kanonist verfertigte. Sie sind der Gegenstand gelehrter, leicht zugänglicher Untersuchungen geworden. In unserem Kontext freilich interessiert an der Norm das, was sie über das inkriminierte Verhalten enthüllt. Daher wird das Hauptgewicht dieses Kapitels auf der Korrespondenz Ivos von Chartres liegen, die seine Rechtskompilationen ergänzt.

Sie zeigt deren Benutzern, wie jene Bestimmungen anzuwenden seien. Und sie zeigt dem Historiker, wie sich die Theorie der Praxis entgegenstemmte.

Briefsammlungen florierten in jener Epoche. Sie waren eigenständige, nach genauen Regeln ausgefeilte Werke, die bisweilen um des ästhetischen Genusses, zumeist jedoch um der Brauchbarkeit, der Belehrung willen verfaßt bzw. ediert wurden. Nach 1114, als man von allen Seiten seine Kompetenz zu Hilfe rief, überarbeitete der alte Bischof die Schreiben, die er aufbewahrt hatte, strich einiges weg und fügte vor allem anderes hinzu. Er wollte etwas Nützliches schaffen, und das gelang ihm: sein Buch wurde weithin verwendet. Man kopierte es namentlich in Westfrankreich, so z. B. auch in Laon. In manchen Handschriften steht es neben theoretischen Abhandlungen über die Ehe. Und in der Tat geht es ausführlich auf Ehefragen ein.

Einige Stücke darin – Mahnschreiben an die Adresse von Laien – preisen den Ehestand. Man nehme etwa den folgenden Brief an König Ludwig VI.[16] Der Monarch war im Begriff, eine Nichte der Gräfin von Flandern zu heiraten, »ein Mädchen von ehefähigem Alter, edlem Geschlecht und ehrbaren Sitten«, also durch und durch empfehlenswert. Aber er zögerte. Man drängte ihn, einen Entschluß zu fassen; und eben das tat auch Ivo von Chartres: Die menschliche Gesellschaft, so doziert er, setzt sich aus drei »Ständen *(professiones)*« zusammen, den Eheleuten, den Enthaltsamen und den Leitern der Kirche. »Wer immer vor dem Gericht des ewigen Richters nicht in einem dieser Stände gefunden wird, dem wird das ewige Erbe versagt bleiben.« Irgendwo muß sich der Mensch einreihen; eine Abseitsstellung wird nicht mehr gestattet. Ludwig ist König und in seiner Verantwortung für den eigenen Nutzen, die Stabilität des Reiches und den Frieden der Kirche dazu verpflichtet, Kinder zu zeugen: »Alles dies würde, wenn Ihr ohne Nachfolger aus diesem Leben schiedet, in tausend Stücke zerbrechen.« Es ist daher unabdingbar, daß er eine Frau nimmt, selbstverständlich eine rechtmäßige Frau. Er muß aus dem Zwischenraum heraustreten und sich dort ansiedeln, wo er hingehört: in der »Ordnung des ehelichen Lebens«. Eile ist geboten, und zwar aus drei Gründen: um die Hoffnung derer, die auf die Krone lauern, zu enttäuschen; um »die unerlaubten Regungen des Fleisches zu bändigen«; und um die Lästermäuler zu stopfen, die ihn ins Gesicht hinein verhöhnen – vielleicht wegen Impotenz oder homosexueller Neigungen? Ein anderer Brief[17] richtet sich an den Grafen Hugo von Troyes, der die Absicht geäußert hatte, nach Jerusalem zu reisen und sich, in einem Wechsel des *ordo,* in den Dienst Gottes zu begeben. Ihm gegenüber macht Ivo geltend, daß der Engel des Satans sich bisweilen als Engel des Lichts verkleide: »er rät einigen, ihren Gattinnen nicht die eheliche Pflicht zu leisten, damit er sie unter dem Schleier der Keuschheit zu unerlaubten Schändlichkeiten verleite und ihre Gattinnen zum Ehebruch«. Hugo habe eine Frau und könne sie nicht ohne ihre Einwilligung verlassen. »Andernfalls, wenn du ohne Zustimmung deiner Frau der Keuschheit dienst, und geschähe es auch für Gott, dienst du nicht dem Band der Ehe und bringst ein Opfer nicht von dem deinen, sondern von fremdem Gut.«

Die Korrespondenz des Bischofs von Chartres ist für uns vor allem darum lehrreich, weil sie das ganze Spektrum jener dornigen Fälle prüft, die vor die Kirchenoberen zur Urteilsfindung gebracht werden konnten. Dargeboten werden diese Analysen als bestellte Rechtsgutachten. Man kann sich fragen, ob der Dialog mit den Adressaten nicht manchmal vorgetäuscht ist, ob nicht bestimmte Eventualitäten um der Vollständigkeit willen abstrakt konstruiert worden sind. Damit bleibt ein Zweifel offen: erlauben die Briefe wirklich einen Einblick in die aristokratische Ehepraxis der Gegend, oder bekommen wir nicht hier und da doch wieder nur die Theorie zu fassen? Wir können das Leben darin nicht vom Idealbild sondern. Doch kann man, ohne einen Idealanteil zu leugnen, den Anteil an Lebensrealität für überwiegend halten. Von den 30 Briefen, die im folgenden ausgewertet werden sollen, erörtern 11 das Verhalten von Ehemännern und 20 das der vergabeberechtigten Väter oder Ersatzväter. In der ersten Gruppe betreffen 4 das Konkubinat, 7 den Ehebruch; in der zweiten handeln 8 von der *desponsatio* und 12 vom Inzest.

Diese grobe Klassifizierung läßt drei bemerkenswerte Züge erkennen: Die bischöfliche Instanz beschäftigte sich weniger mit der tatsächlichen Haus- und Lebensgemeinschaft als mit dem Zustandekommen der Ehe; was den Abschluß des Vertrags anbelangt, zählt der Wille der Verwandtschaft bzw. der Eltern gewöhnlich mehr als der der beteiligten Individuen oder genauer: der Töchter; der Stein des Anstoßes schlechthin ist der Inzest. Gehen wir zu den Texten selbst über.

Die Bischöfe sind sich unschlüssig und wenden sich an ihren Mitbruder von Chartres.[18] Sie stolpern über die Vorstellung des Schmutzes. Diese oder jene Frau hat bereits das Bett eines Mannes bezogen; manchmal ist sie sogar schwanger. Kann man, wie der Mann es wünscht, das Konkubinat durch Gesten und Formeln in eine rechte Ehe umwandeln? Eine andere Frau, mit allen Riten verheiratet, kommt drei Monate später nieder. Muß man sie, weil sie gesündigt hat, der ehelichen Würde berauben? Was ist die »Würde« der Ehe? Sie schwanken zwischen divergierenden kanonischen Texten, und Ivo weist ihnen den Weg. Man soll, so erklärt er, immer den Einzelfall, die Personen betrachten; wer anderen ein Beispiel gibt, muß strengere Maßstäbe an sich anlegen lassen. Bei alledem aber bleibt es die oberste Regel, Männer und Frauen, die sich durch ihre Willensübereinkunft verbunden haben und die überdies »durch die Vermischung des Fleisches ein Leib geworden sind«, nicht zu trennen – außer wenn sie verwandt oder ehebrüchig sind. Und wenn, wie höchste Autoritäten bestätigen, der unerlaubte Koitus vor der Hochzeit oder Verlobung eine begonnene Ehe nicht scheiden kann, »um wieviel weniger eine Geburt, die ja nicht eine Frucht des Lasters ist, sondern der Natur«. In der sozialen Wirklichkeit gab es offenbar zahlreiche Paare, die vorehelichen Geschlechtsverkehr miteinander hatten oder ihre Lebensgemeinschaft ohne alle kirchlichen Riten aufnahmen, die aber jetzt ihre Verbindung wie die der Könige und Fürsten gesegnet sehen wollten; und war nicht das Faktum, daß die Bischöfe mit derartigen Ansinnen konfrontiert wurden, auch ein Zeichen dafür, daß sich das Zeremoniell der Benediktion verbreitete und daß das schlichte Konkubinat, in Adelskreisen, mehr und mehr in Verruf kam? Angesichts solcher Fälle fordert Ivo seine Mitbischöfe auf, ihren Widerwillen zu überwinden und anzuerkennen, daß die *commixtio sexuum* ebenfalls ihren Wert habe, daß ohne den Sexualakt ›die Rechte der Ehe nicht völlig erfüllt‹ seien; das Fleischliche gehört nicht ganz und gar auf die Seite des Bösen. Im Zentrum seiner Antworten freilich steht die Monogamie. Denn das vordringliche Anliegen der Bischöfe, die ihn um Rat fragten, war die Zügelung all der Ehemänner ringsum – ihrer Vettern und Brüder –, die ihre Frauen gar nicht rasch genug wieder loswerden konnten. Ihnen wollten sie beibringen, den Ehevertrag höher zu achten als die Masse der Friedens- und Bündnisverträge, die bei jeder Gelegenheit verletzt wurden. Freilich war da immer noch der Ehebruch, das Motiv einer rechtmäßigen Trennung.

In dem ganzen Epistolar kommt nur der weibliche Ehebruch vor – der aber permanent, als eine ständige Quelle männlicher Angst. Der Ritter Wilhelm kehrt von einem neunmonatigen Zug nach England zurück und findet seine Frau im Kindbett vor, sieben Tage vor dem Termin. Sein Argwohn erwacht, wächst und heftet sich an einen anderen Ritter. Man darf jedoch, schreibt Ivo[19], nicht so genau zählen: die »Natur« ist bald schnell, bald träge und geht, wie man von Jahr zu Jahr am Reifen der Ernte sieht, nicht immer ihren gleichen Gang. An anderer Stelle begegnen wir einem alten Bekannten, Johannes von Soissons, wie er sich über die Untreue seiner Frau beschwert: sie sei mit ihrem Liebhaber beim »vertraulichen Gespräch« an einem privaten Ort ertappt worden. Um sie zu überführen, bedarf es laut Ivo mindestens drei sicherer Zeugen.[20] Ein weiterer Fall mag Erben betreffen, die sich durch die Wiederheirat einer Witwe geschädigt fühlten und sie nun eines früheren Ehebruchs bezichtigten. Ivo von Chartres heißt sie schweigen[21]: wenn sie das Delikt der Ehebrecherin aus Furcht oder Liebe nicht »zu Lebzeiten des Gatten öffentlich machen oder anklagen wollten«, sind sie zu Komplizen geworden. Verteidigt von ihren Brüdern und Vätern, die ihre Ehre zu schützen und die »Schande« abzuwehren suchen, erklären sich die verdächtigten Frauen bereit zu beweisen, daß sie »mit dem angegebenen Mann nie ein Fleisch gewesen« seien.[22] Sie wollen schwören, sich dem Urteil Gottes beugen, das zum Glühen gebrachte Eisen in die Hand nehmen. Wie alle Männer glaubt auch Ivo, daß die Frau eine geborene Sünderin und Betrügerin sei. Wenn er auch im allgemeinen den Rückgriff auf das Ordal untersagt, so hält er doch in bestimmten Fällen, wenn die Klage förmlich vorgebracht und durch keine Zeugen bestritten worden ist, das glühende Eisen für unverzichtbar. In erster Linie aber mahnt er zur Versöhnung. Eine Trennung ist nur als äußerstes Mittel zulässig, und dann muß peinliche Sorge getragen werden, daß sich die Geschiedenen nicht wieder vermählen.[23] Die Sätze, die sie bei den Verlobungsriten gesprochen haben, binden ihre Seelen für immer.

Die Bedeutung, die damit der *desponsatio* beigemessen wurde, machte es erforderlich, diesen Vorgang genau zu regeln und zu überwachen und gegen den Mißbrauch, der mit ihm getrieben werden konnte, einzuschreiten. Aus der Briefsammlung ergeben sich drei Punkte, an denen die Verheiratungspraxis, vor allem der Brautväter, von der Norm, die Ivo zu perfektionieren bemüht war, abwich. Als erstes bestand die Gewohnheit, sich allzu frühzeitig zwischen Häusern zu einigen und allzu junge Kinder miteinander zu verbinden, sogar noch vor jenem »Alter der Vernunft«, das weder durch das kirchliche noch durch das weltliche Recht festgelegt wurde, von dem aber jeder wußte, daß es mit sieben Jahren begann. Man handelte so aus gutem Grund, um des Friedens, um der Ausdehnung der *caritas* willen. Aber was war von Gelöbnissen zu halten, die nicht von den Betroffenen selbst, sondern durch den Mund ihrer Väter geleistet worden waren?[24] Der zweite Übelstand war die bedenkenlose Wiederauflösung dieser Vereinbarungen. Er erwuchs unmittelbar aus dem ersten Brauch: je vorzeitiger die Eheverträge geschlossen wurden, desto größer war die Gefahr, daß die Vergabeberechtigten, bevor die Hochzeit möglich wurde, ihre Meinung änderten. Eine solche Ungeniertheit beweist, daß im Bewußtsein der Laien die Ehe im wesentlichen erst durch die Vereinigung der Leiber, die Vermischung des Blutes, mit einem Wort: durch das Hochzeitsfest begründet wurde. Sie sahen z.B. nicht ein, was sie daran hindern sollte, eine Braut durch ihre Schwester zu ersetzen: so blieb die einmal gestiftete Freundschaft erhalten. Der Geruch von Inzest, der einem solchen Schritt anhaften mochte, erledigte sich, wenn die Stellvertreterin aus einer anderen Familiengruppe geholt wurde.[25] Schließlich geschah es auch, daß Verlobungen mit Gewalt gebrochen wurden. Der Frauenraub war noch nicht verschwunden – aber doch zurückgegangen. Ivo von Chartres erwähnt ihn nur ein einziges Mal.

Ein Vater hatte Klage erhoben[26]: seine Tochter, die er bereits einem Ritter des Königs, einem gewissen Galeran, versprochen hatte, sei von dem Neffen des Bischofs von Troyes entführt worden. Niemand dachte auch nur entfernt daran, die Zuständigkeit der kirchlichen Jurisdiktion in Abrede zu stellen; die Sache gelangte vor den Bischof von Paris, der sein Gericht zusammenrief. Das Mädchen wurde verhört. Warum sträubte sie sich gegen ihre derzeitige Verbindung? Sie sei, erwiderte sie, bereits vergeben gewesen; man habe sie mit Gewalt geraubt; sie habe sich gewehrt, geweint, ihre Mutter mit ihr. Der Entführer – er war zunächst erschienen – schwieg auf die Fragen, die man daraufhin an ihn richtete, und machte sich aus dem Staub; man sollte ihn nicht wiedersehen. Nachdem zehn Zeugen die Aussagen des Opfers bestätigt hatten, verkündete das Gericht, »daß sie von der Hausgemeinschaft, um nicht zu sagen von der Ehe, frei sei«. Konnte mithin eine Konkubinatsbeziehung aufgelöst werden? Ivo scheint sich zu widersprechen. Tatsächlich aber stand für ihn bei dem Vorfall nur der Leib zur Debatte und nicht der Wille, während die Unauflöslichkeit des Bandes gerade auf der Willensübereinstimmung beruhte. Diese Frau konnte, ohne zu sündigen, das Bett eines anderen Mannes beziehen, oder vielmehr: die Männer ihres Geschlechts konnten sie dazu verwenden, einen anderen Vertrag abzuschließen. Galeran wollte sie nicht mehr; ein anderer Seigneur fand sich bereit, sie zu nehmen. Aber er fürchtete den Vorwurf der Bigamie. Um ihn zu beschwichtigen, schilderte Ivo seinem Bischof (von Auxerre) den früheren Hergang.

Wer den Ehevertrag beschworen hatte, so schreibt Ivo an anderer Stelle, hatte den entscheidenden Teil des »Sakraments«, des Ritus, erfüllt. War doch auch Joseph der Gemahl von Maria – dies ist das erste Mal, daß auf die heilige Familie verwiesen wird.[27] Umgekehrt war, wer sich nicht mit eigenem Munde verpflichtet hatte, nicht gebunden. Diese Regel zielte vor allem auf Töchter, für die ihr Vater eine Heiratsvereinbarung getroffen hatte und die nun dagegen Protest einlegen konnten.[28] Im Namen solcher Prinzipien bekämpften die Wortführer der Reform die drei oben genannten Gewohnheiten. Sie kollidierten dabei mit einem Grundpfeiler der Adelsgesellschaft: mit dem Recht der Familienoberhäupter, über die Frauen ihres Hauses zu verfügen.

Bleibt noch die umfangreichste Gruppe der Briefe, die sich mit dem Problem des Inzests befassen. Die theologische Begründung wird in einem Schreiben an Hildebert von Lavardin vorgetragen[29]: »Da feststeht, daß die Ehe von Anbeginn des Menschengeschlechts [wie die funktionale Dreiteilung der Menschheit, so wurde nach Ivos Ansicht auch der *ordo* der Ehe *a principio,* außerhalb der Geschichte, eingerichtet] durch natürliche Einsetzung geheiligt ist [allmählich nimmt die Idee der Heiligkeit, des Sakraments Gestalt an]«, kann sie nicht getrennt werden, es sei denn aus dem einen, von der Kirche vorgesehenen Motiv: der Unzucht. Später jedoch, »mit dem Wachstum der christlichen Religion« (also innerhalb der Geschichte, der Kultur, und nicht von Natur wegen: nirgendwo sonst zeigt sich vielleicht deutlicher als hier die Verlegenheit des Juristen gegenüber dem Widerspruch zwischen der Monogamieforderung und dem Verbot der Verwandtenheirat), wurde ein weiterer Scheidungsgrund hinzugefügt: der Inzest. Dies geschah, »weil nach apostolischer Lehre bei allen das Ehebett unbefleckt und die Ehe ehrbar sein soll«. Ivo beruft sich auf die *honestas* und auf den Gedanken der Unreinheit. Mehr aber und Zwingenderes kann er darüber nicht sagen; er weiß keine klaren, durch autoritative Belege abgestützten Argumente, um das von den Priestern hartnäckig verteidigte Tabu zu rechtfertigen. Die ganze Verfeinerung des intellektuellen Instrumentariums, die minuziöse Klassifizierung der

Texte, ihre scharfsinnigste Kritik nutzen hier nichts. Das Ehehindernis der Verwandtschaft ist ein Block, massiv und unbeweglich. In einer 1164 zusammengestellten Genealogie der Grafen von Flandern wird der Sachverhalt – im Hinblick auf Balduin IV., der zusammen mit seiner Frau, der Witwe eines Verwandten, exkommuniziert worden war – von einem Mönch des Klosters Saint-Bertin sehr schön auf den Punkt gebracht: »Inzest ist schlimmer als Ehebruch«.[30]

Der Inzest indessen war gang und gäbe. Im Bewußtsein der Ritter scheint die Scheu vor einer Vermischung des Blutes zwischen hinlänglich nahen Zweigen ein und desselben Stammes sehr viel weniger ausgeprägt gewesen zu sein, auch wenn sie keineswegs völlig fehlte. Gespeist wurde sie vielleicht von der Angst, mißgebildete Kinder zu zeugen, die von rigoristischen Reformern wie Petrus Damiani so kräftig ausgebeutet wurde: der Verfasser des *Thebenromans* rührt an diese Schreckensphantasie, wenn er gegen 1150 in die Geschichte von den verfeindeten Brüdern, als tragischen Hintergrund der Ereignisse, die Geschichte von Ödipus einflicht.[31] Doch war die Reichweite des Verbots in der Laienmoral merklich kürzer. Wenn die Bischöfe den Fürsten und Rittern zumuteten, ihre Abstammungsverhältnisse jenseits des dritten bis zum siebten Grad zu rekonstruieren, konnten sie ihnen kaum begreiflich machen, warum – und dies um so weniger, als eine ganze Reihe von Kirchenleuten am Rande der Orthodoxie darauf beharrten, daß Priester mit diesen genuin fleischlichen Angelegenheiten nichts zu schaffen hatten. Von sich aus befleißigten sich die Adligen genealogischer Nachforschungen vor allem dann – und zwar mit regelmäßigem Erfolg –, wenn sie eine Verwandtschaftsbeziehung aufspüren wollten, als das sicherste Mittel, um eine unerwünscht gewordene Eheverbindung aufzulösen.

Ob die Initiative von einem Familienoberhaupt ausging, das wie der alte König Philipp (mit seinem Sohn Ludwig) ein feierliches Scheidungsurteil durch das Plenargericht des Reiches für seine Tochter erlangen wollte[32], oder von Prälaten, die, aus fremdem oder eigenem Antrieb, ein ihnen anstößig erscheinendes Heiratsprojekt zu vereiteln suchten[33], in jedem

Fall bot man Geschworene auf, »edle, aus demselben Geschlecht geborene Männer«, die öffentlich die Grade zählten und ihr Zeugnis durch einen Eid vor dem kirchlichen Richter erhärteten.[34] Schriftkundige Kleriker hielten diese Erklärungen fest. So vermehrten sich die Pergamentblätter, auf denen die Stammbäume aufgezeichnet standen. Sie taten wieder und wieder ihren Dienst. Oben war bereits von den Genealogien die Rede, die Graf Fulco Réchin benutzte, um sich von seinen Frauen zu trennen. Ivo von Chartres hatte »vor seinen Händen« eine ganze Kollektion solcher Tafeln, aufgebaut nach dem Muster der biblischen Geschlechtsregister, die »beim Stamme beginnen und in genauer Berechnung bis zu den genannten Personen reichen«.

Solche Verfahren stimulierten das genealogische Gedächtnis, das allerdings ohnehin sehr lebendig war. Papst Alexander II. wußte dies sehr wohl, wenn er 1059, in einer Rechtfertigung des Umfangs der verbotenen Grade, bemerkt, daß zwischen Verwandten bis zum siebten Grad Freundschaft, die natürliche *caritas* herrsche und daß es nicht nötig sei, sie durch neue Bündnisse aufzufrischen, da bis dahin der Filiationszusammenhang »erinnert oder im Gedächtnis behalten wird«.[35] Mit dem Übergang freilich von der Mündlichkeit zur Schriftlichkeit gewann die Erinnerung an Schärfe und Zuverlässigkeit. Die unzähligen Inzestprozesse gegen Ende des 11. Jahrhunderts verstärkten somit das agnatische Zusammengehörigkeitsgefühl und beförderten Hand in Hand mit sozialen Strukturveränderungen jenes bereits beschriebene Umkippen des Bildes, das Adelshäuser in unserer Region von ihrer Verwandtschaft hatten, von der Horizontalen in die Vertikale.

Geschlechtstafeln von der Art derer, die Ivo von Chartres dem König von England vorlegte – »weil es sich keineswegs gebührt, daß die königliche Majestät eine Schuld auf sich lädt, die sie bei anderen mit der Strenge des Gesetzes ahnden muß«, d.h. eine Verwandtenheirat[36] –, erwecken den Anschein, als ob in früheren Generationen ähnliche Ehen häufig gewesen und als ob die Prälaten, oder wenigstens einige von ihnen, erst nach 1075, im großen Elan der Reformbewegung, kritischer geworden seien. Darüber hinaus demonstrieren sie auch, daß hohe Seigneurs sich nicht zu schade waren, Töchter zur Frau zu nehmen, die König Heinrich von England außerhalb der Ehe gezeugt hatte. Ganz im Gegenteil, sie stritten sich um sie.[37] Ein solches Verhalten läßt darauf schließen, daß gegen Ende des 11. Jahrhunderts, trotz aller Rügen der reformerischen Geistlichkeit, die Minderehe »nach dänischem Brauch« und ihre Sprößlinge noch keineswegs scheel angesehen wurden. Jeder war sich im klaren, daß Kinder aus diesen Verbindungen schlechteren Rechts keine Erbansprüche erheben konnten. In ihren Adern aber floß das Blut ihres Vaters, und das königliche Blut machte ihren Wert aus. Es ist wenig wahrscheinlich, daß diese Einstellung eine Eigentümlichkeit der Normannen war. König Ludwig VI. selbst schickte sich an, eine Bastardtochter des Markgrafen Bonifaz zu ehelichen. Der Vertrag war schon perfekt, aber Ivo von Chartres drängte, ihn mit Rücksicht auf die *maiestas* zu widerrufen[38]: ein König könne sich nicht dazu erniedrigen, sich gegen die »Ehrbarkeit« mit einem Mädchen zu vereinen, das aufgrund seiner illegitimen Geburt mit »Schande« behaftet sei. Vor den Männern der Kirche, die bestrebt waren, die christliche Gesellschaft zum »Guten«, wie sie es verstanden, zu führen, türmten sich Gewohnheiten auf, die seit Jahrhunderten friedlich gepflegt worden waren. Sie bildeten eine fast unüberwindliche Hürde. Kraft ihrer Vorhaltungen und ihrer Ausgrenzungsriten gelang es den rigoristischen Priestern allmählich, sie einzureißen. Aber es dauerte sehr lange, bis sie dem Konkubinat und der unehelichen Geburt im Bewußtsein aller ein Stigma aufgedrückt hatten. Als noch resistenter erwies sich der Brauch, seine Cousine zu heiraten. Denn nicht nur erhöhten die als inzestuös gebrandmarkten Verbindungen häufig den Ruhm der Geschlechter, sondern zahlreiche Inzeste ergaben sich in den großen Häusern auch zufällig, infolge der familiären Promiskuität. Das *Dekret* Burchards belegt die Virulenz der häuslichen Sexualität. Dasselbe Thema beschäftigte auch noch Ivo von Chartres, wie drei seiner Briefe zeigen.

Ein Mann bekannte, er habe vor seiner rechtmäßigen Hochzeit mit der Schwester seiner Gattin geschlechtlich verkehrt.

Was war zu tun? Sechs Zeugen waren bereit, seine eigene eidliche Aussage zu bekräftigen. Ivo entscheidet auf Trennung, wobei die Frau das Wittum »als Preis ihrer Schamhaftigkeit« behalten sollte.[39] Eine Ehefrau behauptete, mit dem Vetter ihres Mannes das Bett geteilt zu haben (die Frage wurde nicht von ihr selbst, sondern von dem Mann, dem Vetter, aufgeworfen). Antwort: Um die Beschuldigung zu beweisen, bedürfe es weiterer Schwurzeugen; zur Widerlegung hingegen genüge der Reinigungseid der Frau.[40] Ein Mann schließlich gestand, daß er vor der Eheschließung seine angehende Schwiegermutter »mit einer äußeren Befleckung besudelt« habe. Ein ähnlicher Fall war unlängst Papst Urban vorgetragen worden, der eine Trennung abgelehnt hatte: wo keine vollendete *commixtio carnis* vorliege, könne keine *disiunctio* »einer schlecht begonnenen oder geschändeten Ehe« erfolgen (in diesem Zusammenhang fällt die aufschlußreiche Definition einer »Vermischung des Fleisches, durch die sie [sc. Mann und Frau] in der Vermischung der Samen ein Fleisch werden«).[41] Aus Vorkommnissen wie diesen muß man den Eindruck einer erheblichen Sexualfreiheit innerhalb der Familien gewinnen. Sie war recht verbreitet. Wer eine legale Trennung von seiner Frau erwirken wollte, konnte vor den Priestern solche Verirrungen geltend machen. Zeugen ließen sich immer beibringen, die den Sachverhalt bestätigten; denn wer hatte nicht in diesen wandlosen Wohnungen beobachtet oder geglaubt zu beobachten, wie die löbliche Zuneigung zwischen Verwandten in weniger keusche Umarmungen hinüberglitt?

Nicht zuletzt ist Ivos Briefsammlung darum von Interesse, weil sie uns durch eine kleine Lücke in einer sonst dichten Nebeldecke wahrnehmen läßt, wie die aufgeklärtesten Kirchenoberen genötigt wurden, ihre Strenge geschmeidig zu handhaben. Der Bischof von Chartres ist ein eiserner Verfechter der Unauflöslichkeit. Als sich ein Pariser Chorherr verheiratet hat, kennt er kein Pardon: jener solle seiner Pfründe entsagen, in den niedrigeren *ordo* der Eheleute absteigen und darin verharren — was Gott zusammengefügt hat, darf niemand trennen.[42] Einmal aber kommt der Augenblick, in dem auch Ivo wankt. Man berichtete ihm von einem Ehemann, der herausgefunden hatte, daß seine Frau unfreien Standes war. Das war nun gewiß ein guter Grund, sie zu verstoßen; denn man mischte nicht das Blut der »Edlen« mit dem der »Knechte«, und außerdem hatten die Männer, die das Mädchen vergaben, betrügerisch gehandelt. Ivo erklärt eine Scheidung für möglich[43], wobei er aber darauf insistiert, daß der geistliche Richter nur eine Beendigung der »Werke der Hochzeit« genehmigen, also die Leiber trennen, nicht aber das »Sakrament« aufheben könne. Sein Urteil findet den Widerspruch eines Kollegen: Hat er also selbst eingeräumt, daß freie Männer eine unfreie Gattin entlassen dürfen? In einer sehr gedrechselten Verteidigung[44] erläutert er, was er geschieden habe, sei nicht eine Ehe, sondern ein schlechtes Konkubinat gewesen. Er beruft sich auf ein Dekret Papst Leos und betont vor allem, daß der Vertrag, der die wahrhafte, unauflösliche Ehe begründe, in gutem Glauben geschlossen worden sein müsse. Wo arglistige Täuschung mitspiele, sei es nicht Gott gewesen, der das Band knüpfte, sondern der Mensch, und ein solches schlecht geknüpftes Band sei man berechtigt zu zerschneiden. Der bedeutende Kanonist windet sich. Seine Argumente sind nicht die besten. Wie hätte er an den Grundfesten der Gesellschaftsordnung rütteln können, an einer Hierarchie der *ordines,* der Rangstufen und Klassen, an dem Prinzip, das er anläßlich des verheirateten Priesters selbst vertreten hatte, als er sich dafür aussprach, ihn von der Ebene des göttlichen auf die des menschlichen Gesetzes zu degradieren? Das menschliche Gesetz schreibt die Ehe vor. Nach der *lex naturae* aber gibt es, wie Ivo selbst ausgeführt hat[45], weder Freie noch Sklaven. Was nun? Zwischen den beiden »Ständen *(conditiones)*« der Laiengesellschaft liegt eine Barriere, die von Gott selbst errichtet wurde, und es ist undenkbar, daß die Theorie der guten Ehe jener anderen, höheren Theorie von der gottgewollten Ungleichheit zuwiderliefe.

Ivo zaudert und tastet. Der heikle Fall jedoch bringt ihn dazu, seine Überlegungen über den spirituellen Charakter des Ehebundes ein Stück weiterzutreiben. Es ist nicht der Koitus, so doziert er von neuem, der die Ehe schafft, sondern die beiderseitige verpflichtende Willensäußerung, der Treueid, die *bona fides.* Zwischen Gatten, die entdecken, daß sie hintergangen wurden, daß das Blut des einen das des anderen zu verschlechtern vermag, daß der eine den anderen durch das Konkubinat zur Knechtschaft herabwürdigt, kann keine wahre *dilectio* bestehen, sondern nur Groll und Haß. Wenn aber das »Gebot der Liebe« nicht zum Tragen kommt, kann das Paar nicht die Verbindung Christi mit der Kirche symbolisieren, kann es nicht das »Sakrament«, das Zeichen dieses Geheimnisses darstellen. Der sich schrittweise, anhand konkreter Fälle vollziehende Aufbau eines Rechts bereitete, wie man sieht, den Boden für die Ausarbeitung einer Theologie, die ihrerseits aufs engste an die fortschreitende Ausarbeitung einer Liturgie gebunden war.

In der Zeit um 1100 gab es innerhalb des hohen Klerus, dessen Säuberung nun beschleunigt vonstatten ging, eine Reihe von Männern, die sich wie Ivo von Chartres um die Vervollkommnung des juristischen Instruments bemühten, das exakte Kriterien dafür aufstellte, welche Paare im Namen Gottes miteinander vereinigt oder voneinander getrennt werden sollten, das die Ehegebräuche der Kontrolle von Priestern unterwarf und das auf diese Weise die Überordnung der geistlichen über die weltliche Gewalt sicherte. Dieselben und andere Prälaten arbeiteten auch an der Weiterentwicklung eines ideologischen Systems, das eine solche Überordnung legitimierte. Dieses System war eine Theologie der Ehe. In der Umgebung der großen Kathedralen, in Laon, Chartres, Paris, konzentrierte sich das Nachdenken mehr und mehr auf das Geheimnis der Inkarnation. Die Fragen, mit denen sich die als Richter tätigen Kirchenoberen in bezug auf die Ehe herumschlugen, trafen so zusammen mit zwei Fragen, die sich die Magister bei der Kommentierung der Bibel stellten: mit der Frage nach der Mutterschaft und der Jungfräulichkeit Mariä und mit der nach der Beziehung zwischen Christus und seiner Kirche.
Die erstere wurde in jenen Jahren um so dringlicher, als sich

damals die Verehrung der jungfräulichen Gottesmutter ausbreitete – eine Bewegung, die, wie der Fall Guiberts von Nogent zeigt, in einem gewissen Zusammenhang stand mit der
wachsenden Strenge der Sexualeinschränkungen für Priester,
die eine Höherbewertung der Jungfräulichkeit, und mit der
Verfestigung der agnatischen Struktur, die eine Höherbewertung der Mutterschaft nach sich zog. Maria verkörperte das
Bild einer Frau, die, in einer veritablen Ehe verheiratet, einen
Sohn zur Welt gebracht hatte und die dennoch dem Bösen
entronnen war. Damit war sie das Muster einer guten Gattin.
Im selben Maße wie auf die Worte Jesu beriefen sich die Magister, die das Modell der tugendhaften Ehe auf- und auszu-
bauen suchten, auf anekdotische Erzählungen kanonischer
oder apokrypher Herkunft, die allesamt um die Person des
Gottessohnes kreisten.

Das Abebben der eschatologischen Angst erhöhte nicht minder die Aktualität der zweiten Frage. Mochte die Welt – deren
Ende man nun nicht mehr so bald erwartete – noch so trost-
los sein, gleichwohl war Jesus in ihr gegenwärtig durch seine
Diener, die sein Wort weitertrugen. Welcher Art aber war die
societas zwischen ihm, der nunmehr zur Rechten des Vaters
saß, und seinen menschlichen Brüdern, die zu seinem Gedächtnis das Brot brachen, sowie den sehr viel zahlreicheren
Unmündigen im Geiste, die dieses Brot aßen? Die unaus-
sprechliche Beziehung zwischen Mensch und Gott ließ sich
nur durch eine Analogie erfassen, von der menschlichen Erfahrung mit anderen Beziehungen her, die ebenfalls von tiefer Ehrerbietung geprägt waren, so wie z. B. das Verhältnis eines Vasallen zu seinem Herrn oder, erhellender noch und von
größerer metaphorischer Kraft, das einer Ehefrau zu dem
Mann, der sie regierte, züchtigte und liebte.

Solche Überlegungen führten alle zu einer Präzisierung des
Sakramentsbegriffes. Die Männer der Studien, die sich im
Umkreis der Kathedralen versammelten, hatten die Aufgabe,
Priester auszubilden. Diese verbreiteten das Wort, aber auch
die Gnade, die ungreifbare Wohltat, die sich durch ihre notwendige Vermittlung vom Himmel herabsenkte und unter
dem Volk ausdehnte. In den Büchern, mit denen sich wäh-

rend der karolingischen Renaissance die bischöflichen Bibliotheken gefüllt hatten, stießen die Magister auf das Wort *sacramentum*. Augustin spricht vom »Sakrament der Ehe« und rechnet das »Sakrament« unter die drei Werte, die das *bonum coniugale* ausmachen. »Was groß ist in Christus und der Kirche«, so schreibt er[46], »das ist in allen einzelnen Gatten und Gattinen sehr klein und ist doch das Sakrament einer untrennbaren Verbindung.« Genau besehen, war der Sinn des Wortes, der bereits bei den lateinischen Kirchenvätern changierte, im wilden Denken des Hochmittelalters noch verworrener geworden. Im allgemeinen Sprachgebrauch bezeichnete *sacramentum* zunächst und vor allem ganz einfach den Eid, eine Selbstverpflichtung, bei der man Gott zum Zeugen anrief und einen heiligen Gegenstand, ein Kreuz oder eine Reliquie, berührte, und in dieser Bedeutung fand das Wort zwanglos seinen Eingang in die verbale Dimension des Eheschließungsrituals. Noch allgemeiner bezog es sich auf Segensformeln und -gesten, die bei allen möglichen Gelegenheiten für eine Vielzahl von Objekten verwendet wurden; wenn also ein Priester den Ring oder das Brautbett segnete, bot sich auch dafür das Wort mit dieser sehr vagen Konnotation an. Die Gelehrten schließlich verstanden unter *sacramentum* ein Zeichen oder Symbol. Weil er in der Abendmahlslehre nur diesen letzten Sinn anerkennen wollte, wurde Berengar, der Vorsteher der Domschule von Tours, in der Mitte des 11. Jahrhunderts der Häresie bezichtigt. Die breite Kontroverse, die seine Anschauungen auslösten, hatte in den verschiedenen Theologengruppen einen Prozeß der semantischen Klärung in Gang gebracht, der mit Nachdruck fortgesetzt wurde. In dem Moment freilich, als Ivo von Chartres seine Kanones-Sammlungen schuf, war der Sakramentsbegriff noch immer schwankend; es war eine noch offene Frage, ob er auf die Ehe in einem engeren Sinne anzuwenden sei als etwa auf den Lehnseid. Die zählebige Ansicht, daß die Ehe eine Sache des Fleisches und darum unausweichlich schuldhaft sei, ließ es als problematisch erscheinen, sie auf eine Stufe mit Taufe und Eucharistie zu stellen.
Diese Vorbehalte jedoch verblaßten, je mehr sich die Ge-

wohnheit einbürgerte, die an Worte, an den Atemhauch gebundenen, also geistigen und nicht fleischlichen Riten der Eheschließung vor die Kirchentür, in die Gegenwart eines Priesters zu verlegen, und je mehr sich das kanonische Recht konsolidierte. Seit dem Ende des 11. Jahrhunderts drangen von Italien her neue Texte in die kirchlichen Rechtsbücher ein, Vorschriften von Ambrosius über die *sponsalia,* römischrechtliche Vorschriften über den Konsens. Auf sie stützte sich Ivo von Chartres, um prägnant zwischen dem Eheversprechen, dem Gelöbnis bei Abschluß des Familienvertrags – als einer Angelegenheit allein der Vergabeberechtigten – und der eigentlichen Ehe zu differenzieren, die durch die feierliche Zustimmung der beiden Brautleute selbst, und insbesondere der Braut, zustande kam. In der Schule von Laon formulierten die Bibelkommentatoren die Unterscheidung zwischen der vorbereitenden und der endgültigen Eheverpflichtung, dem *consensus de futuro* und dem *consensus de praesenti.* Zur selben Zeit wagte es einer der bevorzugten Gesprächspartner Ivos, Hildebert von Lavardin, die Ehe unter die »Sakramente« einzureihen, und zwar in einer sehr exponierten Stellung[47]: »Drei Sakramente«, sagt er, »gibt es im Staat unseres Gottes, die sowohl zeitlich den anderen vorangingen als auch bei der Erlösung der Gottessöhne ... die wichtigste Rolle spielen [man bemerke den neuen Sinn: *sacramentum* bedeutet nicht mehr nur ›Zeichen‹, sondern Weg und Vehikel der wirksamen Gnade]«: Ehe, Taufe und Eucharistie. »Das erste von ihnen [d. h. das älteste] ist die Ehe.« Darum fällt die Ehe – und auf diesen Punkt wollte Hildebert hinaus – unter die kirchlichen Gesetze und die Jurisdiktion der Prälaten, trotz ihrer Nähe zum Fleischlichen.

Nach dem Tode Ivos von Chartres, in den so fruchtbaren Jahrzehnten zwischen 1120 und 1150, die in unserer Region den Wiederaufbau von Saint-Denis und die Ausschmückung des Tympanons von Chartres brachten, überstürzte sich die theologische Weiterarbeit. Zunächst vertieften sich die Gelehrten, indem sie das Wort *sacramentum* in seinem klarsten Sinn, als »Zeichen«, nahmen, in die Symbolbedeutung der ehelichen Verbindung. Ihr Ausgangspunkt war die Metapher, daß die Kirche die Braut Christi sei. Zwischen ihr und ihm besteht ein Band der Liebe, oder vielmehr: der vom *sponsus* ausfließende Lebensstrom hebt die *sponsa* zum Licht empor. Was diese Beziehung prägt, ist nicht der *amor,* der vom Körper kommt, sondern die *dilectio,* die vergeistigte, sich herablassende Fürsorge, die innerhalb des notwendig hierarchischen Gefälles zwischen Mann und Frau, der Grundlage aller irdischen Ordnung, am Werke ist. Kurz nach 1124 versuchte Hildebert von Lavardin – ein glänzender Rhetor, der sich aber ein wenig in den Windungen einer zögerlichen Dialektik verfängt – eine genauere Bestimmung des Zeichencharakters der beiderseitigen Selbstverpflichtung im Ehevertrag.[48] Nach Matthäus und Paulus müssen Mann und Frau bis zum Tode vereint bleiben. Warum? Weil »niemals Christus, niemals die Kirche stirbt« und somit das Hin- und Herfluten der *caritas* zwischen ihnen nie zum Stillstand kommen kann. Wie sollte man sich diese »allerseligste und geistliche Ehe« entzweit denken können? Auf diesen Sachverhalt weist die Unverbrüchlichkeit der fleischlichen Ehe hin *(designat):* ihre Stabilität »ist das Sakrament, weil sie das Zeichen [das symbolische Äquivalent] der heiligen Sache ist«, die Manifestation des Unsichtbaren im Sichtbaren. Wenn die Menschenehe nicht zerfällt, wenn sie bis zum Tode die Liebe zu bewahren vermag, dann ist sie selbst Sakrament und findet ihren Platz neben Taufe und Eucharistie, den heiligen Handlungen, die der Herr während seines Wandels auf Erden eingesetzt hat. In den Ohren Gerhards von Cambrai, der vor genau einem Jahrhundert den Ketzern entgegengetreten war, hätten solche Aussagen unvernünftig, ja lästerlich geklungen.

Nachdem dieser Schritt getan war, stand noch ein weiterer bevor. Auch wenn man konzedierte, daß die Ehe ein Zeichen des Heiligen war, konnte sie deshalb als ein Gnadenmittel gelten, das geeignet war, zur »Erlösung der Gottessöhne« beizutragen? Im Kloster Saint-Victor, vor den Toren von Paris, bemühte sich der Regularkanoniker Hugo um die Überwindung dieser Schwierigkeit. In seinem Traktat *Über die Sakramente des christlichen Glaubens* untersucht er die verschiedenen Formen, in denen die Geistlichen auf die Gesellschaft einwirken müssen. Der Titel ist erhellend. Die Sakramente, mehr als bloße Zeichen, sind die Instrumente dieser Mittlertätigkeit. In Buch II,11,2 behandelt Hugo von Saint-Victor die Ehe als eine Arznei, die die Gottesdiener kraft ihres Amtes den Laien zu ihrer Heilung zu verabreichen haben. Die Ehe besitzt also sehr wohl eine *virtus,* eine Heilswirksamkeit. Um ihr freilich eine solche Bedeutung beimessen zu können, ist es nötig, sie vom Sexuellen abzukoppeln. Auch Hugo ist ein Verfechter der Askese und bestrebt, die Ehe völlig zu spiritualisieren. In dieser Absicht betont er, stärker noch als der nicht weniger asketische Ivo von Chartres, die ausschlaggebende Rolle der verbindlichen Willenserklärung beider Brautleute bei der Verlobung[49]: »Wenn jener [sc. der Mann] spricht: Ich nehme dich zu der Meinigen, so daß du künftighin meine Gattin bist und ich dein Gatte, und wenn sie ähnlich spricht: Ich nehme dich zu dem Meinigen . . ., wenn sie also dies, wie es jeweils der Brauch ist [auf die rituellen Details kommt es dabei nicht an], sprechen oder tun und einander beide darin zustimmen, so liegt das vor, was ich sagen will: daß sie künftighin Eheleute sind« — und zwar gleichgültig, ob sich das Geschehen »vor rechtmäßigen Zeugen« abspielt, wie es die Norm verlangt, oder »zufällig nur zwischen ihnen beiden und heimlich, ohne jeden Zeugen oder Anwesenden . . .: dennoch sind sie ganz und gar Eheleute«. Das waren sehr kühne Sätze. Sie antworteten auf die häretische Herausforderung und bekämpften Heinrich von Lausanne auf seinem eigenen Terrain; aber sie befreiten zugleich die Individuen vom Machteinfluß ihrer Verwandtschaftsgruppen. Sie ignorierten das Familieninteresse, die Vorverhandlungen, sämtliche Fragen von Wittum, Geld und Ring. Alles dies, die ganze rituelle Einkleidung, galt nun als überflüssiges Beiwerk. Zugespitzt auf den Gelöbnisaustausch, wurde die Eheschließung vollkommen desozialisiert. Sie verlor ihre fundamentale Funktion, die in der offiziellen und öffentlichen Einführung einer neuen Zeugungseinheit bestand. Man kann sich leicht ausmalen, wie derartige Formulierungen den hartnäckigen Widerstand einer Gesellschaft provozieren mußten, die ihre Traditionen und damit ihre Strukturen verteidigte. Und schlimmer noch: Der Chorherr von Saint-Victor war der Meinung, daß es möglich – unerlaubt, aber möglich – sei, vor den Augen Gottes Mann und Frau zu werden, ohne kirchlichen Segen, ohne die Beteiligung von Priestern, also ohne Kontrolle, ohne sich der Befragung nach dem Verwandtschaftsverhältnis und seinen Graden zu unterziehen. Eine solche Behauptung konnte den Anschein erwecken, als würden damit alle Anstrengungen der Kirche, die maßgeblichen Eheschließungsvorgänge in ihre Riten einzubinden, mit einem Schlag zunichte gemacht. Das Opfer war enorm. Aber es war unumgänglich, um das allwichtige Ziel zu erreichen: daß die Hochzeit nicht mehr zählte, daß das Geschlecht nicht mehr zählte, daß die Ehe in ihrem Kern, in dem, was ihr eine heilende Kraft verlieh und sie befähigte, so wie die Taufe von der Sünde reinzuwaschen, aus der Sphäre des Fleisches herausgelöst wurde. Das Denken Hugos von Saint-Victor wagte sich zur radikalen Vergeistigung vor.

Durch die Forschungen von Francesco Chiovaro bin ich auf ein anderes Werk Hugos aufmerksam geworden, auf die um 1140 verfaßte Abhandlung *Über die Jungfräulichkeit der heiligen Maria*.[50] Der Autor meditiert darin über das Geheimnis, wie die Gottesmutter »wahrhafte Gattin« sein und doch zugleich Jungfrau bleiben konnte. Von hier aus stellt sich für ihn das ganz handfeste, irdische Problem – denn es ging bei Maria ja um eine historische, gelebte und überdies exemplarische Geschichte –, wie die verbindliche Erklärung des Ehewillens, die doch eine wechselseitige Unterwerfung der Gatten in der Erfüllung der ehelichen Pflicht implizierte, mit dem Entschluß zur Jungfräulichkeit vereinbar sei. Als legitime, durch beiderseitigen Konsens gestiftete Gemeinschaft erlegte die Ehe den Vertragsparteien reziproke Verpflichtungen auf. Ganz wie Hildebert von Lavardin sieht Hugo das Zentrum des Gelöbnisaustauschs in dem Versprechen, das Band bis zum Tode nicht zu zerreißen. Zwar enthält die Konsenserklärung in seinen Augen durchaus auch die Zusage, »einander den fleischlichen Verkehr abzuverlangen und zu gewähren«. Doch ist dieser Aspekt – von dem der Unauflöslichkeit so verschieden wie der Leib von der Seele und daher von nachrangiger Bedeutung – für ihn nur »Begleiter *(comes)* und nicht Bewirker *(effector)* der Ehe«, spielt also nur eine funktionale, abgeleitete Rolle. Das Band wird nicht dadurch geknüpft. Hier macht sich wiederum in nachdrücklicher Weise der Gedanke eines Primats der *spiritualia* vor den *temporalia,* d. h. der Welt und dem Fleisch bemerkbar, die den Eckstein der »gregorianischen« Ideologie bildete. »Wenn diese Funktion *(officium)* aufhört, soll man nicht glauben, daß damit die Wahrheit oder Wirkkraft *(virtus)* der Ehe aufhöre, sondern ganz im Gegenteil, daß die Ehe um so viel wahrer und heiliger sei, als sie allein durch das Band der *caritas* und nicht durch die Begehrlichkeit des Fleisches und das Feuer der Sinnenlust begründet wurde.« Im folgenden kommentiert Hugo Gen. 2: »Darum verläßt der Mann Vater und Mutter ...« Der Gatte muß in seiner Frau wiederfinden, was er um ihretwillen aufgegeben hat. Offenkundig aber war das, was ihn mit seinen Eltern vereinte, keine sexuelle Gemeinschaft, sondern »die Zuneigung des Herzens und das Band geselliger Liebe *(socialis dilectionis)*«. So begriffen, verweist die Genesisstelle auf das »Sakrament der Ehe, das im Geiste besteht« – wie auch die Liebe der Mutter für ihren Sohn eine geistige ist. Wir können hier erneut beobachten, wie dieser der Reinheit ergebene Stiftsherr, nicht anders als der Mönch Guibert von Nogent, unwiderstehlich zu seiner Mutter und über sie hinweg zur Jungfrau Maria hingezogen wird. Wenn es daher heißt, der Mann werde »seinem Weibe anhängen«, so meint diese Aussage »das Sakrament [Zeichen] der unsichtbaren Gemeinschaft, die im Geist zwischen Gott und der Seele hergestellt werden muß«. Dann freilich stößt der Exeget auf den Schluß des Verses: »und sie werden zwei in einem Fleische sein«, d. h. auf das Hindernis, das niemand überspringen kann: den Leib. Er interpretiert diese Worte als »das Sakrament [Zeichen] der unsichtbaren Teilhabe, die sich im Fleisch [= in der Erdenwelt] zwischen Christus und der Kirche ereignet hat. Groß also ist das Sakrament: sie werden zwei in einem Fleische sein, das sich auf Christus und die Kirche bezieht; größer aber ist das Sakrament: sie werden zwei in einem Herzen, in einer Liebe *(dilectio)* sein, das sich auf Gott und die Seele bezieht«. Der fleischliche Verkehr wird als beiläufig entwertet. Er kann beendet werden, ohne daß damit der Vertrag gelöst würde. Es wäre gut, wenn sich die Eheleute an Joseph ein Beispiel nähmen. Hugo von Saint-Victor, der sich selbst von der Welt abgekehrt hat, baut die Lehre der *Vita* des heiligen Simon von Crépy oder der Geschichte Kaiser Heinrichs, den der Papst bald heiligsprechen wird, in sein System ein. Ohne Rücksicht auf das Schicksal der Adelsgeschlechter oder der Menschengattung überhaupt stimmt er in den Chor all derer ein, die – Häretiker oder nicht – unentwegt nach der ehelichen Jungfräulichkeit rufen.

Die Prälaten, die darauf bedacht waren, einen konkreten Einfluß auf die Menschen und vor allem auf die Häuser der Vornehmen zu gewinnen, verzichteten klugerweise auf solche extremen Schlußfolgerungen. Zehn Jahre nach Hugo von Saint-Victor gelangte in Paris Petrus Lombardus zu einer Definition des Sakraments, die als definitiv anerkannt und rezipiert wurde[51]: »Das Sakrament ist das Zeichen einer heiligen Sache . . . Ebenso ist das Sakrament die sichtbare Form der unsichtbaren Gnade« (mit der Vorstellung des Zeichens, die im Falle der Ehe auf die Unauflöslichkeit zielt, verschlingt sich die Vorstellung einer realen Übertragung der göttlichen Wohltat). Im Abschnitt über die Ehe geht Petrus von der gleichen Unterscheidung aus, auf die sich auch Hugo gestützt hatte. Zwischen den Gatten, so schreibt er[52], besteht eine doppelte Verbindung »in bezug auf den Konsens der Seelen und in bezug auf die Vermischung der Leiber«. Die Kirche ist mit Christus in derselben Weise vereint, durch den Willen und durch die »Natur«, indem sie einerseits dasselbe will wie er und indem andererseits er die menschliche Natur angenommen hat. Sie, die Kirche, »ist also mit dem Bräutigam geistig und körperlich verbunden, d. h. durch die Liebe *(caritas)* und die Gleichförmigkeit der Natur. In der Ehe liegt die Figur dieser beiden Verbindungen. Denn der Konsens der Gatten [also die *desponsatio*] bezeichnet die geistige Verbindung Christi mit der Kirche, die durch die Liebe erfolgt. Die Vermischung der Geschlechter [also die Hochzeit] bezeichnet jene, die durch die Gleichförmigkeit der Natur erfolgt.« Die unvollzogene Ehe ist daher nicht weniger heilig; sie ist bereits »vollkommen«. Der bloße *consensus de praesenti,* die persönliche, »auf die Gegenwart gerichtete« Verpflichtung des Bräutigams gegenüber der Braut und umgekehrt, genügt, um eine Ehe zu schließen. Der Rest ist nur ein Zubehör *(pertinentia).* Das gilt sowohl für die Vergabehandlung der Väter oder Ersatzväter als auch für die Segenshandlung der Priester: weder die eine noch die andere fügen der Kraft des Sakraments etwas hinzu; sie machen es lediglich »ehrbarer«. Gleichwohl, und das ist zentral, behält die Sexualität ihre Bedeutung, ihren wesentlichen Platz, insbesondere im Rahmen der Menschengesellschaft; denn sie und nur sie ist es, die das andere Moment jener geheimnisvollen Gemeinschaft zwischen Gott und Mensch ausdrückt, in der »durch die Annahme des Fleisches die Glieder mit dem Haupt vereint werden«. Damit wird das Fleisch, wird die Hochzeit der Verwerflichkeit entzogen. An diesem Punkt freilich, nachdem er so viel eingeräumt hat, macht Petrus halt; als Gnadenmittel wird die Ehe von ihm nicht deklariert. Ihre *virtus,* die ihr voll und ganz durch die *desponsatio* zufließt, ist von rein negativer Art: die Ehe schützt vor dem Bösen. Wohl ist die Ehe ein Sakrament, aber sie ist nicht, wie etwa das Sakrament der Ordination, eine Quelle des Lebens. Ihre Wirksamkeit erschöpft sich in der Prophylaxe. Aus diesem Grund haftete dem Sakrament der Ehe, auch nachdem es zu eben jener Zeit offiziell als eines der sieben Sakramente der Kirche reklamiert worden war, weiterhin etwas Gepreßtes, Gezwungenes an – der Rest eines Unbehagens und Widerwillens gegenüber dem nächtlichen Geschehen des Ehebetts.

Die Ehe bestand bereits im Paradies vor dem Sündenfall und ist damit das einzige Sakrament, das nicht von Jesus eingesetzt, sondern nur ›von ihm wiederaufgerichtet‹ wurde. Aber eben die Ursünde hat sie ins Verderben gestürzt, und was immer man tun mag, um sie zu läutern und emporzuheben, etwas von jenem Fall hat sie gezeichnet, das sie erneut in den Schmutz ziehen kann. An der Nahtstelle zwischen dem Geistlich-Geistigen und dem Fleischlichen angesiedelt, ist die Ehe auch dasjenige der sieben Sakramente, das am offensichtlichsten auf das Geheimnis der Inkarnation hinweist – eine gefährliche Zwischenlage, auf einem schmalen Grat. Das Wichtige ist, daß sie schließlich, in der Mitte des 12. Jahrhunderts, sakralisiert wurde, ohne ihren Fleischescharakter einzubüßen. In diesem Augenblick verlor der Konflikt zwischen den beiden Verhaltensmodellen, dem kirchlichen und dem laikalen, entschieden an Schärfe.

Das 12. Jahrhundert

X

Im Königshaus

Um die Frontlinie dieses Konflikts abzustecken und ihr Vor und Zurück in der zweiten Hälfte des 12. Jahrhunderts zu verfolgen, ist es ratsam, zunächst zum höchsten der Adelsgeschlechter zurückzukehren, zu dem der Könige von Frankreich. Hier kann man, leichter und besser als anderswo, am Verlauf von drei Ehefällen die Übereinstimmungen und die Differenzen zwischen Krieger- und Priestermoral greifen.

1152 trennte sich König Ludwig VII. von seiner Frau Eleonore. Sie verließ ihn mitsamt ihrem Erbe, dem Herzogtum Aquitanien, das dann in den Besitz ihres neuen Gemahls Heinrich Plantagenet überging. Wegen seiner politischen Auswirkungen ist dieses häusliche Drama von den Historikern des 19. und 20. Jahrhunderts sehr genau untersucht worden. Aber schon zur damaligen Zeit warf jene Scheidung hohe Wellen. Man sprach davon; man schrieb darüber, viel und noch lange. Ein ganzer Stoß von Zeugnissen ist auf uns gekommen, die durchzuforsten sich nach wie vor lohnt. Eine dieser Quellen bietet die Version, die man am Hof von Frankreich verbreitet zu sehen wünschte. 1171 oder vielleicht etwas früher verfaßte ein Mönch von Saint-Germain-des-Prés eine Eulogie auf den »ruhmreichen König«.[1] Der Anlaß für sein Werk war möglicherweise die Geburt Philipps (1165), des männlichen Erben, mit dem Gott Ludwig endlich beschenkt hatte. Der Autor erblickt in diesem Ereignis eine ganz besondere Gnade, ersparte sie es doch den Franzosen, daß ihr Reich, wie es das englische so lange gewesen war, zum Zankapfel zwischen verschiedenen Thronbewerbern wurde. Hieran konnte man ablesen, daß der Allmächtige Frankreich bevorzugte. Vom ersten Satz an ist die *Historia*, die man in Paris zu Pergament brachte, chauvinistisch. Man muß dies im Auge behalten, wenn man versucht, den tatsächlichen Hergang der Geschichte aus dem Text herauszulösen.
Vater wurde der Herrscher durch seine dritte Gemahlin. Die

erste hatte er 1137 heimgeführt. Er war damals 16, sie zwischen 13 und 15 Jahre alt. Eleonore, deren Vater soeben gestorben war, hatte keine Brüder und war somit Erbin. Durch seine Ehe wurde Ludwig das Oberhaupt des Hauses Aquitanien. Er verheiratete selbst die Schwester seiner Frau; um das Bündnis zwischen den beiden Geschlechtern fester zu knüpfen, vergab er sie trotz aller Hindernisse der Verwandtschaft an Radulf von Vermandois, einen Vetter ersten Grades seines Vaters. Es dauerte lange, bis Eleonore ein Kind empfing. 1145 gebar sie eine Tochter, 1151 eine zweite. Das Paar war aus dem Heiligen Land zurückgekehrt. Was sich auf dieser Reise zwischen den beiden Gatten zugetragen hatte, verschweigt der offiziöse Geschichtsschreiber.

Die Scheidung wurde, so behauptet er jedenfalls, dadurch ausgelöst, daß »einige Angehörige und Verwandte an König Ludwig herantraten, mit ihm zusammenkamen und sagten, zwischen ihm und seiner Frau, Königin Eleonore, bestehe eine Verwandtschaftsbeziehung, was sie auch eidlich zu erhärten versprachen«. In der Tat waren Ludwig und seine Gemahlin im vierten und fünften Grad miteinander verwandt. Die Angehörigen hatten, nach eineinhalb Jahrzehnten, plötzlich den Inzest entdeckt. »Als er das hörte«, konnte der König es nicht über sich bringen, noch weiter in Sünde zu leben. Er wandte sich an den Bischof von Paris, in dessen Sprengel er seinen Wohnsitz hatte, und an den Metropoliten, den Erzbischof von Sens. Im März 1152 trafen in Beaugency die vier Erzbischöfe, in deren Bistümern die Stammgüter des Mannes und der Frau lagen, mit vielen Suffraganen und allerlei »Großen und Baronen des französischen Königreiches« zusammen. Diese gemischte Versammlung konstatierte in Gegenwart der beiden Eheleute die Blutsverwandtschaft, woraufhin in gebührender Weise die Scheidung »gefeiert« wurde.

An diesem Punkt zeichnet die *Historia* das Bild einer Eleonore, die nichts Eiligeres zu tun hatte, als eine neue Ehe einzugehen: »schnell« habe sie sich nach Aquitanien begeben und »ohne Verzug« Herzog Heinrich von der Normandie geheiratet. In Wirklichkeit war sie zuerst dem Grafen von Blois, der ihr auflauerte, und dann Gottfried VI. von Anjou, dem

Bruder Heinrichs, entronnen. Es war Heinrich, der sich ihrer bemächtigte und sie im Mai in sein Bett holte. Im Juli wurde er von Ludwig VII. und Gottfried, der den König unterstützte, angegriffen; der Krieg zog sich bis in das nächste Jahr hin. Ludwig seinerseits trug als gutes Familienoberhaupt Sorge, seine zwei Töchter zu vermählen, die erste (sie war acht Jahre alt) mit dem Grafen von Troyes, die zweite (erst dreijährig) mit dem Grafen von Blois, der sich so darüber hinwegtröstete, daß ihm die Mutter der Mädchen entschlüpft war. Dann heiratete der König selbst.

Nichts stand dem im Wege. Als inzestuös war seine erste Ehe von Anbeginn nichtig gewesen. Dennoch gibt sich der Mönch von Saint-Germain Mühe, die Wiederheirat zu rechtfertigen. Zwei Gründe führt er an: zum einen habe sich der König in das »göttliche Gesetz« fügen wollen, das den Laien den Ehestand vorschreibt; und zum anderen habe er, getreu der aristokratischen Familienmoral, in der »Hoffnung auf einen Nachfolger« gehandelt, »der nach ihm das *regnum Franciae* beherrschen würde«. 1154 überließ ihm der »Kaiser« von Spanien seine Tochter. Ein Kind kam zur Welt – wieder ein Mädchen, das beinahe sofort (1156) mit Heinrich, dem im März 1155 geborenen Sohn Eleonores und des Königs von England, zur Ehe »verbunden *(sociata)*« wurde. Der geistliche Verfasser beruhigt uns: dieser Vertrag, der nach Alter und Verwandtschaft der Brautleute so kraß gegen die eindeutigsten kanonischen Rechtssätze verstieß, wurde »auf Entscheid *(dispositio)* der römischen Kirche« geschlossen. *Dispositio, dispensatio* – das Vokabular ist noch fließend, aber der Mechanismus, der in vollem Respekt gegenüber der päpstlichen Autorität das Recht zu beugen erlaubte, funktionierte bereits perfekt. 1160 wurde eine zweite Tochter geboren, bei deren Entbindung die Königin starb. Der König nahm eine neue Frau. Er wartete nicht lange, nach dem englischen Chronisten Radulf von Dicetum nur 15 Tage. In Wahrheit waren es fünf Wochen, aber auch nicht mehr; denn er wurde alt und stand unter Zeitdruck. Die Eulogie erklärt seine Hast: Zunächst einmal sei der König zu seinem Entschluß »durch den Rat und die Ermahnung der Erzbischöfe, Bischöfe und der anderen

Barone seines Reiches« bewogen worden – die Ehe des Herrn war tatsächlich nicht nur seine eigene Angelegenheit, sondern die seines ganzen Hauses, hier also des riesigen Hauses, das sich durch Lehnsbande über ganz Nordfrankreich erstreckte. Vor allem aber habe sich Ludwig, auf sein Seelenheil bedacht, an der Regel orientiert, daß es besser sei zu heiraten, als zu brennen. (Aber war er noch so hitzig?) Zuletzt endlich erscheint sein Hauptmotiv: »Er fürchtete, daß das französische Königreich aufhören würde, von einem aus seinem Samen hervorgegangenen Erben regiert zu werden.« Die Auserkorene, die ihm den Stammhalter verschaffen sollte, war eine Tochter Theobalds von Blois. Ihr Vater war kein König; da sie Brüder hatte, konnte sie auf kein Erbe hoffen. Zu ihren Gunsten jedoch sprachen ihr Blut, das Blut Karls des Großen, und ihre Jugend, das Unterpfand ihrer Fruchtbarkeit. Diese Vorteile wogen schwerer als das sehr enge Verwandtschaftsverhältnis: Ludwig VII. heiratete die Schwester seines Schwiegersohnes. Fünf Jahre später wurde Philipp geboren.

Die *Historia pontificalis*[2], die 1160/61, also näher an den Ereignissen, von einem zuverlässigen Zeugen, Johannes von Salisbury, aufgezeichnet wurde, rückt die Scheidung in ein völlig anderes Licht. Der Autor hatte in eigener Person miterlebt, wie Ludwig und Eleonore 1149, als sie auf der Rückreise von einem Kreuzzug die Campagna Romana durchquerten, vor den »Herrn Papst« Eugen III. geführt wurden. Der Papst »beschwichtigte, nachdem er die Beschwerden beider angehört hatte, ganz und gar die Zwietracht zwischen dem König und der Königin, die in Antiochien ausgebrochen war. Er untersagte, daß künftighin von der Blutsverwandtschaft zwischen ihnen die Rede sei, bestätigte die Ehe und gebot in Wort und Schrift unter Androhung des Bannes, daß niemand, der sie anfechte, [vor Gericht] gehört und daß sie unter keinen Umständen aufgelöst werden solle ... Am Ende ließ er sie gemeinsam in ein Bett niederliegen, das er mit überaus kostbaren Decken aus seinem Besitz hatte schmücken lassen«. Diese Episode ist äußerst aufschlußreich. Hier betritt der Pontifex Maximus leibhaftig die Szene, der Souverän, dessen Entscheidungen in den Strukturen, die sich die Kirche im Zuge der Reform aufgebaut hatte, das höchstinstanzliche und letzte Wort waren. Resolut stellt der Papst die Unauflöslichkeitsforderung über das Exogamieprinzip. Er leugnet nicht den Inzest, sondern verbietet, daß man über ihn redet. Er blockiert die Rechtsprechungsmaschinerie: es soll keine Scheidung stattfinden, aus welchem Grund auch immer. Schließlich bestätigt der Papst die Ehe, ja zelebriert sogar eine nochmalige Hochzeit. Nicht zufrieden damit, das »Zerwürfnis des Geistes«, wie die *Vita* Godelives sich ausdrückt, zu beheben, vereint er von neuem die Leiber, indem er die Gatten zu Bett, zu dem reich geschmückten Hauptaltar des Hochzeitsritus geleitet. In diesem Ritus nimmt der Papst den Platz des Vaters ein; er segnet das Paar und ermahnt es, in Liebe *(caritas)* zusammenzuleben. Genau betrachtet, hat er, nach Anhören der Klagen beider Parteien, sein Urteil aus der Vollmacht seiner pastoralen Amtspflichten gesprochen. Er hat versöhnt; und eben dies ist die Aufgabe des Bischofs. In welchem Fall? Die kanonischen Sammlungen geben Auskunft: im Falle des Verdachts auf Ehebruch. Nach dem Kirchenrecht war Unzucht ein Scheidungsgrund; eine deshalb verkündete Trennung jedoch ließ eine Neuvermählung nicht zu. Nun aber hatte Ludwig damals erst eine Tochter, und er war König. Er mußte um jeden Preis dazu gebracht werden, seine Frau zu erdulden. Man entdeckt hier, was die Pariser Version peinlich verhehlt: die königliche Ehe war nicht nur durch den Inzest ins Zwielicht geraten. Aus der *Historia pontificalis* – die gut informiert ist: die römische Zentralisierung sorgte dafür, daß der Kurie jedes Gerücht bekannt wurde – erfahren wir mehr darüber. Alles hatte in Antiochien angefangen, wo Ludwig eine Zeitlang Station machen mußte, um wieder Ordnung in seinem Kreuzheer zu schaffen. Gastwirt des königlichen Paares war Fürst Raimund, ein Onkel Eleonores, und »die Vertraulichkeit des Fürsten gegenüber der Königin, ihre fast ununterbrochenen Gespräche flößten dem König Argwohn ein«. Gespräche, Worte – sie waren der erste Schritt im rituellen Ablauf der höfischen Liebe und die Vorstufe zu anderen Vergnügungen.

Als Ludwig VII. aufbrechen und nach Jerusalem weiterziehen

wollte, weigerte sich Eleonore, ihm zu folgen. Wie soll man das Verhalten Raimunds von Antiochien interpretieren? War das ganze für ihn nur ein Spiel? Er war der Onkel der Königin. Dachte er vielleicht daran, seine Nichte unter seine Verfügungsgewalt zu nehmen und sie mit ihrem überaus reichen Erbe, zum eigenen Vorteil, an diesen oder jenen zu vergeben? Ein solcher Plan hätte vorausgesetzt, daß sie eine neue Ehe eingehen konnte, daß sie also von ihrem gegenwärtigen Mann nicht wegen Unzucht, sondern wegen Inzest getrennt wurde. Jedenfalls geschah es in Antiochien, daß das Thema des Inzestverbots aufgebracht wurde, und zwar nicht, wie die kapetingische Schilderung glauben machen möchte, von den Angehörigen des Königs, sondern von der anderen Seite. »Die Königin«, schreibt Johannes von Salisbury, »erwähnte die Verwandtschaftsbeziehung und sagte, es sei nicht erlaubt, daß sie länger zusammenblieben, weil zwischen ihnen eine Blutsverwandtschaft im vierten und fünften Grad bestehe.« Eleonore hatte recht, und der Chronist fügt hinzu: »Diese Feststellung war schon vor ihrer Abreise in Frankreich zu hören gewesen, als der verstorbene Bischof Bartholomäus von Laon die Grade ihrer Verwandtschaft berechnete; ob es freilich eine zuverlässige Berechnung war oder nicht, ist ungewiß.« »Überaus beunruhigt« sei der König gewesen – und das war er wohl auch, aber nicht wegen dieser Enthüllung(?), sondern schon damals aus Angst, betrogen zu werden: ein Brief des Abtes Suger fordert ihn auf, seinen »Groll« bis zu seiner Heimkehr zu zügeln.[3] Doch hing er an seiner Frau »mit einer fast unmäßigen Zuneigung«; er »liebte die Königin [*amabat:* nicht mit *dilectio* oder *caritas,* sondern mit *amor,* der irdischen, fleischlichen Liebe, die zur Sünde führt] auf eine wilde und fast puerile Weise«. Für Johannes war es also der Fehler des Königs, daß er sich nicht so benahm, wie es einem *senior* zukam – derselbe Vorwurf, der im nachhinein auch gegen seinen Großvater Philipp erhoben wurde. Nach dieser Anschauung brach das Böse in eine Ehe ein, wenn sich der Mann der Leidenschaft überließ und unter den Einfluß seiner Frau geriet. Ludwig erklärte sich mit der Trennung einverstanden, holte jedoch zuvor den Rat seines Gefolges ein.

Man sieht hier, wie sich, neben den Blutsverwandten, auch die durch die Treupflicht mit ihrem Herrn verbundenen Lehnsleute in dessen Eheangelegenheiten einmischten. Im 12. Jahrhundert war es unter den jungen Vasallen Mode geworden, die Dame und Gattin ihres Patrons zu belagern und sich spielerisch von ihr hingerissen zu zeigen. Ihre Pflicht war es aber auch, sie zu überwachen – und ihren Herrn zu überwachen, daß er nicht seine Frau verließ und ohne Befragung seiner »Freunde« eine andere nahm. Als das königliche Oberhaupt, durch Liebe kindisch geworden, sein Haus nicht mehr im Griff hatte, zerfiel dieses in zwei Fraktionen. Eleonore hatte ihre Anhänger und verhöhnte die der Gegenpartei. Zu ihren Opfern gehörte auch einer der engsten Vertrauten Ludwigs, den sie als »Eunuchen« lächerlich machte; und tatsächlich war er, als Tempelritter, ein Verschnittener im Geiste. Wie die Standardfigur des eifersüchtigen Verleumders *(losengier)* im höfischen Roman, so arbeitete dieser Mann gegen sie und riet dem König, seine Frau unverzüglich aus Antiochien wegzuführen, sich aber auf keinen Fall von ihr zu trennen, »einerseits weil die Schuld durch den verwandten Namen [sc. Raimunds] hatte gedeckt werden können, andererseits weil dem Königreich der Franken eine ewige Schmach drohe, wenn es zu allem übrigen Unglück auch noch hieße, daß der König seiner Gattin beraubt oder von ihr verlassen worden sei«. Die Gefahr war die Schande – daß König Ludwig »von seiner Frau entehrt« würde, wie es Isengrim durch Reinhart Fuchs widerfuhr.[4] Und bestand nicht das *perpetuum opprobrium* in einer etwa zu erwartenden unehelichen Geburt? Die beiden Eheleute reisten zusammen ab. In beiden aber nagte eine Verbitterung, die auch Eugen III. gewiß nicht besänftigen konnte. Obgleich dieser nicht von *amor,* sondern von *caritas* sprach, wollte er doch ebenfalls die Schmach vermeiden und bereitete ihnen daher das Bett der legitimen Zeugung. Drei Jahre später wurden Ludwig und Eleonore, trotz des päpstlichen Verbots, in Beaugency geschieden.

Die anderen Chroniken der Zeit bestätigen fast durchweg die Mitteilungen der *Historia pontificalis.*[5] Kritik an der »Puerilität« des Königs übt auch Lambert von Wattrelos[6], der vielleicht als einer der ersten über die Scheidung berichtete. Wilhelm von Tyrus[7] führt das Scheitern des dritten Kreuzzuges auf die Sünde der Fürsten zurück, und zwar vor allem auf die Wollust Raimunds von Antiochien, der dem König »gewaltsam oder mit finsteren Machenschaften« seine Frau habe rauben *(rapere)* wollen. Dabei hatte er leichtes Spiel, denn Eleonore war »eine der törichten Frauen« und spielte gern; »sie war . . . eine unbesonnene Frau, die entgegen der königlichen Würde das Gesetz der Ehe mißachtete und die Treue des Ehebettes vergaß«. Seine Worte genau abwägend, läßt Wilhelm erkennen, was jedermann in Antiochien oder Tyrus dachte. Es war eine alltägliche Affäre: der Ehebruch einer Frau. Gegen Ende des 12. Jahrhunderts, auf der englischen Seite, fällen die Chronisten ein harscheres Urteil. Ob sie König Heinrich II. freundlich oder feindlich gegenüberstehen, sie belasten Eleonore. Wilhelm von Newburgh[8] schreibt die Schuld an der Niederlage im Heiligen Land der Leidenschaft König Ludwigs zu, der seine Gattin mit auf die Pilgerfahrt nahm und seinen Rittern damit ein schlechtes Beispiel gab. Das Heer hätte rein bleiben müssen, ohne Frauen, und die Kreuzfahrer enthaltsam, wie es sich für Krieger geziemt, die eine Schlacht gewinnen wollen. Somit war es letztlich die Königin, die verlockende, betrügerische neue Eva, von der das Verhängnis ausging. Wilhelm ist sich ebenso sicher wie Gervasius von Canterbury[9], daß sie eine Ehebrecherin war. Sie sei mit dem Gebaren des Königs unzufrieden gewesen, habe sich beschwert, daß sie »einen Mönch« geheiratet habe, und von einer anderen Hochzeit geträumt, »die besser zu ihren Sitten paßte«, oder richtiger: zu ihrem Temperament. Die Scheidung habe sie durch einen hinterlistigen Eid erlangt. Für Giraldus Cambrensis[10] war sie eine Melusine, eine böse Fee, durch die das Geschlecht der Könige von England vergiftet wurde. Die positive Rolle fällt Heinrich Plantagenet zu. Anders als Ludwig war er nicht pueril, sondern ein »Junger« im guten Sinne des Wortes, im Sinne der höfischen Romane und des Abenteuers. Seine feurige Jugendkraft entzückte die Frau des Königs von Frankreich; und so rächte er, ein wahrhafter Edelmann, durch die ›Liebe des Ritters‹ seinen Großvater Fulco

Réchin. Die Sünde in der ganzen Geschichte trägt Eleonore, die ihre Ehe brach, und das gleich doppelt; denn auch Heinrichs Vater, Gottfried Plantagenet, »hatte Königin Eleonore, als er Seneschall von Frankreich war, mißbraucht«. Ausdrücklich hatte er seinem Sohn untersagt, sie zu berühren, »teils weil sie die Gemahlin seines Herrn, teils auch weil sie von seinem Vater zuvor erkannt worden war. Als Gipfel dieser ungeheuerlichen Ausschweifungen nahm also König Heinrich es sich heraus, die genannte Königin von Frankreich durch ein ehebrecherisches Beilager, wie das Gerücht ausstreute, zu besudeln.« Eleonore »führte sich nicht wie eine Königin, sondern beinahe wie eine Hure auf« – das ist alles, was der Zisterzienser Helinand von Froimont[11] zu sagen für nötig befindet.

Die wechselvolle Geschichte der Ehe zwischen Ludwig VII. und Eleonore von Aquitanien offenbart, welche Hochachtung man auf dieser obersten Gesellschaftsebene für die juristischen Prozeduren innerhalb eines hierarchisch zentralisierten Kirchenapparats hatte, der sich geschmeidig auf die jeweilige Situation einzustellen wußte. Deutlich wird vor allem, wie 30 Jahre nach dem Tode Ivos von Chartres das Ehehindernis der Verwandtschaft gehandhabt wurde. Die kirchlichen Autoritäten behielten das Inzestverbot in der Hinterhand, um sich seiner bei Gelegenheit zu bedienen: wenn die Hochzeit zwischen Eleonore und Heinrich, wie Wilhelm von Newburgh erzählt, überstürzt gefeiert wurde, so mag dies durchaus darum geschehen sein, weil sich die Kirchenoberen des Westens auf Ersuchen des Königs von Frankreich anschickten, ihr aufgrund einer nur allzu realen Verwandtschaftsbeziehung einen Riegel vorzuschieben. Häufiger noch vielleicht lief die Inzestvermutung auf die Erteilung einer Dispens hinaus, eines Gnadenerweises, der auf die eine oder andere Art bezahlt werden mußte. Die hauptsächlichen Nutznießer jener Heiratsbeschränkung aber waren die Laien. Im obigen Fall machten beide Seiten, zuerst Eleonore, dann Ludwig, von ihr Gebrauch. Glaubten sie wirklich an eine Befleckung? Auch Papst Eugen III. dürfte schwerlich an sie geglaubt haben. Zwischen den Zeilen der Quellenberichte, deren Autoren fast alle das Leben am Hofe kannten, schimmert im übrigen das Spiel der Liebe durch, mit seinen rituellen Figuren, seinen Paraden – die geprägte Form, in der mittlerweile in vornehmen Kreisen die Verführung praktiziert wurde. Augenfälliger ist die Freiheit, mit der man sich in den Fürstenhäusern der Herrin nähern konnte. Eleonore scheint in Antiochien kaum beaufsichtigt gewesen zu sein, und ebensowenig in Paris, wenn man der – vielleicht fiktiven – Geschichte über ihr Verhältnis mit Gottfried Plantagenet trauen will. Solche Rahmenbedingungen nährten den allzeit latenten, allzeit entflammbaren Argwohn gegen die Ehefrau. Dieselbe Ungezwungenheit ließ auch die Verführung zu einem Schachzug in den Heiratsstrategien werden, und zwar speziell im Hinblick auf Erbinnen, die wiederum selbst nicht zögerten, ihren damit gegebenen Handlungsspielraum für eigene Zwecke auszuschöpfen. Jedenfalls scheint der weibliche Ehebruch in dem Milieu, von dem hier die Rede ist, nicht nur eine Angstphantasie der Gatten gewesen zu sein, sondern eine soziale Tatsache. Die »Verleumder«, die davon profitierten, wußten es wohl. Er war ein Trennungsgrund – auch wenn Männer es sich überlegten, bevor sie diese Konsequenz zogen, weil sie dadurch mit Schande bedeckt wurden. Doch war alle Welt davon überzeugt, daß die Unzucht einer Gemahlin die Gemeinschaft der Leiber sprenge, und die Regenten der Kirche mußten daher, wenn sie eine Versöhnung stifteten, den Hochzeitsritus wiederholen. Ludwig VII. endlich, über den man sich an sämtlichen Höfen lustig machte, war zwar gewiß – und nach dem Geschmack seiner Frau vielleicht allzu sehr – der gute, unterwürfige Ehemann, wie ihn die Kirche sich wünschte. Aber auch er stellte ohne Zweifel das Familiengesetz höher, da er entgegen den päpstlichen Weisungen und gewarnt durch den Himmel, der ihm 15 Jahre nach seiner Eheschließung wieder nur eine Tochter schenkte, Eleonore doch verstieß. Wenn sie nämlich auch in Zukunft keinen Sohn gebären würde, war Aquitanien so oder so verloren. Diese Frau war für das Geschlecht der Könige von Frankreich ohne jeden Nutzen, ja geradezu schädlich. In Übereinstimmung mit den gallikanischen Bischöfen, in allem Respekt vor dem Kirchenrecht, ließ er sich scheiden.

Die Scheidung Radulfs von Vermandois war sehr viel weniger glatt verlaufen. Sechs Jahre lang blieb die Angelegenheit in der Schwebe. Um die Schwester Eleonores heiraten zu können, hatte sich Radulf 1142 von seiner Gattin getrennt, die mit ihm verwandt war. Sein Bruder, der Bischof von Tournai, hatte zusammen mit Bischof Bartholomäus von Laon und dem Bischof von Senlis die Grade gezählt und beschworen. Freilich war jene Verwandtschaft weniger eng als die zwischen Radulf und der Frau, die er jetzt im Begriff stand zu nehmen. »Das Gerücht dieses Meineids«, sagt Hermann von Tournai[12], »verbreitete sich in der ganzen Gegend und wurde durch den Grafen Theobald ... vor die apostolische Kurie getragen. Denn die Frau, die Graf Radulf entlassen hatte, war seine [= Theobalds] Nichte, und die Schande der Verstoßenen betraf ihn [als Familienoberhaupt].« Theobald von Champagne verteidigte die Ehre, dieses Familiengut, und suchte Gerechtigkeit in Rom, wo die fürstlichen Fälle verhandelt wurden. Der Papst griff die Klage auf. Sie kam ihm sehr zupaß, lieferte sie ihm doch die Handhabe, ein Eheprojekt des Königs von Frankreich zu behindern, und damit ein willkommenes Druckmittel, um diesen an anderen Punkten, in bezug auf Bischofswahlen, zum Nachgeben zu zwingen. Ein Bundesgenosse des Grafen von Champagne war Bernhard von Clairvaux, der die Sache seines fürstlichen Wohltäters zu seiner eigenen machte. Er ließ seine guten Drähte zu Innozenz II., einem Gönner der Zisterzienser, spielen und rief den Papst mit Vehemenz zum Handeln auf. Seine Briefe lassen uns, ähnlich wie die Ivos von Chartres, einen recht breiten Ausschnitt des Vorganges erkennen, wie er sich aus kirchlichem Blickwinkel darbot.

»Wie kann die Kammer trennen, was die Kirche verbunden hat«, hält Bernhard dem Papst entgegen[13] und ist damit, soweit ich sehe, der erste, der unmißverständlich eine solche Befugnis der Kirche behauptet. 1084 hatte der Biograph der heiligen Godelive noch geschrieben, daß *Gott* die Ehe verbinde, und auch nach dem Matthäusevangelium ist es Gott, der zusammenfügt. Jetzt aber wagt man zu sagen, daß es die Priester sind. Für den Abt von Clairvaux segnen sie nicht nur die Verbindung, sondern knüpfen sie – eine erstaunliche Übertragung, die eine Folge der Ausweitung kirchlicher Jurisdiktionsgewalt war. Wenn Bernhard im übrigen in dem zitierten Satz von der »Kammer« spricht, so operiert er, der meisterhafte Stilist, insgeheim mit der Doppelbedeutung des Wortes. Die *camera* war der Ort, wo der Seigneur seine Ehefrau liebte; sie war das Bett, und in diesem Sinn ließ das Wort an Fleisch und Sünde denken. Außerdem aber war die Kammer in allen großen herrschaftlichen Häusern, und namentlich in dem des Papstes, auch der Raum, in dem man das Geld verwahrte. Und in der Tat, was in dem anstehenden Fall die geistlichen Werte korrumpierte, war das Geld. Es erscheint hier auf der Bühne der Akteur, dessen Rolle fortan immer gewichtiger wurde, der zentrale Faktor, der den sozialen und besonders den ehelichen Beziehungen eine immer größere Flexibilität verlieh und der gleichzeitig die Einstellungen veränderte: in die Begehrlichkeit, die Männer von hoher Geburt dazu trieb, diese oder jene Frau zu nehmen oder abzuschieben, zog hinterrücks, zunächst noch durch das Ruhmesstreben maskiert, der Drang zum Golde ein. Bernhard beschwört den Papst, er solle nicht eine Dispens verkaufen, die die Ehe Radulfs legitimierte.

Die Warnung war unnötig. In Lagny, auf dem Territorium des Grafen von Champagne, aber ganz in der Nähe der kapetingischen Domäne, fand unter dem Vorsitz eines päpstlichen Legaten ein Konzil statt. Das Urteil fiel ähnlich aus wie eineinhalb Jahrhunderte zuvor das gegen Robert den Frommen: Radulf sollte, bei Strafe der Exkommunikation, seine erste Gattin wieder zu sich nehmen, und die drei Bischöfe, die für ihn den Eid geleistet hatten, wurden wegen Beihilfe zur Scheidung suspendiert. Damit war auch Ludwig VII. als der Ehestifter entehrt. Er griff zu den Waffen. Theobald wurde besiegt und verzichtete auf seinen Einspruch. Nicht so jedoch Bernhard, für den das ganze gregorianische System einer Unterordnung der *temporalia* unter die *spiritualia* auf dem Spiel stand. Er schrieb an den Papst und forderte ihn auf, nicht lokker zu lassen. Gleichzeitig drängte er Theobald, zum Gegenstoß überzugehen, und zwar seinerseits durch Heiratsbündnisse: mit dem Haus Flandern durch seinen erstgeborenen Sohn und mit dem Haus des Grafen von Soissons durch seine Tochter. Der Protest des Königs ließ nicht auf sich warten. Man hätte ihn um Rat fragen müssen, da diese Ehepläne die Zukunft des Lehens betrafen, das der Graf von Champagne von ihm erhalten hatte. An diesem Streit wird der Anspruch des Feudalherrn sichtbar, im Verein mit den Männern der Verwandtschaft die Heiraten in seinen Vasallenfamilien zu kontrollieren. Seine Motive dafür lassen sich leicht erraten. Als Erbbesitz ging das Lehen über die Generationen hin von der Hand eines Mannes in die eines anderen über. Wenn sie jeweils vom selben Blut waren, konnte man hoffen, daß dieses Blut oder die ihnen zuteil gewordene Erziehung den Grund für eine Bereitwilligkeit zur Erhaltung der Freundschaft, zur loyalen Erfüllung der Lehnspflichten legen würde. Wenn hingegen der Nachfolger ein Schwiegersohn war, der einem anderen Geschlecht entstammte, bestand keinerlei Gewähr, daß er sich als »Freund« gebärden würde. Der oberste Herr des Landes wollte deshalb sein Wort in die Waagschale werfen, bevor die Töchter vergeben wurden.

Um die Manöver der Geistlichen zu parieren, bestritt Ludwig VII. die Gültigkeit der beiden Verlöbnisse, die der Graf von Champagne geschlossen hatte. Er stützte sich dabei einmal auf das feudale Gewohnheitsrecht, zum anderen aber auch, wie Hermann von Tournai bezeugt, auf das Inzestargument. In einem raschen Schwenk nahm Bernhard daraufhin das Ehehindernis der Verwandtschaft aufs Korn[14], das er nunmehr, wie vor ihm Heinrich von Lausanne, als eine Sache des Fleisches abtat. Man kann hier die Stoßkraft der Entwicklung erkennen, die in diesen Jahren, in der Zeit Hugos von Saint-Victor, langsam das Inzestverbot im Namen der Spiritualität aus der allbeherrschenden Stellung verdrängte, die es im Denken der Reformer einer christlichen Gesellschaft zur Zeit Ivos von Chartres okkupiert hatte. Es bezog sich allzu eng auf Leib und Blut und wurde darum herabgestuft. In den Vorder-

grund trat die Überzeugung, daß das Eheband die Seelen ver-
eine. Bernhard von Clairvaux hatte erklärt, daß das Band von
der Kirche geknüpft werde. Nun verkündete er, daß diese,
wenn es um ihre Macht ging, sich über die Nähe des Blutes
hinwegsetzen und eine Trennung verweigern könne. »Wenn
eine Blutsverwandtschaft [in den Verlöbnissen zwischen
Champagne, Flandern und Soissons] bestehen sollte, so weiß
ich davon nichts; denn wissentlich habe ich unerlaubte Ehen
nie gelobt und lobe sie auch jetzt nicht [im vorliegenden Fall
verschließt er einfach die Augen]. Doch möget Ihr wissen und
auch mein Herr, daß ein Verbot dieser Hochzeiten ... bedeutet, die Kirche zu entwaffnen und ihr viel Kraft zu entziehen.«
Nirgendwo zeigt sich klarer als hier der innere Zusammenhang zwischen dem Prinzip, das dazu führte, daß man
die Ehe als ein unauflösliches Sakrament betrachtete, und
dem Bestreben der Kirche, nichts von ihrer Macht preiszu-
geben.

Theobald ließ schließlich seine Pläne fallen. Den juristischen
Sieg freilich trugen Radulf und der König von Frankreich erst
1148 davon. Auf welche Weise, erzählt wiederum Johannes
von Salisbury, der sich damals im Gefolge Eugens III. befand,
in der *Historia pontificalis*.[15] Radulf hatte begriffen, daß er
Fürsprecher im Kardinalskollegium, der eigentlichen Entscheidungsinstanz, gewinnen mußte. Er erreichte sein Ziel,
wie der Chronist ironisch vermerkt, »nicht ohne den Verdacht, daß dabei Geld mit im Spiele war«. Nachdem alles unter der Hand arrangiert war, mußte noch der Feierlichkeit Genüge geschehen. An einem festgelegten Tag erschien der Graf
vor dem Gerichtshof, den der Papst in Reims abhielt. Seiner
Sache sicher, schwor er, daß er dem päpstlichen Urteil gehorchen werde. Seine erste Frau war ebenfalls anwesend: wie
zwei deutliche Konsenserklärungen durch »auf die Gegenwart gerichtete Worte« die Ehe begründeten, so erforderte
auch ihre Trennung, daß die beiden Gatten sich Auge in Auge
vor Zeugen äußerten. Und nun machte sich Eugen daran, ein
Urteil zu kassieren, das von all seinen unmittelbaren Vorgängern gefällt und dessen Billigkeit seit Jahren nur von sehr
wenigen angefochten worden war. Er eröffnete das Verfah-

ren, indem er sich zunächst an die Gattin und hinter ihr an die männlichen Schutzhelfer aus ihrer Herkunftsfamilie wandte. Als der berufene Beschirmer verstoßener Frauen versicherte sie der Bischof von Rom seiner Gunst: »Du beklagst dich, daß dir das gerichtliche Gehör verweigert und daß du durch die List und Gewalt der Gegenpartei beeinträchtigt worden seist. Wir aber haben dich wieder zum Prozeß zugelassen, auf daß du mit den Deinen für dich, so wie der Graf für sich, in Freiheit vorbringen kannst, was dir beliebt.« Die zu diesem Moment einzig rechtmäßige Gattin bedankte sich und tat kund, daß sie keinen Wert darauf lege, zu einem Gemahl zurückzukehren, »dessen Sinn *(animus)* eine andere ihr weggeraubt habe«; sie wolle gern vernehmen, was die Gegenseite zu sagen habe. Dann traten die Anhänger Radulfs vor, »um unter Berührung der Evangelien die Verwandtschaftsbeziehung zu beeidigen, die sie bei anderer Gelegenheit verschleiert hatten« – an ihrer Spitze der hochheilige Bartholomäus von Laon, der Freund des heiligen Norbert und des heiligen Bernhard. Zwar gebot der Papst, als sich die Hand des Bischofs zum Schwur nach dem Buch ausstreckte, mit klugem Bedacht Einhalt; das Zeugnis aber wurde entgegengenommen. Gleich darauf erfolgte die Scheidung: die Ehe war inzestuös, also null und nichtig, und Mann und Frau hatten die Möglichkeit, sich anderweitig zu vermählen. Doch wurde verfügt, daß der Graf von Vermandois der Frau, die seine Gattin gewesen war, ihre Brautgabe aushändigen müsse. Nicht ohne Erstaunen erfuhr man nun, daß Radulf die *dos* dem Grafen Theobald bereits zurückerstattet hatte, »woraus alle Welt den Verdacht gewann, daß die Sache zwischen den Parteien abgekartet worden war«. Einige empörten sich, so auch Bernhard von Clairvaux. In seinem Ingrimm über den Triumph des Grafen, der so lange »der Kirche ein Ärgernis bereitet« hatte, prophezeite er: »Niemals wird aus diesem Bett ein Sproß hervorgehen, der eine löbliche Frucht im Volke Gottes bildet.« Seine Voraussage, kommentiert Johannes, ging teilweise in Erfüllung. Die zweite Gemahlin starb wenig später und hinterließ drei Kinder. Unter ihnen war ein Sohn, der als Knabe – ein sichtbares Zeichen der Verderbnis – vom

Aussatz befallen wurde. Die damit erbberechtigten Töchter wurden beide sehr gut verheiratet, mit den Grafen von Flandern und von Nevers, blieben aber kinderlos. So strafte der Himmel den Ehebruch an seinen Früchten. Radulf nahm eine dritte Frau und wurde kurz darauf krank. Sein Arzt verbot ihm den Geschlechtsverkehr. Er aber war *uxorius,* d.h. seiner Gattin hörig, ein Gefangener seiner *libido,* und schlug den Rat in den Wind; drei Tage später war er tot. Ziehen wir die Moral, die doppelte Moral aus dieser Geschichte. Es ist wenig wahrscheinlich, daß Johannes von Salisbury der Meinung war, das Blut des Grafen von Vermandois sei durch den Inzest geschädigt worden. Wer hätte an eine abträgliche Wirkung jenseits des dritten Grades geglaubt? Was vielmehr den Grafen vor allem zu Fall brachte, wofür er büßen mußte, waren zwei Verfehlungen – die Sinnenlust: daß er sich und mehr noch seine Frau nicht zu beherrschen vermochte; und die Unbotmäßigkeit: daß er »der Kirche ein Ärgernis bereitet« hatte. Und das ist die andere Lehre des Exempels: dem Sünder, der sich der Jurisdiktion der Priester unterwirft, wird verziehen. Ein guter Christ mußte das Spiel mitmachen. Es war ein subtiles Spiel, das überdies durch die »Begehrlichkeit«, die bis in die höchsten Sphären der kirchlichen Hierarchie hineinreichte, und durch die Widersprüchlichkeit der kanonischen Texte kompliziert wurde. Auf der Basis ein und desselben Rechts konnte Eugen III. in Reims eine Ehe trennen und im folgenden Jahr in Tusculum eine andere von neuem verbinden. In jedem Fall handelte er zum »Nutzen« der Kirche. Entscheidend war, daß deren Autorität anerkannt wurde.

Diese Anerkennung setzte sich in der zweiten Hälfte des 12. Jahrhunderts immer mehr durch. Die Päpste waren jetzt Gelehrte, wie etwa Alexander III. (1159–1180), vormals Magister Rolandus, ein exzellenter Jurist. Durch Friedrich Barbarossa aus Rom vertrieben, residierte er lange als ein Freund Ludwigs VII. in Frankreich und übernahm hier, wenngleich mit größerer Majestät, die einstige Rolle Ivos von Chartres. Er beantwortete Anfragen der Bischöfe zu Ehesachen, traf

Entscheidungen und erließ Urteile, wobei er insgesamt dem Bereich der Ehe mehr Aufmerksamkeit widmete als irgendeiner seiner Vorgänger. Seine Prinzipien waren klar: Unauflöslichkeit vom Konsensaustausch an; Feierlichkeit der *sponsalia* vor der Kirche in der notwendigen Gegenwart eines Priesters. Andererseits behielt er sich vor, seine Gewalt, zu lösen und zu dispensieren, je nach Umständen und Personen großzügig und flexibel zu handhaben. Während seines Pontifikats beschleunigte sich, im Wandel der ganzen Gesellschaft, die Bewegung, die zu einer Angleichung zwischen der von der Kirche und den Familienoberen vertretenen Moral führte. Dennoch flackerte nach seinem Tode innerhalb des kapetingischen Hauses eine letzte Krise auf, die auch diesmal wieder untrennbar mit politischen Verwicklungen verknüpft war.

Am 28. April 1180 verheiratete man den jungen Philipp II. (August), den Sohn Ludwigs VII. Sein Vater war nicht mehr handlungsfähig. Seit seiner letzten Ehe neigte er dem Hause Champagne zu, während sein Sohn aus natürlicher Opposition dem Grafen Balduin von Flandern den Vorzug gab. Dieser war von karolingischer Abkunft und kannte die Prophezeiung, von der man damals in der ganzen Region sprach: daß sieben Generationen nach Hugo Capet – und die Generation Philipps war die siebte – die Krone Frankreichs wieder an die direkte Linie Karls des Großen zurückfallen werde.[16] Balduin hatte selbst keine Kinder: auf dem Leib seiner Frau lastete der Fluch, den sich ihr Vater, Radulf von Vermandois, durch seine Aufsässigkeit zugezogen hatte. Gleichwohl behielt er sie bei sich. Seine Scheu vor einer Verstoßung, die noch vor einem halben Jahrhundert jedermann nicht nur für zulässig, sondern sogar für geboten angesehen hätte, ist ein Indiz für den Druck, den die siegreiche Klerikermoral nunmehr auf das Verhalten des Adels ausübte. Doch besaß Balduin eine Nichte, die er zärtlich liebte und wie eine Tochter behandelte und deren Vater, der Graf von Hennegau – auch er ein Nachfahre der Karolinger –, in noch höherem Maße von der Karlslegende fasziniert war. Elisabeth war ein Jahr zuvor dem Sohn des Grafen von Champagne förmlich zugesagt worden. Der Vertrag wurde gebrochen und die Neunjährige mit dem fünfzehnjährigen Philipp verlobt. Die Hochzeit sollte stattfinden, wenn sie mannbar geworden wäre. 1184 hielt man diesen Zeitpunkt für gekommen, aber inzwischen hatten sich die Bündnisfronten verkehrt: Philipp stand nun unter dem Einfluß seiner Onkel mütterlicherseits von Champagne, die versuchten, seine Ehe vor dem Vollzug auseinanderzubringen. Zu diesem Zweck wurde ein Konzil in Senlis einberufen. Man begann dort, von Verwandtschaft zu reden. Die Chronisten von Flandern und Hennegau schildern, wie die Grafentochter barfüßig durch die Straßen der Stadt streifte, gefolgt von Aussätzigen und Armen, die unter den Fenstern ihres Palastes laut klagend das gute Recht Elisabeths einforderten. Philipp trat von seinem Scheidungsvorhaben zurück, lehnte es jedoch ab, mit seiner Frau »im Bett und durch die eheliche Pflicht zu verkehren«.[17] Sie war noch sehr jung; aber wie viele verheiratete Mädchen waren nicht in ihrem Alter bereits schwanger! Sie wartete. 1187 gebar sie einen Sohn, Ludwig. Drei Jahre später starb sie – vielleicht weil sie so früh Mutter geworden war. Sie hatte ihre Aufgabe erfüllt. Ihr Onkel und ihre Tante hatten sie mit einer reichen Mitgift ausgestattet, die nun der Witwer, im Namen seines Sohnes, in Beschlag nahm.

Danach begab sich Philipp auf einen Kreuzzug. Als er krank und von ängstlichen Sorgen erfüllt zurückkehrte, wollte er wieder heiraten, wie es sein Vater zweimal getan hatte, und zwar aus denselben Gründen – weil er »brannte« und weil die dynastische Pflicht es von ihm verlangte: der kleine Ludwig war schwächlich, und in vielen Köpfen spukte die Weissagung herum. Als Braut kam nur eine Königstochter von edelstem Blut in Frage. Am 14. August 1193 vermählte sich Philipp mit Ingeborg von Dänemark. Alles war für die Krönung am folgenden Tag vorbereitet. Aber am Morgen erklärte der König, er wolle sie nicht mehr. Schlagartig hatte sich während der Hochzeitsnacht, wie bei dem Ehemann Godelives, die Liebe in seinem Herzen in Abscheu verwandelt. Wie der Mönch Rigord erläutert[18], hatte der Bräutigam, »durch bösen Hexenzauber behindert«, seinen nächtlichen Part nicht spielen können – derselbe Fall wie bei dem Vater Guiberts von Nogent. Aber der König konnte nicht sieben Jahre lang auf die Lösung des magischen Bannes warten. In Compiègne, vor einer Versammlung von Baronen und Bischöfen unter Vorsitz des Erzbischofs von Reims, zählten 15 Schwurzeugen, von denen 12 aus dem Königshaus kamen, mit großem Pomp die Stufen der Abstammung und bewiesen, daß die beiden Gatten im vierten Grad miteinander verwandt seien. Man hatte zu dem einfachsten Mittel gegriffen. Der Bruder Ingeborgs jedoch, der König von Dänemark, wollte sich so wenig wie Theobald von Champagne mit der ihm zugefügten Schmach abfinden. Genau wie dieser appellierte er an den Papst: man habe schlecht gezählt, wie sich aus genauen Stammbäumen, die er vorlegte, ergebe. Cölestin III. begnügte sich klugerweise mit einer Warnung an Philipp. Im Juni 1196 nahm der König eine andere Gemahlin: Agnes, die Tochter des Herzogs von Meran. Da Ingeborg noch lebte, war er damit Bigamist. Der Nachfolger Cölestins, Innozenz III., der 1198 sein Amt antrat, befahl ihm von der Höhe seiner theokratischen Ansprüche herab, die »hinzugeheiratete« Frau aus seinem Bett zu vertreiben und so nicht nur dem Ehebruch, sondern auch dem Inzest ein Ende zu machen; denn Agnes' Schwester hatte einen Neffen von Philipp August zum Mann. Der päpstliche Legat Petrus von Capua ging nicht bis zur Exkommunikation, belegte aber das ganze Reich mit dem Interdikt, was die Einstellung jedes Gottesdienstes bedeutete. Die Verhandlungen begannen. Sie zogen sich über 15 Jahre hin. Je nachdem, ob sich der Papst in einer Position der Stärke fühlte oder nicht, wechselten Strenge und Milde einander ab. Im übrigen hielten sich die Prälaten nicht an den Interdiktbescheid. Und als dann das Problem eines überhandnehmenden Ketzertums sehr viel dringlicher wurde – es war dies die kurze Blütezeit der Katharer –, mußte sich Philipp lediglich zum Schein unterwerfen und zusagen, den Spruch der Kardinäle zu akzeptieren, damit die Sanktion widerrufen wurde. Der Prozeß wurde 1201 in Soissons vor zwei Legaten eröffnet, von denen der eine aus der Verwandtschaft des Königs konziliant, der andere, ein alter Benediktiner, unerbittlich war. Zwei Wochen lang wogte der Streit der Juristen hin und her, bis Philipp brüsk den Schauplatz verließ, wobei er Ingeborg mit sich führte. Nach Rigord »entfloh er den Klauen der Römer«.[19]

Der Papst war damals mehr denn je auf die kapetingische Freundschaft angewiesen, und die Gesandten des Königs bearbeiteten die Kurie. Im August starb Agnes, während Ingeborg sich einer ungebrochenen Gesundheit erfreute: in ihrem erzwungenen Alleinsein waren ihr die Risiken einer Serie von Schwangerschaften und Geburten erspart geblieben. Philipp war kein Bigamist mehr, lebte aber in Sünde: 1205 schenkte ihm ein ›Fräulein aus Arras‹ einen kleinen Bastard. Konnte man einfach zusehen, wie seine Seele in Gefahr war? Er erhob Einspruch: man behandle ihn härter als Friedrich Barbarossa, als Johann Ohneland, als seinen Vater Ludwig VII. Und seine Leute spannen Heiratsprojekte, die Innozenz III. befriedigen konnten. Dieser ließ sich erweichen. Im November 1201 hatte er den Sohn und die Tochter aus der Verbindung mit Agnes von Meran legitimiert, mit der Rechtfertigung, er denke an das öffentliche Wohl, wenn er so die Thronfolge den Schwankungen des Zufalls entziehe. War Philipp im übrigen gar so schuldig? Er war nach Compiègne gekommen und hatte die Autorität der Kirche anerkannt. Schritt um Schritt näherte man sich einem Kompromiß. Der Inzestvorwand war definitiv nicht mehr zu gebrauchen. Also versuchte man es mit einem anderen Grund und gab vor, die Ehe sei nicht vollzogen worden. Man erinnerte daran, daß in einem ähnlichen Fall, in dem ein fünfzehnjähriger Bräutigam in der Hochzeitsnacht einen unüberwindlichen Widerwillen gegen seine drei Jahre jüngere Braut entwickelt hatte, Papst Alexander III. die Wiederheirat des Mannes genehmigt hatte. Aber auch dieser Ausweg erwies sich als nicht gangbar, da Ingeborg hartnäckig darauf insistierte, daß sie von Philipp erkannt worden sei. Trotz aller Bemühungen der Kasuisten, zwischen der ›Vermischung der Geschlechter‹ und der ›Vermischung der Samen im weiblichen Gefäß‹ zu unterscheiden, mußte man schließlich die *ultima ratio* ins Auge fassen, daß die Königin sich zum Klostereintritt bereit erklärte. Im April 1213 jedoch, als Philipp mit Unterstützung des Papstes Vorkehrungen für einen Einfall in England traf, kündigte er an, er werde Ingeborg wieder in Gnaden und ehelicher Liebe aufnehmen. Er ging nun auf sein 50. Lebensjahr zu. Ludwig, sein Sohn, hatte soeben einen Knaben gezeugt. Der Konflikt war beendet.

Er hatte, mit immer neuen Schüben, lange angedauert und das Nachdenken der Doktoren beflügelt. Führen wir uns die enormen intellektuellen Anstrengungen der damaligen Zeit vor Augen: Kanonisten, die sich um eine Harmonisierung der Widersprüche zwischen den normativen Texten bemühten, all die Gerichtspraktiker, die in jeder Stadt zur Lösung konkreter Probleme herausgefordert waren, und schließlich in Paris die Bibelkommentatoren, die, ausgehend von der Ehemetapher, ihre Vorstellungen über das Verhältnis zwischen dem *corpus ecclesiasticum* und der göttlichen Inspiration vertieften. Ein Produkt dieser Denkbewegung war das Bild von der Krönung Marias, das grandiose Schauspiel, das die Bildhauer in derselben Epoche, in der Philipp Ingeborg verstieß, auf dem Tympanon von Senlis in Stein bannten. Wenn hier die Jungfrau/Kirche an der Seite des Bräutigams Christus, auf einer Ebene mit ihm, dargestellt wird, so bezeichnet dies die Gleichberechtigung der Gatten innerhalb der ehelichen Gemeinschaft. Die Geste der Krönung hingegen, in der die Unterordnung des Sohnes unter die Mutter aufgehoben ist, bringt zugleich die Idee zum Ausdruck, daß der Mann das Haupt und daß die Frau, die von ihm mit Gaben überhäuft wird und dasselbe will wie er, ihrem Manne notwendig unterworfen sei. In jedem Fall erfuhr die Ehe durch die Entfaltung ihrer Symbolbedeutung eine neue Wertschätzung: in den Glossen zur Apokalypse findet man (nach einem Hinweis von Guy Lobrichon) ab dem Anfang des 13. Jahrhunderts nichts mehr, was dem Ehestand eine mindere Würde zuschriebe.
Aber schon die Magister der Pariser Schulen, denen an der Ausbildung tüchtiger Prediger gelegen war, stellten die *lectio,* die kommentierte Lektüre der *divina pagina,* auf die Gewinnung moralischer Lektionen ab und führten den heiligen

Text mittels erbaulicher Anekdoten an das Alltagsleben, an die soziale Realität heran. Viele dieser Gelehrten waren mit der königlichen Kapelle verbunden und direkt in die Scheidungsaffäre und ihre einzelnen Verfahrensschritte verwickelt worden; so auch Petrus, der Kantor des Kapitels von Notre-Dame.[20] In den Aufzeichnungen, die von seinem Unterricht erhalten sind, sehen wir ihn immer wieder mit der Institution der Ehe befaßt, mit der Ungewißheit und Laxheit, die in diesem Bereich damals herrschten: »Da die Ehe sowohl durch die Autorität ihres Stifters als auch aufgrund des Ortes, an dem sie eingesetzt wurde, nämlich des Paradieses, hervorragt und ein besonders vornehmes Sakrament in der Kirche ist, wundere ich mich, warum sie so vielfältigen Variationen unterliegt, wo doch kein anderes [Sakrament] ebenso variiert.«[21] Die Schuld an dieser mißlichen Lage trägt die pontifikale Willkür. Der Papst ist der Herr des Rechts geworden. »Es steht in seiner Macht, Dekrete zu erlassen, zu interpretieren und außer Kraft zu setzen« – so lautet eine Warnung, die der Erzbischof von Lyon, Johannes Bellesmains (1182-1193), einigen Pariser Klerikern auf den Weg nach Rom mitgab[22]: sie sollten auf der Hut sein, sie würden auf Leute treffen, die es gewohnt seien, mit Kanonestexten zu jonglieren. Ein solches Jonglieren war einträglich, denn mit seiner Hilfe ließen sich Dispense besser verkaufen, bis hin zu Verwandten im dritten Grad. Ein anderer Magister, Robert Courçon, benutzt Eleonore als Fallbeispiel[23], die ungeachtet aller Ehehindernisse zuerst mit Ludwig VII. hatte zusammenbleiben und dann Heinrich Plantagenet hatte heiraten dürfen. Angesichts der zahlreichen Kriege, die daraus entsprungen waren, fragt er sich, ob die päpstliche Autorität, als sie derartige Übertretungen duldete, wirklich zum »Nutzen« der christlichen Gemeinschaft gehandelt habe. Die Hauptverantwortlichen für die Rechtsunsicherheit jedoch waren nach Meinung dieses Gelehrtenkreises die *curiales,* die Männer des Hofes, zunächst der römischen Kurie, dann aber auch der Provinzialkurien an den einzelnen Bischofssitzen. Was die Moralisten anprangerten, war die Begehrlichkeit der Juristen, der ganze Geldverkehr, der u.a. dazu führte, daß anhängige Prozesse vom päpstlichen Gericht an die weniger strengen Lokalinstanzen zurückverwiesen wurden. Petrus Cantor erinnert sich an ein persönliches Erlebnis.[24] Ein Ehepaar aus seiner Verwandtschaft hatte seinen Rat eingeholt. Sie waren sich bewußt, daß sie »innerhalb der sieben Grade verbunden worden waren«, und beunruhigten sich deswegen – ein kleiner Beleg dafür, wie die rapide Entwicklung der Predigt und der Ohrenbeichte das Schuldgefühl unter den Laien verschärfte. Was konnten sie gegen ihre Gewissensbisse tun? Ihr studierter Verwandter antwortete ihnen, »sie sollten den Herrn Papst hören und keinesfalls von ihm scheiden, bevor nicht seine Autorität sie zur Weiterführung ihrer bisherigen Ehe ermächtigt oder eine Trennung zwischen ihnen vollzogen habe«. Aber es half alles nichts: in Rom verwies man sie an den Erzbischof von Sens, der sie wiederum an den Bischof von Paris verwies, der ihre Ehe dann bestätigte. Die Entscheidung war weise, aber wenig konform mit den Grundsätzen, für deren Aufrichtung Ivo von Chartres gekämpft hatte. Und wieviel Zeit war bei alledem verloren, wieviel Geld ausgegeben und verteilt worden. Robert von Courçon wiederum[25] geißelt die Männer, die »fast in der ganzen gallikanischen Kirche zu mieten sind, damit sie Scheidungen zelebrieren [nämlich die Verwandtschaft beeidigen], und die das Eheband wie eine wohlfeile Sache zerschneiden«; und in der Tat, der Kontrast zwischen einer solchen Unbefangenheit und der Sakralität, mit der man die Eheschließungszeremonie zu umgeben bemüht war, mußte Anstoß erregen. Aus England, seinem Heimatland, stammt eine Geschichte, die Stephan Langton berichtet[26]: Der König wollte, wie sein Vorgänger Heinrich I., »eine Ehe zwischen ungesetzlichen Personen schaffen« und schrieb an den Papst, um eine Dispens zu erlangen. Als ein Kardinal den Brief erblickte, meinte er: »Ich hatte bisher den König für klug gehalten« – es gab erheblich einfachere Wege. »Geh«, so schloß der erfahrene Kuriale, »und melde daheim, daß die Kirche vieles erlaubt und nicht zur Kenntnis nimmt (dissimulat), was sie nicht billigt.« Erpressung, Heuchelei, Meineid und der Klang des Goldes, das in die Hand gezählt wird, ließen das Eherecht zum Gespött werden. An der ganzen Konstruktion war etwas falsch – und zwar genau das, was die Exogamieforderung mit dem Unauflöslichkeitsgebot in Gegensatz brachte.

Petrus Cantor[27] hörte einen Ritter, der im Begriff war zu heiraten, von seiner Braut sagen: »Sie paßt mir, denn die Mitgift ist groß. Vielleicht ist sie mir im dritten Grad verschwägert, was jedoch nicht nahe genug ist, daß ich von ihr getrennt werde. Wenn ich aber eines Tages möchte und sie mir nicht mehr gefällt, kann ich mir durch die Schwägerschaft eine Scheidung besorgen.« Das *exemplum* zeigt so kraß, wie nur möglich, daß durch die Verschlingungen der Verwandtschafts- und Schwägerschaftsbande »die Überschreitungen unbegrenzt« wurden; und die Dummen dabei waren die Armen. So wurde alles durch das Geld korrumpiert. Es war an der Zeit, sich auf den Leviticus zu besinnen, den einzigen heiligen Text, der das Inzestverbot rechtfertigen konnte. Freilich mußte man dann darauf stoßen, daß das Alte Testament sehr zurückhaltend ist: es verwehrt nur die Ehe mit zehn Personen, nicht mehr. Warum aber sollte man darüber hinausgehen? Um den Kreis der Zuneigung zu erweitern? Es war doch allbekannt, daß dieser im Empfinden der Menschen beim vierten Grad der Blutsverwandtschaft und beim zweiten Grad der Schwägerschaft endete. Um die Zuneigung über diese Grenze hinauswachsen zu lassen, mußte man Eheschließungen erlauben. Alles sprach dafür, den Inzestbegriff enger zu fassen und die Hürde um drei Stufen zu erniedrigen. Zum großen Schaden der Kardinäle, Advokaten und professionellen Schwurzeugen machten die Väter des 4. Laterankonzils 1215 diesen vermittelnden Standpunkt zum Gesetz.

XI
Literatur

Nach 1150 beginnt sich der Nebel, der die Ehegewohnheiten vor unseren Blicken verbirgt, zu lüften. Der Projektionsschirm bleibt derselbe: das Wort haben noch immer die Männer der Kirche. Das Bild aber, das wir zu sehen bekommen, wird schärfer und vor allem weniger verzerrt. Unter den uns erhaltenen Schriften erscheinen in zunehmender Zahl solche, die geradewegs für adlige Laien, zu ihrer Unterhaltung, Selbstbestätigung und Erziehung zugleich, geschaffen wurden. Unverkennbar zeigt diese Literatur nicht das wirkliche Verhalten der Menschen, sondern das Wunschbild eines Verhaltens, wie es sein sollte. Sie unterstützt ein Wertesystem, und zwar ein System, das weiterhin stark durch die klerikale Ideologie bestimmt war: wir hören nicht, was die Aristokratie selbst sagte, sondern die Rede, die man an sie richtete, die Geistliche an sie richteten. Auf diese Rede üben somit beide antagonistischen Modelle, das weltliche und das kirchliche, ihren Druck aus. Welches dabei jeweils in welchem Maße dominiert, hängt von der literarischen Gattung ab.

Am größten ist das Gewicht der klerikalen Ideologie in der Predigt. Wir kennen einige Beispiele aus dieser Epoche, so etwa drei unveröffentlichte Predigten, die Jakob von Vitry gegen Ende der Regierungszeit von Philipp August verfaßte (Hinweis von Jacques Le Goff).[1] Es handelt sich um lateinisch geschriebene Mustertexte, die von den Prädikanten in die Volkssprache übertragen wurden. Obwohl diese Priester vor einer zwar nach Geschlechtern getrennten, aber gemischten Zuhörerschaft sprachen, wandten sie sich nur an die Männer. Unter den Punkten, die sie besonders hervorheben, taucht immer wieder ein Leitmotiv auf: Die Frau ist schlecht, schlüpfrig wie die Schlange, unbeständig wie der Aal, dazu neugierig, klatschsüchtig und zänkisch. Solche Worte stießen bei den verheirateten Männern auf offene Ohren. Denen, die Töchter hatten, wurde ferner eingeschärft, daß sie die jungen

Mädchen sorgsam auf ihren geziemenden Stand, den Ehestand, vorbereiten und sie von den Liebesliedern, dem Spiel der Hände fernhalten sollten, die den Geschmack an der Sinnenlust wecken. Beim Abschluß des Heiratsvertrags ist es ihre Pflicht, die Normen zu beachten und darauf zu sehen, daß keine heimlichen Ehen zustande kommen und keine Ehen mit Geistlichen; denn die »Priesterinnen« sind »Stuten des Teufels«. Die Ehe wurde im Paradies gestiftet, und die Kirche ist ihr Bild. Daher gehört es sich, daß Ehen vor der Kirchentür eingegangen werden. Andere Zuhörer hatten noch keine Frau genommen. Sie sollen sich beeilen, um die Sünde der Unzucht, die Sünden der Homosexualität und Sodomie zu vermeiden. Ihre Gattin müssen sie dann beherrschen. Zwar wurde Eva nicht aus den Füßen Adams gemacht, und man soll daher die Frau nicht mit Füßen treten; aber sie wurde auch nicht aus seinem Kopf gemacht, also soll die Frau auch nicht das Kommando haben. Nur auf einer einzigen Ebene sind Mann und Frau einander gleichgestellt, auf der Ebene der ehelichen Pflichten. Der Gatte ist gehalten, den sexuellen Wünschen seiner Frau Folge zu leisten. Doch muß er sich dabei zügeln. Es ist dieser Punkt, auf den die »Regel« des *ordo,* des »Ordens« der Eheleute zielt. Die Vorschriften der Regel sind präzise. Ihnen gerecht zu werden, ist schwerer als in den anderen »Ordnungen« der Kirche. Mit einem Wort: der Gatte muß sich während der verbotenen Zeiten verweigern; er muß das Maß wahren und sich hüten, daß er nicht im Gehorsam gegen seine Frau die Gebote der Natur verletzt. Der Mißbrauch der Sexualität – und war nicht auch die Sintflut die Strafe für eine sexuelle Verirrung? – ist eine der Gefahren des Ehelebens. Aber viel schlimmer noch ist der Ehebruch, selbstverständlich der Ehebruch der Frau. Er ist in mehrfacher Hinsicht Sünde: durch den Bruch des Treuschwurs, durch die Mißachtung des priesterlichen Segens und durch den Diebstahl, den die abtrünnige Gemahlin begeht: ›Der Liebhaber hat das Weißbrot, der Ehemann das Schwarzbrot.‹ Die Folgen sind denn auch grauenvoll: Niemand weiß, wer der Vater des neugeborenen Knaben ist; dieser droht, die legitimen Erben in ihrem Recht zu verkürzen; und wenn er eine Frau nimmt, die er für eine Fremde hält, kann es ihm passieren, daß er in Wahrheit seine Schwester heiratet. Die oberste Pflicht des Gatten heißt darum Wachsamkeit. Er darf nicht zulassen, daß seine Frau sich allzu verführerisch herausputzt, denn sie könnte auf diese Weise das Begehren eines anderen anstacheln. Beim geringsten Verdacht muß er sie verstoßen, um sich von der Sünde zu befreien. Die Predigt erscheint vielleicht plump, aber gerade darum wirkte sie.

Eine effektivere Art, die Botschaft an die Leute zu bringen, war ihre szenische Darstellung. Es geschah in der hier betrachteten Zeit, daß man begann, die volkssprachliche Ermahnung mit den Mitteln des Theaters zu verstärken. Das *Adamsspiel*[2] ist schlecht datiert, schlecht lokalisiert. Nur so viel kann man sagen, daß diese Paraliturgie der Weihnachtszeit zwischen 1150 und 1170 und wahrscheinlich in der Nähe des strahlendsten Zentrums literarischer Produktion, des Hofes von Heinrich Plantagenet, entstand. Sicher ist in jedem Fall, daß es für ein adliges Publikum geschrieben und im Innern einer Kirche aufgeführt wurde, und zwar, wie die Szenenanweisungen der Handschrift belegen, mit allen Kunstgriffen einer schon recht geschickten Dramaturgie. Hauptthema des Schauspiels ist die Ursünde – also die Ehe. Vier Personen sind es, die im Paradies, dem Ort der Einsetzung des Sakraments, auftreten: der Ehemann, Adam, die Frau, Eva; Gott, das Gute, und Satan, das Böse. Verteilt auf dieses pädagogische Viereck – und in Versform gegossen –, wird der kommentierte Genesistext den Laien mit Nachdruck eingeprägt. Die Kirche möchte ihnen ihre Ehemoral einimpfen.

Zunächst und vor allem verweist sie auf die Absichten Gottes, auf die Form, die er dem Ehebund anfänglich geben wollte und zu der dieser aus den Entstellungen, die er seither erfahren hat, wieder zurückgebracht werden muß. Diese exemplarische Form hat, wie Maurice Accarie gesehen hat, eine feudale Struktur. Den Fürsten und Rittern wird Adam als ein Vasall vorgeführt, der – so wie sie selbst an den weltlichen Seigneur – durch die Gesten der Huldigung und die Worte des Treueids in Ehre an seinen Schöpfer gebunden, ihm untertan ist.

Er hat ein Lehen empfangen, das der Herr wieder einziehen wird, wenn er sich der Felonie schuldig macht. Die Hierarchie jedoch ist dreistufig: noch eine Sprosse tiefer rangiert die Frau, die Vasallin des Mannes und Aftervasallin Gottes. Als guter Oberlehnsherr beauftragt der Allmächtige Adam, seine Frau durch Vernunft zu regieren, und Eva, ihrem Mann bereitwillig zu dienen, seine »Gehilfin« zu sein. Ihr Lohn wird nicht ausbleiben: »Wenn du ihm gute Hilfe leistest, werde ich dich mit ihm in die Herrlichkeit eingehen lassen.« Die verwendete Begrifflichkeit interpretiert den Ehevertrag in Homologie zum Lehnsvertrag: wie dieser verbindet er zwei von Natur gleiche, aber an Macht notwendig ungleiche Partner in einem Dienstverhältnis. Die Gattenbeziehung spiegelt auf einer niedrigeren Ebene die primäre Beziehung wider, die das Geschöpf dem Schöpfer unterwirft. So wird deutlicher, worin die Verfehlung unserer Ureltern bestand. Satan schlich sich ein, um diese Ordnung zu zerstören, um zwischen Mann und Frau, und damit auch zwischen Gott und Mann/Mensch, Gleichheit und Gleichberechtigung, d.h. Unordnung zu stiften. Adam umschmeichelt er: »Du wirst in allen Stücken deinem Schöpfer gleich sein.« In einer sehr freien Bearbeitung des Bibeltextes schildert der Verfasser dieses bemerkenswerten Stückes, wie zuerst Adam versucht wurde, und zwar zwei Mal. Der Mann aber, kraft seiner Vernunft, hielt stand. Da beschloß Satan, auf die Sinnlichkeit einzuwirken, und wandte sich an die Frau. Als er ihr den Apfel reicht, spricht Eva von dessen Geschmack und Glanz, also von der Lust, wie sie die Sinne gewähren. Eva repräsentiert die Schwäche der Natur, ihre menschliche, unvernünftige, sensuelle Seite. Sie unterliegt. Und wenn auch Adam sich endlich einfangen läßt und fällt, so darum, weil er im entscheidenden Moment die hierarchische Distanz zu seiner Frau verleugnet: »Ich will dir glauben, denn du bist mir gleich.« Das letztlich ist seine Sünde; im Verzicht auf die Herrschaft geht er seiner Vorrangstellung verlustig.

Adam ist fortan voller Groll. Er verbirgt sich vor dem Angesicht Gottes und kann nur noch gebrochen klagen: »Meine böse Frau hat mich verraten ...; sie hat mich schlecht beraten.« Nach der Vertreibung aus dem Paradies fährt er fort, Eva mit Vorwürfen zu überschütten. Diese aber bietet in dem großen Monolog, der den ersten Teil des Dramas beschließt, ein Exempel sühnender Demut – der Demut Marias, der neuen Eva. Sie stellt sich unter die Gewalt Gottes, des übergeordneten Herrn. Er ist jetzt ihr Richter, nicht mehr ihr Gemahl, der in seinen lehnsherrlichen Pflichten versagt, der sie beleidigt und ohne Hilfe gelassen hat. Seitdem ist sie ihm gegenüber von ihrem Treueid entbunden und überträgt diesen nunmehr auf den Suzerän. Zugleich akzeptiert Eva, auch darin ein Vorbild, zerknirscht ihre Schuld – und diese Haltung gewinnt ihr volles Gewicht vor dem Hintergrund einer Zeit, in der sich die Seelsorge mehr und mehr um das Bußsakrament herum aufbaute, in der zur Reue, zur Unterwerfung, zum Empfang der von Priestern gespendeten Gnade aufgerufen wurde. Zuletzt demonstriert die Mutter des Menschengeschlechts die Tugend der Hoffnung: eines Tages wird der Retter kommen, der die Sünde der Welt auf sich nehmen wird. Das ist die Quintessenz des ganzen Werkes. Adam und Eva figurieren darin, wie sie es bald an den Domportalen tun werden, als Erste in einem langen Zug von Prophetengestalten, die auf das Kommen des Messias vorausdeuten. Moral und Theologie sind nicht zu trennen.

Der Ehe wird eine tragende Stellung zugewiesen, im Zentrum eines ideologischen Gefüges, eines Ideals der perfekten Gesellschaft. Zusammen mit der funktionalen Dreiteilung der Stände erscheint sie in dieser Theorie als Eckstein des sozialen Gebäudes. Das Universum ist hierarchisch gegliedert. Die Ordnung pflanzt sich darin von einer Stufe zur anderen fort, wobei stets der Höhergestellte von seinem Untergebenen ehrerbietigen Gehorsam erwartet und ihm dafür Schutz und Hilfe schuldet. Diese Beziehung notwendiger Ungleichheit drückt sich in der Symbolik der *desponsatio* aus, deren Parallele zur Symbolik der Huldigung eklatant ist: derselbe Austausch von Treugelöbnissen in Gleichrangigkeit, derselbe Kniefall vor einem Dienstherrn und, im Überstreifen des Ringes durch den Gatten, in der Übergabe des Halms der Besitzeinweisung durch den Lehnsherrn, dieselbe Geste groß-

mütiger Herablassung. Die beiden Riten bilden gleichermaßen ein Bollwerk gegen die Unordnung, eine Grundlage des
sozialen Friedens. Sie wurden beide im Paradies eingesetzt,
im Reich der Vollkommenheit, wo *ratio* über *sensus* herrschte. An diesen Ursprung muß unaufhörlich erinnert werden, denn auf Erden ist, seit dem Sündenfall, die Sinnlichkeit jederzeit auf dem Sprung, die Oberhand zu gewinnen.
Ob bei Untergebenen oder Frauen, die Auflehnung ist permanent.

Das *Adamsspiel* wurde, wie es scheint, in einem Augenblick
inszeniert, als sich in der Tiefe des Untertanenvolkes anarchische Zuckungen regten, als allenthalben die Häresie auf-
flammte. In teuflischem Zerstörungsdrang forderte sie dazu
auf, die Frauen als gleichberechtigt zu behandeln. Bernhard
von Clairvaux hatte gegen diese Gefahr wieder all die Beschuldigungen der Lasterhaftigkeit aufgewärmt, die auch
Guibert von Nogent kolportierte. Man begann, die Doppel-
klöster von Männern und Frauen zu verurteilen, in denen der
männliche Primat in Frage gestellt wurde, und neue Formen
des geistlichen Lebens zu empfehlen, die den Zustrom heiratsfähiger, aber zur Ehelosigkeit gezwungener Frauen in ketzerische Sekten zu bremsen vermochten. Beginenhäuser wurden eingerichtet, um sie aufzufangen, und andere, grobere
Formen der Ausgrenzung entwickelt, um sie, wie die Aussätzigen, unschädlich zu machen. Und man kann spekulieren, ob
nicht die energische Reaktion gegen weibliche Emanzipa-
tionstendenzen auch ein Stück weit für die vermehrte Zulas-
sung jüngerer Söhne des Adels zur Heirat verantwortlich ist,
deren erste Anzeichen im letzten Drittel des 12. Jahrhunderts
auftauchen: es war nun wichtiger, die Töchter unter die Kontrolle eines Ehemannes zu bringen. Die bessere Gesellschaft
sah sich vor. Daß die Lehnsherrschaft und das Gattenverhältnis zusammen bei der Erschaffung der Menschheit begründet
worden seien, war ganz in ihrem Sinn gesprochen: auf diesen
beiden Stützen basierte eine beruhigende Machtverteilung.
Auch Bischof Stephan von Fougères redet, in einer weiteren
Predigt, in seiner Mundart von den Frauen – von Edelfrauen,
versteht sich, die anderen zählten nicht – und mahnt, sie an

sehr kurzem Zügel zu halten; denn ohne die starke Hand eines Meisters geben sie ihrer verderbten Natur freien Lauf und suchen ihre Lust bei Knechten oder auch untereinander. Zur antifeministischen, antihäretischen und vor allem anti-egalitären Stoßrichtung kam bei einigen dieser didaktischen Werke noch eine antihöfische Spitze hinzu. Sie verwarfen die Vergnügungen der vornehmen Welt, in denen Männer sich spielerisch vor Frauen beugten, die ebenso spielerisch ihre Liebe zu erwidern vorgaben, und zu ihnen – welch ein Skandal – in ein vorgespiegeltes Dienstverhältnis traten, das dem des Vasallen zu seinem Herrn nachgebildet war. In seinen Schlußworten appelliert das *Adamsspiel* an seine Zuhörer, sich von den Dichtern abzuwenden.

Manche Kleriker freilich fingen an, der profanen Vorstellungswelt größere Zugeständnisse zu machen. Einer von ihnen war Andreas Capellanus, der in der Kanzlei des jungen Königs Philipp zwischen 1186 und 1190 eine Abhandlung *Über die Liebe* schrieb.[3] Wie der Titel sagt, geht es darin durchaus um den *amor* und nicht etwa um die wechselseitige Ehrerbietung und Zuneigung, die zwischen guten Eheleuten herrschen soll. Das Thema ist hier also nicht die Ehe, sondern jenes amouröse Ritual, das von weniger gefälligen Kirchenmännern verdammt wurde. Auch dieses Buch, so muß man hinzufügen, klingt aus mit einer Mißbilligung, mit der Moral, daß es besser sei, nicht zu lieben. Auf lateinisch und im Stil der Scholastik verfaßt – jedenfalls in der Version, die der Schrift anvertraut wurde –, verfolgt es eine erzieherische Absicht. Es ist einem noch unverheirateten Laien gewidmet, der daraus lernen soll, wie man sich in Liebesdingen ordentlich, »ehrbar« beträgt. Vom Gesamtzusammenhang her erscheint der negative Schluß keineswegs aufgepfropft. Vielmehr führt der pädagogische Weg Schritt um Schritt zur Vergeistigung, zur Abkehr vom Fleischlichen und somit von der Frau. Es wäre jedoch gefährlich, den ironischen Oberton in diesem Pariser Werk zu unterschätzen, das in seinem als Dialogreihe gestalteten Hauptteil von den guten Manieren, der eleganten Form des höfischen Liebesspiels handelt, wie es damals am

Königshof in Mode kam und über die Traditionen der Sinnenfeindlichkeit triumphierte.

Um dieses Gesellschaftsspiel zu rechtfertigen, unterscheidet Andreas es von der gemeinen, der niedrigen und rohen Liebe. Die Liebe, von der er spricht, hat ihre Gesetze. Sie ist alles andere als ein Störfaktor der sozialen und moralischen Ordnung, sondern trägt im Gegenteil zu deren Befestigung bei, und zwar gerade in dem Maß, in dem sie die Grenze zur benachbarten, aber streng von ihr abgesonderten Sphäre der Ehe respektiert. »Zwischen zwei Ehegatten kann die Liebe ihre Kräfte nicht entfalten. Denn Liebende schenken einander aus Freigebigkeit alles umsonst, ohne den Zwang irgendeiner Notwendigkeit. Ehegatten hingegen sind aus Pflicht gehalten, jeweils dem Willen des anderen zu gehorchen und sich einander in nichts zu verweigern.«⁴ Notieren wir in Parenthese, daß diese Liebe nicht platonisch ist. Aber sie gedeiht nur – eine freie Gabe – in Zwecklosigkeit, im Raum des Spielerischen, unberührt vom Ernst des Lebens. Darum macht das Werk einen Bogen um den Gegenstand der vorliegenden Untersuchung, um die Ehe. Aber in der Vermeidung kreist es sie ein und enthüllt so *ex negativo,* was die höfische Moral gebot. Andreas schildert in einem Abschnitt die vertrauliche Unterhaltung zwischen einem »edleren« Mann und einer lediglich »edlen« Frau.⁵ Aus der Position sozialer Überlegenheit belehrt der *nobilior* seine Partnerin. Als sie fragt, ob nicht die Gattenliebe, da ohne Makel, besser sei als die höfische Liebe, antwortet er: Nein; denn wenn *amor* – nicht *caritas* –, wenn die pralle, treibende Liebe des Körpers im Innern der Ehe wächst, dann drängt sie zum Übermaß der Lust, und das ist Sünde, weil es gegen die Ehezwecke verstößt. »Es wird schärfer bestraft, wenn Mißbrauch den Gebrauch einer heiligen Sache entstellt, als wenn wir den gewöhnlichen Mißbrauch pflegen. Bei einer Ehefrau wird es schlimmer als bei einer anderen erfunden. Denn der heftige Liebhaber seiner eigenen Frau, so lehrt das apostolische Gesetz, wird für einen Ehebrecher erachtet.« Eben dies ist die Auffassung des Hieronymus, die jüngst wieder von Alanus ab insulis und Petrus Lombardus bekräftigt worden war: der Zisterzienser aus

Lille[6] zitiert denselben Satz vom *vehemens amator* der eigenen Frau, der sich in der Ehe so verhält, wie es nur dem »Amateur« erlaubt ist, und der deshalb zum »Ehebrecher« wird; und bei dem Pariser Kanonisten[7] steht zu lesen: »In der Ehe sind die Werke der Kindererzeugung zugelassen, aber die Lüste, die man aus den Umarmungen der Huren gewinnt, sind bei der Gattin verdammt.« Auch wenn wir bei Andreas das Lächeln gebührend in Rechnung stellen, bleibt doch die tiefe Überzeugung, daß die Ehe kein Spiel ist: nur außerhalb ihrer darf man spielen. Die Ehe ist Ordnung und folglich Zwang. Das amouröse Spiel hingegen hat seinen Platz, wie die Prostitution, außerhalb dieser Ordnung, im wildwüchsigen Bereich des Lebens. Gerade darin besteht die wohltätige Funktion der höfischen Liebe (und der Prostitution), daß sie das Übermaß an Glut und Leidenschaft von der Ehezelle ablenkt, um diese auf dem Niveau der Unterkühlung zu halten, das ihr zukommt. Es ist sehr wohl der Geistliche, der Kaplan, der hier redet. Und was er sagt, findet gewiß das Gehör aller ledigen Männer, die von Eifersucht auf ihre nicht-ledigen Rivalen verzehrt werden, aber auch das der *seniores,* der Familienoberen, denen daran gelegen ist, daß die Ehe nicht ihre Fesseln sprengt: man behandelt seine Gemahlin, *uxor,* nicht wie seine Geliebte, *amica.* Die Zustimmung wird um so breiter sein, als dieses Reich der Freiheit, der Abenteuersuche nur den Männern offensteht. Im 6. Kapitel von Buch II wird eine förmliche Unterscheidung zwischen einer Männer- und einer Frauenmoral getroffen.[8] Männern, auch wenn sie verheiratet sind, ist die Eskapade gestattet, wenn sie nicht über die Grenzen hinausschießen und nicht in der Jagd nach dem Vergnügen die Ehen der Edlen antasten; sie wird, so wörtlich, »bei Männern geduldet, weil sie eine häufige Übung und weil es ein Privileg ihres Geschlechts ist, daß ihnen alles in dieser Welt, auch was von Natur aus zu scheuen ist, eher zu tun erlaubt wird«. Frauen hingegen müssen schamhaft und züchtig sein; wenn sie sich mehreren Liebhabern hingeben, übertreten sie die Regel und werden aus der Gemeinschaft der ehrbaren Damen ausgeschlossen. Liegt die ethische Pointe der Schrift *Über die Liebe,* genau betrachtet, nicht sehr nahe bei der des *Adamsspie-*

les oder Stephans von Fougères? Hier wie dort herrscht der Mann und hat das Spiel in der Hand. Dieses Normensystem ist ganz auf Männer zugeschnitten, auf ihre elementare Angst vor Frauen und auf ihren, freilich gehemmten, Wunsch, sie als Objekt zu gebrauchen.

In Wirklichkeit arbeitete Andreas für den Fürsten. Er verwandelte sein Wissen, seine Schreibfertigkeit in klingende Münze und diente seinem Patron, indem er feingeschliffene Sätze zur Belehrung und Zerstreuung des Hofes formulierte. Der Fürst war am Ende des 12. Jahrhunderts bestrebt, die Ritterschaft zu zähmen und in seine Nähe zu ziehen. Um sie an den Hof fesseln zu können, mußte er ihnen den Aufenthalt dort gefällig machen und nicht nur, wie zuvor, den Bedürfnissen des Leibes, sondern auch denen des Geistes Genüge tun. Die Freigebigkeit des Herrn, diese Kardinaltugend, äußerte sich auch in solchen Annehmlichkeiten. In gleicher Weise aber mußte der Hof pädagogisch wirken. Er erfüllte seine politische Funktion, trug unter den Augen des Gebieters zur Aufrechterhaltung der politischen Ordnung bei, indem er den Tischgenossen zivilisierte Sitten beibrachte, indem er sie lehrte, in *honestas* zu leben, und somit die Fundamente eines Wertesystems festigte. Diese kleine, geschlossene Welt wimmelte von heranwachsenden Männern, die sich auf die Ritterschaft vorbereiteten. Die moralische Unterweisung wandte sich in erster Linie an diesen anarchischen Teil der Hofgesellschaft, an die »Jugend«. Die »Jungen«, die »Bacheliers« lernten, im Gefolge der Alten, das Geschäft der Jagd und des Kampfes. Aber in den Pausen zwischen diesen Leibesübungen lernten sie auch korrektes Verhalten, wenn sie Erzählungen und exemplarischen Anekdoten lauschten – Illustrationen des Idealbildes, das die gute Gesellschaft von sich hegte. Das Ideal konnte dabei auf zwei verschiedenen Ebenen angesiedelt sein: einerseits ganz außerhalb der Realität, in der Fiktion, in Hervorbringungen der Phantasie, und andererseits in einem Niederschlag von Lebensfakten, in der tatsächlichen Erinnerung, der Historie.

Derartige Erzählungen zeigen unter anderem auch, wie man in geziemender Weise mit Frauen zu verkehren hat. Soweit es sich um Dichtungen handelt, neigen sie zur Seite des Spiels und weisen der Ehe einen relativ schmalen und vor allem ganz externen Platz zu. Dieser variiert von Genre zu Genre. In den Heldenepen, die kriegerische Tapferkeit und Vasallentreue preisen, kommen weibliche Figuren nur am Rande vor, als Gemahlinnen der männlichen Hauptpersonen, die auf das Geschehen im Guten wie im Bösen kaum einen Einfluß nehmen. Einige von ihnen sind vorzügliche »Gehilfinnen«, unerschöpfliche Ernährerinnen – Lebensgefährtinnen, wie man sie sich nur wünschen kann; andere erweisen sich als Hexen oder als schamlos, als Inkarnation jener Schlechtigkeit, die das Gefährliche an der Ehe ausmacht. Aber wie auch immer, sie bewegen sich im Hintergrund, flüchtig und kaum konturiert. Stärker im Blickpunkt stehen Gattinnen in den kleinen Schwankdichtungen, deren Heiterkeit sich mit Vorliebe am gehörnten Ehemann entzündet. Ein Lachen freilich, das einem selbst gilt, wäre ein süßsaures Lachen. Daher gehören die Spottgestalten dieser Fabliaux selten zu den höheren Kreisen. Sie sind, von wenigen Ausnahmen abgesehen, Bürger, Dienstleute, Bauern oder auch Tiere der Fabel.[9] Während der Hof solchen Geschichten nur gelegentlich als Rahmen dient, ist dies bei den Romanen regelmäßig der Fall. In ihnen entgeht kaum ein Gemahl dem Unglück. Die szenischen Umstände lassen erkennen, daß die Räumlichkeiten aristokratischer Wohnsitze dem Ehebruch der Herrin günstig waren. Mühelos kann sie sich mit ihrem Liebhaber im Baumgarten oder in der Kemenate treffen. Keinerlei Wände hindern etwa im *Lai d'Ignoré* einen solchen Seigneur daran, seine Lust der Reihe nach an den Frauen seiner zwölf Pairs zu stillen. Andererseits ist es gerade dieser Mangel an sicheren Rückzugsmöglichkeiten, der einschränkend wirkt. Die Gattin ist umringt von Spähern, von Neidern umlauert: den Nebenbuhlern des Auserwählten, den restlichen, von ihm verschmähten Damen und dem Gatten selbst, der mit zunehmendem Alter eifersüchtig wird. Manchmal, wenn sie auf frischer Tat ertappt wird, ergreift man sie mit ihrem Mitschuldigen. Man fesselt die beiden, wie sie sind, und ruft Zeugen herbei – man »erhebt das Geschrei in der Stadt«.[10] Eben dies tut König Marke, als er den Fehltritt Isoldes entdeckt. Die Schande muß publik gemacht und von anderen bestätigt werden, damit sie offiziell gerächt werden kann. Der betrogene Ehemann hat das Recht zu töten. Wie sehr auch Tristan den Beweis beansprucht und sich erbietet, gegen drei Barone zum Kampf im geschlossenen Ring anzutreten, Marke trifft Anstalten, seine Gemahlin – wie einst Fulco Nerra – zusammen mit dem entlarvten Liebhaber zu verbrennen. Dies ist der normale Ausgang. Lieber noch schmücken die Romandichter, um ihre Erzählung zu verlängern, den Verdacht des Ehebruchs weiter aus. Dabei beschreiben sie dann die wirklichen Verfahren: Isolde erklärt sich zunächst bereit, sich dem Gottesurteil zu unterwerfen; aber man erläßt es ihr, ganz im Einklang mit den damaligen Forderungen der Bischöfe, und sie leistet darauf den Reinigungseid, dessen Tücken sie bekanntlich durch eine List umgeht. Schilderungen wie diese, und deshalb sind sie von Interesse, belegen, daß derartige Verstöße gegen das Eherecht nicht in den Bereich der kirchlichen Jurisdiktion fielen. Ehebruch war ein weltlicher, oder genauer: privater, rein häuslicher Tatbestand. Es oblag den Mitgliedern des Hauses, die Wirkung des glühenden Eisens zu beobachten und zu hören, wie die Frau unter Anrufung der Zeugenschaft Gottes und unter Berührung der Evangelien oder der Reliquien ihre Unschuld beschwor. Gewiß entschied der Gemahl nicht allein, sondern war verpflichtet, sich zu beraten. Seinen Rat aber suchte er innerhalb der Familie, der Verwandtschaft; die Priester mischten sich dabei nicht ein. Alles dies galt im übrigen nur für den Ehemann. Seine eigenen Seitensprünge lösten offenkundig keine Gerichtsprozesse aus und waren kein Thema für Romane. Denn was hier in Frage stand, war die Ehre, und die Ehre war eine Sache des Mannes. Sie hing vom Betragen der Frauen ab. Diese waren nicht immer willig: in Adelshäusern wurde viel vergewaltigt. Wenn es wahr ist, daß Gottfried Plantagenet Eleonore besaß, die blutjunge Frau seines Herrn, wird er dabei nicht Gewalt angewandt haben? Aber man betrachte den Fall von Königin Lionne im *Roman de Renart*:

Renart ist in ihr Bett geschlichen und hat sich ihrer, trotz ihres Sträubens, bemächtigt. Gleichwohl wird sie als schuldig verurteilt: Notzucht hin oder her, sie hat außerhalb der Ehe Lust genossen. Und die Lacher sind auf der Seite des Verführers. Dieser verkörpert die Kraft der ungebändigten Virilität. Denn man lasse sich nicht täuschen: was die Schriften dieser Zeit »Liebe« nennen, auf lateinisch oder in der Volkssprache, ist ganz einfach das Begehren, das triebhafte Begehren eines Mannes und seine sexuelle Eroberungstat. Das gilt auch für die Romane, die wir als »höfisch« bezeichnen.

Es ist diese Art von Liebe, die ihr Thema bildet: ein wildes, plötzliches Aufflammen, ein unwiderstehlicher Feuerstoß, der das Blut in Wallung bringt und die Männer dazu treibt, mit allen Mitteln nach dem *surplus* zu streben, wie Marie de France sich ausdrückt.[11] Dieser Drang nach »mehr« stößt auf Barrieren, die eine nach der anderen zu beseitigen sind. Keine Liebe ohne Hindernisse; der Liebhaber schreitet von Prüfung zu Prüfung. Im Grunde dient sein Hindernislauf einem pädagogischen Zweck. Er ist eine Übung, der sich ein Ritter, um zur Fülle der Manneskraft zu gelangen, seine ganze »Jugend« hindurch unterziehen muß, bis er selbst unter die Familienoberhäupter aufsteigt. Das Objekt seiner Wünsche – und zugleich die Person, die ihn in die Mysterien der Liebe einweiht – ist gewöhnlich eine verheiratete Frau, die Gemahlin seines Herrn, der oft sein Onkel ist. Wie sich zeigt, gedeiht die Liebe in derselben häuslichen Promiskuität, die einem Burchard von Worms oder Ivo von Chartres zu schaffen machte, in jener Brutkammer von Ehebruch und Inzest. Der ledige Held hat das Haus seines Vaters verlassen. Normalerweise treten die »Jungen« als Knappen in ein anderes Haus ein, bei dem es sich häufig um das ihres Mutterbruders handelt – eine Praxis, die von der üblichen Rangdifferenz bei aristokratischen Ehepaaren herrührt. Indem die höhergestellte Familie der Mutter sie bei sich aufnimmt, verstärkt sie ihren Einfluß auf die Knaben, die Träger des Blutes ihrer Ahnen, die in einem anderen Geschlecht geboren wurden. In jedem adligen Wohnsitz ernährt somit der Hausherr über Jahre hin die nicht für die geistliche Laufbahn bestimmten Söhne seiner Schwester. Ein wahrhafter Vater, erzieht er sie, gürtet sie mit den Waffen, verheiratet sie (und der Mythos leitet, im Falle Karls des Großen und Rolands, diese affektive von einer blutsmäßigen, inzestuösen Vaterschaft her). Seine Neffen dienen ihm wie Söhne, aber sie begehren seine Frau. Wie unter anderen Umständen die Jungfrau Maria, besetzt sie in ihrem Herzen den Platz der Mutter, von der sie durch die Verbannung aus ihrem Geburtshaus sehr früh getrennt worden sind. Auf diese Weise spiegeln sich in der Topik höfischer Romane die wirklichen Verhältnisse der Tischgenossenschaft wider: wenn nie eine Liebschaft zwischen dem Onkel und der Frau seines Neffen beschrieben wird, so darum, weil der Neffe nach der Eheschließung anderswo seinen Hausstand begründet.

Der Keimboden der Liebe ist somit die natürliche Freundschaft innerhalb der Familie. »Ich hatte Euch lieb«, sagt Isolde zu Tristan, »weil Ihr mit ihm verwandt wart« und weil Ihr mehr zu seinem Ruhm beigetragen habt als jeder andere.[12] Aufgrund der Ehrerbietung, die sie ihrem Gemahl schuldet, hat die Frau des Mutterbruders auch die Pflicht, seinem Schwestersohn mit Zuneigung zu begegnen. Ihre Rolle im Haus verlangt von ihr, an seiner Erziehung mitzuwirken. Durch diese pädagogische Funktion herrscht sie über ihn. Außerdem ist sie stets älter als er, wenn auch nicht viel. Dadurch befindet sie sich ihm gegenüber in der Position des *senior,* des »Seigneur« im etymologischen Sinne des Wortes, und er in der des »Vasallen«, des kleinen Burschen. Man kann von hier aus begreifen, warum sich die Gesten, Posituren und Formeln des Lehnsrituals so leicht in das Ritual der höfischen Liebe einverleiben ließen. Die Hierarchie der Geschlechter wird dabei umgestoßen: Eva überragt Adam, sie trägt die Verantwortung für seinen Fall. Der Roman ist die Geschichte seiner Sünde. Bei alledem bleibt freilich der Ehebruch, auch wenn er vollzogen ist, ohne biologische Folgen. Uneheliche Kinder sind ein zu ernstes Problem, eine zu große Quelle der Angst, als daß man sich, als Autor und Zuhörer, an ihnen delektieren dürfte.

Die Herrin, selbst von der Begierde erfaßt, ergreift also

durchaus die Initiative. Sie bietet sich an. Wie der Frau Poti-
phars kann es ihr widerfahren, daß sie nur die Fetzen eines
Mantels in der Hand behält, und dann wird sie eifersüchtig.
In ihrer Falschheit verbreitet sie die Lüge, der Held habe sie
verfolgt und vergewaltigt. Tatsächlich leistet der junge Mann
manchmal Widerstand – aus Treue seinem Herrn gegenüber,
den er nicht hintergehen will, oder auch in Erwartung einer
Liebe, die erlaubt und wechselseitig ist und die ihm eine Gattin einbringen wird. Er flieht vor dem Zorn seines Onkels
und stürzt sich ins Abenteuer.
Auch aus den Erzählungen von ritterlichen Abenteuerfahrten
schimmert noch ein Stück Wirklichkeit hervor. Im 12. Jahrhundert war die Mehrzahl der »Jungen« genötigt, ihr Glück
in der Ferne zu suchen. Sie zogen umher, von Turnier zu Turnier, demonstrierten ihre Tapferkeit und riskierten ihr Leben
in der Hoffnung, einen Namen und schließlich, wenn sie ihre Rivalen ausstachen, eine Frau zu erringen. In der dichteri-
schen Überhöhung durchmißt ihr gefährlicher Weg zwei
Welten. Die eine ähnelt der Realität. Man sieht den fahrenden
Ritter für eine Nacht Herberge bei ehrbaren Landadligen finden, deren Haus voller »Jungfrauen« ist – sehr gefügiger
Mädchen, die sich darauf verstehen, den erschöpften Krieger,
manchmal bis zum Morgengrauen, zu »betasten«, zu massie-
ren.[13] Wenn der Held appetitlich ist, entbrennen sie – Frauen,
die sie sind – in Liebe zu ihm. Der körperliche Kontakt ist
dann kein Tabu: »So sehr küßten und umarmten sie sich, daß
Gawein ihr die Blume pflückte; aber ... es geschah nicht gegen den Willen des Fräuleins, daß sie den Namen eines Mädchens verlor, sondern gefiel ihr unsagbar gut.«[14] Diese entge-
genkommenden Töchter kümmern sich nicht um Verwandt-
schaftsbande. Aiol entdeckt eines Morgens, daß die Hand, die
sich »nach seiner Wange« ausgestreckt hat, seiner Cousine gehörte, und dankt dem Himmel, daß er sich zurückgehalten
hat.[15] Von dieser Konstellation abgesehen, sind solche Spiele
um so weniger verpönt, als jene Mädchen, die keine Männer
haben, nicht an die Ehe denken. Sie trotzen jedenfalls der be-
drohlichen Folge, um die es im *Milun* von Marie de France
geht: der Wut des Bräutigams, der am Abend seiner Hochzeit

feststellt, daß sein Mädchen keines mehr ist. Ob es sich um romanhafte Übertreibungen handelt? Muß man annehmen, daß die Biedermänner im alltäglichen Leben die Jungfräulichkeit ihrer Töchter rigoroser bewachten?

Bisweilen jedoch taucht die Reise, im Überschreiten unsichtbarer Grenzen, in ein Universum der Wunder ein, wo man an klaren Quellen schönen, zarten Mädchen begegnet, weißhäutig und nackt, die dort baden. Unbekannt sind sie, namenlos – und darum gefährlich. Vielleicht sind sie Verwandte (und wieder sieht man, wie die geistlichen Romandichter jede Gelegenheit ergreifen, um in ihrem Publikum die Scheu vor dem Inzest zu wecken). Oder vielleicht sind sie Feen. Der rohe Mannestrieb verschont auch diese fremd-befremdlichen Frauen nicht: sie werden am häufigsten vergewaltigt. Aber danach heften sie sich an ihren Verführer. Hilfreich und großzügig schenken sie ihm Reichtum und Kinder – und bleiben doch unzugänglich. Ein Geheimnis umgibt sie, ein Zaun von Verboten, die sie ihrem Liebhaber auferlegen. Wehe dem, der sie bricht. Man mag in diesen Fabelwesen weitere Substitute der fernen Mutter erkennen. Was Unsere Liebe Frau für Guibert von Nogent war, das waren jene Feen für die große Menge zu kurz gekommener nachgeborener Ritter, die bereits als Säuglinge an Ammen abgeschoben wurden und meist sehr früh ihre Mutter verloren. Wenn sie sich ausmalten, wie sie sich mit Gewalt und unter Gefahren dieser biegsamen und herrischen Melusinen bemächtigen würden, glaubten sie, über den Abgrund ihrer Angst hinweg an den warmen Busen der ersten Kindheit zurückzukehren.

Die Werke der Dichtung scheinen, wie die Liebeskunst des Andreas Capellanus, um die Ehe einen Bogen zu schlagen. Aber ohne es auszusprechen, werden sie magnetisch von ihr angezogen. Denn in der Seele der »Jungen«, die sich an diesen literarischen Phantasien weideten, gab es antagonistische Strebungen. Sie träumten davon, die Institution der Ehe, von der sie ausgeschlossen waren, zu untergraben, und hofften zugleich auf eine Aufhebung ihres Ausgeschlossenseins. Es war ihr Wunsch und Wille, eines Tages trotz aller Hindernisse zu heiraten. Am Ende des Abenteuers leuchtet daher eine Fata Morgana auf: die vollkommene Frau, die man sich nimmt, die man schwängert und mit der man tüchtige Söhne zeugt. Die Werte der Ehe sind gegenwärtig, als ein tragendes Element der fiktiven Handlung. Der *Conte du Mantel* erzählt von einem zauberkräftigen Gegenstand, der in einer höfischen Tafelrunde sämtliche Gattinnen, von Anfang bis Ende, als untreu entlarvt. Nur ein einziger Ehemann ist nicht betrogen worden und verkörpert in seiner Ausnahmestellung die Hoffnung, das Ziel der unsicheren Suche. In den Versnovellen *(Lais)* der Marie de France mündet die ideale Liebe regelmäßig in die Ehe ein. Marie de France schrieb im letzten Drittel des 12. Jahrhunderts. Nach den 60er Jahren scheint man sich in der vornehmen Welt Nordfrankreichs, an den Höfen, die den Ton angaben und die neuen Moden des Sichkleidens, Redens und Gehabens inaugurierten, um eine Verringerung des Zwiespalts zwischen amourösen Eroberungsphantasien und ehelicher Bindung bemüht zu haben. Auch Chrétien de Troyes war ein Autor, der in seinen zwischen 1170 und 1180 entstandenen Werken den zur damaligen Zeit beispiellos verfeinerten Geschmack jenes Publikums ansprach. Eine genauere Betrachtung der Sorgfalt, mit der er im Aufbau seiner Handlungen Liebe und Ehe miteinander zu verflechten sucht, könnte unsere Einsicht in diese fortschreitende Tendenz vertiefen. Abgesehen von der brüsken Kehrtwende im *Conte du Graal,* der die Versagungen, denen die »Jugend« während der langen Prüfungen des ritterlichen Erziehungsweges unterworfen war, in der Form eines Keuschheitsgelübdes sublimiert, hat es den Anschein, als ob das Gros der Literaturprodukte mit immer größerem Nachdruck lehren wollte, daß die Liebe – des Leibes und des Herzens – ihre Vollendung in der Ehe und in jener legitimen Fortpflanzung findet, die den untreuen Gemahlinnen vom Typ der allzu leidenschaftlichen und darum unfruchtbaren Guenièvre verwehrt bleibt. Die männlichen Tugenden der Loyalität und der hart erworbenen Selbstbeherrschung gewährleisteten, durch die feste Vereinigung des Paares unter der eheherrlichen Gewalt, die Verwurzelung der Familie und die Dauer der Dynastie. Der junge Held des *Rosenromans* (Teil 1) dringt in den Garten ein. Die Rose, die ihn lockt, ist noch eine kaum erblühte Knospe – ein Mädchen, keine Frau. Und wenn der Bachelier sich anschickt, sie zu brechen, so geschieht es in der löblichen Absicht, die Auserkorene zu seiner Gattin zu machen.

An der Schwelle des 13. Jahrhunderts, in einer Gesellschaft, die mehr und mehr ihre Schroffheiten verliert, in der sich allmählich die Heiratsbeschränkungen für Söhne lockern, zeigen die Traumäußerungen in Roman und Gedicht weiterhin eine säuberliche Trennung zwischen den Spielen des *amor,* die Andreas Capellanus nur außerhalb des Rahmens der Ehe duldet, und der Verbindung in *caritas,* die zwei Eheleute zusammenschließen soll. Aber diese beiden männlichen Einstellungen zum anderen Geschlecht scheinen nun zwei Stadien zugeordnet zu sein, die im Leben eines wohlgeborenen Mannes normalerweise aufeinander folgen. Zunächst ist ihm eine Phase des Freibeutertums gestattet, eine Zeit der Kühnheit und der Frauenjagd, von Liebesbeziehungen der »zweiten Funktion«, um mit G. Dumézil zu sprechen. Eines Tages aber kommt der Augenblick, in dem er dem Abenteuer entsagen und sich, als gereifter *senior,* zur Seßhaftigkeit in Ruhe und Weisheit bequemen muß. Der Übergang von einem Lebensalter zum anderen wird rituell vollzogen, und zwar wesentlich durch die Riten der Eheschließung. Was diese selbst anbelangt, so läßt sich in allen Dichtwerken jener Epoche, die der Belehrung durch Unterhaltung dienen, gleichermaßen beobachten, daß sie die von der Kirche verlangten Formen ignorieren. Priester kommen in ihnen, außer als lüsterne und lachhafte Helden von Schwänken, nicht vor. Nur Eremiten, Außenseiterfiguren, von denen man nicht einmal weiß, ob sie Geistliche sind, übermitteln den Liebes- und Ehepaaren die christliche Botschaft. Weist diese Gleichgültigkeit nicht darauf hin, daß sich die Konflikte *de facto* gelegt haben? Der Ehesegen ist fortan eine allgemein anerkannte Formalität und gehört für die Romane zum Bezirk des Alltags, über den sie nichts zu erzählen haben. Zwischen Krieger- und Priestermoral hat eine wechselseitige Anpassung stattgefunden, die ihren

Zusammenprall dämpfte. So scheint die höfische Literatur am Ende der Regierungszeit von Philipp August die friedliche Balance zu reflektieren, auf die sich die Formen der europäischen Eheschließung nach heftigen Konvulsionen für Jahrhunderte eingependelt haben.

Wie hoch ist der Quellenwert jener Erzeugnisse der literarischen Realitätsflucht einzuschätzen? Sie verzerren; aber wo und in welchem Grad? Es ist an der Zeit, sie anderen Geschichten gegenüberzustellen, die wahre Begebnisse berichten. Auch in ihnen spielt die Imagination eine Rolle, doch bleibt sie zwangsläufig näher an der Wirklichkeit.

XII
Die Herren von Amboise

Der erstgeborene Sohn des Grafen von Guines sitzt auf der
Burg des mütterlichen Geschlechts und wartet auf den Tod
seines Vaters. Er hat erst vor kurzem geheiratet. Nach den
Maßstäben seiner Zeit ist er nicht mehr allzu jung. Er ist ein
Mensch, den es ins Freie zieht, der an körperliche Bewegung
gewöhnt ist: er liebt die Jagd und ist in Begleitung seiner Gefährten bei allen Turnieren anzutreffen. Wenn es stark und
ausdauernd regnet, weiß er nichts mit sich anzufangen; er
langweilt sich und mit ihm die ganze Schar junger Männer,
die sein Gefolge bilden. Um die Zeit der erzwungenen Muße
totzuschlagen, läßt er sich Geschichten erzählen. Einer der Bacheliers kennt die Heldentaten Karls des Großen, ein anderer
die Abenteuer im Heiligen Land, und ein Verwandter des Patrons, ein Mann seines Blutes, steckt voller Daten und Anekdoten über die gemeinsamen Ahnen. Er bewahrt die Äußerungen ihrer Kühnheit im Gedächtnis, und wenn es eines
schönen Tages ratsam erscheint, eine Ehe zu trennen, tritt er
auf den Plan, um den Stammbaum Glied um Glied zu rekonstruieren. Gewöhnlich jedoch läßt er seine Erinnerung zum
Vergnügen der Hausrunde spielen – und zu ihrer Belehrung:
ebenso wie Roland, Gottfried von Bouillon oder Gawein
galten auch die eigenen Altvorderen als Muster eines standes-
gemäßen Betragens, und die Schilderung ihrer Taten berührte
die Männer, die an den Orten ihres einstigen Wirkens lebten,
im innersten Mark. Ob sie selbst von jenen fernen Verstorbenen abstammten oder nur Tischgenossen der aktuellen Nachfahren waren, sie erachteten es – beim Ausreiten und bei Verhandlungen, im Gebet oder in der Liebe – für ihre vorrangige
Pflicht, dem Beispiel der Tapferen nachzueifern, die sich vor
ihnen am selben Platz im Streben nach Freude und Ruhm
versammelt hatten. Mehr als alles andere hielt die Familiengeschichte in der Umgebung eines Seigneurs den Wunsch
wach, nicht zu degenerieren und zu vermeiden, daß sich die
Tugenden verflüchtigten, deren Träger das Blut jener alten

und jungen Männer war, in denen sich der Edelmut der Ahnen von Generation zu Generation neu verkörpern mußte.

In der zweiten Hälfte des 12. Jahrhunderts, als die ritterliche Kultur nicht mehr nur im rein Mündlichen und Gestischen verblieb, wurden die Erinnerungen an die Vorfahren ebenso der Schrift anvertraut wie die Lieder und Erzählungen. Die Aufgabe, sie festzuhalten, fiel einem Experten zu, einem Kirchenmann, der zur Verwandtschaft gehörte oder jedenfalls mit dem Haus verbunden war, sei es als für die Liturgie verantwortlicher Hausgeistlicher, sei es als Kanoniker einer Stiftskirche, wie sie in Nordfrankreich bei jeder Burg von einiger Bedeutung anzutreffen war. Man verlangte von diesem Literaten, daß er sich um die Form bemühe, daß die Familiengeschichte durch ihn ins Grandiose und Monumentale gesteigert werde. Das Erfordernis der Feierlichkeit erklärt, warum die auf uns gekommenen Texte dieser Gattung bis an die Schwelle des 13. Jahrhunderts allesamt auf lateinisch verfaßt sind, in der Sprache der Begräbniszeremonien und der gelehrten Bücher – und zwar in einem prunkvollen, mit allem rhetorischen Zierat ausgestatteten Latein. Im Laufe der Transkription wurde die Erinnerung aber nicht nur fixiert und mit Ornamenten bedeckt, sondern auch erweitert und vertieft. Der Schreiber stützte sich auf die genealogischen Tafeln, die man herstellte, um ein kirchliches Gerichtsverfahren zur Auflösung einer Ehe wegen Verwandtschaft einleiten zu können. Ein solcher vorgegebener Rahmen führte zwangsläufig dazu, daß sich die Erzählung entlang den Stufen einer Filiationslinie fortbewegte. In jeder Generation findet man daher als Zentrum und Gliederungspunkt eine legitime, fruchtbare Ehe: X zeugte Y aus Z, seiner Gattin. Der Autor hatte indessen die Möglichkeit, die Grenze des persönlichen Gedächtnisses, das durch die Scheidungsprozesse aufgefrischt wurde, zu überschreiten und das, was er selbst gesehen, gehört oder von älteren Gewährsleuten erfahren hatte, durch Mitteilungen der Urkunden und Codices zu ergänzen. Wie der moderne Historiker war er willens und fähig, Archive zu durchwühlen und verblaßte Spuren zu entziffern, und mit Hilfe dieser Nachforschungen verfolgte er, seinen Vettern und Herren zu Gefallen, die Vorgeschichte des Hauses, so gut er nur konnte, zurück bis zu den Ursprüngen, dem sagenhaften Stammvater. Vor allem aber formte er, um seiner Rolle gerecht zu werden, die Erinnerung um, und dies mit um so größerer Freiheit, je schattenhafter sie war. Bei den entferntesten Ahnen, von denen nichts als ein Grab, ein Epitaph, ein Name in einem Chartular überliefert war, hatte er jede Lizenz, ihnen eine Handlungsweise zuzuschreiben, wie man sie in seinen Kreisen für vorbildlich ansah, und all die imaginären Eigenschaften auf sie zu projizieren, die in der Ideologie der Adelsgeschlechter hochgeschätzt wurden. Dieselbe Ideologie prägte auch, kaum weniger tief, seine Schilderung von Personen, die noch deutlicher im Gedächtnis lebten. Denn der Patron, in dessen Auftrag ihre Taten aufgezeichnet wurden, erwartete, daß man von seinem Vater und Großvater in einem bestimmten Ton sprach, und wollte auch selbst in schmeichelhaften Posituren dargestellt werden, gemäß dem Kanon gebotenen und mißbilligten Verhaltens, der in der vorliegenden Untersuchung herausgearbeitet werden soll. Die genealogische Literatur ist daher für unsere Zwecke die ergiebigste Quellengattung – und zwar im Hinblick darauf, was sie über die Gegenwart, und nicht, was sie über die Vergangenheit lehrt. Sie läßt, mit einem Wort, das Selbstbild erkennen, das die großen Familien zur Entstehungszeit jener Schriften von sich hatten.

Texte dieser Art sind äußerst selten, obwohl man vermuten kann, daß das Genre in Nordwestfrankreich gegen Ende des 12. Jahrhunderts im Zuge der Entfaltung einer Laienkultur florierte. Es waren nicht nur die vornehmsten Fürstenhäuser, die zu seiner Hochblüte beitrugen. Auch Seigneurs von niedrigerem Rang, deren Autonomie durch die Festigung der politischen Großformationen bedroht wurde, ahmten das Beispiel der Könige und Grafen nach, um daran zu erinnern, daß ihr Geschlecht ebenfalls alt und ruhmreich war: die Genealogie diente als Verteidigungswaffe, als Rückhalt gegen den Druck mächtigerer Nachbarn. Wir wissen nicht, welchen Gebrauch man von diesen Erzählungen machte, wo oder wann, vor und von wem sie gelesen wurden. Manche Indizien deuten darauf hin, daß sie speziell im Hinblick auf Eheschließungen nieder- und umgeschrieben wurden. War nicht der Moment, in dem sich eine neue Ehezelle bildete und die Kette fortsetzte, eine passende Gelegenheit, um die Erinnerung an die glorreiche Vergangenheit der Familie zu reaktivieren und als Mahnmal für den neuen Herrn und seine erhoffte Nachkommenschaft aufzurichten? Mit Sicherheit hatten diese Werke eine interne, private Funktion, und deshalb sind sie auch größtenteils verlorengegangen. Einige wenige sind durch Zufall gerettet worden, weil späte Sprößlinge jener Geschlechter, die noch die Mittel zum Mäzenatentum besaßen, 200 oder 300 Jahre danach, im 14. oder 15. Jahrhundert, als adlige Häuser sich gutgeführte Bibliotheken aufzubauen begannen, Kopien der Handschriften anfertigen ließen.

Das älteste dieser Relikte datiert aus dem Jahr 1155 und kommt aus der Touraine, einer Heimstätte der hohen Redekunst. Der außerordentlich informative Text feiert die Tugenden der Herren von Amboise.[1] Darüber hinaus aber handelt er auch von anderen Personen – ein Umstand, dem er vielleicht sein Überleben verdankt. Der Autor, ein Kanoniker der Kollegiatkirche von Amboise, schrieb nicht nur für die Nachfahren der Helden dieses Hauses, sondern wandte sich zugleich an das Oberhaupt eines anderen Geschlechts: an Heinrich Plantagenet, den Grafen von Anjou, der unlängst zum König von England gekrönt worden war. Die Prosa ist in einer sehr eigentümlichen Tonart gehalten: was wir hier hören, ist eine einzige Klage. Das Unglück hatte die Familie heimgesucht; sie war ihres Hauptes beraubt worden. Der Mann, der sie regierte, hatte als guter Vasall seinem Herrn, dem Grafen von Anjou, in dem Krieg gedient, den der König von Frankreich im Verein mit dem Grafen von Blois gegen den neuen Gemahl Eleonores eröffnet hatte. Dabei war er in einen Hinterhalt geraten und als Gefangener gestorben. Seine Söhne waren noch klein, seine Burgen gefallen oder schutzlos demselben Schicksal preisgegeben. Aus der Tiefe der Not ergeht ein Hilferuf an den Lehnsherrn. Die kunstvoll gestalteten *Gesta Ambaziensium dominorum* erweisen sich als ein

Appell, als ein Huldigungsakt. Ihre vordringlichste Aufgabe besteht nicht darin, die Nachfolger des Besiegten zu belehren, sondern das Wohlwollen ihres Herrn, der ihre letzte Zuflucht ist, zu gewinnen.

In dieser Absicht singt der sehr geschickte Verfasser, unter Aufbietung einer Fülle von Cicero-Zitaten, von Blatt zu Blatt das Lob der Vasallenfreundschaft. Er beginnt mit einer Beschreibung von Amboise und seiner Frühgeschichte, d.h. des Lehens als der Wurzel dieser langen *amicitia*. Die Überlassung der reichen Burg und Stadt bindet seit Generationen zwei Geschlechter, das der Lehnsleute und das der Herren, in einer wechselseitigen Verpflichtung aneinander. Danach wird die Geschichte beider Familien parallel, aber gemäß der Rangordnung erzählt. Die *Gesta* der Grafen von Anjou kommen zuerst. Der Autor rühmt vor allem ihre Tapferkeit im Kampf, jene Manneskraft, von der man hofft, daß der Nachfahre sie alsbald als Helfer der Bedrängten erneut an den Tag legen wird. Folglich sind die Akteure dieses ersten Erzählstranges ausschließlich Männer. Nichts wird von ihren Töchtern gesagt, nichts oder fast nichts von ihren Gattinnen. Alle waren sie kühn, mit der einzigen Ausnahme von Fulco Réchin, der sich vor kurzem als ein erbitterter Feind des Hauses Amboise erwiesen hat und der deswegen hier angeschwärzt wird. Angefangen hatte er als ein vielversprechender junger Mann. Dann aber, mit fortschreitendem Alter, hatte ihn das Verlangen nach den Frauen erfaßt und ihn zur Trägheit, zur Erschlaffung in den Freuden des Bettes verleitet, wie sie adligen Familienoberhäuptern, die partout nicht sterben wollten, in den Dokumenten der Zeit so häufig vorgeworfen wird. Der Gipfel der Verfehlungen, zu denen ihn seine überstarke *libido* hingerissen hatte, war seine ungezügelte Liebe zu Bertrada von Montfort gewesen, dem ehrgeizigen Weibsstück, das schließlich König Philipp dazu gebracht hatte, sie zu entführen. Dieser parteiische Text ist die Hauptquelle für die Beschuldigungen des Frauenraubs und der Lüsternheit, die dem Kapetinger bis in die Historiographie unserer Tage anhängen. Im Anschluß an die Taten der Grafen werden die ihrer Vasallen geschildert. Deren Geschlecht hat eine ähnliche Struktur, wurde aber erst später, gegen Ende des 10. Jahrhunderts, begründet, und seine männlichen Exponenten zeichnen sich durch andere Tugenden aus. Sie waren nicht so sehr stürmisch als vielmehr umsichtig, loyal und kluge Ratgeber. Wiederum sticht nur einer negativ aus der ganzen Reihe hervor: der letzte, Sulpicius II., der das Opfer seiner Maßlosigkeit und Begehrlichkeit wurde und dafür schwer büßen mußte. Nicht daß er die Frauen zu sehr geliebt hätte, aber einen Augenblick lang vergaß er die Pflichten, die ihm sein Lehnseid auferlegte. Denn die Ehre der Sires von Amboise beruhte darauf, daß sie niemals die Vasallentreue gebrochen hatten. Die Beständigkeit in der Freundschaft gab ihnen im Notfall das Recht, den Rat und Schutz ihres Herrn zu fordern.

Ihren Ursprung hatte diese Freundschaft in der Lehnshuldigung, dem *homagium,* das, wie das Wort sagt, *homines* oder »Männer« aneinander band. Sie war eine spezifisch männliche Tugend, und Männer dominieren daher im Vordergrund der Szene. In den *Gesta* der Herren von Amboise werden deren 70 mit Namen erwähnt; daneben nennt der Schreiber aber auch 25 Frauen. Einige von ihnen, und zwar gerade Ehefrauen, sind mehr als bloße Statisten. Was diesem Text seinen ungewöhnlichen Wert verleiht, ist eben dies, daß er weibliche Figuren ins Rampenlicht stellt, die nicht der Fabel angehören, daß er sie in der Funktion auftreten läßt, die sie erfüllten, und uns so einen Eindruck davon vermittelt, welches Bild sich damals die Männer von ihnen machten. Natürlich handelt es sich, wie bei einer Eulogie nicht anders zu erwarten, um ein Idealbild. Die vornehmen Ahnfrauen und Damen, die als jungfräuliche Bräute dem Bett des Familienoberhauptes zugeführt wurden, waren nie betrügerisch oder ehebrüchig, wurden nie verstoßen, sondern halfen ihrem Gemahl, die Ehre des Hauses zu erhöhen. Nur eine fiel – auch hier wieder – aus der Rolle: Agnes, die Gattin des letzten, unglücklichen Seigneurs. Sie war noch am Leben und die Mutter der jungen Knaben, von denen die Zukunft des Geschlechts abhing. Aber als Witwe mußte sie um ihre Position bangen, und möglicherweise hatte sie den Familiensitz bereits verlassen. Zumindest dachten einige daran, sie zu vertreiben und ihr Wittum in Beschlag zu nehmen. Sie war von edelstem Geblüt, ein Abkömmling der mit dem Königshaus verschwägerten Herren von Donzy-Saint-Aignan. Aber war es nicht gerade diese Tatsache, die sie mit der falschen Seite assoziierte? 1155 waren der Kapetinger und seine Parteigänger die grimmigsten Feinde des Grafen von Anjou und seiner Vasallen. Nur Agnes wird mit Kritik überhäuft, wird der Leichtfertigkeit und Verzagtheit, ja des Verrats bezichtigt. Im Moment der größten Gefahr, als ihr Mann in Fesseln lag, ließ sie »unbesonnener Weise, und ohne sich zu beraten«, 200 Gefangene frei, die das tapfere Fußvolk von Amboise gemacht hatte und die man vielleicht gegen Sulpicius hätte austauschen können.[2] Damit hatte sie in ihrer Funktion versagt. Es wäre ihre Aufgabe als Mutter gewesen, den ausgefallenen Gebieter zu ersetzen, sich selbst der Herrschaft über Land und Leute zu versichern und sie um jeden Preis zu erhalten, bis dem Geschlecht wieder ein kampfestüchtiger Mann herangewachsen wäre, der keine Stellvertreterin mehr nötig hatte. Man hätte sich gewünscht, daß sie jenen Heroinen gliche, wie sie hier und da in den Chroniken auftauchen, die auf den Zinnen der belagerten Festung mit lauten Zurufen die Verteidiger anfeuerten.

Die schwache Agnes dient zugleich als Kontrastfolie, vor der die Vorzüge ihrer Schwiegermutter desto strahlender hervortreten. Elisabeth von Jaligny[3], eine Stieftochter des Grafen Fulco Réchin und somit eine Großtante des Königs Heinrich Plantagenet, war »mit Glücksgütern gesegnet *(fortunata)*« — zunächst durch ihre Herkunft, ihr Blut, durch die Mitgift (im weitesten Sinn) von seiten ihres Vaters, dann aber auch durch das, was von den Qualitäten ihres Gemahls und ihrer Söhne auf sie abfärbte. Wie man sieht, ging alles, was dieser Frau zur Ehre gereichte, von Männern aus: von dem Mann, der sie zeugte, von dem Mann, der sie schwängerte, und von den Männern, die sie gebar. Aufgrund solcher Meriten aus zweiter Hand konnte sie notfalls auch aktiv werden, und es war diese »männliche Verwegenheit«, wie der Text sich ausdrückt, die sie über die Schwäche ihres Geschlechts erhob. Das Denkwürdige an ihrem Leben war, daß sie eines Tages in die Lage kam, sich wie ein Mann aufführen zu müssen. Kurz nach ihrer Heirat hatte man versucht, sie um ihr Erbe zu bringen, woraufhin sie in das Land ihrer Mutter aufgebrochen war – selbstverständlich mit der Einwilligung ihres Gatten, aber allein. Gegen massive Opposition hatte sie ihre Rechte für sich und ihre Söhne verteidigt, und die Art und Weise, wie sie dabei, ähnlich den starken Frauen der Bibel, »die schlimmsten Mühseligkeiten« überwand, wird noch einmal als *virilis* bewundert. »Viril« blieb sie auch weiterhin oder wurde es noch entschiedener, als sie im fortgeschrittenen Alter ihren Gemahl verlor. Sie mußte darauf ihrem erstgeborenen Sohn, Sulpicius II., die Stirn bieten – den vielleicht die unselige Verbindung mit seiner zu schwachen Frau ein wenig verwöhnt hatte. Als Sulpicius die Oberhoheit über ihr Wittum beanspruchte, setzte sie sich zur Wehr, indem sie den Lehnsherrn zum Richter anrief. Der Graf von Anjou – ein Beschützer der Witwen, wie es sich für einen guten Fürsten geziemte – war nur allzu froh über die Chance, einen Friedensstörer unter seinen Vasallen in die Schranken zu weisen, und zwang den Herrn von Amboise mit Waffengewalt, die Rechte seiner Mutter zu respektieren. Voller Selbstbewußtsein zog Elisabeth noch einmal in das Bourbonnais, um ihren dritten Sohn in den Besitz ihrer dortigen Güter einzuführen, und kehrte dann nach Amboise zurück, wo sie ein Haus in unmittelbarer Nähe des Klosters Saint-Thomas hatte. Hier gedachte sie, ihr Leben als ehrbare und fromme Witwe zu beenden. Sie wurde nicht müde, ihren Erstgeborenen zu rügen und ihn vor der Selbstüberhebung zu warnen.[4] Alt und »voll an Tagen«, fungierte sie anstelle des verstorbenen Vaters als Ratgeberin, mit der Weisheit, wie sie einem *senior* zukam: »Warum, mein Sohn, hast du dich in diesen Krieg gestürzt, ohne mich um Rat zu fragen? ... [Es gibt niemanden], der dich verständiger beriete.« Vor ihrem Tod, als sie schon lange von der Gicht gequält war, hatte sie noch Gelegenheit, sich ihres Enkels anzunehmen, des vaterlosen Kindes einer unfähigen Mutter, dem nichts mehr geblieben war. Sie übereignete ihm Jaligny und ihr sonstiges Erbgut, das durch den Tod ihres jüngsten Sohnes wieder frei geworden und an sie zurückgefallen war. Inmitten der Trümmer des Familienvermögens stand sie als einzige trutzig und aufrecht da, gewappnet durch die Arthritis und ihren Mut. Als Ikone der Unbeugsamkeit stellt Elisabeth freilich in dieser Galerie vorbildlicher Porträts die Ausnahme dar. Sie überragt die Männer, überlebt die Gefahren der Mutterschaft und überlebt ihren Gemahl. Mit einem Wort: sie ist eine *virago,* eine jener seltenen Heldenfrauen, die von den Männern der damaligen Zeit geachtet wurden, da sie ja die Weiblichkeit abgestreift hatten und wie ihresgleichen geworden waren.

Die Tugenden, die von einer Gattin üblicherweise erwartet wurden, lassen sich an einem anderen Ahnenbild ablesen: an Dionisia[5], die 60 Jahre zuvor gestorben war. Sie lag im Kloster Pontlevoy begraben, und Jahr für Jahr wurde an ihrem Todestag die Erinnerung an sie in der Seelenmesse wieder wachgerufen. Was an ihr preiswürdig war, also die Vollkommenheit einer Frau aus männlicher Sicht, wird mit acht lateinischen Worten erschöpfend umrissen: *pia filia, morigera coniunx, domina clemens, utilis mater.* Ihr ganzes Leben hindurch, als »Tochter«, »Gattin«, »Herrin« und »Mutter«, war Dionisia einem Mann untertan: dem Vater, dem Gatten, dem Sohn und sogar dem Schwager, der das Haus, das ihr Heim war, vorübergehend regierte. Bis zu ihrer Eheschließung war sie »pflichtgetreu *(pia)*« und akzeptierte gehorsam den Bräutigam, den andere für sie ausgesucht hatten. Sie war dazu bestimmt, *coniunx* zu werden, und wurde in der Tat das Muster einer Ehefrau, nämlich eine »willfährige *(morigera)*« Trabantin ihres Herrn und Meisters. Daran änderte auch das Faktum nichts, daß sie zugleich *domina* war, ausgestattet mit einem Vermögen, das recht bedeutend gewesen sein muß, denn ihr Mann war in das Haus *ihrer* Ahnen übergesiedelt und verdankte ihr den größten Teil seiner Macht. Die Ehe aber unterwarf sie der Oberhoheit dieses Mannes. Er war es, der in der Burg Chaumont den Platz einnahm, den ihre männlichen Vorfahren innegehabt hatten. Ihr dagegen blieb nur eine Nebenrolle übrig, die der »milden *(clemens)*« Fürsprecherin, die wie Maria am Jüngsten Tag neben dem Richtstuhl stand und das Herrscheramt mit ein wenig Sanftmut durchtränkte – eine Gehilfin des Gebieters, der alle Befugnisse in seiner Hand vereinte. Auch die Mutterschaft verlieh Dionisia keine Autorität. Als Mutter hatte sie »nützlich *(utilis)*« zu sein – nützlich für wen? Für die Söhne, die aus ihrem Leib geboren wurden, d.h. wieder für Männer.

In diesem Licht also erscheint die Frau in der großen Ahnenparade, die sich jene Haudegen- und Männergesellschaft so gerne vor Augen führen ließ. Die Frau war ein Gegenstand, von hohem Wert, der wegen der Vorteile, die man aus ihm ziehen konnte, sorgfältig bewacht werden mußte. Das offenbart sich erneut an Dionisia, nachdem sie in noch jungen Jahren und als Mutter kleiner Kinder Witwe geworden war. Die Männer ihres Blutes, die durch die Heirat dieser Erbin benachteiligt worden waren, machten Anstalten, über die Beute herzufallen: sie wollten sie in ihre Gewalt bringen, um sie nach eigenem Belieben wieder zu vermählen. Aber die Familie des verstorbenen Ehemannes ließ das kostbare Gut nicht los. Dionisia wurde mit ihren (zwei) Töchtern im Saal der Burg Chaumont bei doppelt verschlossener Tür gefangengehalten, und an den Burgverweser erging der Befehl, diesen Schatz wie seinen Augapfel zu hüten. Was allerdings hier so eifersüchtig behütet wurde, war nicht eigentlich ein Mensch, sondern vielmehr ein Bauch, eine Gebärmutter, das Fortpflanzungsorgan, der heimliche Ort, der nach der Vermischung des Blutes künftige Krieger und Erben hervorbringen würde. Darum war der wahrhafte Thron der Frau das Wochenbett. Eines Nachts eroberten die Leute des Sire von Amboise den sogenannten »Steinturm«: sie drangen durch den Keller ins Erdgeschoß ein, durchbrachen die Decke und stiegen zum Saal empor. An diesem geschützten Ort trafen sie auf die Frau des Ritters, der als *custos* auf der Burg saß; sie hatte soeben entbunden und lag noch im Kindbett. Die Eindringlinge töteten den Wächter und pflanzten oben auf dem Bauwerk das Banner ihres Herrn auf. Dann aber ergriffen sie vorsichtig die junge Mutter und trugen sie auf ihrem Lager – denn sie war noch nicht gereinigt und durfte nicht den Fuß auf die Erde setzen – wie ein heiliges Sakrament zu dem

Haus, wo ihr Gemahl schlief.[6] Und es war ebenfalls ein Wochenbett, das der Geburt Christi, das die Bildhauer (nur wenige Jahre vor der Niederschrift des hier erörterten Textes) auf einem Tympanon der Königspforte von Chartres, als triumphalen Kontrapunkt zur Gottesmutter in ihrer Herrlichkeit, darzustellen wagten. Weil sie Kinder hervorbringen konnte, war die Frau, wie gesagt, ein Wertgegenstand und damit ein Tauschobjekt. Sie war eine Figur in einem Spiel; aber die Spieler waren Männer.

Zwei Parteien standen sich in diesem Männerspiel gegenüber: die eine nahm den Stein, die andere gab ihn weg. Die Geberseite freilich umfaßte in der Mitte des 12. Jahrhunderts mehrere Untergruppen, die in den Burgen ihre Trümpfe zusammenwarfen, um in dem harten Wettkampf, dessen Einsatz die Frauen waren, ein Maximum für sich herauszuholen. Neben den Verwandten waren zum einen ihr Lehnsherr und zum anderen ihre Vasallen an der Aktion beteiligt. Die Geschichte der Herren von Amboise legt ein besonderes Gewicht auf das durch die Lehnshuldigung geknüpfte persönliche Band – eine erworbene Verwandtschaft, deren Maschen sich mit denen der Blutsverwandtschaft verflochten. Mit großer Klarheit zeigt sich in dieser Quelle eine Folge des fortschreitenden Feudalisierungsprozesses: daß fortan der überwiegende Teil der adligen Güter Lehen waren. Die Rechte, die durch Heiratsverbindungen von einem Haus auf ein anderes übertragen wurden, waren fast immer in das Netz der Vasallenpflichten einbezogen. Der Herr, von dem ein Land zu Lehen ging, hatte daher ein legitimes Interesse, sich in die Eheanbahnungsgespräche einzumischen. Dasselbe galt aber auch für die Aftervasallen, die durch Mitgift und *dos* sowie durch die der Beschaffenheit des Mannes, dessen Sohn einmal ihr eigener oder der Herr ihrer Söhne werden würde, von der projektierten Ehe direkt betroffen waren. Sowohl der übergeordnete Eigentümer des Lehens als auch der Kreis der nachgeordneten Vasallen, die an dem Lehen und seinen Einkünften partizipierten, versuchten deswegen, an der Wahl des Bräutigams und damit des Ritters mitzuwirken, der nach oben Huldigung und Dienste leisten und nach unten Huldigung entgegennehmen und Wohltaten gewähren würde. So komplizierten sich die Strategien in dem unaufhörlichen Handel, dessen Objekt die Frauen waren. Aus den *Taten der Herren von Amboise* erfahren wir Genaueres über dieses Spiel.

Die nachdrückliche Präsenz weiblicher Gestalten im Text ist nicht überraschend. Zwei Umstände trugen dazu bei, die Erinnerung an die Ahnfrauen lebendig zu erhalten. Durch sie waren ehedem Beziehungen zu den Hauptmächten der Region geknüpft worden, die in diesem Augenblick schwerer Gefahr sehr nützlich sein konnten. Vor allem aber waren die Burgen, die Privilegien und Ländereien, war schlechterdings alles, worauf die Ehre des Geschlechts beruhte, von ihnen als Heiratsgut mitgebracht worden. Im Laufe von eineinhalb Jahrhunderten oder fünf Generationen hatten vier sukzessive Eheschließungen den enormen Herrschaftskomplex zusammengeführt, der das Haus Amboise zu einem der gewichtigsten Machtfaktoren in der Touraine machte. Durch die erste dieser erfolgreichen Heiraten hatte der Gründer und Stammvater des Geschlechts in der Gegend Fuß gefaßt. Ein nachgeborener Sohn von ihm, Lisoius, gewann durch seine zweite Gemahlin eine der drei Burgen von Amboise, den Steinturm, zum Wohnsitz. Dessen Erstgeborener, Sulpicius, wurde durch Dionisia Gewalthaber in Chaumont. Hugo schließlich, dem ältesten Sproß dieser Ehe, fiel mit seiner Frau Elisabeth ein großartiges *maritagium* zu: der Rest von Amboise, den ihr Bruder ihr als Aussteuer überließ, und das bourbonische Erbe ihrer Mutter, Jaligny, oder zumindest diejenigen Teile davon, die ihre männlichen Verwandten ihr nicht hatten abjagen können. Gerade 1155 besann man sich im Hause Amboise gern darauf, daß die Vorfahren ihre reichen Gattinnen eine nach der anderen durch ihren Herrn empfangen hatten; sie alle waren der Lohn ihrer Tapferkeit, der Preis für ihre Ergebenheit. Eine solche Handlungsweise des Lehnsherrn war ebenso ein Ausdruck seiner Freigebigkeit wie seiner Macht. Jedesmal hatte er Druck auf den Mann ausgeübt, der von Bluts wegen das Recht hatte, das Mädchen zu verheiraten. Er hatte sich an seine Stelle gesetzt, hatte selbst die Entscheidung getroffen, den Bräutigam bestimmt und hatte den eigentlichen Vergabeberechtigten genötigt, seine Entscheidung zu ratifizieren.

Die *Gesta* teilen nur wenig über den ersten dieser Heiratsverträge mit, der in die Zeit des oben erwähnten Strukturwandels um das Jahr 1000 zurückreicht, als die Verwandtschaftsbeziehungen im Hochadel mehr und mehr die agnatische Form annahmen. Es kann sein, daß das Bild der Wirklichkeit in der Familienerinnerung getrübt ist. 150 Jahre später jedenfalls schreibt sie der Ehe eine Schlüsselrolle in der Entstehung seigneurialer Dynastien zu. Hugo I., der Urahn des Geschlechts, war ein »Getreuer« von Hugo Capet und zweifellos auch sein Patensohn – er trägt einen kapetingischen Namen –, und der Name, den er selbst seinem Sohn gab, beweist, daß er aus kapetingischen Landen, aus dem Orléannais stammte.[7] Als der neugekrönte König »einen Grafen über das Manceaux einsetzte«, vermählte er seinen *filiolus* mit der Tochter des Sire von Lavardin. Die Ressourcen, über die Hugo I. damit verfügte, waren bescheiden. Sein Sohn Lisoius zog wie der Vater auf Abenteuerfahrt und schloß sich dem Grafen Fulco Nerra von Anjou an. Dieser suchte, wenn man dem genealogischen Gedächtnis trauen darf, nach Mitteln und Wegen, wie er seinem treuen Gefolgsmann, der sich in langen Jahren unentbehrlich gemacht hatte, seine Dienste entgelten und ihn fest an seinen künftigen Erben Gottfried II. Martell binden könne. Im Glanz seiner Siege zwang er den Besitzer des Steinturms von Amboise, Lisoius seine Nichte und zusammen mit ihr den Turm zu überlassen (gegen 1030). Als später der Herr von Chaumont durch Gottfried Martell überwältigt und wohl auch gefangengenommen wurde, mußte er in gleicher Weise seine Nichte *nolens volens* dem ältesten Sohn von Lisoius zur Frau geben und sie mit seinem ganzen Vermögen ausstatten. Wiederum eine Generation später war es Graf Fulco Réchin selbst, dem das Recht zugestanden hätte, Elisabeth, die Tochter aus zweiter Ehe einer seiner verstoßenen Frauen, zu vergeben. Dieses Recht jedoch wurde ihm von einem Mann entrissen, der ihn bekriegte: von seinem eigenen Sohn. Gottfried IV. Martell brauchte dringend Bundesgenossen und verheiratete darum seine Halbschwester an Hugo II., um diesen in zuverlässiger Freundschaft an sich zu fesseln. Zumindest drei jener vier Frauen waren also ein Eroberungsgut, ein Stück der Kriegsbeute, die ein Sieger unter seinen Waffengefährten verteilte. Dabei ist allerdings anzumerken, daß es mit dem bloßen Empfang eines solchen Geschenks nicht getan war. Um sich der Kriegsgefangenen und ihrer Mitgift zu versichern, mußten die so begünstigten Männer, zuerst Lisoius und dann Sulpicius, in das Haus ihrer Gattin einziehen, sich mühsam gegen eine feindselige Verwandtschaft behaupten, ihre Ansprüche durchsetzen und sich sogar bereitfinden, ihre Begräbnisstätte bei den Toten des fremden Geschlechts zu wählen. Im übrigen verheimlicht der Autor der *Gesta,* so gut er kann, das Element des Raubes, das diesen frühen Eheschließungen in Wirklichkeit innewohnte. Statt dessen malt er in leuchtenden Farben das Bild des guten Herrn, der den jungen Leuten seines Gefolges ihre treuen Dienste mit Erbinnen honorierte.

Nichts vermochte die Vorstellungskraft nachgeborener Söhne, die sich an den großen und kleineren Höfen anstrengten, durch Tapferkeitsbeweise die Gunst eines Herrn zu erlangen, so sehr zu beflügeln wie dieses Bild. Es spielt denn auch in der ritterlichen Ideologie zwischen 1150 und 1200 eine prominente Rolle. So taucht es z.B. in einem der Nachträge auf, die dem ursprünglichen Text der *Gesta* später beigefügt wurden. Die knappe Anekdote handelt von der – wohl legendären, da durch keinerlei urkundliche Nachrichten bestätigten – Gründung des Hauses Château-Renault.[8] 1044 hatte sich Gottfried II. Martell der Touraine bemächtigt. Sogleich ging er daran, die Positionen seiner besiegten Gegner, wie in Chaumont, mit seinen eigenen Männern zu besetzen. In der Schar seiner Gefolgsleute oder »bei dem Grafen«, wie die Quelle sagt, befanden sich auch »zwei junge Adlige ...; der eine von ihnen hieß Rainald nach seinem Vater, der andere Gottfried nach dem Grafen, der auch sein Pate war«. Den ersteren gürtete der Graf von Anjou mit dem Schwert des Ritters (er bediente sich also aller möglichen Mittel, um persönliche Bindungen herzustellen, der Taufe ebenso wie der Schwertleite); dann schickte er ihn zu seinem Vater zurück.

(Aus diesem Vorgang läßt sich ganz klar eine der Funktionen fürstlicher Höfe ersehen: sie waren der Ort, wo die Söhne des Adels ihre Ausbildung im Kriegshandwerk und die symbolischen Attribute des vollwertigen Kriegers empfingen; sie entlasteten damit die Familien von dem Druck der heranwachsenden Generation, die zu Lebzeiten des Vaters von der Macht ausgesperrt blieb; und schließlich waren sie die Stätte, an der die Treuebande geschmiedet wurden, die Komplementärstruktur einer quasi-kindlichen Unterwerfung und eines quasi-väterlichen Wohlwollens, auf der die sogenannte »Feudal«ordnung basierte.) Es dauerte nicht lange, und Rainald war, als Erstgeborener, versorgt: er nahm die Stelle seines Vaters ein, der nach Jerusalem aufbrach, um ihm Platz zu machen. Sein Bruder war neidisch auf ihn und bedrängte den Grafen, er möge ihn ebenfalls zum Ritter erheben und ihm vor allem »ein mäßiges Stück Land« zuweisen. Nun benötigte Gottfried Martell zu jenem Zeitpunkt einen sicheren Mann, der imstande war, in dem soeben eroberten Gebiet eine neue Festung zu errichten. Der »Junge« wurde also zum Ritter gegürtet und mit Besitz ausgestattet. »Auch gab ihm« der Graf, so fährt die Erzählung fort, »eine Nichte seiner Gattin zur Frau [eine Braut, über die er verfügen konnte, die aber nicht von seinem Blute war und somit nicht das Risiko in sich barg, daß sie eines Tages Ansprüche auf sein Erbgut anmelden würde], ein Mädchen von überaus edlem Leib und überaus schönem Antlitz [versteht sich].« Der frischgebackene Ehemann erbaute einerseits die Burg und befleißigte sich andererseits, Kinder zu zeugen. Bald kam ein Sohn zur Welt, und da sie beide zur selben Zeit entstanden waren, erhielten Gebäude und Kind denselben Namen: Rainald (Renault). Man findet hier einen hübschen Beleg für den engen Zusammenhang zwischen Ehe, loyalem Dienst, dynastischem Streben und dem wehrhaften Haus, in dem das Geschlecht Wurzeln faßt.

Ohne Zweifel sind Erinnerung und Wunschphantasie untrennbar miteinander verschlungen. Zunächst und vor allem enthüllt die Geschichte der Herren von Amboise, wie die zahlreichen Ritter, die durch die strikte Heiratsbeschränkung innerhalb der Adelsgeschlechter zur Ehelosigkeit gezwungen wurden, zur Zeit König Ludwigs VII. davon träumten, eine Frau zu erringen. Muß man aber deshalb das Zeugnis der Quellen selbst umstandslos verwerfen, die den ältesten Vorfahren, von dem die damaligen Ritter noch eine Kunde hatten, als einen glücklichen Abenteurer schildern, den sein Kriegsherr für seine unermüdlichen Dienste mit einer Gemahlin belohnte? Der Kanoniker Lambert von Wattrelos, der Verfasser der *Annalen* von Cambrai, schrieb in derselben Epoche die Genealogie seines Hauses nieder. Als Gründerahn, dessen Namen er trägt, figuriert darin ein Bruder seines Urgroßvaters, der vor 100 Jahren gelebt hatte; er war ein Vasall des Bischofs von Cambrai gewesen und allem Anschein nach ebenfalls von seinem Herrn mit Land und Frau begabt worden. Was immer freilich in solchen Aussagen von der Realität der frühen Feudalzeit enthalten sein mag, wichtig an ihnen ist jene andere Realität, daß sich die Ritterschaft in der Mitte des 12. Jahrhunderts räuberischer Ahnen und höher geborener Ahnfrauen rühmte, die ein siegreicher Held großzügig den Helfern seiner Macht zugeteilt hatte.

Eine der schönsten Illustrationen dieser Phantasie und zugleich des zeitgenössischen Ehelebens bietet eine kleine Geschichte[9], die der Mönch Johannes von Marmoutier zur Zerstreuung und Belehrung von Heinrich Plantagenet um 1170 dem Teil des großen genealogischen Werks aufpfropfte, das nicht die Herren von Amboise, sondern die Grafen von Anjou zum Gegenstand hat. Es handelt sich um ein *exemplum,* das dem gegenwärtigen Oberhaupt des Geschlechts durch den Lobpreis eines Vorfahren, des fernsten überhaupt, von dem in den Archiven eine Spur zu entdecken war, Maßstäbe tunlichen und untunlichen Verhaltens demonstrieren sollte. Das Haus Anjou war nicht nur mächtiger, sondern auch viel älter als das Haus Amboise. Jener Urahn, Ingelger, lebte an der Schwelle des 10. Jahrhunderts. Da sich seine Gestalt, über den bloßen Namen hinaus, im Dämmer der Vergangenheit verlor, konnte der Erzähler seiner Imagination die Zügel schießen lassen und dieses Phantom nach Lust und Laune zurechtschminken, verkleiden und sich zu ihm passende Reden und Handlungen ausdenken. Johannes beschloß, den Protagonisten seines pädagogischen Theaters auf »jung« zu kostümieren, als kecken Ritter, der sein Vermögen allein den eigenen Fähigkeiten verdankte. Sein Ausgangspunkt war ein einziger Satz. Der Passus der *Gesta,* den er ausschmückte, hatte die Verbindung der Grafen von Anjou mit dem Gâtinais durch die Tapferkeit Ingelgers zu erklären versucht: weil er die Ehre einer Frau dieses Landes gerettet habe, sei er »ihrem Geschlecht und beinahe allen Edlen ... über die Maßen lieb geworden«.[10] Die Einbildungskraft entzündete sich automatisch an dieser weiblichen Figur. Allerdings ist der Autor ein Mönch und spricht daher nicht von der Liebe, sondern von der Ehe. Drei Personen stehen zu Beginn auf der Bühne: ein König von Frankreich, den Johannes »Ludwig« nennt, weil er seinen Namen nicht weiß; dessen Vasall, der Graf des Gâtinais, der bei seinem Tod eine einzige Tochter hinterließ; und ein Diener des Königs, sein Kämmerer, auch er ein tüchtiger Mann und sehr schön. Diesem letzteren wollte der König die Erbin zum Lohn geben. Nach dem Lehnsrecht von 1170 war der Herr befugt, die Töchter verstorbener Vasallen zu verheiraten, was Heinrich Plantagenet gewiß gerne bekräftigt sah. Das Hindernis erwuchs hier nicht aus der Verwandtschaft, sondern kam von dem Mädchen selbst. Der Kämmerer hatte einst dem Grafen Huldigung geleistet, und sie protestierte: »Es ist weder geziemend noch recht, mir meinen Lehnsmann oder vielmehr einen Vasallen meines Vaters aufzuzwingen.« Ohne ihre Einwilligung aber war nichts zu machen: alle Zuhörer des Autors hielten den Konsens der Braut mittlerweile für unabdingbar. Nachdem sie von der Königin gebührend abgekanzelt und in der Kemenate eingesperrt worden war – die man sich ganz anders vorstellen muß, als ein landläufiges Klischee es will, nämlich als eine kleine Eigenwelt voller Heimtücke und offenkundigem Terror –, ließ sich das Mädchen endlich erweichen. Nun mußte der König noch den »Rat«, die Zustimmung der »Freunde« einholen, d. h. der ganzen »Familie« der zur Grafschaft Gâtinais gehörigen Vasallen. Sie hatten keine Einwendungen, und damit war die Bahn frei für die Vorbereitung der Eheschließungszeremonien. Notieren wir *en passant,* daß die Feierlichkeit zu der Zeit, als die Geschichte aufgezeichnet wurde, nicht zwei, sondern drei Schritte umfaßte: zwischen die »Bestätigung der Gabe«, also den Austausch der präsentischen Einwilligungsformel, das persönlich abgelegte Gelöbnis beider Brautleute, und die »Hochzeitsfeier«, die fröhliche *deductio* der Braut in ihr neues Heim, hatte sich mittlerweile die »Benediktion« eingeschoben. Johannes von Marmoutier war zwar ein Kirchenmann, der aber seine fiktive Historie den Herren des kultiviertesten Hofes der Epoche widmete. In diesen sehr vornehmen Kreisen war die Einschaltung des Priesters in den Übergangsritus ganz und gar selbstverständlich geworden. Die Kirche hatte hier einen totalen Durchbruch erzielt.

Durch diese kirchlich eingesegnete Verbindung gewann der Kämmerer, der jetzt seine Gattin trotz der früheren Lehnsuntertänigkeit überragte, die erstrebte Grafschaft. Aber zehn Jahre lang bemühte er sich vergeblich, seine Frau zu schwängern. Während einer Krankheit fand man ihn eines Morgens erstickt im Bett. Sogleich verbreitete sich das Gerücht: sie war's, sie hat ihn getötet – wo ist der Liebhaber? Die Beschuldigung wurde, wie es die Regel war, von der Verwandtschaft des Toten vorgebracht und vor allem vom Obersten seiner Leute, dem zweiten Mann des Hauses, dem Seneschall. Er war es, der das Geschrei, die Klage erhob. Wir erkennen in ihm den Verleumder der Romane wieder. Die Aufregung dieser Männer kann nicht erstaunen. Sie hatten sich zusammen mit dem Toten in diesem Wohnsitz installiert, der aber nicht ihrem Patron, sondern der Herrin gehörte. Als Witwe würde sie sich wieder vermählen und einen neuen Gebieter in das Haus holen, der seine eigenen Gefährten um sich scharen und die seines Vorgängers in alle Winde jagen würde. Die Frau mußte unschädlich gemacht und zu diesem Zweck der Möglichkeit beraubt werden, jemals eine andere Ehe einzugehen. Genügte es, sie der Untreue zu überführen? Sicherer war es, dem Vorwurf des Ehebruchs, der sich auf die Sphäre des Privaten, des Häuslichen bezog, den des »plötzlichen Todes« hinzuzufügen, der in die Zuständigkeit der öffentlichen Gerichtsbarkeit fiel und mit dem man das Königsgericht befassen konnte. Vor dieser Versammlung erbot sich die Beklagte zum Reinigungseid. Eine solche Berufung auf das Urteil Gottes hätte ausgereicht, wenn es nur um Unzucht gegangen wäre. Nun aber ging es dazu noch um Mord, und der hierfür erforderliche Beweis war der gerichtliche Zweikampf. Der Kläger erklärte sich bereit, anzutreten. Man kannte ihn; im ganzen Land war er für die Kraft seines Armes berühmt. Wer konnte sich mit ihm messen? Laut wehklagend wandte sich die Gräfin an die Männer ihres Blutes. Aber alle hatten sie Angst, sie zu verteidigen – so schwer war der Verdacht, der unter derartigen Umständen auf einer Gattin lastete. Damit war der Beweis erbracht: die Witwe, »von allen Seiten verlassen«, war definitiv schuldig. In diesem Moment betritt Ingelger die Szene. Er war damals 16 Jahre alt und noch unerfahren in den Waffen. Mit der schutzlosen Frau verband ihn nicht eine Verwandtschaft des Blutes, sondern eine spirituelle, also höhere Verwandtschaft: er war ihr Patensohn. Der junge Mann hatte dem Grafen, in dessen Haus er lebte, Tag und Nacht gedient und wußte, daß er krank gewesen war. Überzeugt, daß der Tod eine natürliche Ursache hatte, und darum seiner selbst völlig gewiß, schritt er zum Kampf und siegte. David triumphierte über Goliath. Niemand konnte mehr daran zweifeln, daß die Frau unschuldig war. Dennoch beschloß sie, ihre Tage im Kloster zu beenden. Was sollte nun mit ihrem Erbe geschehen, wer das Lehen übernehmen? Ihre Vettern, die es nicht gewagt hatten, für sie zu fechten? Oder nicht eher der junge Held, »der zwar nicht ihr Verwandter nach dem Fleisch, wohl aber ihr geistlicher Sohn war«? Der König entschied natürlich, daß die pflichtvergessenen Verwandten zu enterben seien. Per Gerichtsurteil erklärte er Ingelger zum »Sohn der Mutter«. Der einfache Machtspruch des Fürsten – und Heinrich Plantagenet wird diese Ansicht nicht ohne Wohlgefallen vernommen haben – vermochte die »Natur« zu korrigieren; tatsächlich handelte der Fürst bei diesem Ereignis, insofern er die Überlegenheit des Geistlich-Geistigen über das Fleischliche bejahte, als Interpret des göttlichen Willens. Der junge, unverheiratete Ingelger erwarb das Lehen nicht durch die Kraft seiner Lenden, indem er sich mit einer

Erbin paarte, sondern durch die Kraft seines Mutes und durch die seiner wenig geübten Hand. Zu Höherem bestimmt, erfüllte der Stammvater des Hauses Anjou bereits in frühen Jahren eine der Aufgaben des Königs, nämlich für das gute Recht der Witwen zu streiten. Eine solche Schilderung konnte alle »Jungen« des Hofes begeistern, und auch der *senior* hatte, in wehmütiger Rückerinnerung an die eigene Jugend und im Vollgefühl der Macht, seine Freude daran.

Der unbekannte Erzähler, der die erste Version der hier ausgewerteten Doppelgenealogie verfaßte, sagt nichts darüber, wie Sulpicius II., der schlechte, jüngstverstorbene Seigneur, seine Frau nahm. Man kann vermuten, daß er, der zwischen seinen beiden Lehnsherren, dem Grafen von Anjou und dem Grafen von Blois, lavierte, vom letzteren verheiratet wurde — was in diesem Hilfeersuchen an die Adresse Plantagenet nicht gar zu laut betont werden durfte. Schon 1155 freilich und gewiß um 1170, als Johannes von Marmoutier schrieb, war die physische Gewalt in Nordfrankreich so weit eingedämmt, daß sich die Feudalfürsten nicht mehr wie ihre Vorfahren mit bewaffneter Hand reicher Erbinnen bemächtigen konnten, um sie ihren Vasallen anzubieten. Die Braut, die der Kämmerer empfing, war keine Kriegsbeute, und als der König in jenem fiktiven Bericht, der die idealen Verhaltensformen widerspiegelt, seinen ersten, fehlgeschlagenen Anlauf zur Verfügung über das Mädchen unternahm, stützte er sich nicht auf direkte Gewalt, sondern auf sein lehnsherrliches Privileg. In der Tat hatten die Regenten der großen und kleinen Fürstentümer, wenn sie die Reserven ihrer eigenen Familie ausgeschöpft und ihre sämtlichen Töchter, Nichten und Bastardtöchter versorgt hatten, nicht ohne weiteres die Möglichkeit, auf die weiblichen Hinterbliebenen, ob Jungfrauen oder nicht, eines verstorbenen Vasallen zurückzugreifen und ihnen einen Mann ihrer eigenen Wahl zuzuteilen. Sie bedurften dafür der Zustimmung von seiten der Verwandtschaft des Toten und mußten sich, um diese zu erlangen, aufs Verhandeln verlegen, ihre Prärogativen geltend machen, das Regalrecht des Schutzes der Witwen und Waisen vorschieben sowie das im

Grunde patriarchalische Recht, das ihnen kraft ihrer Stellung in der Hierarchie der Huldigungen zukam. Die Verwandten wehrten sich, so gut sie konnten, gegen eine solche Intervention von außen. Einer sorgfältigen Untersuchung zufolge war es dem Herzog von der Normandie in eben jener Epoche gewohnheitsrechtlich erlaubt, die Tochter eines Vasallen, wenn sie das Lehen erbte, zu »verschenken«; doch durfte diese *donatio* nicht ohne den Rat und die Einwilligung der »Freunde«, der Männer ihres Blutes, geschehen.[11] In Wahrheit war alles eine Frage der jeweiligen Machtverhältnisse, und zwar ein Handelsgeschäft, bei dem hauptsächlich um Geld gefeilscht wurde. »Im gallischen und englischen Raum«, schreibt Robert von Courçon[12], »ist es Brauch, daß der Landesfürst die Güter« verstorbener Barone, die unmündige Kinder hinterlassen, »konfisziert; endlich verheiratet er das hinterlassene Mädchen gegen Geld an einen weniger edlen Mann und verkauft so die hohe Geburt *(generositas)* dieses Mädchens« (und analog auch die eines männlichen Waisen).

Gelang es den Sires von Amboise, als Lehnsträger des Grafen von Anjou, ihre Töchter frei an den Mann zu bringen? Sie verheirateten sie alle und, wie es scheint, nach eigenem Gutdünken. *De facto* war ihre Zahl nicht sehr groß: die Gattinnen, mit denen ihr Herr sie begabt hatte, waren nicht übermäßig fruchtbar. Lisoius zeugte mit der seinigen fünf Kinder, darunter drei Töchter, die das Erwachsenenalter erreichten; Sulpicius I. drei, darunter zwei Mädchen; Hugo II. vier, darunter ein Mädchen – insgesamt also sechs Töchter. Diese nun wurden nicht mit Vasallen vermählt, sondern mit Gleichrangigen, mit Rivalen, mit den Besitzern benachbarter Burgen, also potentiellen Feinden, um deren Freundschaft sicherzustellen oder zumindest ihr Aggressionspotential zu verringern. Die Moralisten der Kirche wiederholten ja immer wieder, wenn sie die Exogamieforderung zu rechtfertigen suchten, daß sich durch die Ehe die *caritas,* die Liebe ausbreite. Was sich die Stifter dieser Verbindungen erhofften, war ganz entsprechend vor allem Frieden bzw. ein Mehr an Frieden. Hatten sie Erfolg? In den *Gesta* wird sichtbar, was sonst fast immer verborgen bleibt: der Nutzen, den das Oberhaupt eines Adelshauses aus

der Verheiratung von Töchtern ziehen konnte. Sulpicius I.
hatte mächtige Seigneurs zu Schwägern. Einer von ihnen saß
auf der Burg Roches-Courbon und war ein treuer Freund. Als
Sulpicius krank wurde, begab er sich zu ihm, um in seiner
Obhut zu sterben. Dieser enge Zusammenhalt zwischen den
beiden Familien hatte sich bis 1155 nicht gelockert; auch in
der dritten Generation fuhren die Vettern fort, einander Rat
und Beistand zu gewähren und füreinander zu den Waffen zu
greifen. Zwischen Sulpicius und den Männern seiner zwei
anderen Schwestern hingegen, dem Sire von La Motte-
Foucois und dem Sire von Montrichard, konnte das Heiratsbündnis nicht den Haß verhindern. Man möchte sogar meinen, daß es ihn verstärkte. Die Schwäger hatten bei ihrer Eheschließung darauf gerechnet, aus den Rechten ihrer Frauen
ein Maximum an Vorteilen herauszuschlagen. Deshalb sahen
sie in deren Bruder in erster Linie nicht den Freund, sondern
das Hemmnis ihrer Begehrlichkeit und suchten ihn mit allen,
auch den äußersten Mitteln niederzuwerfen. Das Glück oder
Unglück wollte es, daß sie selbst in diesem Krieg unterlagen.
Der eine, Fulcoius, wurde als Gefangener enthauptet – eine
schändliche Untat des rohen Fußvolkes, über die der Herr
von Amboise aus Zufall, wie der Chronist vermeldet, nicht
zuvor unterrichtet worden war. Ihm selbst drohte damit das
gleiche Schicksal. Die Verheiratung einer Schwester vermochte, wie sich hieran zeigt, die Gefahr kaum zu bannen.
Konnte man wenigstens darauf zählen, daß aus der Blutsverwandtschaft die Liebe erwuchs? Konnte man, mit anderen
Worten, von den Neffen Besseres erwarten?
Es war die zweite Generation, nach der Vermischung des beiderseitigen Blutes, in der die Verbindung ihre Früchte trug,
sobald nämlich die im Haus ihres Mutterbruders erzogenen
Neffen ihren Onkel zu lieben lernten. Voraussetzung dieser
günstigen Entwicklung war, daß die Schwester, die Mutter
der Knaben, das Wochenbett lange genug überlebte, daß also
nicht ein früh verwitweter Schwager sich wieder verheiratete
und seine zweite Frau, die Stiefmutter, darauf insistierte –
wozu sie normalerweise geneigt war –, daß die Söhne aus erster Ehe enterbt wurden. Zweimal tauchte in der Geschichte

der Herren von Amboise dieses Problem auf; beide Male starben die Frauen, von den Strapazen der Schwangerschaft erschöpft, nach kurzer Zeit. Hugo II., der wahre Held der Erzählung, der Inbegriff eines idealen Familienoberhaupts, geriet dadurch in eine Zwickmühle[13]: einerseits war er der natürliche Anwalt des Sohnes seiner verstorbenen Schwester und als solcher verpflichtet, dessen Interessen notfalls mit Waffengewalt zu verteidigen, wenn die Kinder der zweiten Frau, wie er fürchtete, »seinem Neffen das ihm eidlich zugesicherte Land wegnähmen«; andererseits hielt er aus Rücksicht auf die Freundschaft, die er dem Mann seiner Schwester schuldete, »lange Zeit still, weil er nicht gegen seinen Angehörigen *(familiaris)* . . . kämpfen wollte«. 1155 lag dieselbe Situation vor.[14] Die Schwester von Sulpicius II. hatte bei ihrem Tod, auf der Burg Déols, zwei kleine Söhne hinterlassen. Dieses Mal freilich war das Risiko geringer; denn die Mutter der Knaben, Dionisia – die für das Haus ebenso »nützlich« war wie die verehrte Ahnfrau, deren Namen sie trug –, »hatte durch ihren Adel und verschiedene Tugenden bewirkt, daß der Vater, obwohl noch jung, keinen Sproß aus einem anderen Geschlecht mehr wünschte«. Man erkennt hier, was von Mädchen erwartet wurde, wenn man sie in eine andere Familie einpflanzte: sie mußten robuste Kinder zur Welt bringen, durften nicht zu bald sterben, oder aber die Vorteile, die ihnen aufgrund ihres Blutes anhafteten, mußten dauerhaft und verlockend genug sein, um ihren Gatten über ihren Tod hinaus zu binden.

Was passierte, wenn die Frucht dieser Ehen Mädchen waren, wenn das Erbe einer verwaisten Nichte zufiel? Fulcoius, der enthauptete Schwager von Sulpicius I., hatte lediglich eine Tochter, Corba, deren jammervolle Geschichte in den *Gesta* berichtet wird.[15] Von ihrem Großvater her hatte sie eine der drei Burgen von Amboise geerbt; diese war zwar inzwischen zerstört, aber ihr Standort blieb erhalten und folglich auch das Recht zum Wiederaufbau der Festung, zur Nutzung der an ihr hängenden Befugnisse. Nach dem Tod ihres Vaters kam das Mädchen ordnungsgemäß unter die Gewalt ihres nächsten männlichen Verwandten, und das war Sulpicius, der Bruder ihrer Mutter. Er hütete sich wohl, sie zu verheiraten. Im Hintergrund jedoch lauerte der Graf von Anjou, Fulco Réchin. Seine Vasallen von Amboise wurden immer anmaßender, und er sann darauf, sie zu schwächen. Aber obwohl er die Lehnshoheit über La Motte-Foucois, den fraglichen Platz, hatte, konnte ein Feudalherr damals – am Ende des 11. Jahrhunderts – die Rechte der Verwandtschaft nicht mehr einfach übergehen. Das vorzeitige Hinscheiden von Sulpicius I. und die Minderjährigkeit Hugos II. versetzten den Grafen dann in eine Position der Stärke. Durch einen Handel erwirkte er die Zustimmung des Bruders von Sulpicius, des provisorischen Familienoberhauptes, zu seinen Wünschen. Corba wurde einem Ritter seines Hofes zur Frau gegeben, dem er zugleich die Vogtei *(custodia)* über die dritte (neben dem Steinturm und der »Motte«), die gräfliche Burg von Amboise übertrug. Es war dies die Zeit des Konzils von Clermont; man predigte den Kreuzzug. Corbas Ehemann und ihr Vetter Hugo folgten dem Ruf. Nach einiger Zeit traf die Meldung ein, daß der Gatte bei der Belagerung von Nizäa einer Krankheit erlegen sei. »Als er dies hörte, vermählte Graf Fulco Réchin Corba... mit einem sehr betagten Mann, Achard von Saintes, der jetzt die Vogtei in der gräflichen Burg innehatte.« Es war sehr naheliegend, diesem Mann auch die Witwe seines Vorgängers anzuvertrauen, geschah aber nicht umsonst: Achard bezahlte dafür, und zwar teuer. Verkäufer war der Graf, der es nicht für notwendig hielt, die Verwandtschaft deswegen um Rat zu fragen: Corba war die Gemahlin seines Ritters und damit seine Schutzbefohlene; die Männer ihres Blutes hatten nichts mehr zu sagen. Im übrigen weilte der einzige Sproß des Hauses Amboise in weiter Ferne, und niemand wußte, ob er von seiner Abenteuerfahrt zurückkehren würde. Hugo jedoch kehrte zurück – krank zwar, aber noch am Leben. »Voller Angst brachte Achard seine Frau Corba nach Tours, in das Haus seines Bruders..., des Kellermeisters von Saint-Martin.« Das Domizil eines Chorherren war ein sicherer Hort. Aber jeden Tag mußte Corba ausgehen, um ihre Gebete zu verrichten. Die Kirche lag glücklicherweise in der Nähe; im Schiff hatten Männer und Frauen ihre getrennten Bezirke, und auf dem Weg wurde sie gut bewacht. Dennoch zeigte es sich, daß die Stätte der Andacht heimlichen Unterredungen förderlich war. Die junge Frau schaffte es, einige Worte »mit einem Knecht aus Amboise namens Ilger« zu wechseln, und »instruierte ihn, wie er sie rauben könne. An einem Festtag, als sie dem Morgenlob beiwohnte, betrat der besagte Ilger, nachdem er die Knechte bei der Pforte zurückgelassen hatte, die Kirche. Er brachte Corba zu seinen Genossen, setzte sie auf ein Pferd und versteckte sie ... im Haus eines Schmiedes [aus der *familia*] von Chaumont, wo er seine Herberge hatte. Man benachrichtigte [einen Vetter derer von Amboise] ..., der sie mit vielen Rittern und Dienern aus den Mauern der Stadt Tours heraus und ... nach Chaumont führte. Ihr Mann Achard, von Krankheit und dem Schmerz über seinen Verlust gepeinigt, starb nicht lange danach.« Das Vasallengeschlecht Amboise hatte gewonnen. Bald wurde Corba zum dritten Mal verheiratet, mit einem Freund des Hauses. Dieser brach 1101 in der Gesellschaft Wilhelms von Aquitanien, des Troubadours, ins Heilige Land auf. Der Fürst unternahm so weite Reisen nie ohne seine Frau und gab damit ein böses Beispiel. So mußte auch Corba ihren Mann begleiten. Aber Gott strafte die schlechten Kreuzfahrer, die ihre Gemahlinnen nicht entbehren konnten. Sie erlitten in Kleinasien eine vernichtende Niederlage – vielleicht die Quelle des üblen Rufes, den Herzog Wilhelm später genoß; der Text spricht von 100 000 Gefangenen. Unter ihnen befand sich auch Corba, die »mit vielen anderen Frankengattinnen« von den Türken hinweggeschleppt wurde. Ihre Verwandten in der Touraine konnten sich über ihr Verschwinden trösten, denn sie hatte keine Kinder. Sie brauchten nun, und das war entscheidend, nicht mehr zu befürchten, daß ihnen das Erbe durch einen neuen, vielleicht schlecht gewählten Gemahl, der sich in den Ruinen der mittleren Burg von Amboise niederließ, wieder abhanden käme. Diese Geschichte lehrt, daß ein Mann, der seine Tochter verheiratete, hoffen konnte, durch sie das Erbe ihres Bräutigams zu ergattern. Jedenfalls war das sein Traum. Damit er Wirklichkeit wurde, bedurfte es freilich einer Reihe glücklicher Zufälle und angespanntester Wachsamkeit.

In drei Generationen erreichten im Hause der Herren von Amboise sechs Knaben – dieselbe Zahl wie bei den Mädchen – das Mannesalter. Das war nicht viel, hätte aber genügt, um zur Verzweigung des Geschlechts und zur Zersplitterung des Familienguts zu führen. Diese Gefahr wußte man zu verhindern; der Stammbaum blieb frei von Nebenlinien. Zwar wurde keiner der legitimen Söhne, als Mönch oder Kanoniker, in der Kirche untergebracht; aber seit der Begründung der Dynastie wurde in jeder Generation nur ein Sohn, der erstgeborene, von seinem Vater vermählt.

Lisoius starb sehr alt, weil er – wie der Text im Blick auf die jungen Männer des Hauses betont – in seiner Jugend keusch geblieben war. Er hatte zwei Söhne, unter die er seinen Besitz verteilte – zu ungleichen Teilen: der jüngere empfing die am Rand gelegenen, schlecht gesicherten Stücke. Jedenfalls hatte Lisoius keine Braut für ihn ausersehen, und er blieb denn auch Junggeselle. Seine Fügsamkeit machte ihn zum Heros brüderlicher Freundschaft, als der er in der Erzählung erscheint. Er war ebenso tugendhaft wie sein Bruder Sulpicius, und so beschied er sich mit der Stellung des getreuen Zweiten. Trotzdem war die Versuchung stark. Als Hugo II. noch im Kindesalter als Geisel am Hof des Grafen von Anjou festgehalten wurde, erkrankte Sulpicius. Er versammelte alle seine Leute im großen Saal der Burg Chaumont und ließ sie schwören, seinem Sohn »die Ehre und das Land« zu bewahren. Der kritische Punkt hierbei war der Onkel, der vielleicht seine eigenen, ehrgeizigen Pläne hegte. Darum mußte er sich gesondert verpflichten, daß er »die Ehre seines Neffen Hugo nicht schmälern, ihm nicht das Land wegnehmen und nicht danach trachten werde, ihm an Leib, Gliedern oder Leben zu schaden«.[16] Er wurde nicht meineidig, sondern erwies sich, zur allgemeinen Verwunderung, als guter Vormund. Als er ohne eheliche Nachkommen starb und neben seinem Bruder bestattet wurde, vereinte Hugo II. dank der erstaunlichen Selbstverleugnung dieses Onkels in seiner Hand wieder das ganze Erbe seines Großvaters, zusammen mit dem immensen Vermögen, das er von der Mutter her besaß. Hugo war der einzige Sohn, hatte aber selbst drei Knaben. 1129 folgte er dem Grafen Fulco von Anjou nach Jerusalem. Er war in seinen sechziger Jahren, hatte dereinst das Kreuz genommen und wollte nunmehr beim Tal von Josaphat die Auferstehung erwarten. Vor dem Antritt dieser Reise ohne Wiederkehr verfügte er, wie es sein Vater getan hatte, über seine Güter.[17] Er bewerkstelligte es, daß Gottfried Plantagenet, der zur selben Zeit Herr der Grafschaft Anjou wurde, die Huldigung seines ältesten Sohnes, Sulpicius II., akzeptierte. Diesem übereignete das »vorsorgliche« Familienoberhaupt »sein ganzes Land und nötigte seine Männer, ihm [Treue] zu schwören«. Auch das geschah in einer feierlichen Zeremonie, diesmal auf der Burg Montrichard. Hugo gab seinem Sohn einige weise Ratschläge, und die Vasallen leisteten den Eid. Damit aber war die Gefahr noch nicht beseitigt. In dieser Generation ging sie von den enttäuschten Brüdern aus; denn der Sire von Amboise wagte es – etwas früh –, das Recht der Primogenitur geltend zu machen. Der zweite Sohn, Hugo, der dritte des Namens, verlangte seinen Anteil. Er lebte damals am Hof von Gottfried Plantagenet, der ihn zum Ritter gegürtet hatte und der nun seinen Anspruch unterstützte – so wie er später auch Hugos Mutter Elisabeth im Streit mit Sulpicius um ihre Mitgift beistand. In beiden Fällen war es dasselbe Motiv, das den Grafen zu seiner Handlungsweise bewog, nämlich das Bestreben des Lehnsherrn, ein zu umfangreich und damit gefährlich gewordenes Lehen zu zerschlagen, indem er seine Teilung erzwang. Darüber hinaus hatte Hugo III. auch eine Gruppe von Rittern der Burg Amboise auf seiner Seite, vielleicht die Gefährten seiner Kindheit, mit Sicherheit aber Männer, die durch ihre Parteinahme einen gehörigen Lohn zu erringen hofften. Man sieht hier mit aller Deutlichkeit, wie die doppelte Einmischung des Herrn und der Vasallen sowie die Verflechtung zwischen Lehens- und Blutsbanden die adlige Familienpolitik komplizierten. Hugo II. behielt die Oberhand. Er bot dem Nachgeborenen das Gut an, das er im Namen seiner Gemahlin regierte, Jaligny; aber dieser zeigte sich starrköpfig und lehnte ab. Daraufhin wurde der bourbonische Besitz dazu benutzt, den jüngsten der drei Söhne abzufinden. Was den zweiten anbelangt, so blieb ihm bald keine andere Wahl, als das Kreuz zu nehmen: der Zug ins Heilige Land hatte den nicht unerwünschten Begleitaspekt, daß die Adelsgeschlechter entlastet wurden. Nach seiner Heimkehr regelte sich sein Dilemma zur allseitigen Zufriedenheit: er heiratete eine Erbin. Diese bekam er gewiß vom König von Frankreich, dessen Freund er geworden war – logischerweise, da sein Vater ein Feind des Königs gewesen war. »Mit ihr« gab ihm sein Herr eine kleine Burg in der Gegend von Tours.[18] Er wurde also durch den Kapetinger mit Frau und Land versehen, genau wie 150 Jahre zuvor sein entferntester Ahn gleichen Namens, der ebenfalls ein nachgeborener Sohn gewesen war. So wiederholten sich die Ereignismuster im Laufe der Zeiten. Die drei Söhne Hugos II. hatten damit jeder sein eigenes Haus, ohne daß das Stammgut darunter gelitten hätte. Nur das von der Mutter eingebrachte Vermögen wurde vom Gesamtbesitz abgespalten und, wie es gang und gäbe war, einem jüngeren Sohn als Apanage überlassen. In diesem Fall freilich fügte es sich, daß allein der Erstgeborene Kinder zeugte, während seine Brüder ohne Leibeserben (und beide von Mörderhand) starben.

Sulpicius II. verheiratete seinen ältesten Sohn sehr rasch, und zwar dieses Mal ganz unabhängig von seinen Lehnsherren, den Grafen. Seine Eile rührte daher, daß er die Gelegenheit ergreifen wollte, um eine weitere benachbarte Burg, Château-Renault, zu gewinnen, die unlängst einer einzigen Tochter zugefallen war. Sie war ebenso wie ihr Bräutigam noch sehr jung. Tradiert wurde sie weder durch ihre Verwandtschaft noch durch den Herrn ihres Vaters, sondern durch die Ritter der Burg, die hier für den verstorbenen Vater einsprangen. Eine solche Stellvertretung ist leicht erklärlich. Zwischen der ritterlichen Gefolgschaft und ihrem Gebieter bestanden komplexe Solidaritätsbeziehungen, Lehnsbande, aber auch Familienbande, die durch Eheschließungen immer wieder erneuert wurden. In Château-Renault wählte also der Vasallenverband selbst den Mann, der sie später im Namen seiner Gattin in die Schlacht führen würde. Anderswo kann man beobachten, daß sich dieselben Untergebenen des neuen Gemahls auch entledigten, wenn sie mit ihm unzufrieden waren. So hatten sich die Ritter von Chaumont gezwungen gesehen, den Schwager von Dionisia, den damaligen Vormund seines Neffen, zu verjagen, und die von La Haye töteten einen Schwiegersohn und seinen Bruder, als ihnen die beiden zu hochfahrend wurden. Der Verlobungsvertrag freilich, den Sulpicius II. so vorschnell abgeschlossen hatte, wurde wegen Verwandtschaft annulliert. Der Sire von Roche-Corbon, ein treuer Vetter, der aber in seiner Freundschaft nicht bis zum Meineid ging, hatte die Grade gezählt und beschworen. In Wirklichkeit war es der Graf von Blois und Herr des Lehens, der sich aus der Ferne dieses Mittels bediente und die bischöfliche Gerichtsbarkeit in Bewegung setzte, um eine Ehe zu hintertreiben, die er nicht selbst arrangiert hatte und die ihn beunruhigte. Sulpicius mußte das Mädchen, das er sicherheitshalber sofort in Gewahrsam genommen hatte, wieder herausrücken.

Johannes von Marmoutier hatte die Genealogie der Grafen von Anjou von der des Hauses Amboise abgetrennt und sie überarbeitet. Um 1180 schrieb er ein ganzes Buch zu Ehren des Letztverstorbenen des Geschlechts, die *Historia Gaufredi ducis Normannorum et comitis Andegavorum*.[19] Das Werk wurde dem Bischof von Le Mans gewidmet. In dessen Kathedrale war der Herzog bestattet worden, unter der Emailplatte, die sich noch heute dort befindet; er hatte die Aufsicht über das Grab, das er selbst hatte schmücken lassen, und war der Vorsteher der Seelenmessen. Damit fiel ihm auch die Aufgabe zu, die Erinnerung an den Toten hochzuhalten, und es war allgemeiner Brauch, zu diesem Zweck bei den Gräbern der Heiligen und der mächtigsten Fürsten einen Bericht von ihren Taten und Lobpreis ihrer Tugenden aufzubewahren, der von Zeit zu Zeit rituell verlesen wurde. Gottfried Plantagenet hatte nicht Rouen zu seinem Begräbnisort bestimmt: dort war nicht sein eigenes, sondern das Haus seiner Frau gelegen. Er hätte Angers wählen können, entschied sich aber für Le Mans, weil hier sein Erwachsenenleben begonnen hatte, im Wohnsitz seiner Mutter, wo er sich bald nach seiner Eheschließung im Jahr 1128 niedergelassen und gewartet hatte, bis sein Vater den angevinischen Palast räumen würde. Es ist genau diese Eheschließung, mit der die Erzählung des Johannes von Marmoutier anhebt. Folgendes weiß er über sie zu sagen:

Wie Eustach von Boulogne verdankte Gottfried seine Frau der *fama,* die sich über ihn verbreitete. Heinrich I., der Herzog von der Normandie und König von England, hatte seinen einzigen Sohn beim Untergang des »Weißen Schiffes« verloren und besaß seitdem nur noch eine Erbin, Mathilde, die durch den Tod ihres Mannes, des Kaisers, wieder frei geworden war. Da kam ihm zu Ohren – tatsächlich suchte er schon lange nach irgendeinem Weg, um die Grafschaft Maine wiederzuerlangen –, daß es einen jungen Mann aus edlem Geschlecht gebe, tapfer im Kampf, der »nicht aus der Art schlug *(degenerare)*«, sondern im Gegenteil »noch Besseres versprach«. Er erkor ihn zu seinem Schwiegersohn und trat in Verhandlungen mit dem Vater des Helden ein. Man tauschte Gelöbnisse aus, »auf die Zukunft gerichtete Worte«. Etwas später fanden die abschließenden Zeremonien statt. Seinem Alter entsprechend war der fünfzehnjährige Gottfried noch kein Ritter, was ein Ehemann indessen unbedingt sein sollte: er mußte ja ein Haus regieren und das Schwert führen, jenes Schwert der Gerechtigkeit, das Gottfried auf seinem Grabbildnis für die Ewigkeit gezückt hält. Heinrich bestand darauf, den Bräutigam seiner Tochter selbst zum Ritter zu gürten; es war dies ein Mittel, um ihn durch die geistige, aber ganz profane Quasi-Vaterschaft, die man einem solchen Schwertpaten zuschrieb, desto fester an sich zu binden. Man beschloß, die Waffengürtung zu Pfingsten, unmittelbar vor der Eheschließung, in Rouen zu vollziehen. Dieses Frühlingsfest war der übliche Termin für die Schwertleite, da man glaubte, der Heilige Geist senke sich auf den neuen Ritter herab. Am Vortag traf der Jüngling in Rouen ein, begleitet von einer Gruppe von »Altersgenossen«, seinen Gefährten in der Knappenschaft, die zusammen mit ihm das »Sakrament«, das Zeichen ihrer Kriegerwürde erhalten sollten. Die Schar wurde in das Haus des Schwiegervaters geleitet, der sie im Saal sitzend erwartete. Bei ihrem Eintritt erhob er sich, schritt auf den Mann zu, den er zum Erzeuger seiner Enkel erwählt hatte, umarmte ihn und küßte ihn mehrere Male; dann ließ er ihn neben sich auf derselben Bank, auf derselben Rangstufe wie er selbst Platz nehmen — so wie Godelive und ihr Gemahl, wie Dame und Liebhaber in amourösen Szenen oder wie Maria und ihr Sohn, der sie gleich krönen würde, nebeneinander saßen. Man kann wohl diese ganze Symbolhandlung, die offenkundige Analogien zur Huldigung aufweist und ebenso wie diese Unterordnung in Gleichheit ausdrückt, als ein Adoptionsritual auffassen. »Wie ein Sohn«, vermerkt denn auch die *Historia,* sei Gottfried im Hause seiner Braut empfangen worden. Eine solche ostentative Integration war dem gegenwärtigen Gewalthaber des Geschlechts, der sie zelebrierte, sehr wichtig: wer eine Erbtochter verheiratete, mußte alles tun, um seine Macht über seinen künftigen Nachfolger sicherzustellen. Als nächstes fand eine Art Sprachprüfung statt: ein Dialog, eine *confabulatio* zwischen dem Alten, der fragte, und dem Jungen, der so klug und elegant, wie er nur konnte, antwortete und der dadurch zeigte, daß er nicht nur mit Waffen umzugehen, sondern auch in Verhandlungen mit Weisheit, der Tugend der *seniores,* seinen Mann zu stehen vermochte. Eine solche Demonstration war unerläßlich, würde der Jüngling doch durch die Heirat seßhaft und mit Regierungsverantwortung ausgestattet werden. Die Hochzeit wurde am Sonntag nach der Schwertleite gefeiert, und zwar nicht in Rouen, sondern in Le Mans, also am Ort der Wohnung Gottfrieds, wo sich das Paar am Abend vereinen sollte. Die beiden Brautleute wurden vom Brautvater dorthin geführt und vom Bräutigamsvater erwartet. Während Johannes in seiner detaillierten Beschreibung der Waffengürtung nicht einen einzigen religiösen Ritus erwähnt, spricht er im Zusammenhang der Eheschließung von nichts anderem. Keine Anspielung auf das Bett oder die Kammer; nur von der Messe ist die Rede, von der Benediktion und zuvor von dem wesentlichen Akt, der Übergabe der Braut durch ihren Vater. Der Bischof erledigte die *inquisitio* nach den Ehehindernissen — eine reine Formalität, da die Blutsverwandtschaft zwischen den angehenden Gatten ins Auge stach —, dann wurden vor der Kirchentür die »auf die Gegenwart gerichteten Worte« gewechselt. An diesem Punkt schaltet der Autor den dogmatischen Grundsatz ein, der hier so klar wie in keiner anderen Quelle aus dieser Zeit formuliert ist: *consensus coniugium facit,* der Konsens schafft die Ehe. Sein Buch war dem Bischof von Le Mans zugeeignet, wandte sich aber an den Fürsten Heinrich Plantagenet, den Sohn Gottfrieds. Daß man diesem die Ehe in einer solchen Weise darstellte, ist ein deutlicher Beleg dafür, daß die vornehme Gesellschaft sich mittlerweile den Anordnungen der Kirche angepaßt hatte. Zumindest auf der Ebene des Rituals waren das Laien- und das Priestermodell einer guten Ehe um 1180, als Johannes von Marmoutier seine *Historia* verfaßte, in Nordwestfrankreich zur vollen Deckung gelangt.

XIII
Die Grafen von Guines

Im letzten Teilstück dieser Untersuchung wird das Beobachtungsfeld noch einmal geringfügig verschoben – um zwei Jahrzehnte, auf die Zeit der Scheidung von Philipp August, und in den Norden des Königreiches, in die Gegend von Bouvines. Es verwertet die reichhaltigen Informationen, die uns die parallele Geschichte zweier Adelsgeschlechter, der Grafen von Guines und der Herren von Ardres, bietet.[1]

Die *Historia comitum Ghisnensium* wurde zwischen 1201 und 1206 von einem Kleriker namens Lambert verfaßt. Dieser diente in der Burg Ardres, mit deren Herrn er durch eine weitläufige Verwandtschaft verbunden war. Trotz seiner Ordination war er selbst verheiratet (woraus er kein Hehl macht) und hatte mindestens zwei Söhne, die Geistliche waren wie er – ein Verstoß gegen die offizielle Kirchenmoral, an dem sich ermessen läßt, welche Kluft noch immer, ein Jahrhundert nach der großen gregorianischen Offensive gegen das Priesterkonkubinat, zwischen kirchlicher Theorie und Praxis bestand. Eine seiner Töchter hatte er, recht ehrenvoll, mit dem Sproß eines Bastardzweiges der seigneurialen Familie verheiratet. Lambert brüstet sich, »Magister« zu sein, und ist stolz auf seine an den Schulen erworbene Bildung. Er ist ein Kollege jener anderen Graduierten, denen der Graf von Guines, der Vater seines Patrons, Nahrung und Unterkunft gab, um mit ihnen Gespräche zu führen und sich die Bücher der Kirchenbibliotheken vorlesen und übersetzen zu lassen, darunter vor allem Texte wie das Hohelied und Augustin, aus denen die Ehetheologen maßgebliche Belegstellen bezogen. In der Tat zeugt sein Werk von rhetorischem Geschick und einer guten Kenntnis der antiken Poesie, aber auch von der Aufmerksamkeit, die der Autor den neuesten Schöpfungen der höfischen Literatur entgegenbrachte. Bei aller gelehrten, lateinischen Form ist es jedoch eine weitgehend säkularisierte Perspektive, aus der die Ereignisse »zum Lob und Ruhm und zur Ehre der Grafen von Guines und der hohen Herren von

Ardres« erzählt werden.[2] Die beiden Häuser werden zusammen gefeiert: die kleine Grafschaft, eingezwängt zwischen Flandern und Boulogne, und die Herrschaft, die sich dort um eine mächtige Burg aufgebaut hatte. Zu der Zeit, als Lambert schrieb, waren die zwei Häuser seit etwa 40 Jahren miteinander liiert. Die Verbindung war durch die Eheschließung des gegenwärtigen Grafen Balduin II. zustande gekommen, und wenig später sollten die beiden Stammgüter in der Hand Arnolds, des erstgeborenen Sohnes von Balduin, erneut vereinigt werden. Dieser hatte bereits das Erbe seiner verstorbenen Mutter inne, das er seinem Vater entrissen hatte, und saß seit 1194 mit seiner Frau, der Erbin der benachbarten Festung Bourbourg, in Ardres.

Wie Lambert ausdrücklich sagt, hatte er anläßlich dieser Hochzeit, um das Wohlwollen des Grafen Balduin zu erringen, den Beschluß gefaßt, ein literarisches Ruhmesmal für die Vorfahren der beiden Brautleute zu errichten. Er war der richtige Mann für eine solche Aufgabe: er gehörte zum Haushalt Arnolds, des Helden der Erzählung, und lebte als sein Cousin in der Gesellschaft dieses Ritters, der die Erinnerung an die Großtaten seiner Ahnen pflegte. Da jedoch sein Gebieter den Grafen von Guines zum Vater hatte, da sich in seiner Person das Blut zweier Abstammungslinien mischte, war Lambert verpflichtet, die beiden Geschlechter parallel zu ehren. Mit derselben Rücksicht auf die hierarchischen Verhältnisse, wie sie der Chronist der Sires von Amboise an den Tag legt, beginnt er natürlich mit dem ranghöheren Hause derer von Guines: sie waren Grafen und empfingen die Huldigung für die Burg Ardres; vor allem aber mußte, da das Männliche über dem Weiblichen stand, die väterliche Linie vorangehen. Beide Erzählungen basieren auf dem obligaten Gerüst einer Genealogie. Indem sie von Eheschließung zu Eheschließung voranschreiten, verwenden sie als Gliederungsprinzip nicht die spärlichen und zumeist falschen Jahresdaten, sondern die Abfolge dieser Verbindungen. Auf jeder Stufe wird die Lebensgeschichte eines Mannes eingeschaltet, des jeweiligen Familienoberhauptes, der diese Stellung entweder als erstgeborener Sohn einer rechten

Ehe oder als rechtmäßiger Gatte der erstgeborenen Tochter bekleidete.

Die gesamte Vergangenheit und Zukunft dieser Erbgüter, an denen die Erinnerung haftete, beruhte nach der Wahrnehmung der Zeitgenossen auf der Institution der Ehe. Am Ursprung jedes der beiden Geschlechter steht, wie am Ursprung des Menschengeschlechts, eine Paarung von Stammeltern, die im Nebel einer fast mythischen Vorzeit stattfand. In bezug auf den Anfang des lehnsherrlichen Grafenhauses entwirft die Phantasie das Bild eines Mannes, der eine Frau nahm, wie unlängst Balduin von Guines die Erbin von Ardres genommen hatte. Dagegen wird das Haus der lehnsabhängigen Seigneurs von einer Frau hergeleitet, die passiv einem Mann gegeben wurde. Diese symbolische Zuordnung von Männlich und Weiblich entsprach den Erwartungen eines kleinen Potentaten, der sich, obwohl schriftunkundig, etwas auf seine höhere Kultur zugute tat. Sie spiegelt, in der Gedankenwelt und im System der Werte, die grundlegende Funktion wider, die die Ehe in der sozialen Wirklichkeit erfüllte.

Lambert beschreibt den Wohnsitz seines Patrons, die Burg Ardres, deren innere Anlage er bewundert.[3] Sie war als Holzbau im ersten Drittel des 12. Jahrhunderts nach einer Zerstörung neu aufgeführt worden, aber mit einem funktionsteilig differenzierten und untergliederten Binnenraum, den Lambert »ein fast unentwirrbares Labyrinth« nennt. Offenbar war – und das bestätigt den Eindruck, den man aus der Lektüre aller Quellen der Epoche gewinnt – die komplexe und bemerkenswert moderne Wohnung von vornherein als Heim für ein einziges Zeugungspaar, für eine einzige jener Ehezellen konzipiert worden, die das tragende Element der damaligen Gesellschaftsstruktur bildeten. Man kann nicht erkennen, daß unter dem Dach der Burg noch Platz für ein anderes Paar gewesen wäre. Die Raumanordnung war so, daß nur der Gebieter selbst mit einer Frau in Permanenz und Legitimität dort leben konnte. Im Zwischenstock, der eigentlichen Wohnung, war der eine, weitläufige Saal – wo in der Burg Chaumont Dionisia mit ihren Töchtern eingesperrt und wo im Steinturm von Amboise das Wochenbett aufgeschlagen war – jetzt durch Zwischenwände unterteilt. Isoliert in der Mitte, gleichsam als das Herz des ganzen Organismus oder vielmehr als ein Uterus, ein spezieller Hort der Befruchtung und des Keimens, befand sich »die große Kammer des Herrn und seiner Gattin, wo sie beieinander lagen«: ein einziges Bett, in dem nachts an der Zukunft der Dynastie gewirkt wurde. Die restlichen Mitglieder des zahlreichen Haushalts schliefen anderswo, in den Winkeln, und die Verheirateten unter ihnen, wie der Priester Lambert, hatten ihr gesondertes Quartier in den Nebengebäuden des Niederhofes, wo auch der Burgvogt von Amboise gewohnt hatte. Im Hausinneren waren die übrigen Räume den legitimen Kindern des herrschaftlichen Paares vorbehalten. Ein Schlafgemach, eine Art Brutkasten neben dem Zimmer, in dem sie empfangen und zur Welt gekommen waren, beherbergte die ganz Kleinen zusammen mit den Ammen, die sie betreuten. Im Oberstock, dem Ort der Wächter und des äußersten Rückzugs, waren die Jugendlichen untergebracht, die alle Gefahren der frühen Kindheit überlebt hatten und auf denen die Hoffnung des Geschlechts ruhte. Zwei getrennte Gemächer waren dort eingerichtet, eines für die Knaben und eines für die Mädchen. Die jungen Männer freilich machten nur vorübergehend, »wenn sie wollten«, hier Station. Ihr eigentlicher Platz war draußen, auf dem doppelten Feld des Abenteuers und der ritterlichen Initiation: im Wald und am Hof; und es war nicht der väterliche Hof, an dem sie ihren Unterricht in standesgemäßem Verhalten empfingen, sondern der ihres Mutterbruders oder des Herrn ihres Vaters. Die Töchter hingegen wurden, »weil es sich so gehörte«, ans Zimmer gebunden und bis zur Eheschließung unter Aufsicht gehalten. In jedem Fall war kein Raum vorgesehen, der den ältesten Sohn nach einer Heirat hätte aufnehmen können: das Gebäude war nicht für zwei Haushalte geschaffen. Solange der Vater die Kammer, das Bett nicht freigemacht hatte, durch Tod, Klostereintritt oder Aufbruch nach Jerusalem, konnte der Erbe nicht heiraten. Wer ihm eine Frau besorgte, mußte ihm auch ein Heim besorgen, und dieses war oft, in Le Mans wie auch hier in Ardres, die Wohnung seiner verstorbenen Mutter. Eine derartige Anlage des Familiensitzes konnte nicht ohne Auswirkung auf die Ehegewohnheiten bleiben.

Zunächst erzwang sie eine Verlängerung der Zeitspanne zwischen Verlobung und Hochzeit. Das Abkommen zwischen den beiden Verwandtschaftsgruppen wurde oft sehr früh getroffen; so war die Tochter des hochbetagten Grafen von Namur erst ein Jahr alt, als sie 1186 an den Sohn des Grafen von Champagne vergeben wurde, der sie in das Haus seines Vaters mitnahm. Kleine Mädchen wurden auf diese Weise, als versprochene Bräute des Stammhalters fremder Geschlechter, zuerst im Arm ihrer Ammen und dann im Frauenzimmer mit anderen zusammengebracht, die sich von Geburt an dort befanden. Im Heranwachsen sahen sie sich der Begehrlichkeit ihrer männlichen Mitbewohner ausgesetzt, allen voran ihres künftigen Schwiegervaters, und man mag sich ausmalen, wie viele von ihnen vergewaltigt wurden, insbesondere wenn die Familien ihre Pläne änderten und den Vertrag brachen. Nicht immer machte man sich die Mühe, sie wieder zurückzuerstatten oder auch zurückzufordern. Das galt vor allem dann, wenn sie wie die Grafentochter von Namur ein Erbe ihr eigen nannten, das einen Onkel oder Vetter lockte; und so entschwindet denn auch diese »Braut« im Dunkel des Vergessens. Wie hätte sie in ihrem zarten Alter das freiwillige Jawort, den Konsens äußern können, den die kirchliche Autorität verlangte und den auch die Laien in diesem sozialen Milieu inzwischen für erforderlich hielten? Für die Oberhäupter der Adelshäuser freilich waren solche frühzeitigen Verlobungen ein Mittel, um die Fortdauer ihres Geschlechts möglichst sicherzustellen, und folglich spielten sie das Spiel weiter, vermehrten die Gesten und Formeln. Im Hause Guines hatte man die *desponsatio* des gegenwärtigen Grafen, Balduins II., bereits zehn Jahre, bevor er von Thomas Becket mit den Waffen gegürtet worden war, vollzogen[4]; d. h. er war damals ein Knabe von unter zehn Jahren. Sehr viel jünger noch war seine Braut, die noch nicht einmal sprechen konnte. Lambert berichtet, daß sie in den Kreis der beiderseitigen Verwandtschaft geführt wurde, damit man sie öffentlich und feierlich dem Bräutigam zustimmen sähe, den man für sie ausgesucht hatte. Ihr Einverständnis las man aus ihrer *hilaritas* ab: das Baby lachte, und jedermann war sich einig – sie hatte eingewilligt und galt fortan als *sponsa*. Nach dieser Zeremonie blieb der Vater Balduins noch mehr als 20 Jahre am Leben. Sein jungvermählter Sohn wartete nicht so lange, bis er seine Frau deflorierte und schwängerte: als er die Grafschaft erbte, hatte sie ihm schon fünf Kinder geboren. Allerdings war in der Zwischenzeit sein Schwiegervater gestorben, und seine Schwiegermutter hatte sich anderweitig verheiratet, so daß die »große Kammer« von Ardres für seine Hochzeitsnacht frei geworden war.

Eine andere Hochzeit, von der uns Lambert eine ausführliche Beschreibung liefert, ist die von Arnold, dem erstgeborenen Sohn Balduins.[5] Er hatte sehr viel Geduld aufbringen müssen. Nach seiner Schwertleite, die 1181 stattfand, hielt er 13 Jahre lang Ausschau nach einer Frau. Der Grund für diese Wartefrist war, daß die Grafschaft Guines an Bedeutung gewonnen hatte und daß es darum schwieriger war, ihren Erben zu verheiraten; ein zäher Machtkampf wogte in der Region hin und her, der die Jagd nach Gemahlinnen riskant machte. Nach langen, fruchtlosen Bemühungen spürte man endlich ein geeignetes Wild auf. Es war ein Mädchen, dessen jüngerer Bruder, der Herr der Festung Bourbourg, soeben gestorben war. Arnold stürzte sich auf sie. Dabei scherte es ihn wenig, daß er bereits mit einer Tochter des Grafen von Saint-Pol verlobt war: ihr Blut war gut, aber ihre Aussichten schmal, und so gab es für ihn kein Zögern – die *desponsatio* wurde aufgelöst. Die *Historia* informiert uns nicht, wie. War die Sache so leicht? Man benötigte außerdem eine Dispens, da Beatrix von Bourbourg seine Cousine vierten Grades war. Zwar ging man deshalb nicht bis nach Rom; doch genügte auf dieser sozialen Ebene nicht die Genehmigung des »Ordinarius«, des Bischofs von Thérouanne, sondern es mußte die des Erzbischofs von Reims eingeholt werden. Danach wurde der Vertrag durch die wechselseitige Selbstverpflichtung geschlossen, die nunmehr auch für die Laien »die Ehe machte«: Arnold »verband und vereinte sich [mit dem Mädchen] als rechtmäßiger Ehefrau zur rechten Ehe«, durch Konsensaustausch und die Aussetzung der Brautgabe. Als *sponsalicium* diente die Burg Ardres, die er von seiner Mutter geerbt hatte und über die er zu Lebzeiten seines Vaters frei verfügen konnte. Höchst lehrreich ist dann, was Lambert über die zweite Phase, die Hochzeitszeremonie mitteilt. Im Gegensatz zu Johannes von Marmoutier sagt er fast nichts über religiöse Formalitäten. Doch erwähnt er, daß der Graf ihm, als dem Vorsteher des Gottesdienstes im Haus des Brautpaares, den Auftrag gegeben habe, die Glocken zu läuten, und daß er dies zunächst abgelehnt habe. Arnold nämlich war exkommuniziert worden, weil er auf seinen Ritten eine Mühle zerstört hatte, die einer Witwe gehörte und dem Gottesfrieden unterlag. Nun hatte man in Reims zusammen mit der Dispens auch die Absolution erlangt, was durch das Glockengeläut angezeigt werden sollte. Lambert selbst aber hatte davon keine sichere Kunde und zog sich durch seine Weigerung den furchtbaren Zorn seines Herrn zu. Um dessen Gunst wiederzugewinnen, so bekennt er selbst, schrieb er die ganze *Historia*. Dabei befleißigte er sich einer Darstellungsweise, die Balduin gefallen sollte, und gewiß zeichnete er aus diesem Grund auch das Bild einer Hochzeit, wie sie die Laien sahen.

In deren Augen spielte sich der entscheidende Akt nicht in der Kirche, sondern bei Einbruch der Nacht in der Wohnung des Paares, in der Kammer ab. Die beiden Brautleute legen sich »in ein Bett«. Dann wird Lambert mit drei weiteren Priestern, darunter seine beiden Söhne, herbeigerufen, um einen Exorzismus durchzuführen: sie besprengen das Paar mit Weihwasser, umkreisen das Bett unter Verbrennung von Weihrauch und heiligen es als eine Art Altar, indem sie den Segen Gottes darauf herabflehen. Durch ihre Gesten und Worte sollte ein wenig von der Schlechtigkeit gebannt werden, mit der das sexuelle Spiel den Ort alsbald unvermeidlich beflecken würde. Doch hatte die priesterliche Handlung weniger Gewicht als die des letzten Offizianten, des Bräutigamsvaters. Der Brautvater war es gewesen, der am hellen Tag, unter freiem Himmel, als er seine Tochter aus der Hand gab und sie der Hand eines anderen Mannes anvertraute, die Hauptrolle gespielt hatte. Nun jedoch, in diesem nächtlichen Augenblick, im geschlossenen Raum des Schattens und der Schwangerschaft, nachdem die beiden Brautleute in ihr Heim und die Frau in das fremde Geschlecht eingeführt worden war, das sie unter die Seinen aufnahm, damit sie ihren Schoß zur Empfängnis öffne und so seine Fortdauer sicherstelle – nun ging die Rolle des Hauptakteurs an den Vater des jungen Ehemannes, des Erzeugers über. In den Riten, die dieser Laie vollzieht, fehlt es keineswegs an religiösen Momenten: Augen und Hände zum Himmel erhoben, bittet er Gott, mit einer aus den apokryphen Thomasakten abgeleiteten Formel, um seinen Segen für Sohn und Schwiegertochter, die nach seinen Worten schon seit dem Konsensaustausch »durch das Gesetz der heiligen Paarung und der Ehe ordnungsgemäß verbunden sind«. Mögen sie in Eintracht, im Einklang der Herzen miteinander leben; und möge sich ihr Samen – nach dem Geist kommt das Fleisch – »durch die Länge der Tage in alle Ewigkeit und Ewigkeit vermehren«. Zu keinem anderen Zweck liegen sie hier beisammen. Niemand erwartet, daß sie drei Nächte hindurch Enthaltsamkeit üben; die Hoffnung ist vielmehr, daß die Gattin noch in derselben Nacht schwanger wird.

Nachdem er so den himmlischen Segen herabgefleht hat, erteilt Balduin dem jungen Paar seinen eigenen. Er segnet sie, wie Abraham Isaak und dieser Jakob gesegnet hat, und überträgt damit als Patriarch die Gnadengaben der Familie, deren gegenwärtiger Träger er ist. Vor allem bei dieser im stärksten Sinne des Wortes »generösen«, nämlich generativen Handlung möchte er gezeigt werden und wird er von dem folgsamen Priester Lambert gezeigt. Sein Appell an die Fruchtbarkeit und der Platz, der ihm in dieser Geschichte einer Eheschließung eingeräumt wird, werfen ein helles Licht auf die Eheauffassung der Laien, die an der Oberfläche sakralisiert, im Grunde aber fleischlich war. Das Fleisch wurde durch die Benediktion der Priester rehabilitiert und versöhnt, und alle Anwesenden – Verwandte, Freunde und Nachbarn beiderlei Geschlechts – vereinten sich zur Freude der Neuvermählten »mit ausgelassenem Frohsinn in Lustbarkeiten und Scherzen«.[6]

Die *Geschichte der Grafen von Guines* sagt nichts oder fast nichts über weibliche Bosheit, sondern rühmt die Reinheit der Gattinnen. Alle, so behauptet Lambert, haben sie das Hochzeitsbett als Jungfrauen bestiegen. Die Männer, denen er diente und deren Denkweise er wiedergibt, trugen große Sorge, ihre Töchter bis zur Ehe im Oberzimmer eingeschlossen zu halten, damit sie nicht an Wert verlören. Seitdem die Adelshäuser darüber verfügten, machten sie sich einen noch sichereren Ort des Gewahrsams zunutze: einen kleinen Nonnenkonvent. In Bourbourg befand sich dieser Konvent im Inneren der Burg; sein Gegenstück in Guines, das 1117 von einer Gräfin gegründet worden war, war dem gräflichen Stammsitz unmittelbar benachbart. In solchen Hausklöstern wurden die überzähligen Frauen der Familie untergebracht, die Witwen und die Töchter, die noch nicht ehemündig waren oder für die noch kein Interessent aufgetaucht war. Diese Frauen beteten (auch wenn die wirksamen Gebete aus männlichem Mund kamen). Der Hauptzweck des Konvents war somit die Überwachung, ein Nebenzweck die Erziehung der Mädchen, die dort »in den freien Studien unterrichtet« wurden.[7] Wenn sie daher in die Welt hinaustraten, um zu heiraten, waren junge Frauen gewöhnlich weniger »ungebildet« als ihre Gatten – ein weiterer Faktor einer gewissen Frauenmacht. In Bourbourg war es eine Tante, die, ohne den Schleier genommen zu haben, die kleine Schar, »die Laienschwestern ebenso wie die Nonnen«, regierte. Diese Gemeinschaften stellten eine verfeinerte, durch die religiöse Disziplin in seinen Schrecken etwas gemilderte Form des »Frauenzimmers« dar, das uns schon mehrfach als der den weiblichen Hausgenossen reservierte Teil aristokratischer Wohnsitze begegnet ist, und unterstanden wie sie der zuweilen furchtbaren Gewalt von Matronen. Eine solche *domina* lernen wir in Gertrud kennen, der Gemahlin Arnolds des Alten von Ardres.[8] Sie war von edlem, aber heftigem Blut, und dies um so mehr, als sie sich ihrem Mann ihrer Herkunft nach überlegen fühlte.

Lambert schildert sie als eine habsüchtige Person, die ihre ländlichen Untertanen aussaugte. Als eine arme Frau das Lamm für die Osterabgabe nicht aufbringen konnte, forderte sie von ihr statt dessen eine kleine Tochter, aus der sie dann später, wie sie es mit einem Mutterschaf getan hätte, ihren Nutzen zog, indem sie sie durch einen Mann ›decken‹ ließ: so gewann sie neue Leibeigene. Eine andere, etwas leichtsinnige Frau, wie sie in den Wohnungen des Adels so häufig anzutreffen waren, »ein ziemlich hübsches Mädchen« nach Lamberts Worten, kam eines Tages vor die Burgherrin und klagte einen Diener des Hauses an, er habe sie vergewaltigt und sie erwarte ein Kind von ihm. Sie »bot ihr die Hände zur Knechtschaft dar« und reihte sich damit unter die Leibeigenen Gertruds ein. Fortan gehörte dieser das Kind, mit dem das Mädchen schwanger ging, und als gute Haushälterin zögerte die neue Herrin nicht, den benannten Verführer zur Ehe zu zwingen. Diese Anekdote wirft ein punktuelles Licht auf Eheschließungspraktiken im niederen, abhängigen Volk, über die wir ansonsten so gut wie nichts wissen.

Was wir aus der *Historia* erfahren, veranschaulicht die zitierte Aussage von Andreas Capellanus, daß für die beiden Geschlechter eine jeweils eigene Moral galt. Während den Töchtern der Aristokratie Enthaltsamkeit auferlegt wurde, wird den Söhnen in Lamberts Eulogie ihr auftrumpfendes Sexualleben zur Ehre angerechnet. Kapitel 88 handelt von dem alten Grafen Balduin, von seiner »Klugheit und Nachlässigkeit«, will also in scheinbarer Unparteilichkeit nicht nur seine Tugenden, sondern auch seine Fehler vorführen. Es waren gewiß die Fehler, die den Stolz des Patrons ausmachten: »Wegen des ungezügelten Drangs seiner Lenden war er von den ersten Regungen der Jugend an bis in sein Greisenalter von einer ungeduldigen Sinnlichkeit.« Besonders gefielen ihm die Mädchen, die Jungfrauen. Will der Autor ihn damit der Sünde zeihen? Keineswegs; der vorgebliche Tadel ist ein Lobpreis: »Weder David noch sein Sohn Salomo ... und nicht einmal Jupiter« taten es ihm gleich.[9] Der Blitzstrahl, den er nach allen Seiten schleuderte, blieb nicht ohne Früchte. Im Lauf seiner Erzählung erwähnt Lambert fünf uneheliche

Söhne, darunter zwei Kanoniker. Er bleibt damit sehr diskret; denn in dem Bericht des Chronisten der Abtei Ardres, der Begräbnisstätte der Grafen von Guines, über das Leichenbegängnis für den alten Wüstling lesen wir, daß dabei »33 Söhne und Töchter anwesend waren, die er mit der Gräfin Christina gezeugt oder nach dem Tod derselben Gräfin anderswo erworben hatte«. Von seiner Frau hatte Balduin lediglich 10 Kinder, die ihn überlebten; 23 Bastarde beweinten also, im Verein mit seinen legitimen Sprößlingen, seinen Tod.

Bei den Vertretern des stärkeren Geschlechts mißbilligte diese Männergesellschaft derartige Ausschweifungen nicht. Sie rühmte sie vielmehr, und zwar lauthals, soweit sich ihr Feuer nicht im Schoß einer Magd oder Dirne verströmte. Wenn Lambert von den Gefährtinnen spricht, mit denen sich die Söhne der Familie zeitweilig amüsierten, nennt er sie alle zuerst einmal »schön«. Das war eine Entschuldigung, wie man dem Bußbuch des Alanus ab insulis entnehmen kann, wo der Beichtiger aufgefordert wird nachzufragen, ob die Frau, mit der die Sünde begangen wurde, schön war; wenn ja, wurde die Buße ermäßigt.[10] Für Lambert waren diese jungen Geliebten auch allesamt »edel«, was besagt, daß ihr Vater entweder ein Vasall oder, noch häufiger, ein Bastard der Verwandtschaft war. Geschlechtsreife, aber noch unverheiratete Mädchen, die – weniger gut behütet als die Töchter des Herrn – im Haus oder seiner Umgebung lebten, bildeten gleichsam eine Reserve, an der sich die Leidenschaft der legitimen Söhne austoben konnte. Man kann also außerhalb der Ehe von neuem beobachten, daß sich kaum jemand durch Blutsverwandtschaft in seinen sexuellen Vergnügungen stören ließ. Dem Gründer des Hauses Ardres, Arnold, schreibt Lambert zwei uneheliche Söhne von zwei verschiedenen Müttern zu. Arnold II. (der Alte) zeugte in seiner Jugend, während einer Abenteuerfahrt nach England, drei Söhne und dann einen weiteren von einer »edlen« Frau, die alle vier gleich ihrem Vater zu tüchtigen Rittern heranwuchsen. Von seiner rechtmäßigen Frau hatte er u. a. zwei Söhne. Der Erstgeborene, Arnold der Junge, mußte sich, da das Bett noch nicht geräumt war, mit der Heirat gedulden, was zwei Bastarde zur Folge hatte (der Sohn des einen von ihnen wurde Lamberts Schwiegersohn). Was seinen jüngeren Bruder Balduin anbelangt[11], so zeugte er einen Knaben mit der bis dahin jungfräulichen Tochter eines Kanonikers namens Radulf. Dieser Kirchenmann war ein unehelicher Sohn Arnolds I. und somit der Onkel des Vaters seines Enkels. Er sang die Messe in der Stiftskirche, die Arnold I. bei der Festung Ardres errichtet hatte und deren Kapitel einem ähnlichen Zweck diente wie der Frauenkonvent: der Unterbringung überzähliger und vor allem unehelicher Söhne. Trotz der Bemühungen des Reformklerus waren diese religiösen Anstalten im 12. Jahrhundert keineswegs zu Hochburgen der Keuschheit geworden. Derselbe Balduin, der als nachgeborener Sohn zunächst zur Ehelosigkeit bestimmt war, hatte ferner zwei Kinder von einem »jungen Mädchen vortrefflichen Adels«, das er ebenfalls defloriert hatte; sie war die Tochter eines anderen Chorherrn und »seiner edlen Gattin«. Da aus dieser Verbindung zwei Kinder hervorgingen, kann es sich kaum um eine passagere Liebschaft, sondern nur um ein Konkubinat gehandelt haben. Wie man sieht, war diese Form einer stabilen, quasi-ehelichen Lebensgemeinschaft – der freilich die volle Legitimität versagt blieb, damit auch die Söhne illegitim und folglich vom Erbe ausgeschlossen blieben – noch nicht außer Gebrauch geraten. Das eine seiner unehelichen Kinder, ein Mädchen, machte sich, wie Lambert notiert, »einen sehr berühmten Namen«: sie schenkte zuerst einem Bruder des Grafen Balduin von Guines einen Sohn und dann einen anderen einem Kanoniker des bischöflichen Kapitels von Thérouanne.

Uneheliche Geburten waren somit, zu jener Zeit und an jenem Ort, ein festes Strukturelement der guten Gesellschaft. Sie waren so normal, daß Bastarde, vor allem männlichen Geschlechts, weder verheimlicht noch ausgestoßen wurden. Nicht weniger edel als die anderen Kinder der Familie, kamen ihnen kraft ihres Blutes gewisse Privilegien zu. So hatten sie »durch das Recht der Blutsverwandtschaft« einen Anspruch auf das *contubernium,* auf Kost und Logis unter dem Dach ihres Vaters.[12] Dessen Haus stand ihnen jederzeit offen.

Einer der Bastarde Arnolds des Alten war »in Übersee« vom christlichen Glauben abgefallen. Gleichwohl wurde er nach seiner Rückkehr von seinen Verwandten aufgenommen, und nur weil er in den »sarazenischen Unreinheiten« verharrte und nicht davon abzubringen war, auch am Freitag Fleisch zu essen, mußte man ihm schließlich die Tür weisen – den Tod in der Seele. Diese Söhne teilten die Lebensweise ihrer legitimen Halbbrüder. Vielleicht waren sie sogar, da sie von vornherein keine Hoffnung auf die Nachfolge hatten, weniger aufsässig und vertrauenswürdiger als die jüngeren Söhne der Ehefrau: sie empfanden keine Eifersucht für den Erstgeborenen und erscheinen als seine intimen Freunde. Einige von ihnen freilich wurden zu Friedensstörern. Der letzte der genannten Bastarde Arnolds II., »nicht weniger in den Waffen als durch seine Herkunft edel«, verbündete sich mit einem »starken und namhaften Ritter«, der seinerseits ein Sohn des Kanonikers Radulf, also seines Großonkels väterlicherseits war, und plünderte zusammen mit ihm einen Teil des Familienguts.[13] Doch war dies ein untypischer Vorfall, den man in bitterer Erinnerung behielt. Gewöhnlich sorgte der gute Herr für seinen illegitimen Nachwuchs ebenso wie für den legitimen. Er nahm sich seiner an und gürtete die Knaben mit dem Ritterschwert. So heißt es von Arnold II., er habe »seine Söhne, sowohl die im Beischlaf des Vergnügens empfangenen als auch die von seiner edlen Gattin Gertrud erzeugten, zu Rittern gemacht«[14], und Balduin II. wird lebhaft beglückwünscht, daß er seine männlichen Bastarde so gut erzogen und seine weiblichen so gut verheiratet habe.

Anzumerken bleibt freilich, daß sich die Männer der beiden Häuser, wenn man Lambert glauben will, dem »Beischlaf des Vergnügens« nur hingaben, soweit und solange sie ledig – »junge« Ritter oder Chorherren – bzw. verwitwet waren. Wenn sie erst eine Gemahlin zu ihrer Verfügung hatten, wird von sexuellen Seitensprüngen nichts mehr berichtet. Nach der Moral, die von der *Historia* vertreten wird, erstreckt sich der Bereich der Ungebundenheit außerhalb des Geheges der Ehezelle. An diesem Punkt jedoch sind Zweifel an der Wahrheitstreue der Erzählung gestattet. Andreas Capellanus beschreibt die Ehemänner als sehr viel freizügiger; und denselben Eindruck vermittelt Giselbert von Mons[15], der Chronist der Grafen von Hennegau, wenn er sich an einer Stelle über das Betragen des von ihm nicht sehr geschätzten gegenwärtigen Inhabers der Grafschaft verwundert. Dieser habe nach der Heirat das Keuschheitsverlangen seiner Gemahlin, die sehr fromm war, respektiert und sich nicht anderswo schadlos gehalten: »er verschmähte alle anderen Frauen und begann, sie allein mit einer brennenden Liebe zu lieben [*amor:* hier die vergeistigte Liebe zwischen Ehegatten], was bei einem Mann selten gefunden wird, daß er nur nach einer einzigen Frau trachtet und mit ihr allein zufrieden ist«. Für Giselbert ist diese Treue ganz offensichtlich keine Tugend, sondern Schwäche, gleichsam ein Makel, über den man sich bei einem so hohen Seigneur mokieren kann. Die Ehemänner hatten sich in die Restriktionen, die ihnen die Kirche auferlegte, gefügt; sie verstießen ihre Frauen nicht mehr. Wurde ihnen nicht stillschweigend eine größere Lizenz eingeräumt? Lambert indessen, der vielleicht weniger zynisch war und sich gewiß weniger Offenherzigkeit leisten konnte als Giselbert, schildert nur gesetzt-gesittete und liebreiche Gatten. Ein Beispiel ist Balduin II., der Schürzenjäger.[16] Er befand sich gerade auf Kriegszug in England, als ihn die Nachricht erreichte, daß die Schwangerschaft der Gräfin – mindestens die zehnte – eine bedrohliche Entwicklung nahm. Sofort eilte er herbei; aber die Ärzte hatten die angehende Mutter bereits verlorengegeben, und es blieb ihm nichts weiter übrig, als sie zu »trösten« und dann zu »beweinen«. Balduin erkrankte vor Gram, schloß sich tagelang von seiner Umwelt ab und wollte sich nicht mehr von seinem Bett erheben. Gleichgültig, ob man die Szene als rituelle Traueräußerung oder als Ausdruck wahren Schmerzes auffaßt, in jedem Fall stellt sie einen Lobpreis der Gattenliebe dar. Lauter noch erschallt freilich das Hohelied der Vaterliebe, wie ja auch das Gute der Ehe in der Erzeugung von Kindern bestand. So heißt es bündig über Balduins Vater: »Vor allem und in allem erfreute er sich an seinem gloriosen Kindernachwuchs und dachte unermüdlich, mit einer freilich allzu glühenden Sorge und Unrast, über ihre Beförderung nach.«[17] Der hauptsächliche Weg zu diesem Ziel war ihre Verheiratung.

Klug zu heiraten und seine Kinder klug zu verheiraten, war gar nicht so leicht. Man nehme den Fall des Grafen Manasse von Guines, der im ersten Drittel des 12. Jahrhunderts lebte. Seine eigene Eheschließung hatte er erfolgreich betrieben: Ritterdienste jenseits des Kanals hatten ihm eine gut dotierte Gemahlin eingetragen. Aber er hatte von ihr nichts als Töchter bekommen; und von diesen war nur eine verheiratet und hatte wiederum nur eine Tochter, ein »kränkliches und an Steinen leidendes« Mädchen, geboren. Die Unruhe zehrte an dem Grafen, seine Haare wurden grau: er fürchtete, »daß das Land Guines, weil von seinem Leib kein Same hinterblieb und auch seine Brüder ... alle ohne Leibeserben gestorben und begraben waren, dereinst einen Erben von [dem Mann] einer seiner Schwestern, gleichwie von einem fremden Samen, erbetteln müsse«.[18] Halten wir erstens fest, daß der Same sich im Erleben dieser Menschen ausschließlich durch Männer fortpflanzte, und zweitens, daß der Vater seine jüngeren Söhne weislich abgeschoben hatte, damit nicht das Erbe durch ihre Forderungen zersplittert würde. Der eine, ein Kreuzfahrer, war Graf von Beirut geworden, hatte aber keinen Sohn hinterlassen. Der andere, ein Kapitelherr von Thérouanne, hatte sich durch sein Gelübde verpflichtet, keine legitimen Kinder zu zeugen. Als das Geschlecht zu erlöschen drohte, war er aus dem geistlichen Stand ausgetreten, aber zu spät: er starb als Ritter, ohne einen männlichen Nachkommen. Daß sich andererseits die Schwestern Manasses als fruchtbar erwiesen hatten, nutzte wenig; denn ihre Frucht war die eines »anderes Samens«. Man erkennt, wie zwanghaft das Denken um diese Vorstellung des »Samens« kreiste. Und man erkennt zwei Hauptsäulen, auf denen die Ideologie des agnatischen Verbandes ruhte: den Primat der Mannesfolge (trotz einer längerwährenden Tischgemeinschaft, aus der eine wärmere Freundschaft erwuchs, wog der Sohn der Schwester nicht so viel wie der Brudersohn: vielleicht liebte man jenen mehr, diesen aber zog man als Nachfolger vor); und den Primat der direkten Linie: jedes Familienoberhaupt wünschte sich das »Weiterleben«, durch den Samen »seines eigenen Leibes«. Deshalb setzte er alles daran, Kinder zu zeugen.

Manasse von Guines hatte sich damit abgefunden, daß er den Schoß seiner Gattin nicht mehr befruchten konnte. Andere Seigneurs, in fortgeschrittenerem Alter, zeigten sich hartnäckiger und zögerten nicht, die Frau zu wechseln, um doch noch zu ihrem Ziel zu gelangen; so etwa Graf Heinrich von Namur.[19] Er war schon recht bejahrt, als er Laureta, die Witwe des Grafen von Vermandois, zur Frau nahm. Für diese war er der vierte, vielleicht der fünfte Ehemann; keiner hatte sie zu schwängern vermocht, und Heinrich scheiterte ebenso. Er wechselte, steckte Laureta ins Kloster und heiratete 1168 Agnes, die Tochter des Grafen von Geldern. Sein Schwager, der Graf von Hennegau, der auf das Erbe erpicht war, ließ es geschehen, da er Heinrich für altersimpotent halten konnte. Tatsächlich lebte dieser vier Jahre lang mit Agnes zusammen, ohne mit ihr »im Bett zu verkehren«, und schickte sie schließlich zu ihrem Vater zurück. Am Hof von Hennegau atmete man auf. Aber im Herbst 1185 kam der Paukenschlag: Heinrich nahm »seine Gattin Agnes [sie war *uxor,* auch wenn die Ehe nicht vollzogen war], die 15 Jahre lang von ihm getrennt gewesen war«, wieder zu sich, und »alsbald empfing sie eine Tochter, die sie dann im Monat Juli zur Welt brachte«. Eine Tochter – es war immer dasselbe: ihr Vater benutzte sie noch in der Wiege für ein Heiratsbündnis mit dem Erben der Grafschaft Champagne.

Manasse also, um wieder zu ihm zurückzukehren, verzichtete darauf, sich eine neue Frau zu suchen. Die Achtung vor der Unauflöslichkeit obsiegte über den Wunsch, im eigenen Samen weiterzuleben. Ob es sich dabei um einen Triumph der kirchlichen Ideologie oder der ehelichen Liebe handelte, muß dahingestellt bleiben. Als letztes Mittel, um sich nicht einen Erben aus den Häusern seiner Schwestermänner »erbetteln« zu müssen, rekurrierte der Graf auf seine Enkelin, so unattraktiv diese auch sein mochte. Er verheiratete sie. Die Entscheidung wurde natürlich nicht von der Betroffenen gefällt. Sie wurde aber auch nicht von ihrem Vater gefällt, dem Sire von Bourbourg, der sich als Witwer neu vermählt und dadurch aller Aufsichtsrechte über die seiner Tochter zufallenden Güter begeben hatte; seine Mitwirkung beschränkte sich auf seine Zustimmung, seinen »Beistand«. Eine gewichtigere Rolle hingegen spielte die Großmutter. Wahrscheinlich war sie es, die den Bräutigam, einen Engländer, fand. Die reichen Ländereien, die sie als Braut eingebracht hatte, dienten als Mitgift und glichen das gesundheitliche Manko des Mädchens aus; von ihr sagt der Text, daß das Unternehmen mit ihrem »Rat« durchgeführt wurde. Leiter des Vergabevorgangs aber war ihr Gatte, denn er war das Oberhaupt, der erste Mann der Familie: in seiner Hand lag die Macht über das ganze Erbgut an Ruhm und Ehre, über das gesamte Vermögen des Geschlechts. So war es die Regel. Sie wurde auch später befolgt, als Arnold, der Held der Geschichte, seine Frau nahm.[20] Dieser war nicht mehr jung, aber gleichwohl gewaltabhängig: er heiratete »auf den Rat seines Vaters hin«. Was seine Frau anbelangt, die keinen Vater, Bruder oder Onkel (von Vaterseite) hatte – und das war ja ihr großes Plus –, so wurde sie durch eine Gruppe von Männern vergeben. Tradenten waren in diesem Fall nicht die Ritter der Festung Bourbourg, sondern ihre Verwandten: die vier Brüder von Béthune (darunter Conon, der Dichter), die ihre Onkel mütterlicherseits waren und im Namen einer Frau, ihrer verwitweten Schwester, der Inhaberin des Erbes, handelten. Zu ihnen kam noch der Sohn der erstgeborenen Schwester des Vaters hinzu, der Mann, der nunmehr an der Spitze des väterlichen Geschlechtes stand; auch er hatte ein Wort mitzusprechen, denn die Güter, die durch die Heirat den Besitzer wechselten, stammten von seinen Vorfahren. Das Verheiratungsrecht, soviel ist klar, war stets das Recht eines Mannes, und zwar des jeweiligen Gewalthabers im Haus. Wo es um eine Tochter ging, holte er den Rat seiner Frau ein, da die Mitgift der jungen Braut oft aus dem Brautschatz ihrer Mutter oder Tante bestritten wurde.

Alle Familienoberen hatten dasselbe Bestreben: es war ihr Wunschbild, sämtliche Töchter zu vermählen. Dafür waren diese geboren, »gezeugt, um Sprößlinge eines großen Geschlechts hervorzubringen«.[21] Sprößlinge, Schößlinge – es war ihr Lebenszweck, als Ableger in fremde Häuser einge-pflanzt zu werden, das Blut ihrer Ahnen dort hineinzutragen und sie dadurch an ihre Herkunftsfamilie zu binden. Töchter dienten der Herstellung von Bündnissen. Sie wurden also verheiratet und, wenn sie Witwen geworden waren und sich ein Freier fand, wiederverheiratet. In der Nachbarschaft von Guines schaffte es der Vicomte von Merck, seine neun Töch-ter an den Mann zu bringen. Graf Balduin II. versorgte die seinigen, so gut er konnte, in bescheidenem Rahmen, indem er sie an Lehnsritter vergab. Der Herr von Bourbourg verhei-ratete drei von fünfen, die erste günstig, die zweite weniger günstig, die dritte weit weg, »jenseits des Rheines«; die bei-den anderen alterten im Hauskonvent, entschädigt durch den Glauben an den höheren Wert der Jungfräulichkeit in der Skala der Verdienste.[22]

Tatsächlich übertraf auf dem Heiratsmarkt das Angebot an Frauen die Nachfrage. Alle Väter praktizierten die Politik der Herren von Amboise, d.h. sie hielten den überwiegenden Teil ihres männlichen Nachwuchses davon ab, eine rechtmä-ßige Gattin zu nehmen. Heinrich von Bourbourg hatte sieben Söhne. Zwei von ihnen bestimmte er für den geistlichen Stand; drei weitere fielen den realen Gefahren des Ritterle-bens zum Opfer: einer starb noch im Knabenalter, der andere »schon zum Ritter gemacht«, während der dritte »im Turnier das Augenlicht verlor« und damit unfähig wurde, das Fami-liengut zu regieren. Der Erstgeborene wurde zwei Mal ver-heiratet – aber umsonst: er starb kinderlos. Übrig blieb allein der letzte, der »in allem jünger war als seine Brüder«. Nach dem Tod seines Vaters vermählte man ihn mit der Schwester der Witwe seines Bruders, ohne Rücksicht auf das Hindernis der Schwägerschaft, weil man die vorteilhafte Liaison mit dem Hause Béthune nicht preisgeben wollte. Aus der Ehe gingen eine Tochter und ein Sohn hervor, der nicht lange leb-te. Mit zwölf überlebenden Kindern hatte Heinrich von Bourbourg die Zukunft seines Geschlechts für gesichert anse-hen können; und doch fiel sein Erbe, da er die Eheschließun-gen seiner Söhne zu stark eingeengt hatte, an die Spindelseite

– nämlich an Arnold von Ardres, der die Waise für sich gewann. Dieses Beispiel führt vor Augen, welche Gefahren mit der Heiratsdisziplin der Adelsgeschlechter verbunden waren. Gleichwohl erschien es ihnen dringlicher, eine Verzweigung des Stammes zu vermeiden. Man wollte, daß der Same fortbestand, aber nur in einer einzigen Linie, und folglich mußten die Geburten beschränkt werden. Bediente man sich der Empfängnisverhütung? Eine Passage bei Hermann von Tournai läßt vermuten, daß entsprechende Rezepte nicht unbekannt waren: als die Gräfin Clementia von Flandern ihrem Mann innerhalb von drei Jahren drei Knaben geschenkt hatte, »fürchtete sie, daß sich ihre Söhne, wenn sie noch mehr davon zeugte, um Flandern streiten würden, und bewirkte durch Weiberkunst *(arte muliebri)*, daß sie nicht mehr gebar«.[23] Sie griff also auf das wohlgehütete Geheimwissen der Frauen zurück, auf die Mixturen, die Burchard von Worms beschreibt und mit deren Hilfe ehebrüchige Gattinnen, wie in den Romanen, unfruchtbar bleiben konnten. Und sie wurde dafür bestraft. Für Hermann war das keine Mutmaßung, sondern augenfällige Tatsache; denn alle Söhne der Gräfin starben ohne Leibeserben, wodurch der Schwiegersohn von Hennegau in den Besitz der »Ehre« gelangte. Man möchte indessen kaum glauben, daß derartige Methoden bei rechtmäßigen Paaren viel in Gebrauch waren; denken wir nur an die zehn erwachsenen Kinder Balduins von Guines oder an die zwölf Heinrichs von Bourbourg. Um die Zahl möglicher Erben zu begrenzen, kontrollierte man das männliche Heiratsverhalten.

Es wäre wünschenswert, durch eine Rekonstitution möglichst vieler Adelsstammbäume zu überprüfen, ob die hier aus einigen wenigen Chroniken gezogenen Schlußfolgerungen zutreffend sind, d.h. ob jene restriktive Praxis, nur den erstgeborenen Sohn zu verheiraten, in der nordfranzösischen Aristokratie des 12. Jahrhunderts (vorher sind die Quellen zu dünn gesät, als daß überzeugende Ergebnisse zu erzielen wären) ebenso durchgängig befolgt wurde, wie es offenbar in der Ritterschaft der Gegend um Cluny der Fall war. Eine neuere Arbeit demonstriert die gewundene und doch effektive Ehestrategie eines einzelnen Geschlechts.[24] Aswalo, der Sire von Seignelay, ein Zeitgenosse Manasses von Guines, hatte fünf Söhne. Einer starb jung, ein zweiter wurde Erzbischof von Sens. Die drei anderen schlossen eine Ehe, was der hier entwickelten These zuwiderzulaufen scheint. Aber betrachten wir die näheren Umstände. Der Erstgeborene nahm eine Frau, wie üblich. Der zweite heiratete, aber von sich aus und nach dem Tod seines Bruders – also nach einem Ereignis, durch das ihm die Vormundschaft über seine Neffen und die Verantwortung für das Geschlecht zufiel und somit auch die Verantwortung für dessen Fortdauer, falls die im anvertrauten Knaben, wie es so häufig geschah, in der Wildheit der Turniere und Kriegsspiele das Leben verlieren sollten. Auch der dritte wurde weder von seinem Vater noch von seinem Bruder vermählt, sondern suchte sein Glück und machte tatsächlich, wenn auch spät, eine Erbin ausfindig, auf deren Gut er sich niederließ, ohne das väterliche Erbe anzutasten. Die Ehen der beiden Nachgeborenen waren fruchtbar; Aswalo bekam fünf Enkelsöhne. Aber drei von ihnen schlugen die kirchliche Laufbahn ein (und brachten es weit darin). Die beiden anderen, die Ritter geworden waren, beteiligten sich 1189 am dritten Kreuzzug und kehrten nicht wieder zurück. Nur ein einziger Abkömmling der Enkelgeneration pflanzte sich seinerseits fort, nämlich der Erstgeborene des erstgeborenen Sohnes. Von dessen vier Söhnen wiederum zeugte einer eheliche Kinder, während die drei anderen ihre Onkel zweiten Grades begleiteten und ebenso wie sie bei der Fahrt ins Heilige Land zugrunde gingen. Hier spielte also, im Verkümmern der Seitenzweige, der Zufall seine Rolle. Und diese Familie hatte sehr gute Möglichkeiten, ihre jüngeren Söhne in Domkapiteln unterzubringen. Gewiß soll man nicht ausschließen, daß die betreffenden Männer durch fromme Begeisterung dazu veranlaßt wurden, sich auf den Zug nach Jerusalem zu begeben oder das geistliche Gelübde abzulegen. Aber hätten sie in so großer Zahl diese Wege gewählt, wenn sie nicht durch die Familienoberen, die über die ungeteilte Erhaltung der »Ehre« wachten, nachdrücklich dazu ermuntert worden wären?

Auch aus den Häusern Guines und Ardres wuchsen junge Männer hervor, die in kirchliche Positionen einrückten – und als Kanoniker zahlreiche, aber keine erbberechtigten Kinder zeugten – oder die als Ritter an profitablen Kämpfen in England oder Palästina teilnahmen. In jedem Fall sind die beiden Stammbäume, die Lambert zusammenträgt, sehr instruktiv: mehrere Söhne in beinahe jeder Generation, und doch keine Seitenlinie – dieselbe Situation wie bei den Herren von Amboise. Diese Beobachtung spricht für die Vermutung, daß auch die Ritterschaft von Nordfrankreich, genau wie die des Mâconnais, durch eine rigorose Kontrolle der Eheschließungen ihrer Söhne und damit der Ausdehnung ihrer Familien die Stabilität ihrer sozialen Vorrangstellung sicherte. Man kann nicht beobachten, daß sich im Laufe des 12. Jahrhunderts die Zahl der Adelshäuser vermehrt hätte, sondern gewinnt im Gegenteil den Eindruck, daß eine allzu vorsorgliche Disziplin zu ihrer Verringerung und zu einer Vermögenskonzentration führte.

Gleichwohl lassen sich Veränderungen in der Ehepolitik dingfest machen, die im Fortgang des Jahrhunderts das Schicksal der Erbgüter beeinflußten. Vom Jahre 1000 an – die entfernteren Ahnen können beiseite bleiben, da Lambert ihnen fiktive Gattinnen zuweist – heirateten die Erstgeborenen von Guines und Ardres, die designierten Regenten des Familienverbandes, allesamt Frauen aus hohem Hause, die von weit herkamen. Graf Balduin I. erhielt eine Tochter des Grafen von Holland, sein Sohn Manasse die des Kämmerers von England; Arnold, der Begründer der Herrschaft Ardres und Seneschall des Grafen von Boulogne, wurde zuerst mit der Erbin einer Burg des Boulonnais und dann mit der Witwe des Grafen von Saint-Pol verheiratet – was ihm zugleich die Verwaltung des Vermögens seiner Stiefsöhne während ihrer Minderjährigkeit eintrug und damit die Möglichkeit, sich auf deren Kosten zu bereichern (insbesondere durch die Reliquien, mit denen er die Kollegiatkirche von Ardres ausstattete). Jeder dieser Männer stand im Dienst eines mächtigen Fürsten: Balduin diente dem Grafen von Flandern, Manasse dem Herzog von der Normandie, Arnold dem Grafen von

Boulogne. Allem Anschein nach bedurften sie, wie in derselben Periode die Vorfahren der Sires von Amboise, des Vermittlergeschicks ihrer Patrone, um diese begüterten Gefährtinnen aus der Ferne zu erlangen. Nach 1100 verminderte sich die Reichweite und Qualität der Heiratsverbindungen. Balduin II. und Arnold der Junge wurden mit minder vornehmen Frauen aus der Nachbarschaft ihrer Stammsitze vermählt. Dieser Umschwung dürfte mit der Unabhängigkeit zusammenhängen, die das Haus seit ihrer Zeit genoß. Fortan konnte der Mann, der an seiner Spitze stand oder stehen würde, nicht mehr auf die Freigebigkeit eines Herrn rechnen, sondern mußte seine Braut auf eigene Faust auftreiben. Im Vollgefühl glorreicher Ahnen war er vor allem darauf bedacht, seine Herrschaft zu festigen, also Land zusammenzuraffen. Sein ganzes Augenmerk galt den Besitzungen, die im nächsten Umkreis seines Erbguts zu erwerben waren. Anstelle von Frauen edelsten Blutes, von Nachkommen Karls des Großen, deren es in dieser Region viele gab, bevorzugte er daher – Zeichen eines beginnenden Einstellungswandels, in dessen Verlauf das Streben nach Ruhm unmerklich hinter das materielle Besitzstreben zurücktrat – erstgeborene und bruderlose Töchter mit einem möglichst umfangreichen und günstig gelegenen Erbe. Der handfeste Vorteil war es wert, daß man auch eine tieferstehende Frau nahm und die damit verbundene Erniedrigung akzeptierte. Zu diesem Entschluß kam der Vater Balduins II., als er seinen ältesten Sohn mit der Erbin, einem Säugling noch, der ihm lehnsuntergebenen Herrschaft Ardres verheiratete. Seit Generationen waren in der Familie die Gatten von ungleichem Rang gewesen; jetzt kehrte sich erstmals die Richtung des Gefälles um, so daß der Bräutigam die Braut überragte. Eine derartige Wahl mußte überraschen. Lambert jedenfalls fühlt sich bemüßigt, sie zu rechtfertigen.[25] Wenn Balduin, so sein Kommentar, sich dazu herabließ *(se inclinavit),* einer Verbindung »mit der Tochter seines Mannes« zuzustimmen – *de facto* wurde die Entscheidung ja nicht von dem knapp zehnjährigen Sohn, sondern von seinem Vater getroffen –, so »ahmte« er damit nur »das vorbildliche Beispiel vieler Edler, nämlich von Herzögen,

Königen und Kaisern nach, die sich ... aus ähnlichem Grunde so beweibten«. Und dieser »Grund«, der dem Grafen von Guines – mittlerweile so etwas wie ein kleiner Kaiser in seiner Domäne – die Erniedrigung schmackhaft machte, war eben die Aussicht auf eine Konsolidierung seines Familienbesitzes: er bahnte die Übernahme der schönsten Herrschaft, die von den Grafen zu Lehen ging, durch seinen präsumtiven Erben an, so wie es einige Jahre früher König Ludwig VI. von Frankreich getan hatte, als er seinem Sohn Eleonore von Aquitanien gab.

Aufgrund eines Zusammenwirkens verschiedener Faktoren: der hohen Sterblichkeit junger Männer, der biologischen Degeneration und der Behinderung männlicher Fortpflanzungstätigkeit, waren gute Partien, d. h. Töchter, die bedeutende Güter in die Ehe einzubringen hatten (wenn man sich dieser zu bemächtigen vermochte), zur damaligen Zeit keine Seltenheit. Die Herrschaft Bourbourg fiel in die Hand einer Frau. Die Herrschaft Ardres gelangte zuerst an die Schwester Arnolds III. und Balduins, dann an die einzige Tochter des letzteren. Drei Frauen wurden nacheinander Erbinnen von Guines: die Tochter des Grafen Manasse, seine Enkelin und schließlich eine seiner Schwestern. Gelegentlich profitierten jüngere Söhne anderer Geschlechter von dem Heimfall und entgingen auf diese Weise dem Zölibat, zu dem sie ihre Stellung in der Geburtenfolge sonst verurteilt hätte. Doch scheint diese Konstellation im 12. Jahrhundert nicht häufig gewesen zu sein, und die fahrenden Ritter, von denen bezeugt ist, daß sie auf solche Weise das Glück beim Schopfe packten, waren alle von edlem Geblüt, Söhne eines mächtigen Seigneurs. Tatsächlich genügte es nicht, das Mädchen zu erringen. Der Gatte mußte sich gegen die Verwandten seiner Frau durchsetzen, die sehr erbost waren, wenn sich ein Fremdling im Land ihrer Ahnen einnistete. Der Streit mit ihnen, so lehrt die *Historia,* war verbissen.

Als Manasse auf der Burg Guines eines trübsinnigen Todes gestorben war, wurde der Gemahl seiner Enkelin, der englische Ritter Albert »der Eber«, sogleich von seinem Schwiegervater Heinrich von Bourbourg benachrichtigt und beeilte sich, dem Grafen von Flandern für das beträchtliche Lehen, das seiner kränkelnden Gattin zufiel, Huldigung zu leisten. Gegen ihn erhob sich ein Mann, in dessen Adern das Blut der Grafen von Guines floß: Arnold, ein Neffe Manasses aus der Ehe seiner jüngsten Schwester mit dem Kastellan von Gent. Dieser nachgeborene Sohn wollte in der Welt aufsteigen. Wie es für die »Jungen« üblich war, hatte er bei seinem Mutterbruder gelebt und ihn bedrängt, ihm zur Selbständigkeit zu verhelfen. Der Onkel hatte keinen Sohn, der junge Mann gefiel ihm, und so gab er ihm schließlich eine Festung in seinem Territorium zum Lehen.[26] Arnold von Gent verfügte damit über eine Wohnstätte, also auch über ein Hochzeitsbett, und konnte einer Frau ein Wittum aussetzen – er heiratete. Seine Braut, eine Tochter des Kastellans von Saint-Omer, stammte von Karl dem Großen ab, was Lambert, da es sich um die Großmutter seines Helden handelte, nicht versäumt zu bemerken. Beim Tode seines Onkels, Wohltäters und Lehnsherrn beanspruchte Arnold die Nachfolge für sich und ergriff die Waffen gegen den Herrn von Bourbourg, der in Erwartung seines Schwiegersohnes stellvertretend die Rechte seiner Tochter verteidigte.

Lambert nennt diesen Krieg ungerecht, und er war es auch. Gleichwohl führte die Überzeugung, daß das Recht der männlichen Nachkommen schwerer wog als das der weiblichen, permanent zu ähnlichen bewaffneten Kämpfen. Heinrich von Bourbourg war selbst durch einen solchen Handstreich zu Schaden gekommen: er hatte geglaubt, durch seine Heirat mit einer Tochter des Sire von Alost das große Los zu ziehen; aber der Vaterbruder der jungen Frau hatte die Mitgift »mit Gewalt« an sich gerissen und seiner Nichte nur »einen winzigen Teil des Allodialbesitzes« übrig gelassen – und auch diesen nur notgedrungen, da die Braut ihn von ihrer Mutter empfangen hatte, so daß der Usurpator keinerlei Anrecht darauf geltend machen konnte.[27] Die Chronik des Klosters Ardres berichtet von verwaisten Mädchen, die durch ihren Onkel väterlicherseits, ihren Vormund, in derselben Weise um ihr Erbe geprellt wurden. Hier zeigt sich mit aller Klarheit ein Strukturmerkmal der Beziehungen zwischen

Onkel und Nichte: während der Mutterbruder als natürlicher Beschützer des Mädchens auftritt, ist der Bruder des Vaters ihr natürlicher Rivale und geneigt, sie zu berauben.

Der Krieg ließ sämtliche Abenteurer der Gegend zusammenströmen. Einige von ihnen verbündeten sich mit Arnold von Gent, darunter der nachgeborene Bruder des Herrn von Ardres, Balduin, auch er ein »Junger« auf der Suche nach Ruhm und Beute. Während einer Belagerung wurde er verwundet, was den Rittern in ihren Harnischen selten zustieß. Der Zwischenfall wurde als Warnung aufgefaßt, daß der Himmel der von Balduin gewählten Partei nicht gewogen sei. So zumindest deuteten ihn die Mönche von Capelle-Sainte-Marie, die ihr Auge auf die Kollegiatkirche von Ardres geworfen hatten und deren jeweilige Schirmherren zu beeinflussen suchten, nicht zuletzt indem sie nach Kräften ihr Sündenbewußtsein schürten. Balduin sagte sich von Arnold los und wechselte ins andere Lager über – allerdings erst nach einem Handel: er bot dem Herrn von Bourbourg, der die gerechte Sache vertrat, seinen Arm unter der Bedingung an, daß dieser ihm die Hand seiner Tochter, zusammen mit den Hoffnungen, um die es bei dem ganzen Kampf ging, überließ. Nun aber war die Erbin von Guines keine Witwe; ihr Gemahl, Albert der Eber, erfreute sich vielmehr bester Gesundheit. Sie mußte also von ihm getrennt werden. Um einen nützlicheren Mitstreiter zu gewinnen, als sein allzu entfernter Schwiegersohn es war, leitete Heinrich das Scheidungsverfahren in die Wege. Er schickte eine, notabene, gemischte Gesandtschaft von Klerikern und Rittern nach England, die in Verhandlungen eintraten und schließlich eine Übereinkunft erzielten. »An einem vereinbarten Tag« wurde die Ehe »nach der gesetzten Ordnung sowohl des weltlichen Gerichts als auch der Kirche« aufgelöst: eine legale, feierliche Scheidung wegen Krankheit der Frau und aus »anderen hinreichenden Gründen«.[28] Was waren diese anderen Gründe? Plädierte man auf fehlenden Vollzug der Ehe? Wir erhalten nicht den geringsten Hinweis, obwohl in Lamberts Milieu während der Abfassungszeit der *Historia* die Scheidungsaffäre von Philipp August mit ihrer Serie von Vorwänden in aller Munde war.

Krank, wie sie war, nahm Balduin die nun wieder freie Frau und versuchte, seine Ansprüche zu realisieren. Seine Gemahlin jedoch, wahrhaft hinfällig, verkraftete die neue Hochzeit nicht; sie starb. Am selben Tage befand sich Arnold von Gent in der Burg Ardres, die er in seine Hand gebracht hatte.[29] Er bat – ein schönes Beispiel für den Wechselverkehr zwischen profaner und »gebildeter« Kultur – einen seiner Brüder, der »Mönch und doch noch Ritter« war, ihm das Psalmwort »Wirf dein Anliegen auf den Herrn, er wird dich versorgen« zu erklären. Der Bruder antwortete: »Siehe, du wirst über kurzem ein reicher Mann werden«; und zu eben dieser Stunde starb die Enkelin Manasses, womit Balduin von Ardres all seine Hoffnungen begraben konnte. Für Arnold freilich tauchte noch einmal ein Hindernis auf in der Person eines Vetters, den er noch nie gesehen hatte und der nun spornstreichs von Burgund heranreiste, um sich von Geburts wegen als der nächste Erbe zu präsentieren. Der neue Prätendent war Gottfried, der Herr von Semur-en-Brionnais.[30] Seine Mutter war eine weitere Schwester Manasses – auch sie recht gut, aber in einiger Distanz verheiratet –, und da sie die älteste Tochter gewesen war, älter als die Mutter Arnolds, machte Gottfried sein besseres Recht geltend. Diesmal wurde nicht mit dem Schwert, sondern nur mit Worten gefochten. Ein Schiedsgericht fällte ein Urteil zugunsten von Arnold. »Da aus dem Leib des Grafen Manasse im Lande Guines kein Same übrig geblieben war«, ging das Erbe an die Verwandten der Seitenlinie über. Zweifellos sprach die Stellung in der Geschwisterfolge für die Mutter Gottfrieds; aber sie war tot, und damit waren die Rechte, die man von ihrer Seite anmelden konnte, erloschen oder doch schwächer als die ihrer jüngeren, noch lebenden Schwester. So war das damalige Erbrecht beschaffen, in dem der Tote nichts gegen den Lebenden vermochte und die direkte, auch weibliche Nachkommenschaft den Primat vor den Kollateralverwandten hatte.

Ein wenig später wurde die Burg Ardres, nachdem sie durch Zufall und nicht ohne erhebliche Auslagen, an Balduin gelangt war, Gegenstand eines ähnlichen Prozesses. Balduins älterer Bruder war durch Köche und andere Diener seines Hauses ermordet worden und hatte eine Ehefrau hinterlassen, die bei ihm wohnte: ein Kind noch, das mit den Mädchen des Hauses spielte und sich die Zeit abwechselnd mit Puppen, Gottesdienstbesuchen und langen Bädern im Fischteich vertrieb, bei denen die Ritter der Burg mit Vergnügen zuschauten, wie sie sich in ihrem weißen Hemd im Wasser tummelte. Petronilla, die junge Witwe, war noch nicht mannbar, und doch schon verheiratet; die Herrschaft Ardres bildete ihr Wittum. Infolgedessen mußte sich Balduin mit ihrem Onkel, dem Grafen von Flandern, einigen, und dieser verlangte für die Rücknahme seiner noch jungfräulichen Nichte einen »Ausgleich für ihr *dotalicium*«.[31] Um die sehr hohe Summe aufbringen zu können, verkaufte Balduin die Stiftskirche an die Mönche der Capelle. Diese kratzten das Gold und Silber von Reliquienschreinen und Kruzifixen ab und überreichten es dem Sire von Ardres, der den größten Teil zur Befriedigung der Herkunftsfamilie von Petronilla und den Rest für seine Teilnahme am zweiten Kreuzzug verwandte. In Kleinasien kam er zu Tode, woraufhin zwei Neffen auf seine Güter Anspruch erhoben. Das Schiedsgericht erkannte wiederum, daß der Sohn der jüngeren, aber noch lebenden Schwester der nähere Erbe sei. Doch mußte der Begünstigte seinem Rivalen eine namhafte Entschädigung bezahlen: 100 Mark Silber.

In der nächsten Generation, der Balduins II., läßt sich ein neuerlicher und diesmal einschneidender Wandel der Ehestrategien beobachten: die Oberhäupter der Adelsgeschlechter milderten die Kontrolle über das Heiratsverhalten ihrer Söhne und begannen, auch den jüngeren die Gründung eines eigenen Hausstandes zu gestatten. Eben dies tat, gegen Ende des Jahrhunderts, der Graf von Guines. Er hatte sechs Söhne. Einer war Kleriker, ein anderer »in der Blüte seiner Jugend« umgekommen – diese jungen Männer spielten mit dem Tod. Der Erstgeborene wurde verheiratet; ebenso aber auch seine drei übrigen Brüder. Sie empfingen von ihrem Vater, wie einst ihr Großvater von seinem Onkel, den Wohnsitz, ohne den man keine Frau nehmen konnte: einen festen Platz, das Zentrum einer lehnsuntergebenen Herrschaft, aber klein und vor allem marginal, ein Stück Land, das unlängst erworben oder dem Moor abgewonnen worden war.[32] In den Familien der Nachbarschaft verfuhr man ähnlich. Zur gleichen Zeit vermählte der Seigneur von Fîmes seine vier Söhne. Was man – durch archäologische Forschung und Auswertung archivalischer Quellen – über die Geschichte der ritterlichen Wohnverhältnisse herausfinden kann, legt den Schluß nahe, daß sich damals die Mehrzahl der aristokratischen Familien über ihr Territorium verstreuten. Rund um die alten Burgen, die in der Hand des Erstgeborenen verblieben, wurden immer mehr bescheidene Wohnstätten errichtet, mit Gräben und Befestigungen, verkleinerte Nachbildungen der Stammhäuser, in denen die Dynastien verwurzelt waren.

Die Verzweigung der alten Stämme führte zu einer demographischen Expansion: in den ersten Dezennien des 13. Jahrhunderts wuchs die Zahl der Männer von hoher Geburt, der Ritter oder derer, die es werden wollten, rapide an. Was hier vor sich ging, war eine Umwälzung, die die Strukturen des Adels, seine Verhaltensweisen, seine Riten, seine Stellung innerhalb des gesamten Sozialgefüges von Grund auf veränderte. Es bedarf einer Erklärung, warum man auf einmal glaubte, auf die strikte Disziplin verzichten zu können, die über einen so langen Zeitraum hinweg, jedenfalls solange Rittergeschlechter historisch überhaupt faßbar sind, eine Mehrheit der Männer im Stande der Ehelosigkeit oder »Jugend« gehalten und damit jenen großen anarchischen Teil der Gesellschaft aufgebläht hatte, der die Weiterentwicklung der Wirtschaft, der Herrschaftsformen und der Kultur so entschieden hemmte.[33]

Die Barriere fiel unter dem heftigen Ansturm dieser Gruppe, deren Mitglieder durch eine legitime Eheschließung aus ihrer Diskriminierung auszubrechen suchten. Aber warum? Warum erreichten die nachgeborenen Söhne an der Wende zum 13. Jahrhundert, was sie wünschten? Besaßen die Ritter und ihre Lehnsherren, die doch nicht weniger als ihre Väter bestrebt waren, ihre Position ruhmreich zu wahren und ihren Ruf so weit und so strahlend wie möglich zu verbreiten, nunmehr die Mittel, um sich weniger knausrig zu zeigen, um ihre

Söhne nicht mehr so unterschiedlich zu behandeln, daß der eine alles bekam und alle anderen zu einem Leben in ständiger Beengtheit verdammt wurden? Viele Indizien sprechen dafür, daß sich ihre Vermögenslage tatsächlich verbessert hatte, und zwar hauptsächlich infolge einer Konzentration, die eben der Vorsorglichkeit ihrer Ahnen zu verdanken war. Auch ist nicht zu übersehen, daß die tiefgreifenden Strukturwandlungen etwa im letzten Drittel des 12. Jahrhunderts in der hier betrachteten Region, an den Grenzen des Boulonnais und Flanderns (wie in ganz Nordfrankreich), den Reichtum der Adelsgeschlechter erhöhten und damit ihren Bewegungsspielraum erweiterten. Die Grundherrschaften warfen nun mehr ab, durch die Nutzbarmachung unkultivierter Landstriche, durch die Vervollkommnung des Steuerwesens, durch die Eintreibung von Zehnten und die Ausbeutung von Mühlen, Schmiedewerkstätten, Backöfen, der ganzen Zwing- und Bannrechte, wodurch ein immer größerer Anteil am Wert der von den arbeitenden Schichten produzierten Güter in die Taschen der Krieger floß. Und all diese Abgaben wurden zunehmend in bar, in Geldform entrichtet. Insbesondere aber stiegen die seigneurialen Einkünfte, weil sich die Zahl der Untertanen vermehrte. Die damalige Epoche war in der Tat gekennzeichnet durch ein kräftiges Wachstum der Landbevölkerung, das im Wechselspiel der Produktionsverhältnisse auf die Ebene der Ausbeuter zurückwirkte. So lockerten sich die Fesseln, die seit fünf oder sechs Generationen die adligen Familien an der Ausdehnung gehindert hatten.

Die neuerlangte Flexibilität war auch eine Folge der Festigung der politischen Großformationen, durch die sich die Zirkulation der Reichtümer über alle Stufen der herrschenden Klasse hin enorm beschleunigte: die mächtigen Fürsten nahmen mit der einen Hand und streuten mit der anderen wieder aus. Während sie auf der einen Seite hohe Bußen und Besitzwechselabgaben im Erbfall erhoben und sich die Befreiung von Diensten bezahlen ließen, kauften sie auf der anderen Seite neue Dienste und verteilten Löhne, Geschenke, Pfründen – Geld. Es fand eine große Entspannung statt: das Land zählte weniger, das Erbe hatte nicht mehr eine so allwichtige Bedeutung. Zuvor war es für die Aufrechterhaltung der aristokratischen Vorrangstellung erforderlich gewesen, daß nur ein kleiner Teil der jungen Männer seßhaft wurde und die anderen am Rand des Familiengutes ihr Leben in Mutwillen, Spiel und Abenteuer verbrachten, in einer Betriebsamkeit, die keinen anderen Zweck hatte, als sie zu neutralisieren und im wahrsten Sinne des Wortes zu sterilisieren. Fortan wurde diese Stellung durch den Staat gewährleistet, der die Adelsprivilegien im Namen der Lehre von den drei *ordines* stützte, während der verstärkte Geldumlauf den sozialen Beziehungen eine Elastizität verlieh, die bald auf die Heiratsgewohnheiten abfärbte.

Man muß ferner die gleichzeitige Rechtsentwicklung in Betracht ziehen. Im Fortlauf des 12. Jahrhunderts gewann das Lehnsrecht feste Formen. Es erschien nun weniger gefährlich, das Erbgut zu zerstückeln, da man sich der sogenannten Parage bediente, bei der die nachgeborenen Söhne gezwungen wurden, das ihnen zur Gründung eines Haushalts zugewiesene Erbteil von ihrem erstgeborenen Bruder zum Lehen zu nehmen. Diese Regelung, die am Ende des 12. Jahrhunderts gang und gäbe war, wird von Lambert von Ardres in die ferne Vergangenheit zurückgespiegelt, auf den durch kein Faktenwissen getrübten Projektionsschirm idealen Verhaltens.[34] Er berichtet von einem fiktiven Grafen von Ponthieu, der sein Land um das Jahr 1000 unter seine vier Söhne aufgeteilt habe. Dem Erstgeborenen fielen die Grafschaft und die Stammburg mit den dazugehörigen Rechten zu; die beiden nächsten Brüder empfingen Boulogne bzw. Saint-Pol, mußten aber für diese Besitztümer ihrem Bruder Huldigung leisten. Seinem jüngsten Sohn vermachte der Vater die von ihm beanspruchte Grafschaft Guines; als dieser jedoch den Anspruch nicht durchsetzen konnte, gab er ihm dafür eine reiche Frau, die Erbin der Grafschaft Saint-Valéry. Genau dieselben Vorkehrungen, die jenem legendären Vater zugeschrieben werden, traf in Wirklichkeit Balduin II. Sein jüngerer Bruder wurde unruhig; darauf verschaffte er ihm die Enkelin des Grafen von Saint-Pol und überließ ihm, damit er sie heiraten konnte, aber zum Lehen und mit Zustimmung seines Sohnes Arnold,

eine mäßige Herrschaft. Dann vermählte er seine nachgeborenen Söhne mit Töchtern seiner Vasallen, wobei er dieselbe
Vorsicht walten ließ: er machte sie zu seinen Lehnsleuten;
später würden sie die Lehnsleute seines Nachfolgers sein, der
auf diese Weise die Oberhoheit über das gesamte Familiengut
behielt.

Diese Praxis verbreitete sich in jener Epoche über das ganze
nördliche Frankreich, und zwar mit solchem Nachdruck, daß
sich König Philipp genötigt sah, ihr einen Riegel vorzuschieben, damit sie nicht die Grundlagen des Vasallendienstes un-
tergrabe. Was man über die testamentarischen Verfügungen
einiger großer Seigneurs der damaligen Zeit herausfinden
kann, läßt erkennen, wie der Rückgriff einerseits auf das Geld
und andererseits auf das Lehnsband die Eheschließung junger
Männer erleichterte. 1190 schickte sich Radulf I. von Coucy
an, dem König nach Übersee zu folgen. Er verteilte seine Güter unter seine Söhne und Töchter, wobei er peinlich auf die
Primogenitur achtete: das Erbe, das er selbst von seinem Vater
übernommen hatte, sollte ungeschmälert an seinen ältesten
Sohn weitergeleitet werden. Dennoch gingen die anderen,
die ebenfalls Ritter waren, nicht leer aus: sie wurden aus
Neuerwerbungen abgefunden, aus dem Zugewinn und den
villes-neuves, den erst kürzlich urbar gemachten Ländereien.
So konnten sie Ehen eingehen, mußten aber dem Haupterben
Huldigung tun. Über seine bereits verheirateten Töchter läßt
Radulf nichts verlauten: sie waren durch ihre Mitgift ausgesteuert. Für die letzte, die es noch nicht war, schöpfte er aus
seinem Geldvorrat. Ihr wurde ebenso eine Rente ausgesetzt
wie seinem jüngsten Sohn, der für den geistlichen Stand und
darum für die Schule bestimmt war. In derselben Weise regelte Graf Balduin V. von Hennegau seine Erbfolge. Der
zweite, verheiratete Sohn bekam das Erbe seiner Mutter in
Form eines Lehens, das er von seinem älteren Bruder nahm.
Dem jüngsten, einem unbotmäßigen Turniergänger, hinterließ er eine Rente in Geld, jedoch unter dem Vorbehalt, daß
auch er den Vasalleneid leiste. Diese sehr flexible Form eines
Kammerlehens, das leicht wieder einzuziehen war, mochte es
ihm ermöglichen, eine Frau zu finden.

Mit dem Herannahen des 13. Jahrhunderts begann somit eine Periode der Entzerrung. Die Oberhäupter des Staates sahen es gewiß nicht ungern, wenn sich mit der Vergrößerung der Adelsgeschlechter die zuvor an den alten Burgen konzentrierte Macht verzettelte, wenn die Distanz zwischen ihren Baronen und ihren Aftervasallen geringer und der Ritterstand zahlreicher wurde, den sie für die sicherste Stütze ihrer Herrschaft hielten. Sie bemerkten sehr wohl, daß die neue Ehepolitik dazu beitrug, diesen Stand zu befrieden, indem sie die »Jungen« in die Gesellschaftsordnung integrierte, jene ungebärdige Masse von Kriegern, die sich zuvor gegenüber ihren ältesten Brüdern kaum in einer besseren Position als Bastarde befunden hatten, die fortwährend unzufrieden und immer bereit gewesen waren, sich der ihnen versagten Frau doch zu bemächtigen, und deren Gefühl des Zurückgesetztseins in einer eigenen Moral aufgefangen worden war, die den Raub, die aggressive Unabhängigkeit zum obersten Wert erhob. Nun endlich traten die Ritter in den Rahmen ein, der nach der Theorie der Prälaten sämtlichen Laien zukam: in die Zucht des Ehelebens. Für die meisten von ihnen war fortan die »Jugend« nicht mehr ein Stand, eine Art *ordo,* in den ein Mann bis zu seinem Tode eingebannt blieb, sondern ein Lebensabschnitt, der mit dem Tag der Hochzeit endete, wenn sie, zur Weisheit gezwungen, für ihr eigenes Haus verantwortlich wurden.

Alle dachten sie offenbar mit Wehmut an ihre Jugend zurück. Lambert versäumt nicht, in seine Mustererzählung auch eine Apologie jener Phase einzuflechten. Er wußte, daß der Alte, Graf Balduin II., es mit Wohlgefallen aufnehmen würde, wenn er ihn als noch rüstigen Witwer beschrieb, der wie ein Junger die Mädchen verfolgte und eroberte. Neben dem Loblied auf die Väter, die ihr Haus mit ebensoviel Strenge wie Besonnenheit regierten, die für ihre zur Ehe ausersehenen Kinder von weither die bestmögliche Partie ausfindig machten, neben dem Loblied auf die Töchter, die allesamt fromm, allesamt fügsam waren, steht in der *Historia* das Loblied der raublustigen Söhne. An ihnen wird mit Beifall bedacht, was die Moral der Familienoberen als Vergehen brandmarkte, was aber die Moral der »Bacheliers« über jeden anderen Tapferkeitsbeweis stellte: die Frauenentführung. In einer Gesellschaft allerdings, die von Tag zu Tag weniger brutal wurde, verlangte der Anstand eine Sublimierung dieser Heldentat. Der junge Ritter erbeutete eine edle Frau nicht mehr mit Gewalt, sondern er gewann ihre Gunst durch seine Kühnheit, durch den strahlenden Ruhm, den er sich in Turnieren oder auch im Wettstreit der Liebe erwarb. Das Turnier – das damals sehr *en vogue* war – diente nicht allein zur kriegerischen Ertüchtigung oder als Ventil jugendlichen Überschwangs. Es war auch eine Art Wandermarkt, eine Ausstellung heiratsfähiger Männer, die vor den Augen potentieller Bräute und vor allem potentieller Schwiegerväter ihre Muskeln spielen ließen. Alle Helden der Chronik werden in ihrer Jugend als hervorragende Turnierkämpfer geschildert; und wenn einer von ihnen, Arnold II. von Ardres (der sich, weil ohne Vater und Onkel, allein verheiraten mußte), eine Frau aus dem glorreichen Haus der Herren von Alost zu erringen vermochte, so nur darum, wie Lambert erzählt, weil das Echo seiner sportiven Leistungen bis zu dem Oberhaupt dieses Geschlechts vorgedrungen war, der ihm seine Schwester übergab.[35] Nicht weniger freilich entfaltet sich die Ideologie der Jugend in der Beschreibung des Maskenspiels der höfischen Liebe. Es wird zwei Mal, an zwei Angelpunkten der *Historia* dargestellt: als erstes und letztes Glied der genealogischen Kette exponiert Lambert das Bild eines jungen Mannes, eines fahrenden Ritters und Verführers.

Die Autoren fürstlicher Genealogien liebten es, am tiefsten Grund der Erinnerung die Gestalt eines Abenteurers aufscheinen zu lassen, der, aus dem Nirgendwo kommend, sich eine Gemahlin erobert hatte und durch sie zum Stammvater der Dynastie geworden war. Diese Rolle wird hier, zu Anfang des 10. Jahrhunderts, von Siegfried übernommen, einem Helden aus wikingischen Landen, der Heimat Königin Ingeborgs und wilder Sagen.[36] Seine Fahrten führten ihn in die Gegend von Guines, die einst seine Vorfahren gebrandschatzt hatten. Jung und tapfer, wie er war, fand er Zugang im Hause des Grafen von Flandern und wurde dort der Waffengefährte des Erben. Lambert phantasiert – was ganz anachronistisch ist –, daß er zum Ritter gegürtet und mit einem Lehen ausgestattet worden sei, wie es in weniger zurückliegenden Zeiten den jungen Tischgenossen der Fürsten widerfahren mochte. Doch war es die Liebe, die sein Schicksal entschied. Er übertraf alle anderen Ritter, so daß die Schwester des Grafen von ihm hingerissen wurde. Wie Eleonore ließ sie sich in »Gespräche« mit ihm ein, und »beim Spielen« schwängerte sie der Geliebte. Eben dieses Spiel trieben die »Jungen« im 12. Jahrhundert, nur daß sie sich als Partnerinnen die Töchter von Vasallen ihres Vaters wählten – die Folgen waren dann weniger schlimm. Siegfried hingegen hatte die Tochter seines Herrn verführt und sich damit an dessen Ehre vergangen; er war der Felonie schuldig. Nach vollbrachter Tat flüchtete er nach Guines, wo er sich »als ein zweiter Andreas [Capellanus] erwies« und an gebrochenem Herzen starb. Das Kind wurde geboren. Es war ein Junge, aber ein Bastard. Zu seinem Glück hob ihn sein Cousin, der neue Graf von Flandern, aus der Taufe, zog ihn auf, machte ihn zum Ritter und belehnte ihn schließlich mit der Grafschaft Guines, dem Allodialgut seines Vaters. Auf diese Weise wurde das Geschlecht begründet.

Am anderen Ende steht Arnold, der frischvermählte Patron von Lambert.[37] Über ihn denkt sich der Chronist nichts aus, sondern berichtet, was er gesehen hat oder womit man sich in dem Haus, in dem er dient, brüstet. Graf Balduin wollte seinem erstgeborenen Sohn die Gelegenheit geben, seinen persönlichen Glanz, zusätzlich zum Glanz seines Geschlechts, vor den Blicken der Familienoberhäupter, die nach einem Bräutigam für ihre Töchter Ausschau hielten, zu demonstrieren, und bereitete darum, wie es Brauch war, am Tag nach der Schwertleite Arnolds eine Turnierfahrt, eine Präsentationstour für ihn vor. Er schickte ihn weit weg, begleitet von zwei Knappen, zwei Dienern und einem Kleriker, der die Kasse verwaltete: man mußte sich prächtig aufführen, aber in vernünftigem Rahmen. Die Zeit verstrich. Eines Tages stellte der Vater seine Zahlungen ein, und Arnold mußte sich selbst behelfen. Er nahm weiterhin an ritterlichen Wettkämpfen teil, bis er schließlich nach fünf Jahren die Aufmerksamkeit einer Erbin erregte. Sie war reich, zu reich für ihn, und auch von zu hohem Geblüt: ihre Ururgroßmutter war die heilige Ida, deren Namen sie trug, und Gottfried von Bouillon ihr Urgroßonkel; wie die verstorbene Königin von Frankreich war sie eine Nichte des Grafen Philipp von Flandern und selbst durch ihre Mutter Gräfin von Boulogne. Deutlich älter als Arnold, war sie bereits mit zwei Männern verlobt gewesen, ging nun aber, »gleichsam als Witwe«, ihrem Vergnügen nach. Sie sandte dem jungen Mann Botschaften und suchte ihn sogar unter einem Vorwand in seinem Hause auf. Es kam zu Vorverhandlungen mit ihrem Onkel. Da tauchte Reinald von Dammartin auf, der nicht lange fackelte: er schnappte sich Ida und führte sie eiligst nach Lothringen. Arnold folgte ihm, wurde aber unterwegs abgefangen. Der Bischof von Verdun, der mit Reinald im Bunde war, ließ ihn in Fesseln schlagen, weil er sich während seines Abenteuerzuges, als ihm das Geld ausgegangen war, an den Steuern vergriffen hatte, die man zur Vorbereitung des dritten Kreuzzugs in Guines erhob. Man hielt ihn so lange wie nötig fest. Er war übertölpelt worden.

Kehren wir zu der Version zurück, in der man die Geschichte bei ihm zu Hause erzählte. Ida hatte Arnold geliebt oder »in weiblichem Leichtsinn und Trug« vorgegeben, ihn zu lieben; und ähnlich hatte Arnold sie geliebt oder »in männlicher Klugheit und Bedachtsamkeit« vorgegeben, sie zu lieben. Jedenfalls »wollte er, nachdem er die Gunst der Gräfin gewonnen hatte, durch die Erwiderung ihrer wahren oder geheuchelten Liebe das Land und die Würde der Grafschaft Boulogne erlangen«. Man könnte es nicht klarer ausdrücken. Lambert hat höfische Romane gelesen; aber was er über die Liebe zu sagen hat, benennt exakt ihren Platz im konkreten Leben. Der Chronist von Ardres entmystifiziert die »Ritterliebe« und zeigt sie, wie sie ist: zutiefst frauenfeindlich. Die Worte, die das Betragen der Auserkorenen charakterisieren, nämlich »leichtsinnig« und »treulos«, reden eine deutliche Sprache: die Frau ist ein verachtenswertes Objekt. In ihrem Lob der Lust und Sinnenfreude, in ihrem Aufruf zur Übertretung des dreifachen Verbots der Entführung, des Ehebruchs und der Unzucht scheint die höfische Liebe sowohl der Gewalthoheit der vergabeberechtigten Männer als auch den Ermahnungen der Priester und der Moral der ehelichen Gemeinschaft zu trotzen. Aber diese Herausforderung ist in Wahrheit nur eine scheinbare. *De facto* hatten die Familienoberhäupter, Balduin hinter Arnold, der Graf von Flandern hinter Ida, alle Fäden in der Hand. *De facto* kümmerten sich die Kirchenleute kaum um das Sexualleben, solange die Ehe nicht betroffen war. Und *de facto* bildeten – es wird an diesem Fall evident – die amourösen Attacken und Finten das Vorspiel zur Hochzeitszeremonie. Unter all diesem Gaukelwerk verbergen sich die harten Realitäten adliger Familienpolitik.

Ganz am Ende des 12. Jahrhunderts, als die Kirche die Strenge ihrer Bestimmungen ermäßigte, als aufgrund der Verflüssigung der sozialen Beziehungen alle Söhne hoffen konnten, eine Ehefrau zu bekommen, schloß sich die Kluft zwischen zwei Verhaltensmodellen, dem der ledigen und dem der verheirateten Männer. Sie wurden komplementär. Die jungen Leute wurden ermuntert, ihre Virilität außerhalb des Hauses unter Beweis zu stellen, damit die Vergeber der Frauen den Anschein erwecken konnten, als ob sie es ihnen selbst überließen, ihre Braut zu erringen. Nach der Eheschließung mochten sie noch eine Weile dem Turnierwettkampf frönen. Sobald sie aber nach dem Tod ihres Vaters die Herrschaft übernommen hatten und zu »neuen Menschen« geworden waren – wie es mit Balduin von Guines geschah, als er, bereits fünffacher Vater und doch noch »ungefestigt«, die Grafschaft erbte[38] –, war es ihre Pflicht, fortan in Weisheit zu leben, gebunden an das Haus und mit ihrer Gattin vereint, wie Hugo von Saint Victor es wollte[39], in einer einzigartigen, ungeteilten Liebe.

Im Verlauf der beiden hier untersuchten Jahrhunderte tritt das Bild der Ehe somit immer plastischer hervor. In der Regierungszeit von Philipp August kann man mit genügender Klarheit erkennen, wie ein Ritter eine Frau nahm und wie er dabei vorging. Waren diese Formen viereinhalb Jahrhunderte später, in der Zeit Molières, oder sechs Jahrhunderte später, in der Zeit des Abbé Fabre aus dem Languedoc, so andersartig? Einige Reste der rituellen Umkleidung haben sich bis heute erhalten: Werbung, Vertragsschluß vor einem Notar, Verlobung, Ehemesse und die Brautjungfern, die den Brautschleier unter sich verteilen. Was im vorstehenden Text, anhand von zunehmend weniger lakonischen Quellen, herausgearbeitet werden sollte, ist der Aufbau dauerhafter Strukturen, die erst heute, unter unseren Augen, zerbröckeln.

Es handelt sich in der Tat um einen Aufbauprozeß, der nicht ohne Schwierigkeiten vonstatten ging. Man kann verfolgen, wie sich das Bild *pari passu* nicht nur klärt, sondern auch modifiziert. Um die Jahrtausendwende, gleichzeitig mit dem Auftauchen der ersten Entwürfe einer Gesellschaftstheorie, die drei verschiedenen Kategorien von Menschen komplementäre Funktionen zuweist, lassen sich zwei miteinander konkurrierende Auffassungen der guten Ehe entdecken: eine, die seit Jahrhunderten das Verhalten der Krieger bestimmte, und eine andere, die seit Jahrhunderten die Priester zur Geltung zu bringen suchten. Man kann beobachten, wie sich in einer ersten Phase beide jeweils verhärteten, wie um das Jahr 1100 der Konflikt offenbar seinen Höhepunkt erreichte und wie er sich danach abmilderte, bis zu Beginn des 13. Jahrhunderts, als die Ideologie von den drei *ordines* zu einer Stütze der monarchischen Herrschaft geworden war, der Ausgleich zustande kam. Hatte das von der Kirche vertretene Modell über das andere obsiegt? Hatte also das Christentum die Gesellschaft transformiert?

Zu Beginn dieser Zeit hatte das Christentum in der hier betrachteten Region und Gesellschaftsschicht bereits sämtliche Winkel des Lebens durchdrungen. Aber es war ein anderes Christentum. Alle diese Krieger lebten in der Furcht vor Gott, mochten sie noch so gewalttätig und raublüstern, mochten sie noch so sehr von der Begierde nach Frauen angestachelt sein; dies trifft gewiß selbst auf einen Mann wie Graf Johannes von Soissons zu. Sie alle, deren Parade vor unseren Augen vorbeigezogen ist, spendeten aus vollen Händen das Geld, das zur Wiedererrichtung der Kathedralen diente, und es war nicht die Hoffnung auf märchenhafte Beute oder schiere Reiselust, die sie dazu brachte, die monatelange Fahrt voller Not und Gefahren zum Heiligen Grab auf sich zu nehmen. Doch wie die Häretiker hielten sie sich an das Wort Jesu: »Mein Reich ist nicht von dieser Welt.« Da sie in Frieden in ihrem Grab ruhen und das Paradies erlangen wollten, erwarteten sie zwar, und dies im Gegensatz zur häretischen Lehre, von den Priestern die heilbringenden Handlungen, die sie von ihren Sünden reinwaschen würden; aber sie bestritten den Kirchenleuten das Recht, die irdischen Gebräuche umzumodeln und ihnen andere Verhaltensweisen aufzuzwingen, als ihre Ahnen sie gepflegt hatten. Erst allmählich, im Zuge des umfassenden Fortschritts, der auch den Prozeß einer Verinnerlichung des Religiösen vorantrieb, lernten sie, daß die Riten wenig nützten, wenn die Taten und Absichten schuldhaft waren. So wurde diese Gesellschaft nach und nach für die evangelische Botschaft durchlässiger. Eine parallele Entwicklung fand gleichzeitig im Klerus statt. Im Nachdenken über die Bedeutung der Inkarnation, gelangten die Diener Gottes unmerklich zu dem Bewußtsein, daß sie sich nicht an Liturgien zu klammern brauchten und daß sie ihr Ziel besser erreichten, wenn sie mit der Natur und der sozialen Wirklichkeit nicht gar so rüde umsprangen.

Der Geist wandelte sich, und auch die Materie blieb nicht unbewegt. Im Zuge des 11. Jahrhunderts, in der Phase der Konfrontation, setzte sich mühsam, unter Erschütterungen und verbissenen Machtkämpfen, die grundherrschaftliche Produktionsweise durch. Um sie abzusichern und auszuweiten, bedurfte es einer Zusammenfassung der Kräfte. Die Gesellschaftsgruppe der Krieger kristallisierte sich zu agnatischen Verbänden, die eisern an ihrem Land festhielten und an ihrem Recht, die bäuerliche Bevölkerung zu kommandieren, zu bestrafen und auszubeuten. Die Kirche wiederum verfestigte sich, um den Angriffen der Welt zu widerstehen, in der Härte ihrer Prinzipien. Die Ehe ist ein Kontrollinstrument. Die Oberen der Kirche machten sie sich zunutze, um den Laien die Stirn zu bieten, und in der Hoffnung, sie zu unterwerfen. Die Oberen der Adelsgeschlechter setzten sie auf eine andere Weise ein, um ihre Macht zu wahren. Zur selben Zeit, als der Kampf um die Ehegewohnheiten am heftigsten tobte, machten sich auch die ersten Folgen des landwirtschaftlichen Wachstums bemerkbar: die Städte blühten auf, die Straßen belebten sich, der Geldverkehr nahm zu, was nicht zuletzt die Konsolidierung der Staaten begünstigte. Alles gewann an Mobilität. Alles wurde in dem ungeheuren Aufschwung des 12. Jahrhunderts geschmeidiger. So konnte schließlich auch die herrschende Klasse, nachdem ihre Macht gesichert und angemessen verteilt war, ihre Anspannung lockern. Während sich das Christentum zu dem fortentwickelte, was am Ausgang des hier behandelten Zeitraums ein Franz von Assisi repräsentierte, verständigten sich Priester und Krieger unter der gemeinsamen Oberhoheit des Fürsten darüber, wie die Ehe beschaffen sein müsse, damit die neuerrungene Ordnung nicht gestört würde. Gesellschaft und Christentum hatten sich zusammen transformiert. Am Ende triumphierte nicht ein Modell über das andere, sondern beide verbanden sich miteinander.

Aber ist man berechtigt, von lediglich zwei Modellen und zwei Lagern zu sprechen? Hier standen die Jungen gegen die Alten; dort die Ketzer gegen die Rigoristen, und zwischen ihnen die Gemäßigten, die, als die Zeit der Entspannung gekommen war, den Sieg davontrugen. Mit ihnen verbündeten sich die Alten. Die Einigung zwischen diesen beiden Gruppen ermöglichte den Ausgleich zwischen den beiden Modellen einer guten Ehe und die Aufrichtung des tragenden Rahmens, den die neuen Ehestrukturen für Jahrhunderte darstellten. Sie wurden flankiert von zwei ergänzenden Formen der Kontrolle: die eine, der Zwangszölibat der Gottesdiener, war geeignet, die Rigoristen zu befriedigen und die Ketzer zu entwaffnen; die andere, das Regelwerk der höfischen Liebe, erfüllte die Funktion, das Ungestüm der noch verbleibenden »Jugend« zu bändigen. So etablierte sich ein sehr solides System. Freilich sollte man über den vielen Männern, die allein mit lauter Stimme ihre Taten und Träume vermelden, die Frauen nicht vergessen. Es wird viel von ihnen geredet. Was weiß man über sie?

Anmerkungen*

Eine Vorfassung dieses Buches ist unter dem Titel erschienen: *Medieval Marriage. Two Models from Twelfth Century France*, Baltimore/London 1978.

Abkürzungen

AASS – *Acta Sanctorum.*

Anjou – *Chroniques des comtes d'Anjou et des seigneurs d'Amboise,* hg. von Louis Halphen und René Poupardin, Paris 1913.

BN –´ Bibliothèque Nationale.

HF – *Recueil des Historiens des Gaules et de la France,* hg. von Martin Bouquet u. a.

Mansi – *Sacrorum conciliorum nova et ₫mplissima collectio,* hg. von Johannes Dominicus Mansi u. a.

MGH.SS – *Monumenta Germaniae Historica. Scriptores.*

MGH-Cap. – *Momumenta Germaniae Historica. Capitularia (= Legum Sectio II).*

MGH.Ep. – *Monumenta Germaniae Historica. Epistolae.*

MGH.B – *Monumenta Germaniae Historica. Briefe der deutschen Kaiserzeit.*

PL – *Patrologiae cursus completus,* hg. von Jacques-Paul Migne, *Series Latina.*

Kapitel I

1 MGH.SS, Bd. 6, S. 367; Bd. 5, S. 461.464; *Recueil d'annales angevines et vendômoises,* hg. von Louis Halphen, Paris 1903, S. 42.

2 PL 162, Brief 211.

3 *Cartulaire de Marmoutier pour le Dunois,* hg. von Émile Mabille, Chateaudun 1874, Nr. 60.

4 Brief 13: Yves de Chartres, *Correspondance,* hg. u. übers. von Jean Leclerq, Bd. 1 (1090-1098), Paris 1949, S. 56 ff.

5 Brief 15: ed. Leclerq, S. 60 ff.

6 Brief 23: ed. Leclerq, S. 94 ff.

---

* Quellenzitate werden im vorstehenden Text dieser Ausgabe in einer eigenen Übersetzung nach dem (allermeist lateinischen) Original geboten. Wo eine Stelle nicht ausfindig gemacht werden konnte, werden einfache Anführungsstriche verwendet, um die Sekundärübersetzung zu kennzeichnen. Sämtliche Zitate werden, soweit möglich, in den Anmerkungen nachgewiesen. Die dadurch gegenüber der französischen Ausgabe neu hinzukommenden Noten oder Zusätze sind durch Sternchen hervorgehoben. Dagegen habe ich gelegentliche Ergänzungen und Berichtigungen der Stellenangaben und der bibliographischen Daten stillschweigend vorgenommen. *(Anm. d. Übers.)*

7 Brief 28: ed. Leclerq, S. 116 ff.★

8 HF XIV, S. 791.

9 BN, ms. lat. 11792, fol. 143 (zitiert bei: Karl Ferdinand Werner, »Königtum und Fürstentum im französischen 12. Jahrhundert«, in: *Vorträge und Forschungen*, Bd. 12, Konstanz/Stuttgart 1968 = Stück V in: ders., *Structures, politiques du monde franc (VIe-XII^esiècles)*. Études sur les origines de la France et de l'Allemagne, London 1979, S. 179★).

10 Anjou, S. 232 ff.

11 *Regesta Pontificum Romanorum*, hg. von Philipp Jaffé, Bd. 1, Leipzig ²1885 (ND Graz 1956), Nr. 5636.5637 (zitiert nach HF XIV, S. 722 f.★).

12 HF XIV, S. 685.★

13 HF XV, S. 197 f.★

14 Suger, *Vie de Louis le Gros, suivie de l'histoire du roi Louis VII*, hg. von Auguste Molinier, Paris 1887: Kap. XII (hier zitiert nach HF XII, S. 24; vgl. S. 12 f.★).

15 *Wilhelmi Malmesbiriensis monachi de gestis rerum Anglorum libri V*, hg. von William Stubbs, 2 Bde, London 1884/89 (ND New York 1964): III, 235.257.

16 *The Ecclesiastical History of Orderic Vitalis*, hg. u. übers. von Marjorie Chibnall, 6 Bde, Oxford 1973 ff.: Bd. 4, S. 260–264 (VIII,19 = III, 386-390).

17 Anjou, S. 127.

18 Suger, a. a. O., Kap. I.

19 HF XIV, S. 745.

Kapitel II

1 *Regula pastoralis* III,27: PL 77, Sp. 102.

2 Vgl. Pierre Toubert, »La théorie du mariage chez les moralistes carolingiens«, in: *Il matrimonio nella società altomedievale*, Bd. 1, Spoleto 1977, S. 233–282.

3 MGH.Cap., Bd. II/2, S. 45 f. (die Punkte 6 bis 9 sind im Druck nur durch Komma, die anderen durch Semikolon voneinander abgesetzt★).

4 PL 125, Sp. 619–772; zitiert Sp. 657.

5 Ebd., Sp. 655.

6 PL 126, Sp. 137 f.

7 PL 131, Sp. 87.

8 Georges Dumézil, *Mariages indo-européens*, Paris 1979.

9 PL 54, Sp. 1204.

10 PL 142, Sp. 681.★

11 Dhuoda, *Manuel pour mon fils*, hg. von Pierre Riché, übers. von Bernard de Vregille und Claude Mondésert, Paris 1975 (= Sources Chrétiennes 225), S. 318 f.354.★

12 MGH.Ep., Bd. 5, S. 103.115.
13 PL 122, Sp. 806.
14 Ebd., Sp. 893.

Kapitel III

1 AASS, März, Bd. 1, S. 271-280; zitiert S. 271.280.
2 Vgl. Paul Fournier, »Le Décret de Burchard de Worms. Ses caractères, son influence«, in: Revue d'Histoire ecclésiastique, Bd. 12 (1911), S. 451-473. 670-701.
3 Vgl. Gérard Fransen, Les collections canoniques, Turnhout 1973.
4 Vgl. Francesco Chiovaro, »Discretio pastoralis et scientia canonica au XIe siècle«, in: Studia moralia, Bd. 15 (1977).
5 Marc Bloch, La société féodale, Paris 1968, S. 142 (dt.: Die Feudalgesellschaft, Frankfurt a. M./Berlin 1982, S. 119 f.).
6 PL 140, Sp. 573-579.
7 Mansi, Bd. 14, Sp. 101.★
8 Vgl. Cyrille Vogel, Le pécheur et la pénitence au Moyen Age, Paris 1969.
9 PL 140, Sp. 828 f.
10 Sp. 967.
11 Sp. 974.★
12 Sp. 959 f.
13 Sp. 955.
14 Sp. 975.
15 Sp. 957.
16 Sp. 784.
17 Sp. 966.
18 Sp. 958.★
19 Sp. 961.
20 Sp. 976.
21 Sp. 958.
22 Ebd.

Kapitel IV

1 Helgaud de Fleury, Vie de Robert le Pieux. Epitome vitae regis Roberti Pii, hg. u. übers. von Robert-Henri Bautier und Gillette Labory, Paris 1965; zitiert S. 92 ff.
2 Richer, Historiae: MGH.SS, Bd. 3, S. 633.★
3 Die Briefsammlung Gerberts von Reims: MGH.B, Bd. 2, S. 139 f.★
4 Richer, a. a. O., S. 651.
5 HF X, S. 166.
6 Richer, a. a. O., S. 651.★
7 HF X, S. 535 (Synode von Rom).

8 Ferdinand Lot, *Études sur la règne de Hugues Capet et la fin du Xe siècle*, Paris 1903, S. 171[1].

9 MGH.SS, Bd. 3, S. 694.

10 HF X, S. 492 f.

11 HF X, S. 211.

Kapitel V

1 Christian Pfister, *Études sur le règne de Robert le Pieux (996-1031)*, Paris 1885, S. LXI.*

2 PL 141, Sp. 223.

3 *Archives d'Anjou*. Recueil des documents et mémoirs inédits sur cette province, hg. von Paul Marchegay, Bd. 3: *Cartularium monasterii Beatae Mariae Caritatis Andegavensis*, Angers 1854, Nr. 64.

4 Eleanor Searle, »Seigneurial Control on Women's Marriage: The Antecedents and Function of Merchet in England«, in: *Past and Present*, 1979, S. 3-43.

5 PL 143, Sp. 797.

6 HF XI, S. 286.*

7 HF X, S. 274.*

8 Vgl. H. Legohérel, »Le parage en Touraine-Anjou au Moyen Age«, in: *Revue historique de Droit français et étranger*, Jg. 43 (1965), S. 222-246.

9 Pierre Bonnassie, *La Catalogne. Du milieu du Xe à la fin du XIe siècle. Croissance et mutations d'une societé*, 2 Bde, Toulouse 1975/76.

10 Siehe unten, S. 273-281. 296. 314. 326 f.

11 *Recueil des Chartes de l'abbaye de Cluny*, hg. von Auguste Bernard und Alexandre Bruel, 6 Bde, Paris 1876 ff. (ND Frankfurt a. M. 1974).

12 *Cartulaire de Saint-Vincent de Mâcon*, hg. von Camille Ragut, Mâcon 1864.

13 *Recueil Cluny*, a. a. O., Nr. 1354 (von 974). (Diese und viele folgenden Urkunden werden unter stillschweigender Weglassung aller Namen zitiert.*)

14 Ebd., Nr. 2528.

15 Ebd., Nr. 3302.

16 Ebd., Nr. 1415.1425.1426.

17 Ebd., Nr. 2875.

18 Ebd., Nr. 2265.

19 Ebd., Nr. 2875 (von 1031-1060); *Cartulaire Mâcon*, a. a. O., Nr. 463 (von 997-1031).

20 *Cartulaire de l'église collégiale Notre-Dame de Beaujeu*, hg. von Marie-Claude Guigue, Lyon 1864, Nr. 12.

21 *Recueil Cluny*, a. a. O., Nr. 2659.

22 Ebd., Nr. 2628.2618.2633.

23 Ebd., Nr. 2605.

24 Ebd., Nr. 2618 (von 1005); ebenso Nr. 2628.2633.2659.

25 *Cartulaire Mâcon,* a.a.O., Nr.463.

26 *Recueil Cluny,* a.a.O., Nr.2022.2867.

27 Ebd., Nr.2919.

28 Ebd., Nr.2412.

29 Ebd., Nr.3574.

30 Ebd., Nr.2493.

31 Ebd., Nr.2616.

32 *Cartulaire Mâcon,* a.a.O., Nr.477.

33 *Recueil Cluny,* a.a.O., Nr.2036.

34 Ebd., Nr.3874.3821.3654.

35 Ebd., Nr.3577.

36 Ebd., Nr.3744.

37 Bernard Guennée, »Les généalogies entre l'histoire et la politique: La fierté d'être Capétien, en France, au Moyen Age«, in: *Annales,* Jg.33 (1978), S.450-477.

38 Vgl. Joachim Wollasch, »Parenté noble et monachisme réformateur: Observations sur les ›conversions‹ à la vie monastique au XIᵉ et XIIᵉ siècles«, in: *Revue Historique,* Jg.104 (1980), Bd.264, S.3-24.

39 Vgl. Georges Duby, »Lignage, noblesse et chevalerie dans la région mâconnais. Une révision«, in: *Annales,* Jg.27 (1972), S.803-823 (auch in: ders., *Hommes et structures du Moyen Age.* Recueil d'articles, Paris/Den Haag 1973, S.395-422).

Kapitel VI

1 Vgl. Huguette Taviani, »Le mariage dans l'hérésie de l'an mil«, in: *Annales,* Jg.32 (1977), S.1074-1089; Georges Duby, *Les trois ordres ou l'imaginaire du féodalisme,* Paris 1978, S.163-168 (dt.: *Die drei Ordnungen. Das Weltbild des Feudalismus,* Frankfurt a.M. 1981, S.194-201).

2 HF X, S.537.★

3 André de Fleury, *Vie de Gauzlin, Abbé de Fleury. Vita Gauzlini, Abbatis Floriacensis monasterii,* hg. u. übers. von Robert-Henri Bautier und Gilette Labory, Paris 1969, S.182.★

4 Ebd., S.100.★

5 PL 142, Sp.643.★

6 Andreas von Fleury, a.a.O., S.100.★

7 PL 142, Sp.1299-1301.

8 Adalbéron de Laon, *Poème au roi Robert,* eingel., hg. u. übers. von Claude Carozzi, Paris 1979, V.232.244.252.

9 Mansi, Bd.19, Sp.505★; vgl. Bernhard Schimmelpfennig, »Zölibat und Lage der ›Priestersöhne‹ vom 11. bis 14.Jahrhundert«, in: *Historische Zeitschrift,* Bd.227 (1978), S.1-44.

10 Vgl. Pierre Toubert, *Les structures du Latium médiéval. Le Latium méridional et la Sabine du IXᵉ siècle à la fin du XIIᵉ siècle,* 2 Teile, Rom 1973, S.741.

11 Vgl. Pierre Daudet, *Études sur l'historie de la jurisdiction matrimoniale.* L'établissement de la compétence de l'Église en matière de divorce et de la consanguinité, Paris 1941.

Kapitel VII

1 AASS, September, Bd. 8, S. 744-751.
2 Vgl. ebd., bes. S. 720-723.★
3 MGH.SS, Bd. 15/2, S. 877-881.
4 Ebd., S. 883 f.
5 PL 174, Sp. 1398 f.
6 Maurice Coens, »La vie ancienne de saint Godelive de Ghistelle par Drogon de Bergues«, in: *Analecta Bollandiana,* Bd. 44 (1926), S. 102-137; Edition des Textes S. 125 ff.
7 AASS, Juli, Bd. 2, S. 404 ff. (die hier unter dem Namen Drogos gedruckte Fassung ist tatsächlich die spätere Redaktion★).
8 AASS, April, Bd. 2, S. 141-144.

Kapitel VIII

1 Guibert de Nogent, *Histoire de sa vie,* hg. von Georges Bourgin, Paris 1907; engl. Übersetzung: John F. Benton, *Self and Society in Medieval France:* The Memoirs of Abbot Guibert of Nogent, New York 1970.
2 Vgl. Benton, a. a. O.; Jonathan Kantor, »A Psychohistorical Source: The Memoirs of Abbot Guibert of Nogent«, in: *Journal of Medieval History,* Jg. 2 (1976), S. 281-304.
3 Guibert von Nogent, a. a. O., I, 12.
4 I, 18.
5 I, 12.★
6 I, 3.
7 I, 13.
8 Mary Douglas, *Purity and Danger.* An Analysis of Concepts of Pollution and Taboo, London 1966.
9 Guibert von Nogent, a. a. O., I, 18.★
10 I, 14.
11 I, 7.
12 I, 2.
13 III, 19.
14 II, 5.
15 I, 12.
16 III, 14.
17 III, 17.
18 In England und gewiß auch in der Normandie erreichte der Kampf um den Priesterzölibat seinen Höhepunkt zwischen 1125 und 1130; vgl.

Valerie I. J. Flint, »The *Historia Regum Britanniae* of Geoffrey of Monmouth: Parody and Its Purpose«, in: *Speculum. A Journal of Medieval History,* Bd. 54 (1979), S. 447-468.

19 Guibert von Nogent, a. a. O., I, 7.★

20 III, 13.

21 III, 14.

22 Raoul Manselli, »Il monaco Enrico e la sua eresia«, in: *Bulletino dell'Istituto Storico Italiano per il Medio Evo e Archivio Muratoriano,* Bd. 65 (1953), S. 55.★

23 Datierung nach Yvonne Labande-Mailfert, *I laici nella società christiana dei secoli XI e XII,* Mailand 1968, Tafel 3.

24 Vgl. Jean-Baptiste Molin und Protais Mutembe, *Le rituel du mariage en France du XIIe au XVIe siècle,* Paris 1964.

25 Korbinian Ritzer, *Formen, Riten und religiöses Brauchtum der Eheschließung in den christlichen Kirchen des ersten Jahrtausends,* Münster 1962, S. 365.★

26 Mansi, Bd. 20, Sp. 38.★

27 Molin/Mutembe, a. a. O., S. 289 f. 327.★

28 Dominique Barthélemy, Unveröffentlichte Thèse, Universität Paris IV, 1980.

29 Guibert von Nogent, a. a. O., III, 3.

30 III, 16.

31 Anjou, Genealogie III und IV.

32 Ebd., Genealogie V.

33 Ordericus Vitalis (wie Anm. I/16), Bd. 4, S. 260 (VIII, 19 = III, 386).★

34 Ebd., Bd. 6, S. 166 (XI, 37 = IV, 294)★; vgl. Sandy Burton Hicks, »The Impact of William Clito upon the Continental Policies of Henry I of England«, in: *Viator. Medieval and Renaissance Studies,* Bd. 10 (1979), S. 1-21.

35 Guibert von Nogent, a. a. O., III, 16.

36 III, 5.

37 III, 3.

38 III, 14.

39 »Lettre inédite de Robert d'Abrissel à la comtesse Ermengarde«, hg. von J. de Pétigny, in: *Bibliothèque de l'École des Chartres,* Bd. 15 (= III/5) (1854), S. 209-235.

40 Alfred Jeanroy, *Les chansons de Guillaume IX,* Paris ²1927.

Kapitel IX

1 Vgl. Y. Labonte, *Le mariage selon Yves de Chartres,* Brügge 1965.

2 Brief 16: ed. Leclerq (wie Anm. I/4), S. 69.

3 PL 161: *Panormia* VI, 5-9.

4 Ebd. VI, 11 ff.

5 Ebd. VI, 14.

6 Ebd. VI,27 u. ö.

7 PL 161: *Decretum* VIII,42.

8 Ebd. VIII,85-97.

9 PL 162, Sp. 608.

10 *Decretum* VIII,59.66.

11 Ebd. VIII,140.221-227.230.236.239.241.255.257-260; ferner der größte Teil von *Panormia* VI.

12 *Decretum* VIII,238.

13 Burchard von Worms, *Decretum* VI,41: PL 140; Ivo von Chartres, *Decretum* X,169.

14 Burchard von Worms, *Decretum* IX,54.*

15 PL 162, Brief 125.

16 Brief 239.

17 Brief 245.*

18 Brief 16.148.155.188.

19 Brief 205.

20 Brief 280.

21 Brief 249.

22 Brief 252.

23 Brief 18.222.

24 Brief 99.134.243.

25 Brief 99.

26 Brief 166.

27 Brief 167.

28 Brief 183.

29 Brief 230.

30 MGH.SS, Bd. 9, S. 320.

31 Daniel Poirion, »Edyppus et l'énigme du roman médiéval«, in: *L'enfant au Moyen Age (Littérature et Civilisation)*, Aix-en-Provence 1980 (= Sénéfiance 9), S. 285-298.

32 PL 162, Brief 158.

33 Brief 45.

34 Brief 129.130.261.

35 *Corpus iuris canonici*, hg. von Emil Friedberg, Bd. 1, Leipzig 1879 (ND Graz 1959), Sp. 1274.

36 PL 162, Brief 261.

37 PL 159, Sp. 243: Brief Anselms von Canterbury.

38 PL 162, Brief 209.

39 Brief 225.

40 Brief 229.

41 Brief 232.

42 Brief 218.

43 Brief 221.

44 Brief 242.

45 Brief 221.

46 PL 44, Sp. 427.*

47 PL 171, Sp. 956.*
48 Ebd., Sp. 963 f.
49 PL 176, Sp. 488.
50 Ebd., Sp. 859-864.
51 *Sententiarum libri* IV,1,2: PL 192, Sp. 839.*
52 Ebd. IV,26: Sp. 908-910.

Kapitel X

1 Ed. Molinier (wie Anm. I/14) (hier zitiert nach HF XII, S. 124 ff.; vgl. bes. S. 127-129*).
2 MGH.SS, Bd. 20, S. 515-545; zitiert S. 534.537.
3 HF XV, S. 509 f.
4 *Le Roman de Renart,* übers. u. eingel. von Helga Jauss-Meyer, München 1965 (= Klassische Texte des romanischen Mittelalters in zweisprachigen Ausgaben 5), S. 80 (Va, 326).*
5 Die beiden einzigen abweichenden Zeugen sind Robert von Torigny (HF XIII, S. 293) und der Kluniazenser Richard von Poitiers (HF XII, S. 416*), ein entschiedener Gegner der Zisterzienser und darum auch Eugens III. (vgl. ferner HF XII, S. 120).
6 HF XIII, S. 507.
7 PL 201, Sp. 670.
8 HF XIII, S. 101 f.
9 HF XIII, S. 125.
10 HF XVIII, S. 155 f.
11 PL 212, Sp. 1057 f.
12 MGH.SS, Bd. 14, S. 343.
13 PL 182, Brief 216.
14 Ebd., Brief 182.220.224.
15 MGH.SS, Bd. 20, S. 521.
16 Vgl. Karl Ferdinand Werner, »Die Legitimität der Kapetinger und die Entstehung des ›Reditus regni Francorum ad stirpem Karoli‹«, in: *Die Welt als Geschichte,* Jg. 12 (1952), S. 203-225 = Stück VIII in: ders., *Structures politiques* (wie Anm. I/9).
17 HF XVIII, S. 371 f.*
18 HF XVII, S. 38.*
19 Ebd., S. 53.*
20 John W. Baldwin, *Masters, Princes and Merchants.* The Social Views of Peter the Chanter and His Circle, 2 Bde, Princeton 1970.
21 Ebd. II, S. 226, Anm. 185.
22 Ebd. II, S. 223, Anm. 154.*
23 Ebd. II, S. 225, Anm. 182.
24 Ebd. II, S. 224, Anm. 170.*
25 Ebd. II, S. 225, Anm. 175.
26 Ebd. II, S. 224, Anm. 169.
27 Ebd. II, S. 225, Anm. 179.

Kapitel XI

1 BN, ms. 17509, 3284; Cambrai 534.

2 *Das altfranzösische Adamsspiel,* übers. u. eingel. von Uta Ebel, München 1968 (= Klassische Texte des romanischen Mittelalters in zweisprachigen Ausgaben 7); zitiert: V. 39 f.167.313.354-356.

3 Andreae Capellani regii Francorum *De amore libri tres,* hg. von E. Trojel, Kopenhagen 1892 (ND München 1964); franz. Übersetzung: André le Chapelain, *Traité de l'amour courtois,* übers. von Claude Buridant, Paris 1974.

4 Ebd., ed. Trojel, S. 153.*

5 Ebd., S. 124 ff.; zitiert S. 147.

6 PL 210, Sp. 193.

7 *Sententiarum libri* IV,31,6: PL 192, Sp. 920.

8 Andreas Capellanus, ed. Trojel, S. 254 ff.; zitiert S. 261.

9 Vgl. Marie-Thérèse Lorcin, *Façons de sentir et de penser. Le fabliaux français,* Paris 1979.

10 Berol, *Tristan und Isolde,* übers. von Ulrich Mölk, München 1962 (= Klassische Texte des romanischen Mittelalters in zweisprachigen Ausgaben 1), V. 827.*

11 Vgl. Philippe Ménard, *Les lais de Marie de France.* Contes d'amour et d'aventure du moyen âge, Paris 1979.

12 Berol, a. a. O., V. 71 f.*

13 Vgl. H. Oschinsky, *Der Ritter unterwegs und die Pflege der Gastfreundschaft im alten Frankreich,* Halle 1900.

14 *Perceval le Gallois ou le conte du Graal,* hg. von Charles Potvin, 6 Bde, Mons 1865 ff: V. 32191-32196.

15 *»Aiol et Mirabel«* und *»Elie de Saint-Gille«.* Zwei altfranzösische Heldengedichte, hg. von Wendelin Foerster, Wiesbaden 1976 (ND der Ausg. von 1876-1882); zitiert: Aiol, V. 2171 f.*

Kapitel XII

1 Anjou, S. 1-132 (*Gesta Ambaziensium dominorum:* S. 74-132).

2 S. 128.

3 S. 112.*

4 S. 126 f.

5 S. 98.*

6 S. 99.

7 S. 75.

8 Ebd., S. 148-150.

9 Ebd., S. 135-139.

10 S. 29.*

11 Pierre Petot, »Le mariage des vasalles«, in: *Revue historique de Droit français et étranger,* Jg. 56 (1978), S. 29-47.

12 Baldwin (wie Anm. X/20) II, S. 178, Anm. 133.

13 Anjou, S. 112.*

14 S. 123.*

15 S. 99-103.

16 S. 96.*

17 S. 115.*

18 S. 122.*

19 Ebd., S. 172-231; zitiert S. 177-181.

Kapitel XIII

1 Lambert von Ardres: MGH.SS, Bd. 24, S. 550-642.

2 Ebd., S. 563.

3 Kap. 127.

4 Kap. 67.

5 Kap. 149.

6 Kap. 123.

7 Kap. 122.

8 Kap. 129.*

9 Kap. 89 (mit Anm. 1).

10 Alain de Lille, *Liber poenitentialis,* Bd. 2: La tradition longue, hg. von Jean Longère, Louvain/Lille 1965: I,27.

11 Lambert von Ardres, a.a.O., Kap. 134.*

12 Kap. 113.

13 Kap. 105.113.*

14 Kap. 126.

15 MGH.SS, Bd. 21, S. 550 f.*

16 Lambert von Ardres, a.a.O., Kap. 85 f.

17 Kap. 64.*

18 Kap. 43.

19 MGH.SS, Bd. 21, S. 518.550.*

20 Lambert von Ardres, a.a.O., Kap. 149.

21 Kap. 46.

22 Kap. 122.

23 MGH.SS, Bd. 14, S. 282.

24 Constance B. Bouchard, »The Structure of a Twelfth Century French Family: The Lords of Seignelay«, in: *Viator. Medieval and Renaissance Studies,* Bd. 10 (1979), S. 39-56.

25 Lambert von Ardres, a.a.O., Kap. 67.

26 Kap. 44 f.

27 Kap. 122.

28 Kap. 60.

29 Ebd.

30 Kap. 63.*

31 Kap. 139.136.*

32 Kap. 72.79.

33 Vgl. Georges Duby, »Les ›jeunes‹ dans la societé aristocratique dans la France du Nord-Ouest au XIIᵉ siècle«, in: *Annales*, Jg. 19 (1964), S. 835-846 (auch in: ders., *Hommes et structures* [wie Anm. V/39], S. 213-225).

34 Lambert von Ardres, a. a. O., Kap. 15.

35 Kap. 123; vgl. Georges Duby, *Le Dimanche de Bouvines*, Paris 1973, S. 110-128.

36 Kap. 11 f.

37 Kap. 93 f.

38 Kap. 74.*

39 PL 176, Sp. 987.

Personenregister*

---

* Das Register umfaßt alle im Haupttext namentlich erwähnten Personen. Namen zeitgenössischer Autoren sind kursiv gesetzt.